LA FRANCE
W9-BRW-306
Langues maternelles
Le français langue maternelle majoritaire
Le français langue maternelle d'une minorité importante
Langues officielles
Le français est la seule langue officielle
Le français est une des langues officielles du pays ou de l'état
Le français est la langue de culture ou des affaires pour une partie importante de la population
LE ROYAUME-UNI
LA MER DU NORD
LES PAYS-BAS (m. pl.)
LA BELGIQUE
la Wallonie
LE LUXEMBOURG
LA MANCHE
Dunkerque
Calais
Boulogne
Lille
LA PICARDIE
Amiens
Dieppe
Cherbourg
Le Havre
Rouen
Charleville-Mézières
LA CHAMPAGNE
Caen
Paris
Reims
Verdun
Metz
LA LORRAINE
Nancy
Strasbourg
St. Malo
LA NORMANDIE
Versailles
L'ÎLE-DE-FRANCE (f.)
Brest
le Mont-St. Michel
Chartres
Fontainebleau
Troyes
L'ALSACE (f.)
LA BRETAGNE
Rennes
LES VOSGES
L'ALLEMAGNE (f.)
Colmar
Le Mans
Orléans
la Seine
la Loire
la Saône
Angers
Blois
Nantes
Tours
Dijon
Besançon
LA TOURAINE
Bourges
LA BOURGOGNE
LA VENDÉE
LA SUISSE
Poitiers
LE POITOU
LA FRANCE
LE JURA
La Rochelle
L'OCÉAN ATLANTIQUE (m.)
Limoges
Clermont-Ferrand
Lyon
le Val d'Aoste
L'AUVERGNE (f.)
Rocamadour
Grenoble
L'ITALIE (f.)
Bordeaux
LE MASSIF CENTRAL
le Rhône
LES ALPES
la Garonne
LE DAUPHINÉ
Moissac
Albi
Nîmes
Avignon
Nice
LA PROVENCE
Cannes
Montpellier
Arles
Aix-en-Provence
Biarritz
Toulouse
LE PAYS BASQUE
Carcassonne
MONACO
Marseille
Lourdes
LE LANGUEDOC
LES PYRÉNÉES (f. pl.)
Perpignan
LA MER MÉDITERRANÉE
la Corse
L'ANDORRE (f.)
L'ESPAGNE (f.)
0 50 100 MILLES
0 50 100 150 KILOMÈTRES

LE MONDE
0
1,000
2,000 MILLES
À L'ÉQUATEUR
0
1,000
2,000
3,000 KILOMÈTRES
LE GROENLAND
L'OCÉAN ARCTIQUE (m.)
LA FÉDÉRATION RUSSE
l'Alaska (m.) (LES ÉTATS-UNIS)
le Yukon
les Territoires du Nord-Ouest (m.)
LE CANADA
la Colombie Britannique
l'Alberta (m.)
la Saskatchewan
le Manitoba
l'Ontario (m.)
le Québec
Terre-Neuve (f.)
le Maine
Saint-Pierre-et-Miquelon (LA FRANCE)
le Nouveau-Brunswick
la Nouvelle-Écosse
L'AMÉRIQUE DU NORD (f.)
le New-Hampshire
le Vermont
LES ÉTATS-UNIS (m. pl.)
le Massachusetts
le Rhode Island
le Connecticut
la Louisiane
Les Îles Hawaii (m. pl.) (LES ÉTATS-UNIS)
LE MEXIQUE
LE BELIZE
LES CARAÏBES (m. pl.)
L'OCÉAN ATLANTIQUE (m.)
L'AMÉRIQUE CENTRALE (f.)
LE GUATEMALA
LE SALVADOR
LE HONDURAS
LE NICARAGUA
LE PANAMA
LE COSTA RICA
LE VENEZUELA
LA COLOMBIE
la Guyane française (LA FRANCE)
LA GUYANA
LE SURINAM
L'ÉQUATEUR (m.)
LE PÉROU
L'AMÉRIQUE DU SUD (f.)
LA BOLIVIE
LE BRÉSIL
LE PARAGUAY
LE CHILI
L'ARGENTINE (f.)
L'URUGUAY (m.)
VANUATU (m.)
Wallis-et-Futuna (LA FRANCE)
TUVALU
KIRIBATI
LES SAMOA (f.pl.)
LA POLYNÉSIE FRANÇAISE
FIDJI (m.)
TONGA (m.)
la Nouvelle-Calédonie (LA FRANCE)
L'OCÉAN PACIFIQUE (m.)
LA NOUVELLE-ZÉLANDE

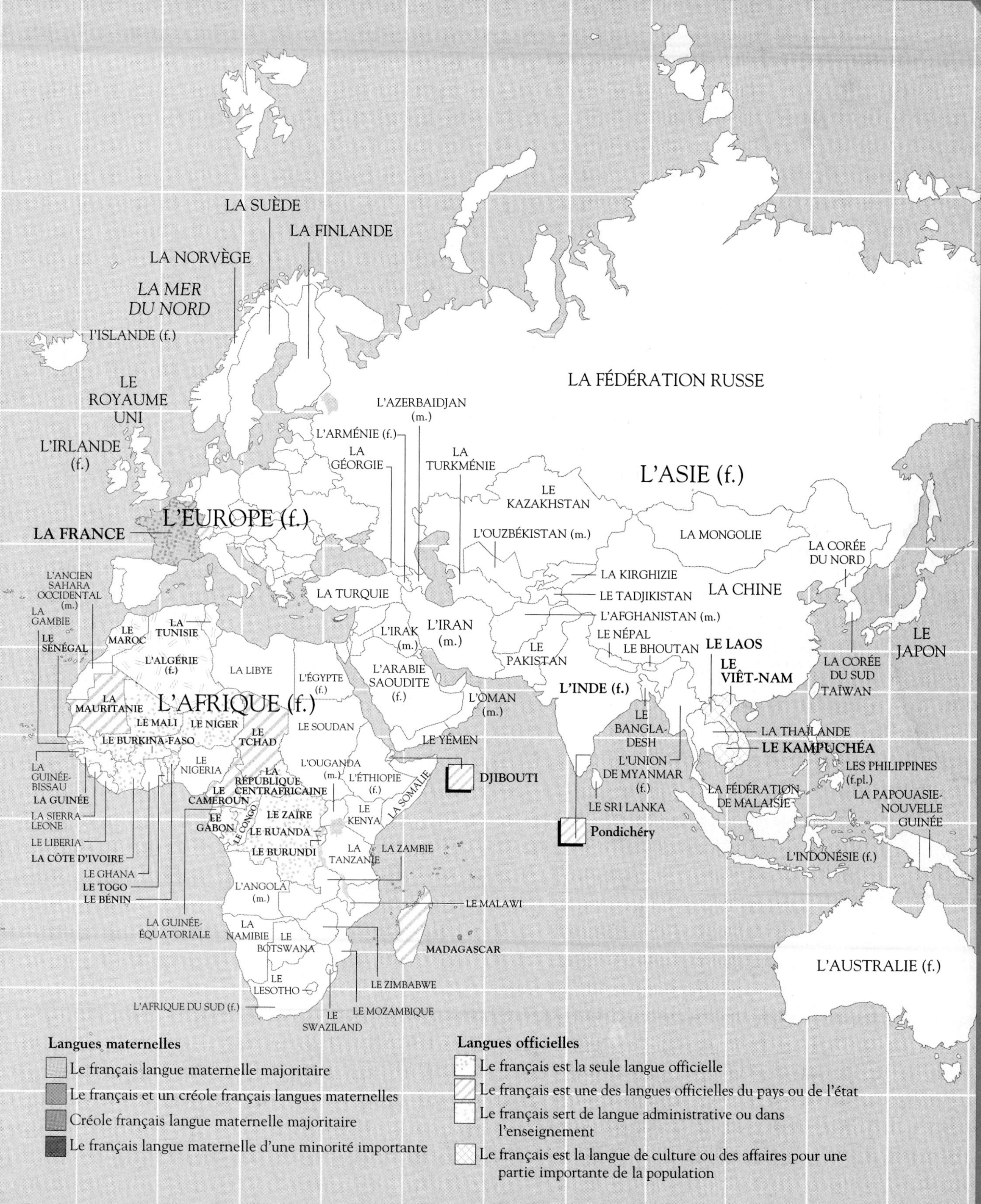

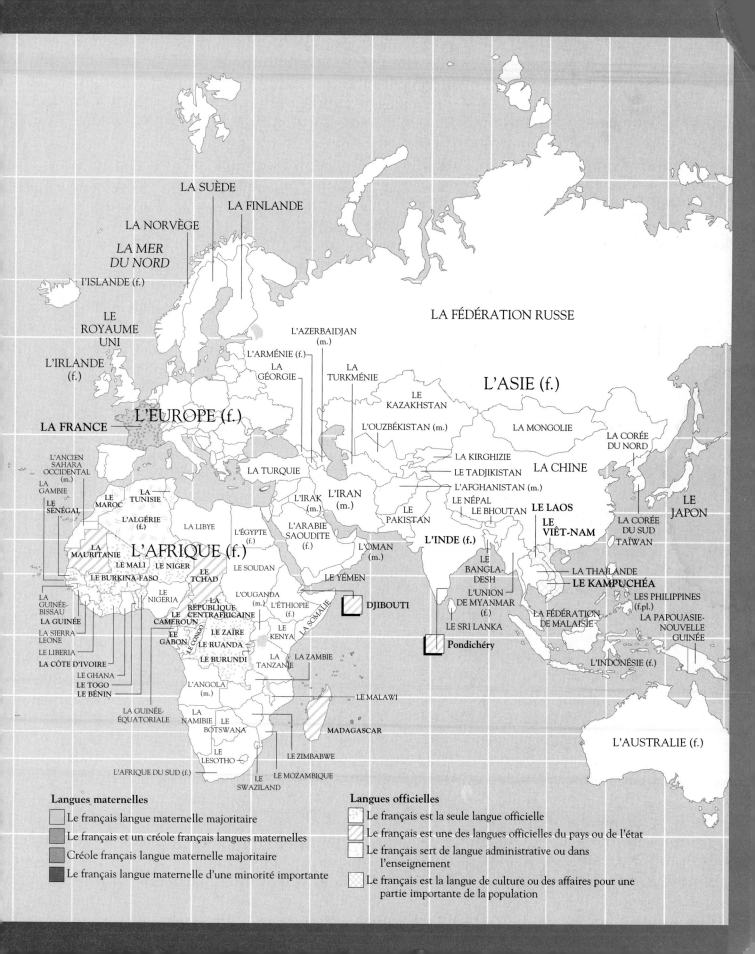

LA SUÈDE
LA FINLANDE
LA NORVÈGE
LA MER
DU NORD
l'ISLANDE (f.)
LE
ROYAUME
UNI
L'IRLANDE
(f.)
LA FÉDÉRATION RUSSE
L'AZERBAIDJAN
(m.)
L'ARMÉNIE (f.)
LA
GÉORGIE
LA
TURKMÉNIE
L'ASIE (f.)
LE
KAZAKHSTAN
L'EUROPE (f.)
LA FRANCE
L'OUZBÉKISTAN (m.)
LA MONGOLIE
LA CORÉE
DU NORD
LA KIRGHIZIE
LE TADJIKISTAN
LA CHINE
L'ANCIEN
SAHARA
OCCIDENTAL
(m.)
LA
GAMBIE
LA TURQUIE
L'AFGHANISTAN (m.)
LE
SÉNÉGAL
LE
MAROC
LA
TUNISIE
L'IRAK
(m.)
L'IRAN
(m.)
LE NÉPAL
LE BHOUTAN
LE LAOS
LE
JAPON
L'ALGÉRIE
(f.)
LA LIBYE
L'ÉGYPTE
(f.)
L'ARABIE
SAOUDITE
(f.)
LE
PAKISTAN
LE
VIÊT-NAM
LA CORÉE
DU SUD
TAÏWAN
L'INDE (f.)
LA
MAURITANIE
L'AFRIQUE (f.)
L'OMAN
(m.)
LE MALI
LE NIGER
LE SOUDAN
LE
BANGLA-
DESH
LA THAÏLANDE
LE BURKINA-FASO
LE
TCHAD
LE YÉMEN
LE KAMPUCHÉA
LA
GUINÉE-
BISSAU
LE
NIGERIA
L'OUGANDA
(m.)
L'UNION
DE MYANMAR
(f.)
LES PHILIPPINES
(f.pl.)
LA
RÉPUBLIQUE
CENTRAFRICAINE
L'ÉTHIOPIE
(f.)
DJIBOUTI
LA GUINÉE
LE
CAMEROUN
LA FÉDÉRATION
DE MALAISIE
LA PAPOUASIE-
NOUVELLE
GUINÉE
LA SIERRA
LEONE
LE
GABON
LE CONGO
LE ZAÏRE
LE
KENYA
LA SOMALIE
LE SRI LANKA
LE LIBERIA
LE RUANDA
Pondichéry
LA CÔTE D'IVOIRE
LE BURUNDI
LA
TANZANIE
LA ZAMBIE
L'INDONÉSIE (f.)
LE GHANA
LE TOGO
LE BÉNIN
L'ANGOLA
(m.)
LE MALAWI
LA GUINÉE-
ÉQUATORIALE
LA
NAMIBIE
LE
BOTSWANA
MADAGASCAR
L'AUSTRALIE (f.)
LE
LESOTHO
LE ZIMBABWE
L'AFRIQUE DU SUD (f.)
LE MOZAMBIQUE
LE
SWAZILAND
Langues maternelles
Le français langue maternelle majoritaire
Le français et un créole français langues maternelles
Créole français langue maternelle majoritaire
Le français langue maternelle d'une minorité importante
Langues officielles
Le français est la seule langue officielle
Le français est une des langues officielles du pays ou de l'état
Le français sert de langue administrative ou dans l'enseignement
Le français est la langue de culture ou des affaires pour une partie importante de la population

L'EUROPE
Langues maternelles
Le français langue maternelle majoritaire
Le français langue maternelle d'une minorité importante
Langues officielles
Le français est la seule langue officielle
Le français est une des langues officielles du pays ou de l'état
Le français est la langue de culture ou des affaires pour une partie importante de la population
LA FINLANDE
LA FÉDÉRATION RUSSE
LA NORVÈGE
LA SUÈDE
LA MER BALTIQUE
L'ESTONIE (f.)
LA LETTONIE
LA LITUANIE
LA FÉDÉRATION RUSSE
LE DANEMARK
LA MER DU NORD
LES PAYS-BAS (m. pl.)
LA BIÉLORUSSIE
LA POLOGNE
L'UKRAINE (f.)
LE ROYAUME-UNI
L'ALLEMAGNE (f.)
LA MOLDAVIE
Bruxelles
LA BELGIQUE
la Wallonie
LA RÉPUBLIQUE TCHÈQUE
LA SLOVAQUIE
Paris
LE LUXEMBOURG
L'AUTRICHE (f.)
LA HONGRIE
LA ROUMANIE
Bern
LA SUISSE
Genève
LA FRANCE
L'OCÉAN ATLANTIQUE (m.)
LA SLOVÉNIE
LA CROATIE
LA BOSNIE-HERZÉGOVINE
LA SERBIE
LA BULGARIE
le Val d'Aoste
L'ITALIE (f.)
Monté Carlo
LE MONTÉNÉGRO
LA MACÉDOINE
L'ALBANIE (f.)
LA TURQUIE
MONACO
la Corse
L'ANDORRE (f.)
LA GRÈCE
la Sardaigne
L'ESPAGNE (f.)
CHYPRE
LA MER MÉDITERRANÉE
0 50 100 MILLES
0 50 100 150 KILOMÈTRES

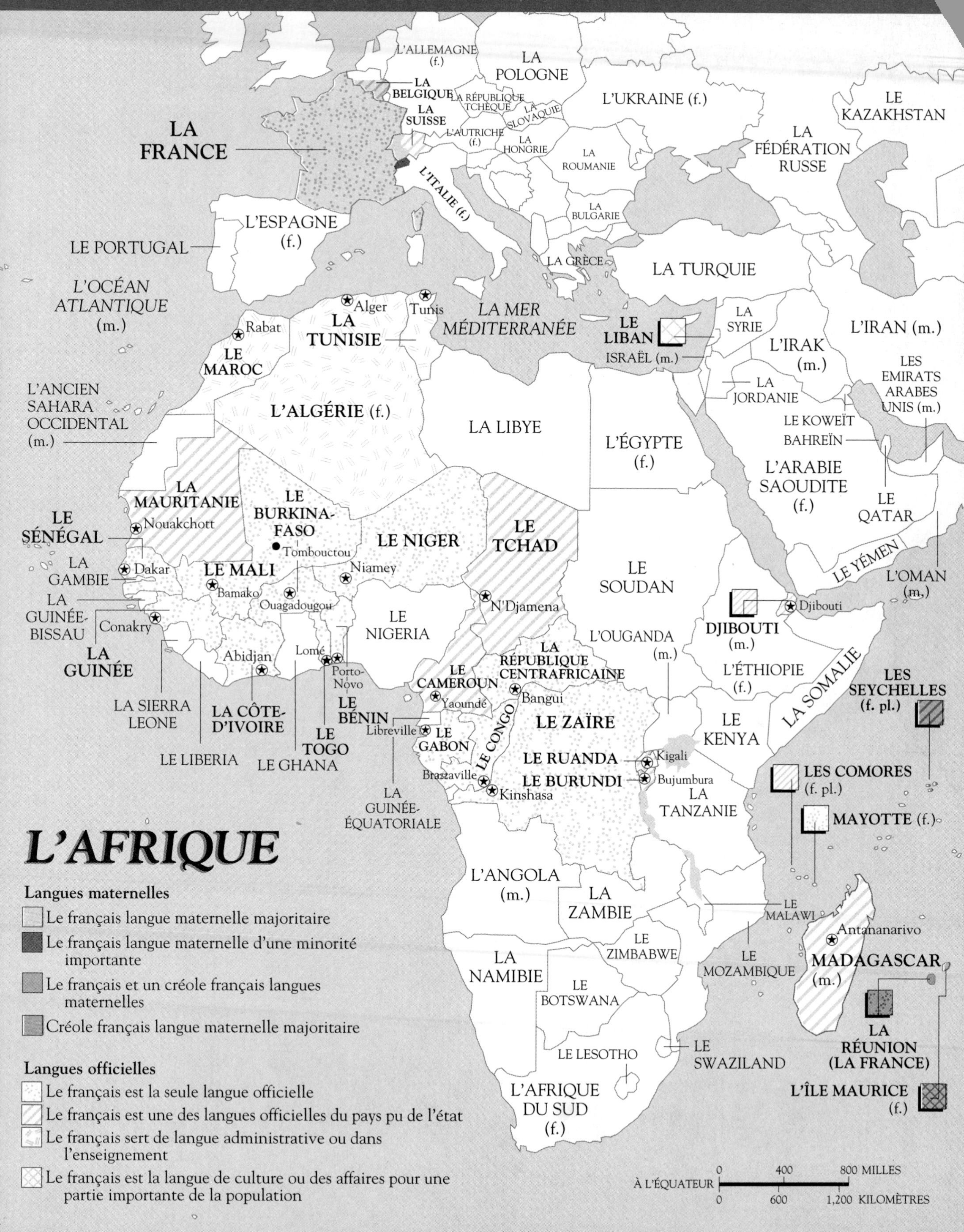

L'AFRIQUE
Langues maternelles
Le français langue maternelle majoritaire
Le français langue maternelle d'une minorité importante
Le français et un créole français langues maternelles
Créole français langue maternelle majoritaire
Langues officielles
Le français est la seule langue officielle
Le français est une des langues officielles du pays pu de l'état
Le français sert de langue administrative ou dans l'enseignement
Le français est la langue de culture ou des affaires pour une partie importante de la population
À L'ÉQUATEUR
0 400 800 MILLES
0 600 1,200 KILOMÈTRES
L'ALLEMAGNE (f.)
LA POLOGNE
LA BELGIQUE
LA RÉPUBLIQUE TCHÈQUE
LA SLOVAQUIE
L'UKRAINE (f.)
LE KAZAKHSTAN
LA SUISSE
L'AUTRICHE (f.)
LA HONGRIE
LA ROUMANIE
LA FÉDÉRATION RUSSE
LA FRANCE
L'ITALIE (f.)
LA BULGARIE
L'ESPAGNE (f.)
LE PORTUGAL
LA GRÈCE
LA TURQUIE
L'OCÉAN ATLANTIQUE (m.)
Alger
Tunis
LA MER MÉDITERRANÉE
Rabat
LA TUNISIE
LE LIBAN
LA SYRIE
L'IRAN (m.)
L'IRAK (m.)
ISRAËL (m.)
LE MAROC
LA JORDANIE
LES EMIRATS ARABES UNIS (m.)
L'ANCIEN SAHARA OCCIDENTAL (m.)
L'ALGÉRIE (f.)
LA LIBYE
LE KOWEÏT
BAHREÏN
L'ÉGYPTE (f.)
L'ARABIE SAOUDITE (f.)
LE QATAR
LA MAURITANIE
LE BURKINA-FASO
LE SÉNÉGAL
Nouakchott
LE TCHAD
LE NIGER
Tombouctou
LA GAMBIE
Dakar
LE MALI
Niamey
LE SOUDAN
LE YÉMEN
L'OMAN (m.)
LA GUINÉE-BISSAU
Bamako
Ouagadougou
N'Djamena
Djibouti
Conakry
LE NIGERIA
DJIBOUTI (m.)
L'OUGANDA (m.)
LA GUINÉE
Abidjan
Lomé
Porto-Novo
LA RÉPUBLIQUE CENTRAFRICAINE
L'ÉTHIOPIE (f.)
LA SOMALIE
LES SEYCHELLES (f. pl.)
LE CAMEROUN
Bangui
Yaoundé
LA SIERRA LEONE
LA CÔTE-D'IVOIRE
LE BÉNIN
LE ZAÏRE
LE KENYA
Libreville
LE GABON
LE TOGO
LE CONGO
LE RUANDA
Kigali
LES COMORES (f. pl.)
LE LIBERIA
LE GHANA
LE BURUNDI
Bujumbura
Brazzaville
Kinshasa
LA TANZANIE
LA GUINÉE-ÉQUATORIALE
MAYOTTE (f.)
L'ANGOLA (m.)
LA ZAMBIE
LE MALAWI
Antananarivo
LA NAMIBIE
LE ZIMBABWE
LE MOZAMBIQUE
MADAGASCAR (m.)
LE BOTSWANA
LA RÉUNION (LA FRANCE)
LE LESOTHO
LE SWAZILAND
L'AFRIQUE DU SUD (f.)
L'ÎLE MAURICE (f.)

L'AMÉRIQUE DU NORD
L'OCÉAN ARCTIQUE (m.)
LE GROENLAND
L'Alaska (LES ÉTATS-UNIS)
les Territoires du Nord-Ouest (m.)
le Yukon
LE CANADA
la Colombie Britannique
l'Alberta (m.)
la Saskatchewan
le Manitoba
l'Ontario (m.)
le Québec
Terre-Neuve (f.)
Saint-Pierre-et-Miquelon (LA FRANCE)
le Maine
le New-Hampshire
le Vermont
Québec
Montréal
Ottawa
l'Île du Prince-Edouard (f.)
la Nouvelle-Écosse
le Nouveau-Brunswick
le Massachusetts
le Rhode Island
le Connecticut
L'AMÉRIQUE DU NORD (f.)
Langues maternelles
Le français langue maternelle majoritaire
Le français et un créole français langues maternelles
Créole français langue maternelle majoritaire
Le français langue maternelle d'une minorité importante
Langues officielles
Le français est la seule langue officielle
Le français est une des langues officielles du pays ou de l'état
Le français sert de langue administrative ou dans l'enseignement
LES ÉTATS-UNIS (m. pl.)
la Louisiane
LE MEXIQUE
GOLFE DU MEXIQUE
L'OCÉAN ATLANTIQUE (m.)
LE BELIZE
CUBA (m.)
LA JAMAÏQUE
LES CARAÏBES
HAÏTI (m.)
LA GUYANE FRANÇAISE (LA FRANCE)
Les Îles Hawaii (m. pl.) (LES ÉTATS-UNIS)
L'AMÉRIQUE CENTRALE
LE GUATEMALA
LE SALVADOR
LE HONDURAS
LE NICARAGUA
LE COSTA RICA
LE PANAMA
LE VENEZUELA
LA COLOMBIE
Cayenne
LA GUYANA
LE SURINAM
L'OCÉAN PACIFIQUE (m.)
L'ÉQUATEUR (m.)
LE PÉROU
LE BRÉSIL
LA BOLIVIE
L'AMÉRIQUE DU SUD
À 45° LATITUDE
0 400 800 MILLES
0 600 1,200 KILOMÈTRES
LES CARAÏBES
CUBA (m.)
LA RÉPUBLIQUE DOMINICAINE
Port-au-Prince
HAÏTI (m.)
la Guadeloupe (LA FRANCE)
Pointe-à-Pitre
DOMINIQUE (f.)
Fort-de-France
la Martinique (LA FRANCE)
SAINTE LUCIE (f.)
LA MER DES CARAÏBES
0 150 300 MILLES
0 200 400 KILOMÈTRES

TOUT ENSEMBLE

TOUT ENSEMBLE

Raymond F. Comeau
Harvard University

Normand J. Lamoureux
College of the Holy Cross

avec la participation de

Marie-France Bunting
Harvard University

et

Brigitte Lane
Swarthmore College

HOLT, RINEHART AND WINSTON
Harcourt Brace College Publishers
Fort Worth Philadelphia San Diego New York Orlando Austin San Antonio
Toronto Montreal London Sydney Tokyo

Publisher Ted Buchholz
Editor-in-Chief Christopher P. Klein
Senior Acquisitions Editor Jim Harmon
Editorial Assistant Jennifer Ryan
Production Manager Debra A. Jenkin
Cover Designer Vicki Whistler
Editorial & Production Services Michael Bass & Associates
Text Designer Joy Dickinson/Editorial Services
Compositor G&S Typesetters, Inc.

Cover Image: Henri Matisse, *Geraniums*, 1895, Courtesy of the Fogg Art Museum, Harvard University Art Museums, bequest from the Collection of Maurice Wertheim, Class of 1906. © 1995 Succession H. Matisse, Paris/Artist Rights Society, N.Y.

Address for Editorial Correspondence: Harcourt Brace College Publishers, 301 Commerce Street, Suite 3700, Fort Worth, TX 76102.

Address for Orders: Harcourt Brace & Company, 6277 Sea Harbor Drive, Orlando, FL 32887.
1-800-782-4479, or 1-800-433-0001 (in Florida).

ISBN 0-03-009598-0

Library of Congress Catalog Number 95-38460

Printed in the United States of America

5 6 7 8 9 0 1 2 3 4 032 9 8 7 6 5 4 3 2 1

Contents

Chapitre 10: Chanson et Cinéma 320

Preface

Tout Ensemble is an intermediate French program that brings together, in one volume, selections—grammar and readings—from the popular *Ensemble* series. *Tout Ensemble* is therefore based on the tried-and-true integrative approach to language study that the *Ensemble* series, now in its fifth edition, pioneered in 1977. This integrative approach is based on the philosophy that intermediate language learning is facilitated when the same thematic concepts and vocabulary are carefully circulated and reinforced in both grammar activities and reading activities.

Tout Ensemble includes virtually all of the themes and grammar activities from *Ensemble : Grammaire*, and two thematic readings per chapter—updated when necessary—chosen from the three readers in the series, *Ensemble : Culture et Société*, *Ensemble : Littérature*, and *Ensemble : Histoire*. The first of the two readings in each chapter has been selected from *Ensemble : Culture et Société*, and therefore deals with contemporary issues, while the second is drawn from either *Ensemble : Littérature* or *Ensemble : Histoire*. This broad perspective mingles selections by twentieth-century French and Francophone writers and journalists, such as Elisabeth Schemla, Yves Beauchemin, Eugène Ionesco, Josyane Savigneau, Francis Bebey, Hubertine Auclert, and Charles de Gaulle, with classical authors such as Rousseau, Hugo, and Montesquieu.

Following a short *Chapitre préliminaire* that introduces the *passé simple* and some useful expressions for writing compositions, each of the ten chapters in *Tout Ensemble* has a grammar section and a reading section. Following are the formats of each.

Grammar section

- The *Vocabulaire du thème* lists the thematic vocabulary that will recur in the grammar explanations and activities, and also, later on, in the reading activities.
- *Mise en scène* or *Situation* presents an activity—a dialogue or imaginary situation—that reinforces the *Vocabulaire du thème*.
- The *grammar presentations*, in English, have been made as clear and concise as possible. Special attention has been given to grammar points that normally present the most difficulty for English-speaking students.
- The *Exercices* allow students to practice each point of grammar in context. These exercises are comprehensive and varied, ranging from substitution drills and translation to creative completions and imaginary activities. They are often playful, contextualized, and personalized. An icon has been placed next to any exercise that can lend itself to a dialogue, either between the instructor and a student, or between two students. Flagging exercises that can be used as dialogues will aid instructors in planning homework and classroom activities, and also foster student interaction.
- The *Exercices d'ensemble* are a series of varied grammar exercises that provide a final review and synthesis of all the grammar points in the chapter.

Reading section

- The *introduction*, in English, places the reading in context by providing background information on the subject or author of the reading.
- The *Orientation*, a pre-reading activity, offers students the opportunity to interact with the theme of the subject through various individual and group activities.
- The *reading selections*—newspaper and magazine accounts, literary passages, historical narrations, speeches, and other forms of literary discourse from authors past and present—were chosen for their intrinsic interest and level of difficulty, and also to highlight the chapter theme.
- The section *Qu'en pensez-vous ?* tests the students' basic understanding of the text. Students are asked not only to indicate whether these statements relating to the text are correct or not but also to comment further and explain the reasons for their responses.
- The *Vocabulaire satellite* assembles useful words and expressions relating to the reading and the theme. Students will use these expressions when preparing oral and written activities.
- Finally, *Pratique de la langue*, consisting of questions, role-play activities, imaginary situations, and other individual and group oral and written activities, offers students the opportunity to expand on the theme and reading in personal and creative ways.

Available with *Tout Ensemble* is a *Cahier de laboratoire* that presents exercises to reinforce the grammar and theme. This lab manual/workbook includes lively pattern practice drills, comprehension exercises, and *dictées.* Also available is a video, *Caméra I,* that presents television excerpts from France and French-speaking countries elucidating the volume's themes.

Tout Ensemble also has an appendix that includes the following: a section dealing with numbers, dates, weather expressions, telling time, and literary tenses (the past anterior, and the imperfect and pluperfect sunjunctive); extensive verb charts; French-English and English-French vocabularies (the latter to be used in doing the translation grammar exercises); and a complete grammar index. It is recommended that students acquire a French-English/English-French dictionary to aid them in preparing oral and written activities.

Acknowledgments

Writing a textbook is a team enterprise requiring the active and genuine cooperation of writers, editors, designers, and printers. We are grateful to every member of the team that helped us produce *Tout Ensemble*, and, while we cannot mention all of them by name, we wish to thank them all. We are especially grateful to James Harmon of Holt, Rinehart and Winston for his continued belief in the *Ensemble* series, and for his encouragement to produce *Tout Ensemble.* We also owe special thanks to other members of the Holt staff, in particular, to Jennifer Ryan for her gentle and constant prodding; to Debra Jenkin for her attention to the details of production; and to Vicki Whistler for her cover design. We also thank Michael Bass of Michael Bass and Associates for shepherding the project through its final stages, Joy Dickinson for her elegant text design, and Charlotte Jackson, our copyeditor, and Jeanne Pimentel, our proofreader, for their many suggestions that will help make this text a better pedagogical tool. Finally, we thank our wives, Jean Comeau and Priscilla Lamoureux, for their unfailing moral support in this venture and in all of our previous writing efforts.

R.F.C. / N.J.L.

Chapitre préliminaire

Composition, The Passé Simple

Composition

A well-organized composition has an *introduction*, *transitions*, and a *conclusion*. Study the following examples, which will be helpful in preparing discussions, compositions, and oral reports.

1. Introductions

   Je vais discuter (décrire, examiner, traiter)...
   I am going to discuss (describe, examine, treat) . . .

   On dit souvent que...
   It is often said that . . .

   Je vais diviser mes remarques en deux parties : d'abord... et ensuite...
   I am going to divide my remarks into two parts: first . . . and then . . .

2. Transitions

   d'une part... d'autre part *on one hand . . . on the other hand*

   d'ailleurs *besides*
   de plus *furthermore, in addition, moreover*
   en plus de *in addition to*

   en ce qui concerne *concerning*
   quant à *as for*

   par contre *on the other hand*
   au contraire *on the contrary*
   cependant, pourtant *however*
   mais *but*
   tandis que *whereas*

   par exemple *for example*

3. Conclusions

   en conclusion *in conclusion*
   donc *therefore*
   par conséquent *consequently*
   à mon avis *in my opinion*
   bref, en résumé *in short*

EXERCICE

Remplacez les tirets dans cette composition par **cependant, tandis que, par exemple, mais, donc, je vais examiner, par contre** ou **en conclusion.**

Dans cette composition ______________ le fossé *(gap)* entre les générations. Je pense que les jeunes et les adultes doivent avoir des idées différentes parce qu'ils mènent des vies différentes.

Les jeunes passent beaucoup de temps à l'université où ils pensent à leurs études et à leurs copains. L'université est un monde fermé et protégé où les responsabilités sont réduites (______________, les étudiants ne sont pas toujours obligés de faire la cuisine !). Je ne dis pas que les étudiants n'ont pas de responsabilités, ______________ leurs responsabilités sont limitées. Puisqu'ils ne sont pas encore dans la vie active, ils ont tendance à être idéalistes et impatients. Ils veulent réformer la société en un jour !

Les adultes, ______________, ont beaucoup d'expérience. Ils sont obligés de faire face aux réalités de la vie. Ce sont eux, ______________, qui doivent payer les frais d'inscription (*tuition*) de leurs enfants ! Quand ils étaient jeunes, eux aussi ont voulu réformer la société; ______________, quand ils ont essayé de le faire, ils n'ont pas toujours réussi. Ils sont ______________ devenus réalistes.

______________, on peut dire que les adultes acceptent de vivre dans un monde qui n'est pas parfait ______________ les jeunes rêvent d'un monde meilleur.

The *Passé Simple*

Students who plan to read French literature should be aware of the **passé simple** or *past definite*, a literary past tense that is often used in literature but is almost never used in conversation. The **passé simple** is generally translated in English in the same way as the **passé composé** or *compound past:* **j'ai parlé,** *I spoke;* **je parlai,** *I spoke.* The **passé simple** is formed by dropping the ending of the infinitive and adding the following endings for regular verbs:

-er verbs		**-ir** and **-re** verbs			
parler		**finir**		**perdre**	
je	parl**ai**	je	fin**is**	je	perd**is**
tu	parl**as**	tu	fin**is**	tu	perd**is**
il / elle / on	parl**a**	il / elle / on	fin**it**	il / elle / on	perd**it**
nous	parl**âmes**	nous	fin**îmes**	nous	perd**îmes**
vous	parl**âtes**	vous	fin**îtes**	vous	perd**îtes**
ils / elles	parl**èrent**	ils / elles	fin**irent**	ils / elles	perd**irent**

The **passé simple** forms of **avoir** and **être** are as follows:

avoir		être	
j'	**eus**	je	**fus**
tu	**eus**	tu	**fus**
il / elle / on	**eut**	il / elle / on	**fut**
nous	**eûmes**	nous	**fûmes**
vous	**eûtes**	vous	**fûtes**
ils / elles	**eurent**	ils / elles	**furent**

These forms and the **passé simple** of other common irregular verbs may be found in the verb charts in the Appendix.

EXERCICE

Voici un extrait *(selection)* du *Petit Prince*, le célèbre roman d'Antoine de Saint-Exupéry. Venu d'un autre monde, le protagoniste explore l'univers en visitant une série de planètes.

Identifiez les verbes au **passé simple** et mettez-les au passé composé.

La planète suivante était habitée par un *buveur*. Cette visite fut très courte mais elle plongea le petit prince dans une grande mélancolie :

— Que fais-tu là ? dit-il au buveur, qu'il trouva installé en silence devant une collection de *bouteilles* vides et une collection de bouteilles pleines.

— Je bois, répondit le buveur, *d'un air lugubre.*

— Pourquoi bois-tu ? lui demanda le petit prince.

— Pour oublier, répondit le buveur.

— Pour oublier quoi ? *s'enquit* le petit prince qui déjà le *plaignait.*

— Pour oublier que *j'ai honte, avoua* le buveur en *baissant* la tête.

— Honte de quoi ? *s'informa* le petit prince qui désirait le *secourir.*

— Honte de boire ! *acheva* le buveur qui *s'enferma* définitivement dans le silence.

VOCABULAIRE

le **buveur** drinker
la **bouteille** bottle
d'un air lugubre = *tristement*
s' **enquit (s'enquérir)** = *demanda*
plaindre = *avoir pitié de*
avoir honte to be ashamed
avouer to confess
baisser to lower
s' **informa** = *demanda*
secourir = *aider*
acheva = *conclut*
s' **enfermer** to shut oneself up

1 Les Femmes

Present Tense, Imperative, and Personal Pronouns

Une littéraire

Vocabulaire du thème : *Les Femmes*

Le Mariage

le **mari** husband
la **femme** wife
la **femme au foyer** housewife
se **marier avec, épouser** to marry (someone)
se **marier** to get married
marié married
la **lune de miel** honeymoon
le **couple** couple
être enceinte to be pregnant
avoir, élever des enfants to have, to bring up children
partager to share
fidèle faithful
tromper to cheat on, to deceive
jaloux, jalouse jealous
divorcer (avec quelqu'un) to divorce (someone)

L'Amour

flirter to flirt
être, tomber amoureux, amoureuse de to be, to fall in love with
embrasser to kiss
coquet, coquette coquettish
séduisant attractive, sexy
doux, douce sweet
la **liberté sexuelle** sexual freedom
la **limitation des naissances** birth control
l' **avortement** *m* abortion

Les Travaux ménagers

les **travaux ménagers** household chores
faire le ménage to do the housework
faire le lit to make the bed
passer l'aspirateur to vacuum
faire la vaisselle to do the dishes
faire la cuisine to do the cooking, to cook
faire les courses to do the shopping

La Libération des femmes

le, la **féministe** feminist
refuser les rôles féminins traditionnels to refuse the traditional feminine roles
l' **égalité** *f* equality
égal equal
indépendant independent
libéré liberated
la **crèche** day-care center

chercher, trouver un poste, un emploi to look for, to find a position, a job
poursuivre une carrière to pursue a career
réussir professionnellement to succeed professionally

le **machisme** chauvinism
la **discrimination** discrimination
le **stéréotype féminin** feminine stereotype
l' **homme macho** male chauvinist
le **harcèlement sexuel** sexual harassment

L'Apparence

grossir to get fat
maigrir to lose weight, to slim down
suivre un régime to be on a diet
faire des manières to put on airs

EXERCICE

[1] **Mise en scène.** Complétez en employant une ou plusieurs expressions du *Vocabulaire du thème.*

1. **A:** Comment Francine peut-elle aimer Jojo ?
   B: Je ne sais pas. Il...

[1] Exercises preceded by this icon lend themselves to dialogues and paired activities.

A: Oui, et il... aussi !
B: L'autre jour je l'ai vu au café. Il...
A: Pauvre Francine ! Elle est folle !

2. **A:** Les travaux ménagers, comme je les déteste ! Je ne veux plus... Je ne veux plus...
B: Tu ne voudrais plus... ?
A: Non !
B: Et tu ne voudrais plus... ?
A: Non plus !
B: Bravo, (nom), tu es finalement libéré(e) !

The Present Tense

Formation of the Present

Regular formations

Regular verbs can be classified in three major groups according to the ending of the infinitive.

1. Group 1: infinitive ending in **-er**

aimer (stem, **aim-**)

j'	aime	nous	aim**ons**
tu[1]	aim**es**	vous	aim**ez**
il / elle / on[2]	aime	ils / elles	aim**ent**

2. Group 2: infinitive ending in **-ir**

a. Verbs like **finir**

finir (stem, **fin-**)

je	fin**is**	nous	fin**issons**
tu	fin**is**	vous	fin**issez**
il / elle / on	fin**it**	ils / elles	fin**issent**

Most verbs ending in **-ir** are conjugated like **finir.**

[1]Remember that **tu,** the familiar form, is used in addressing members of one's family, close friends, children, and animals; otherwise, the more formal **vous** is used. Young people today use **tu** freely among themselves.

[2]**On** is an indefinite pronoun, meaning *one* or, in the indefinite sense, *you* or *they* or *people.* It always takes a singular verb.

Une bergère s'occupe de ses moutons.

b. Verbs like **mentir**

mentir (stems: **men**-[*sing.*], **ment**-[*pl.*])

je	mens	nous	ment**ons**
tu	men**s**	vous	ment**ez**
il / elle / on	men**t**	ils / elles	ment**ent**

Common verbs like **mentir** include **dormir, partir, sentir, servir,** and **sortir.** Note that there is no **-iss-** in the plural, and that the consonant before the **-ir** ending is dropped in the singular but retained in the plural: **je mens,** but **nous mentons.**

3. Group 3: infinitive ending in **-re**

répondre (stem, **répond**-)

je	répond**s**	nous	répond**ons**
tu	répond**s**	vous	répond**ez**
il / elle / on	répond	ils / elles	répond**ent**

The verbs **rompre** and **interrompre** add an unpronounced **t** to the third person singular: **il rompt, elle interrompt.**

EXERCICES

A. Transformez les phrases selon le modèle.

MODELE Je déteste la discrimination ! (les féministes)
Les féministes détestent la discrimination !

1. Je grossis trop ! (nous, tu, la petite Sylvie, vous, on, Justin, je)
2. Je flirte avec tout le monde. (vous, on, ces coquettes, nous, tu, cet homme macho, je)
3. Je sors tous les soirs. (tu, on, cette femme d'affaires, mes frères, vous, nous, je)
4. J'attends un autre enfant. (tu, nous, Mme Petit, vous, on, mes grands-parents, je)

B. Formulez une phrase originale en employant un sujet de la première colonne, un verbe de votre choix de la deuxième colonne, et une expression de la troisième colonne.

1. Mimi et Luc	aimer	professionnellement
2. Les féministes	travailler	dans une crèche
3. Nous	sortir avec	un bébé
4. Ce couple charmant	détester	les travaux ménagers
5. Les hommes libérés	étudier	souvent
6. Je	mentir	les stéréotypes féminins
7. Cette jeune fille coquette	attendre	les hommes machos
8. Cette femme compétente	respecter	les femmes
	réussir	flirter avec tout le monde
	partager	le harcèlement sexuel

C. Répondez par une phrase complète.

1. Admirez-vous les féministes (les hommes machos, les femmes au foyer) ?
2. Répondez-vous au professeur en français, en anglais ou en chinois ?
3. Grossissez-vous en hiver ?
4. Mentez-vous à votre petit(e) ami(e) (à vos parents, au professeur) ?
5. Cherchez-vous un emploi ?

La factrice qui livre un colis.

Irregular formations

1. Verbs with irregular present tenses must be learned individually (see Appendix). Verbs with similar formations may be organized into groups.

   a. Common verbs

aller	boire	dire	falloir[2]	plaire	rire
s'asseoir	courir	être	lire	prendre	savoir
avoir	devoir[1]	faire	mourir	recevoir	valoir

   b. Common verb groups

battre, mettre	offrir, ouvrir, souffrir, découvrir
connaître, paraître	plaire, taire
croire, voir	pouvoir, vouloir, pleuvoir[2]
cueillir, accueillir	tenir, venir
écrire, vivre, suivre	

   verbs ending in **-indre:** craindre, joindre, peindre, etc.
   verbs ending in **-uire:** construire, détruire, produire, séduire, traduire, etc.

   Note that compounds derived from these verbs are conjugated in the same way: **apprendre, comprendre,** and **surprendre** like **prendre; devenir, revenir,** and **se souvenir** like **venir;** and so forth.

2. Some common **-er** verbs undergo spelling changes.

   a. Verbs ending in **-cer** and **-ger: c** changes to **ç (c cédille)** and **g** to **ge** before the ending **-ons.**

   commencer : je commence but **nous commençons**
   nager : je nage but **nous nageons**

   Other such verbs:

avancer	lancer	divorcer
changer	manger	partager

   b. Verbs ending in **-yer: y** changes to **i** before endings in mute **e: -e, -es, -ent.**

   nettoyer : nous nettoyons, vous nettoyez but **je nettoie, tu nettoies, elle nettoie, ils nettoient**

   Other such verbs:

choyer	employer	essayer
essuyer	payer	envoyer

   Verbs ending in **-ayer** may retain the **y: ils paient, ils payent.**

   c. Verbs ending in **e** + *consonant* + **er: e** changes to **è (e accent grave)** before endings in mute **e.**

   lever : nous levons, vous levez but **je lève, tu lèves, il lève, ils lèvent**

[1] See Chapter 6 for the use of **devoir.**
[2] These verbs are used only in the third person singular: **il faut, il pleut.**

Other such verbs:

mener promener
élever peser

Verbs ending in **-eler** or **-eter** are exceptions. They double the **l** and **t,** respectively, before endings in mute **e.**

appeler: nous appelons, vous appelez but **j'appelle, tu appelles, elle appelle, ils appellent**

jeter: nous jetons, vous jetez, but **je jette, tu jettes, elle jette, ils jettent**

The verbs **acheter** and **geler,** however, change **e** to **è** before endings in mute **e: j'achète, il gèle.**

d. Verbs ending in **é** + *consonant* + **er: é (e accent aigu)** changes to **è (e accent grave)** before endings in mute **e.**

suggérer: nous suggérons, vous suggérez but **je suggère, tu suggères, elle suggère, ils suggèrent**

Other such verbs:

considérer espérer posséder
préférer répéter exagérer

EXERCICES

A. Transformez les phrases.

1. Je fais la vaisselle tous les soirs. (Cendrillon, tu, on, Jules et Jim, vous, nous, je)
2. Je veux réussir professionnellement. (nous, vous, cette vedette de cinéma, tu, on, Babette et Brigitte, je)
3. Je vais à la crèche. (vous, nous, la petite Gigi, tu, on, M. et Mme Enfantin, je)
4. Je suis contre la discrimination. (tu, nous, Zelda, les hommes libérés, vous, on, je)

B. Complétez au présent.

1. craindre (je, nous)
2. savoir (il, vous)
3. aller (tu, elles)
4. découvrir (je, nous)
5. pleuvoir (il)
6. faire (tu, vous)
7. voir (je, vous)
8. venir (il, ils)
9. commettre (tu, vous)
10. devoir (je, nous)
11. séduire (elle, nous)
12. pouvoir (je, nous)
13. écrire (tu, ils)
14. être (je, ils)
15. boire (je, nous)
16. avoir (tu, ils)
17. falloir (il)
18. croire (je, vous)
19. recevoir (elle, elles)
20. vouloir (je, nous)
21. rire (tu, nous)
22. plaire (elle, elles)
23. valoir (je, vous)
24. accueillir (je, ils)

C. Répondez aux questions suivantes.

1. Imaginez que vous êtes une femme enceinte. Voulez-vous un garçon ou une fille ?
2. Imaginez que vous êtes une femme au foyer. Qu'est-ce que vous savez faire ?
3. Imaginez que vous cherchez un mari (une femme). Où allez-vous le (la) chercher ?
4. Imaginez que vous êtes dans un café. Qu'est-ce que vous buvez ? Qu'est-ce que vous ne buvez pas ?

5. Imaginez que vous êtes un homme macho. Qu'est-ce que vous voulez faire ?
6. Imaginez que vous êtes très riche. Qu'est-ce que vous pouvez faire ?
7. Imaginez que vous grossissez. Qu'est-ce que vous allez faire ?

D. Transformez les phrases.

1. J'achète une nouvelle maison. (nous, on, tu, ce couple, mes parents, je)
2. J'appelle toujours la police. (vous, ma voisine, nous, on, la femme de l'inspecteur Clouseau, je)
3. Je préfère les femmes coquettes. (tu, Aldo, nous, vous, les hommes frustrés, on, je)

E. Complétez au présent.

1. divorcer (nous, je)
2. étudier (ils, vous)
3. manger (nous, tu)
4. payer (elle, nous)
5. élever (tu, vous)
6. acheter (vous, elle)
7. appeler (nous, je)
8. préférer (je, nous)
9. posséder (vous, tu)
10. essayer (nous, ils)
11. envoyer (ils, vous)
12. espérer (tu, nous)
13. mener (nous, il)
14. partager (elles, vous)
15. considérer (je, nous)

F. Demandez à un(e) autre étudiant(e)...

1. s'il (si elle) exaspère ses parents (ses amis, le professeur).
2. s'il (si elle) est timide (séduisant/e, antiféministe, jaloux/jalouse).
3. s'il (si elle) fait souvent la cuisine (la vaisselle, l'idiot/e).
4. quelle sorte de jeune fille (jeune homme) il (elle) préfère.
5. s'il (si elle) écrit beaucoup de billets doux *(love letters)*.
6. s'il (si elle) partage les travaux ménagers. Si oui, avec qui ?

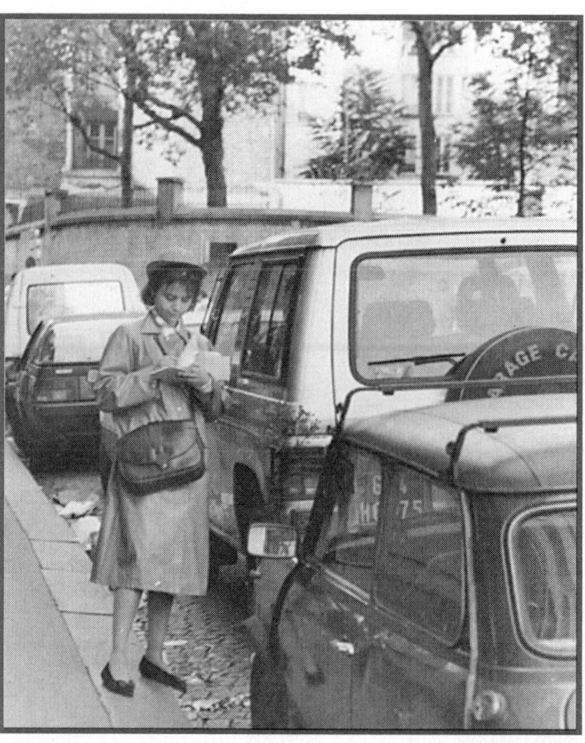

On dresse une contravention.

7. s'il (si elle) mène une vie bizarre (normale, aventureuse, ennuyeuse).
8. s'il (si elle) tutoie le professeur (ses amis, ses parents, les animaux).
9. s'il (si elle) fait des manières.

Use of the Present

The single form of the French present tense corresponds to several possible variations of meaning in English.

j'aime { *I love* / *I do love* / *I am loving* / *I have been loving* }

The precise English equivalent of the French present tense depends on the use of the verb in the sentence.

Uses that correspond to the English present

Like the English present tense, the French present is used to indicate present or customary actions, and general truths.

Comment ! Bruno flirte avec ma petite amie ?
What! Bruno's flirting with my girlfriend?

Paul bavarde au téléphone tous les après-midi.
Paul gossips on the phone every afternoon.

L'amour idéal n'existe pas.
Ideal love doesn't exist.

The English progressive present

The French present tense is used to express the English progressive present: *I am walking.*

Que fait Nadine ? —Elle cherche un emploi.
What is Nadine doing? —She's looking for a job.

The expression **être en train de** + *infinitive (to be busy, or in the act or process of doing something)* is used to stress the progressive nature of the present.

Silence ! Je suis en train de travailler !
Quiet! I'm busy working!

La femme moderne est en train de se créer une nouvelle image.
Modern woman is in the process of creating a new image for herself.

With *depuis, il y a... que, voici... que, voilà... que, ça fait... que*

The French present is used with **depuis, il y a... que, voici... que, voilà... que,** and **ça fait... que** to express an action that began in the past and is still going on in the present (the English present perfect tense).

Charles et Emma sortent ensemble depuis longtemps.
Il y a longtemps que Charles et Emma sortent ensemble.

Voici (Voilà) longtemps que Charles et Emma sortent ensemble.
Ça fait longtemps que Charles et Emma sortent ensemble.
Charles and Emma have been going out together for a long time.

Note that the verb precedes **depuis,** but follows the other expressions. **Il y a** meaning *there is (are)* or *ago* should not be confused with **il y a... que.**

Il y a deux crèches en ville.
There are two day-care centers downtown.

Ils se sont mariés il y a deux ans.
They got married two years ago.

Il y a deux ans qu'elle suit un régime !
She has been on a diet for two years!

The immediate future

The French present can also be used with a future temporal expression to indicate an action in the immediate future.

Elle vient dans une heure.
She's coming in an hour.

Je vous téléphone demain.
I'll telephone you tomorrow.

EXERCICES

A. Changez les phrases suivantes en employant le temps présent avec **depuis.**

1. Voilà six mois que ma femme est enceinte.
2. Ça fait deux ans que je suis divorcé.
3. Il y a un mois que je suis au régime.
4. Voici quatre heures que Mimi fait la cuisine !
5. Ça fait longtemps que Normand cherche du travail.
6. Il y a deux heures que j'étudie.
7. Voici une heure que je vous attends !

B. Qu'est-ce que les personnes suivantes sont probablement en train de faire ?

MODÈLE Jeanne est à la discothèque.
Elle est en train de danser (de bavarder avec ses amies, etc.).

1. Mathilde est à la bibliothèque.
2. Micheline est à l'hôpital.
3. Georges est dans la cuisine.
4. Charles est au café.
5. Dorine et Marc sont à la piscine.
6. Sylvie et Louise sont au restaurant.
7. Jean-Pierre est au zoo.
8. Mimi et Gigi sont à une soirée.
9. Florence est dans le parc.

C. Traduisez en français.

1. Jeanne is smart, attractive, and very liberated.
2. She has been married for four years.
3. A true feminist, she refuses the traditional feminine roles.
4. She and her husband Louis share the household chores.
5. Louis, for example, is raising their two children.

6. He also does the shopping, the cooking, and the housework.
7. He's so tired that he's losing weight!
8. And Jeanne? She is busy pursuing a career in business *(dans les affaires).*
9. She is going to succeed professionally.
10. Oh, yes. She does the dishes from time to time *(de temps en temps).*

Related Expressions

depuis quand... ? and *depuis combien de temps... ?* + present tense

1. **Depuis quand... ?** *(Since when . . . ?)* is used to ask a question concerning the point of origin of an action. The answer will usually indicate a specific point in time: a year, day of the month or week, hour of the day, and so on.

   Depuis quand êtes-vous marié ? —Je suis marié depuis 1990.
   Since when have you been married? —I've been married since 1990.

2. **Depuis combien de temps... ?** *(How long . . . ?)* is used to ask a question concerning the duration of an action. The answer will usually indicate a length of time.

   Depuis combien de temps êtes-vous divorcé ? —Je suis divorcé depuis sept ans.
   How long have you been divorced? —I've been divorced for seven years.

venir de + infinitive

The present tense of **venir de** + *infinitive* indicates that an action has just been completed.

Elle vient d'avoir un bébé.
She has just had a baby.

Elle vient de trouver un bon emploi.
She just found a good job.

Note that the English equivalents do not use the present tense.

EXERCICES

A. Formulez des phrases originales en employant les expressions dans la colonne de gauche, l'expression **parce que je viens de,** et les expressions dans la colonne de droite.

1. Je suis triste	trouver un nouveau poste
2. Je suis jaloux (jalouse)	faire le ménage
3. Je suis fatigué(e)	me marier
4. Je suis dans les nuages *(clouds)*	faire la connaissance d'un homme macho
5. Je suis nerveux (nerveuse)	embrasser mon ami(e)
6. Je suis content(e)	tromper mon ami(e)
7. J'ai peur	divorcer
8. Je suis furieux (furieuse)	perdre mon poste
	avoir un enfant
	tomber amoureux (amoureuse)

B. Traduisez en français.

1. Annie just lost a boyfriend.
2. They have just gone shopping.
3. Simone has just gone out with Jean-Paul.
4. Fifi just found a job!
5. Marguerite and Guy have just had a baby.

C. Traduisez en français, puis jouez les dialogues.

1. **A:** How long have you been looking for a job?
   B: For four years.
   A: ! ! !
2. **A:** How long have you been pregnant, Miss?
   B: Since when have you been so indiscreet, Sir?
3. **A:** How long have you been married, *(nom)* ?
   B: For 40 years.
   A: How long have you been in love?
   B: For 40 years.
   A: *(un sourire)*
4. **A:** Since when have you been cooking, *(nom)* ?
   B: Since 6:00 A.M.
   A: But it's noon!
   B: Do you want a good meal or not?

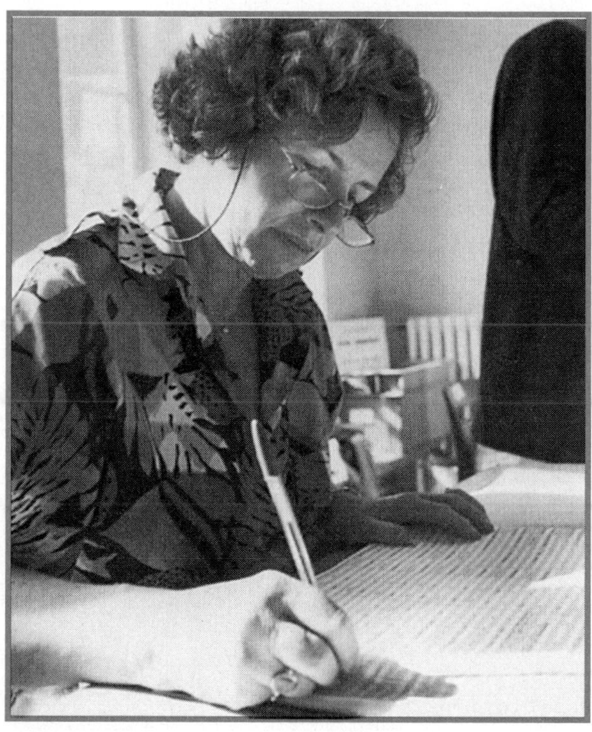

Une employée au travail

5. **A:** How long have you been on a diet, *(nom)* ?
   B: For 22 years.
   A: But you're 22 years old!

The Imperative

The imperative mood expresses a command or a request. In French, it has three forms: the second person singular, and the first and second person plural.

Regular Imperatives[1]

The imperatives of most verbs have the same form as the present indicative without the subject pronouns.

Present indicative	**Imperative**
Tu attends. *You are waiting.*	Attends ! *Wait!*
Tu fais ton lit. *You make your bed.*	Fais ton lit ! *Make your bed!*
Vous suivez un régime. *You are on a diet.*	Suivez un régime ! *Go on a diet!*
Nous faisons le ménage. *We're doing the housework.*	Faisons le ménage ! *Let's do the housework!*

The negative imperative

The negative imperative is formed by placing **ne** before the verb and **pas** after it.

Ne trompez pas Robert !
Don't cheat on Robert!

Ne faisons pas cela.
Let's not do that.

The second person singular of *-er* verbs

The second person singular of **-er** verbs (and of verbs like **offrir, ouvrir,** and **souffrir,** which conjugate like **-er** verbs) does not take **-s** except when followed by **y** or **en.**

Reste à la maison. *Stay home.*	BUT: Reste**s**-y. *Stay there.*
Va à la crèche. *Go to the day-care center.*	BUT: Va**s**-y. *Go (there).*
Mange des légumes. *Eat some vegetables.*	BUT: Mange**s**-en. *Eat some.*

[1] The imperative of reflexive verbs will be treated in Chapter 3.

Irregular Imperatives

The verbs **avoir, être, savoir,** and **vouloir** have irregular imperatives.

avoir	être	savoir	vouloir
aie	sois	sache	veuille
ayons	soyons	sachons	veuillons
ayez	soyez	sachez	veuillez

Aie de la patience !
Have patience!

Ne soyons pas idiots !
Let's not be silly!

Sachez la leçon par cœur.
Know the lesson by heart.

Veuillez is a formal, polite form of *please.*

Veuillez vous asseoir, Mme Deslauriers.
Please be seated, Mrs. Deslauriers.

EXERCICES

A. Imaginez que vous êtes le conseiller (la conseillère) de Lulu, une jeune fille de 16 ans. Répondez en employant l'impératif affirmatif ou négatif à la deuxième personne du pluriel, selon le modèle.

MODELE Qu'est-ce que vous allez dire à Lulu si elle sort avec un homme macho ?
Cherchez un autre petit ami !
ou : Ne sortez plus avec cet imbécile !
ou : Trouvez un jeune homme libéré !

Qu'est-ce que vous allez dire à Lulu...

1. si elle flirte avec tout le monde ?
2. si elle veut devenir présidente ?
3. si elle maigrit trop ?
4. si elle veut quitter l'école ?
5. si elle est enceinte ?
6. si elle grossit trop ?

B. Traduisez en français.

1. Let's slim down.
2. Don't listen to the feminists!
3. Avoid household chores.
4. Be independent.
5. Don't put on airs, Brigitte!
6. Work, don't dream!
7. Choose *(sing.)* your friends with prudence.
8. Do *(sing.)* the cooking tonight, Jean-Pierre.
9. Let's chat in my room.
10. Don't do the dishes!

Related Expressions

Some imperatives have become commonplace in the spoken language and are often used as interjections.

tiens (from *tenir*)

Tiens expresses surprise.

Tiens ! J'ai une bonne idée !
Hey! I've got a good idea!

Tiens ! Le voilà !
Look! There he is!

voyons (from *voir*)

Voyons expresses disapproval or disbelief.

Voyons ! Vous savez que c'est impossible !
Come on! You know that's impossible!

Voyons ! Elle grossit, oui, mais après tout elle est enceinte !
Come now! She's putting on weight, all right, but after all she's pregnant!

EXERCICE

Remplacez les tirets par **Tiens** ou **Voyons** selon le cas.

1. ____________ ! Je viens d'avoir une idée exceptionnelle !
2. ____________ ! Vous êtes beau, oui, mais vous n'êtes pas Roméo !
3. ____________ ! Pourquoi vous impatientez-vous ? Ce n'était qu'un petit mensonge !
4. ____________ ! Elle sait la réponse !
5. ____________ ! Voilà Maurice !
6. ____________ ! Elle a obtenu son poste ? Mais elle n'est pas si compétente que ça !
7. ____________ ! Je sais que ce n'est pas possible !
8. ____________ ! Ils sont finalement arrivés !
9. ____________ ! Tu n'es vraiment pas contre la libération des femmes ?

Personal Pronouns

A pronoun is a word that replaces a noun. In French, a pronoun has the same gender and number as the noun it replaces.

Connaissez-vous les Giroud ? —Oui, je les connais.
Do you know the Girouds? —Yes, I know them.

Condamnez-vous le divorce ? —Non, je ne le condamne pas.
Do you condemn divorce? —No, I don't condemn it.

Parle-t-il avec Adèle ? —Oui, il parle avec elle.
Is he speaking with Adele? —Yes, he's speaking with her.

Direct and Indirect Object Pronouns; *y* and *en*

A direct object receives the action of the verb directly.

Il embrasse Françoise.
He kisses Françoise.

Il l'embrasse.
He kisses her.

An indirect object receives the action of the verb indirectly—that is, through the preposition **à** (*to* in English), whether expressed or understood.

Elle donne la bague à son fiancé.
She gives the ring to her fiancé.

Elle lui donne la bague.
She gives him the ring.

Direct object pronouns

me	me	**nous**	us
te	you	**vous**	you
le	him, it	**les**	them
la	her, it		

Je la traite comme une égale.
I treat her as an equal.

Je te vois demain.
I'll see you tomorrow.

The pronouns **me, te, le,** and **la** adopt the elided forms **m', t', l'** before verbs beginning with a vowel or mute **h.**[1]

Je l'aime beaucoup.
I love her (him, it) very much.

Je t'attends depuis une heure !
I've been waiting for you for an hour!

BUT:
Ils me haïssent !
They hate me!

Indirect object pronouns

me	to me	**nous**	to us
te	to you	**vous**	to you
lui	to him to her	**leur**	to them

Sa femme lui parle tendrement.
His wife speaks tenderly to him.

Il me donne son chèque.
He gives me his check.

Keep in mind that some common French verbs followed by **à** (e.g., **téléphoner à, plaire à, répondre à, obéir à**) require an indirect object in French, but are often not introduced by *to* in English.

Ce roman plaît-il à Ophélie ? —Oui, il lui plaît beaucoup !
Does this novel please Ophelia? —Yes, it pleases her a lot!

[1] There are two kinds of **h**'s in French, the mute **h** and the aspirate **h.** In pronunciation, both are silent. Elision occurs before a word begining with a mute **h** (**l'heure**), but not before a word beginning with an aspirate **h** (**le héros**). Words beginning with an aspirate **h** are marked with an asterisk in most French dictionaries, as in the end vocabulary of this book.

Téléphones-tu à Pierre ? —Oui, je lui téléphone.
Are you phoning Peter? —Yes, I'm phoning him.

Votre femme vous obéit-elle ? —Pas du tout !
Does your wife obey you? —Not at all!

EXERCICES

A. Comment trouvez-vous les personnes et les choses suivantes ? Répondez en employant **le, la** ou **les,** et un adjectif de la colonne de droite selon le modèle.

MODELE Comment trouvez-vous les féministes ?
Je les trouve intéressantes (intelligentes, amusantes, courageuses, etc.)

Comment trouvez-vous...

1. votre vie ?	triste
2. votre chambre ?	beau
3. les vins français ?	romantique
4. le président ?	idiot
5. la musique de Mozart ?	sale
6. les films comiques ?	impossible
7. les tableaux de Renoir ?	intéressant
8. la poésie ?	fascinant
9. vos professeurs ?	ridicule
10. le mariage ?	amusant
11. le divorce ?	bizarre
12. le harcèlement sexuel ?	sublime
13. le machisme ?	petit
	bon
	intelligent
	bête
	difficile
	ennuyeux
	abominable

B. Qu'est-ce que vous donnez aux personnes suivantes ? Répondez en employant **lui** ou **leur** selon le modèle.

MODELE Qu'est-ce que vous donnez à un ami qui a soif ?
Je lui donne de l'eau (de la limonade, de la bière, etc.).

Qu'est-ce que vous donnez à vos chats ?
Je leur donne du lait (des sardines, du jambon, etc.).

1. Qu'est-ce que vous donnez à un pauvre dans la rue ?
2. Qu'est-ce vous donnez à votre petit(e) ami(e) pour son anniversaire ?
3. Qu'est-ce vous donnez aux enfants quand ils ont faim ?
4. Qu'est-ce vous donnez à un(e) ami(e) qui vous invite à dîner chez lui (elle) ?
5. Qu'est-ce que vous donnez aux végétariens ?

C. Répondez en employant **lui** ou **leur.**

1. Téléphonez-vous au professeur (au président de l'université, au père Noël, à la femme du président) ?
2. Qu'est-ce que vous ne donnez pas aux végétariens (aux alcooliques, aux petits enfants) ?
3. Obéissez-vous souvent à vos parents (à votre grand-mère, au professeur) ?
4. Qu'est-ce que vous dites à vos amis quand vous les quittez dans la rue (quand vous les rencontrez dans la rue, quand vous êtes fâché contre eux) ?

D. Traduisez en français.

1. They are lying to us!
2. Her boyfriend is cheating on her.
3. He is offering me a happy life if I marry him.
4. When I speak to her, she doesn't hear me!
5. Our parents write us often.

y as an adverb and pronoun

1. As a pronoun, **y** refers to things or ideas, whether singular or plural. It is used as the object of verbs and expressions ending in **à. Y** is not used to refer to persons.

   Pensez-vous à la soirée ? —Oui, j'y pense.
   Are you thinking about the party? —Yes, I'm thinking about it.

   S'intéresse-t-elle aux mouvements qui s'opposent à la discrimination entre les sexes ? —Oui, elle s'y intéresse énormément !
   Is she interested in the movements against sexual discrimination? —Yes, she's very much interested in them!

2. As an adverb, **y** means *there.* It refers to a previously mentioned noun preceded by a preposition of place such as **à, dans,** or **chez.** It is almost always expressed in French, though often it need not be translated in English.

   Je vois Marc dans la rue. Il y fait quelque chose.
   I see Marc in the street. He's doing something there.

   Allez-vous à Paris ? —Oui, j'y vais.
   Are you going to Paris? —Yes, I'm going.

   If a place has not been previously mentioned, **là** is used instead of **y.**

   Mettez-vous là, s'il vous plaît.
   Sit there, please.

   Où est-elle ? —Là, dans la cuisine.
   Where is she? —There, in the kitchen.

   The adverb **y** is not used with the verb **aller** in the future and conditional tenses because the two juxtaposed *i* sounds cannot be easily pronounced: **j'y vais,** but **j'irai** and **j'irais; nous y allons,** but **nous irons** and **nous irions.**

en as an adverb and pronoun

1. As a pronoun, **en** usually refers to things or ideas, whether singular or plural. It replaces nouns in expressions formed with **de:** the partitive (**de l'argent, du pain,** etc.); objects of

expressions of quantity (**assez de, beaucoup de,** etc.); and objects of verbs and expressions ending in **de** (**parler de, être capable de,** etc.). Its English equivalents are *some, any, of it,* or *of them,* whether expressed or understood.

A-t-elle des vêtements élégants ? —Oui, elle en a.
Does she have any elegant clothes? —Yes, she has (some).

A-t-elle beaucoup d'ambition ? —Oui, elle en a beaucoup.
Does she have a lot of ambition? —Yes, she has a lot.

Parle-t-elle de son divorce ? —Oui, elle en parle.
Does she talk about her divorce? —Yes, she talks about it.

Est-elle capable de poursuivre une carrière ? —Oui, elle en est très capable.
Is she capable of pursuing a career? —Yes, she's very capable of it.

En also replaces nouns modified by numbers.

Combien de pièces y a-t-il dans l'appartement ? —Il y en a huit.
How many rooms are there in the apartment? —There are eight (of them).

En may replace persons in expressions of quantity and in the case of indefinite antecedents.

Combien d'enfants avez-vous ? —J'en ai six.
How many children do you have? —I have six (of them).

Combien d'amis ta femme a-t-elle ? —Elle en a beaucoup.
How many friends does your wife have? —She has a lot (of them).

A-t-elle des ennemis aussi ? —Non, elle n'en a pas.
Does she also have enemies? —No, she doesn't (have any).

A-t-elle un mari ? —Non, elle n'en a pas.
Does she have a husband? —No, she doesn't.

To avoid confusing **y** and **en,** remember that **y** (one letter) is associated with **à** (one letter), whereas **en** (two letters) is associated with **de** (two letters).

2. As an adverb, **en** means *from there*, whether expressed or understood.

Viennent-ils d'Allemagne ? —Oui, ils en viennent.
Do they come from Germany? —Yes, they come from there.

Revient-elle de Paris ce soir ? —Non, elle en revient demain.
Is she coming back from Paris tonight? —No, she's coming back (from there) tomorrow.

EXERCICES

A. Répondez en employant **y** ou **en.**

1. Allez-vous à la bibliothèque (en prison, au restaurant, au café, au bureau, à la plage, chez le dentiste) aujourd'hui ?
2. Est-ce que vous vous intéressez à la peinture (aux travaux ménagers, au mariage, à la politique, aux sports, au jazz, à la philosophie) ?
3. Combien de bicyclettes (de professeurs de français, de parents, de problèmes, de dollars, de voitures, de nez) avez-vous ?
4. Avez-vous des idées originales (des dettes, du courage, des millions, de l'ambition, des opinions bizarres) ?

5. Combien de personnes y a-t-il dans votre famille (dans un trio, dans une équipe de basket, dans la classe de français) ?

B. Posez les questions suivantes à un(e) autre étudiant(e) qui y répondra en employant **y** ou **en** selon le modèle.

MODELE PROFESSEUR : Brigitte, demandez à Philippe s'il pense à l'amour.
BRIGITTE : Pensez-vous à l'amour ?
PHILIPPE : Oui, j'y pense souvent !
ou : Non, je n'y pense jamais.
ou : Oui, j'y pense de temps en temps.

Demandez à un(e) autre étudiant(e)...

1. s'il (si elle) pense au mariage (au choix d'une carrière, aux vacances).
2. s'il (si elle) a peur du mariage (de la pollution, des rats).
3. s'il (si elle) a besoin d'argent (d'imagination, de courage, d'ambition).
4. s'il (si elle) va au bar (à la bibliothèque, à l'hôpital) aujourd'hui.
5. combien de télévisions en couleur il (elle) a.
6. s'il (si elle) parle de son emploi (de la libération des femmes, du machisme, du harcèlement sexuel).
7. s'il (si elle) répond tout de suite aux questions du professeur (au téléphone).

C. Remplacez les tirets par **y** ou **en,** puis jouez les dialogues.

1. **A:** Est-ce que tu obéis toujours au code de la route ?
   B: J' ______ obéis toujours... quelquefois !
2. **A:** Pourquoi est-ce que tu fais toujours des manières ?
   B: Mais je n' ______ fais jamais.
   A: Si, tu ______ fais !
   B: Tu dis des bêtises !
   A: Mais non, c'est toi qui ______ dis !

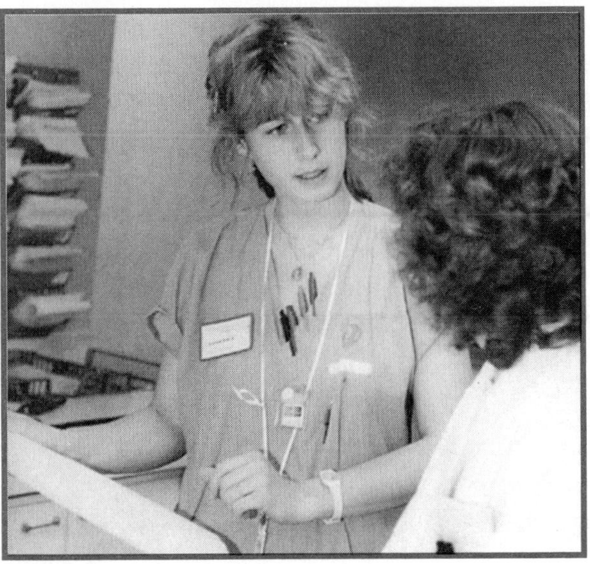

Dans un hôpital

3. **A:** (Nom), pourquoi est-ce que tu penses toujours à ton régime ? Tu es obsédé(e). Il me semble que tu ne penses qu'à ça !
   B: J' ______ pense parce que ça m'intéresse. Il faut que je perde des kilos !
4. **A:** (Nom), as-tu répondu à la lettre de ton frère ?
   B: Non, papa, pas encore.
   A: Et pourquoi est-ce que tu n' ______ réponds pas ?
   B: Parce que Raymond me demande toujours de l'argent !

Position of pronouns

1. Except in the affirmative imperative, **y** and **en** and the other object pronouns directly precede the verb. If there is more than one pronoun with a verb, the order is as follows:

me **te** **nous** **vous** **se**[1]	before	**le** **la** **les**	before	**lui** **leur**	before	**y**	before	**en**	before	*verb*

Me donnez-vous ces fleurs ? —Oui, je vous les donne.
Are you giving me these flowers? —Yes, I'm giving them to you.

Mettez-vous le vase sur cette table ? —Oui, je l'y mets.
Are you putting the vase on this table? —Yes, I'm putting it there.

This order is also observed with infinitives and negative imperatives.

Je vais les leur donner.
I am going to give them to them.

Il veut nous y envoyer.
He wants to send us there.

Ne le lui montrez pas !
Don't show it to him (her)!

Ne m'en donne pas.
Don't give me any.

2. In the affirmative imperative, however, the pronouns follow the verb and are joined to it by hyphens. If there is more than one pronoun with a verb, the order is as follows:

verb	before	*direct object*	before	*indirect object*	before	**y**	before	**en**

Donnez-les-leur.
Give them to them.

Envoyons-les-y.
Let's send them there.

The pronouns **me** and **te** change to **moi** and **toi** in final position.

Si vous avez un secret, dites-le-moi.
If you have a secret, tell it to me.

Explique-toi !
Explain yourself!

Note that when **me, te, le,** or **la** elide with **y** or **en,** the hyphen between them disappears.

Achetez-m'en !
Buy me some!

[1] The reflexive pronoun **se** is treated in Chapter 3.

EXERCICES

A. Imaginez que le professeur vous offre les choses suivantes. Les voulez-vous ou préférez-vous qu'il les donne à votre voisin(e) de droite ou de gauche ? Répondez selon le modèle.

MODELE Voici un bonbon délicieux !
Donnez-le-moi !

Voici un serpent dangereux !
Ne me le donnez pas !

1. Voici un escargot.
2. Voici un oignon.
3. Voici un petit chat.
4. Voici un grand rat.
5. Voici une cigarette.
6. Voici une rose.
7. Voici la clé d'une nouvelle voiture.
8. Voici une pizza.

B. Répondez aux questions suivantes en employant les pronoms **lui** et **en** selon le modèle.

MODELE Donneriez-vous des fleurs au professeur ?
Oui, je lui en donnerais.
ou : *Non, je ne lui en donnerais pas !*

Donneriez-vous...

1. du whisky à une femme enceinte ?
2. de l'argent à un pauvre ?
3. du caviar à un chat ?
4. des bananes à King Kong ?
5. des bombes à un terroriste ?
6. des perruques *(wigs)* à Marie-Antoinette ?
7. du chocolat à quelqu'un qui est au régime ?
8. des vêtements à Tarzan ?

C. Répondez en employant les pronoms **leur** et **en** selon le modèle.

MODELE Parlez-vous de l'avortement à vos parents ?
Oui, je leur en parle.
ou : *Non, je ne leur en parle pas.*

1. Parlez-vous de votre vie intime à vos parents ?
2. Donnez-vous du bifteck (des carottes) aux végétariens ?
3. Donnez-vous du café (du café décaféiné) aux insomniaques ?
4. Donnez-vous des cigarettes (des bonbons) aux enfants ?
5. Donnez-vous du whisky (du lait) aux alcooliques ?
6. Offrez-vous des cadeaux (des fleurs) à vos parents ?

D. Qu'est-ce que vous aimez faire et qu'est-ce que vous n'aimez pas faire ? Répondez en employant le pronom approprié selon le modèle.

MODELE regarder la télévision
J'aime la regarder.
ou : *Je n'aime pas la regarder.*

boire du vin
J'aime en boire.
ou : *Je n'aime pas en boire.*

1. manger des sardines (de la pizza)
2. aller à la bibliothèque (au cinéma, au musée)
3. faire la cuisine (le ménage)
4. critiquer les féministes (le professeur, le président)
5. écrire des compositions (des poèmes)
6. mentir au professeur (à vos amis)

Disjunctive Pronouns

Disjunctive pronouns are personal pronouns that do not form a word group with the verb (hence the name *disjunctive*).

moi	**nous**
toi	**vous**
lui	**eux**
elle	**elles**
soi	

Lui and **eux** are masculine; **elle** and **elles** are feminine. **Soi** is reflexive and indefinite, corresponding to the English *oneself* or *itself.*

Use of disjunctive pronouns

1. To respond directly to a question without using a verb:

   Qui frappe à la porte ? —Moi !
   Who's knocking at the door? —I am!

2. After a preposition:

   Il part sans elle.
   He leaves without her.

   Elle va arriver avant vous.
   She's going to arrive before you.

   But, after the preposition **à,** the disjunctive pronoun is used only with reflexive verbs (e.g., **s'intéresser à, s'habituer à, se fier à**) and with a small group of expressions such as **faire attention à, penser à,** and **songer à.** In most cases **à** + *person* is replaced by an indirect object pronoun.

   Je pense à lui.
   I am thinking of him.

   Je m'intéresse à elle.
   I'm interested in her.

   BUT:

   Je lui parle.
   I'm speaking to him (to her).

   Je leur obéis.
   I obey them.

When replacing persons after verbs or verbal expressions ending in **de** (e.g., **avoir besoin de, parler de, avoir peur de, être content de**), a disjunctive pronoun is usually used for definite nouns.

Avez-vous peur de votre mari ? —Non, je n'ai pas peur de lui !
Are you afraid of your husband? —No, I'm not afraid of him!

Etes-vous content de votre secrétaire ? —Oui, je suis content de lui (d'elle).
Are you happy with your secretary? —Yes, I'm happy with him (her).

Avez-vous besoin de Gigi et Louis ? —Oui, j'ai besoin d'eux.
Do you need Gigi and Louis? —Yes, I need them.

3. To emphasize the subject:

Toi, tu es toujours contre la tradition.
You are always against tradition.

Moi, je suis pour la tradition.
I am for tradition.

Both a disjunctive and a subject pronoun are used, except in the third person, where a disjunctive pronoun may be used alone.

Lui ne part pas !
He's not leaving!

Eux ne vont jamais l'accepter !
They will never accept it!

4. In compound subjects:

Toi et moi ferons le ménage ensemble.
Toi et moi, nous ferons le ménage ensemble.
You and I will do the housework together.

Hélène et moi faisons la vaisselle.
Hélène et moi, nous faisons la vaisselle.
Helen and I do the dishes.

In compound subjects the disjunctive pronouns are often summed up by a personal pronoun (**nous** in the preceding examples). If both disjunctive pronouns are of the third person, however, they are generally not summed up.

Lui et elle travaillent ensemble.
He and she work together.

5. With comparisons and the expression **ne... que** *(only)* :

Sa sœur est plus ambitieuse que lui.
His sister is more ambitious than he.

Elle est si amoureuse qu'elle ne voit que lui !
She is so in love that she sees only him!

6. After **ni:**

Elle n'aime ni lui ni moi.
She likes neither him nor me.

7. After **c'est** and **ce sont:**

C'est moi.
It is I.

C'est lui.
It is he.

Ce sont eux.
It is they.

Note that **ce sont** is used only with the third person plural: **ce sont elles, ce sont eux,** but **c'est nous, c'est vous.**

8. With **même(s),** to express the emphatic *myself* (*yourself,* etc.):

Je le fais moi-même.	Elles l'ont réparé elles-mêmes.
I do it myself.	*They repaired it themselves.*

In this case the disjunctive pronoun is joined by a hyphen to **même,** which takes **-s** in the plural.

9. With indefinite subjects:

The indefinite disjunctive **soi** is used after prepositions in sentences with indefinite subjects like **on, chacun,** and **tout le monde;** after impersonal verbs; and in fixed indefinite expressions such as **chacun pour soi, en soi,** and **de soi.**

N'oubliez pas que chacun travaille pour soi.
Don't forget that each person is working for himself/herself.

Il faut être content de soi.
One must be content with oneself.

Le divorce est-il condamnable en soi ?
Is divorce to be condemned in itself?

EXERCICES

A. Remplacez les mots anglais par les **pronoms disjoints** *(disjunctive)* convenables.

1. Je m'intéresse tellement à ______ *(her)* !
2. Je n'aime que ______ *(you).*
3. ______ *(I)* ne vais jamais mentir !
4. Elles n'ont pas confiance en ______ *(themselves).*
5. On a tendance à parler de ______ *(oneself).*
6. ______ *(Paul and she)* rêvent d'une vie heureuse.
7. Elle et ______ *(I),* nous allons nous marier l'année prochaine.
8. ______ *(It is they)* qui m'ont menacé !
9. Je pense à ______ *(her).*
10. Sa femme est plus forte que ______ *(he)* !
11. Tu tombes amoureuse de lui ______ *(yourself).*
12. Elle ne trompe ni ______ *(them)* ni ______ *(me).*
13. Pour élever mes enfants, chérie, je n'ai que ______ *(you).*
14. ______ *(I)* dénonce la discrimination; ______ *(you)* l'approuves !
15. Tu es moins naïve qu' ______ *(she).*
16. Alphonse n'a pas besoin de Nina, mais André a besoin d' ______ *(her).*

B. Répondez en employant des **pronoms disjoints** selon le modèle.

MODELE Dînez-vous avec Georges le clochard ?
Non, je ne dîne pas avec lui.
ou : Oui, je dîne avec lui.

1. Est-ce que vous pensez à votre mère (au marquis de Sade, à Roméo et Juliette) ?
2. Jouez-vous avec les enfants (les terroristes, les athlètes professionnels) ?
3. Est-ce que vous vous moquez de vos parents (du professeur, du président, de la femme du président, des hommes machos) ?

4. Est-ce que vous vous méfiez des hommes d'affaires (des criminels, des agents de police, des féministes) ?
5. Dînez-vous avec le président ?

C. Répondez en employant un **pronom disjoint, y,** ou **en,** selon le modèle.

MODELE Avez-vous peur de l'amour ?
Oui, j'en ai peur.
ou : Non, je n'en ai pas peur.

Avez-vous peur de votre mère ?
Oui, j'ai peur d'elle.
ou : Non, je n'ai pas peur d'elle.

1. Avez-vous peur des fanatiques (des femmes coquettes, de votre père, des étrangers) ?
2. Obéissez-vous aux règles de l'université (au code de la route) ?
3. Avez-vous besoin de patience (d'argent, de vos ennemis, de vos parents) ?
4. Etes-vous content(e) de vos cours (de votre vie, de vos notes, de vos camarades de chambre) ?

Related Expressions

The neuter pronoun *le*

Pronouns generally replace nouns. The invariable neuter pronoun **le,** however, is used to replace an adjective or an entire phrase or clause. It is the equivalent of *it* or *so* in English, but often is not translated.

Mon frère est indépendant mais mes sœurs ne le sont pas.
My brother is independent but my sisters aren't.

Est-ce qu'elles vont réussir ? —Oui, je le crois.
Are they going to succeed? —Yes, I think so.

EXERCICES

A. Posez une question à un(e) autre étudiant(e) selon le modèle.

MODELE ambitieux
ETUDIANT(E) A : Es-tu ambitieux (ambitieuse) ?
ETUDIANT(E) B : Oui, je le suis.
ou : Non, je ne le suis pas.

1. frustré
2. satisfait
3. critique
4. amoureux
5. doux
6. sentimental
7. libéré
8. coquet
9. modeste
10. honnête

B. Traduisez en français les mots entre parenthèses.

1. Est-ce que cet homme est vraiment libéré ? —Non, ________ *(he isn't).*
2. Est-ce que votre fiancée est très intelligente ? —Oui, ________ *(she is).*

3. Les femmes sont-elles quelquefois sentimentales ? — __________ *(They are)* quelquefois, mais les hommes __________ *(are)* aussi.
4. Est-elle toujours jalouse ? —Non, __________ *(she isn't).*
5. Voulez-vous que j'épouse un homme riche ? — __________ *(I do and I don't).*

Exercices d'ensemble

I. Répondez en remplaçant les mots en italiques par un pronom.

MODELE Etes-vous *mariée ?*
Je le suis.
ou : *Je ne le suis pas.*

1. Aimez-vous partager *les travaux ménagers ?*
2. Faut-il accepter ou refuser *les rôles féminins traditionnels ?*
3. Qui fait *la cuisine* chez vous ?
4. Voulez-vous avoir *des enfants ?* Si oui, combien ?
5. Aimez-vous *les hommes qui flirtent ?*
6. Caractérisez-vous ! Etes-vous *doux ? séduisant ? jaloux ? original ? indépendant ? curieux ? fidèle ?*
7. Avez-vous l'intention *de poursuivre une carrière ?*
8. Approuvez-vous *la limitation des naissances ?*
9. L'avortement est-il *immoral ?*
10. Bavardez-vous *en classe ?*
11. Respectez-vous *les clochards ?*
12. Les femmes et les hommes sont-ils *égaux* aux Etats-Unis ?
13. Qui fait *le ménage* chez vous ?
14. Avez-vous jamais envie *de tromper votre ami(e) ?*
15. Avez-vous peur *de votre professeur ?*
16. Discutez-vous *vos problèmes personnels* avec *votre ami(e) ?*
17. Rêvez-vous quelquefois *d'un amour idéal ?*
18. Connaissez-vous *des couples heureux ?*
19. Avez-vous *des amis fidèles ?*
20. Détestez-vous *les hypocrites ?*

II. Traduisez en français.

1. My husband and I are equal; we share the household chores.
2. Let's avoid feminine stereotypes because they aren't true.
3. She has just found a good job.
4. Don't go out with him if he's jealous!
5. Let's do the cooking together tonight.
6. Jean-Louis wants to get married and have a family.
7. Janine refuses traditional feminine roles.
8. How long has she been going out with David?
9. Don't put on airs if you want to get married.
10. He's angry *(fâché)* because his girlfriend doesn't treat him like an equal.
11. That young woman wants to pursue a career and succeed professionally.
12. Renée is pregnant, but I'm not.

III. En employant l'impératif, reliez *(link)* un verbe de la première colonne à une expression de la deuxième colonne et formulez des phrases en suivant le modèle.

MODELE condamner l'avortement
Condamnons l'avortement.
Condamnons-le.
Ne le condamnons pas.

1. abolir	la fidélité
2. craindre	le divorce
3. condamner	l'avortement
4. encourager	le machisme
5. avoir peur de	la coquetterie des femmes
6. décourager	l'égalité des sexes
7. recommander	le harcèlement sexuel
8. dénoncer	les unions libres
9. défendre	la naïveté des jeunes filles
	le mariage
	le mouvement de libération des femmes
	la chasteté
	les vices des jeunes
	les bébés
	la famille

La Révolution féminine

The 1970s were decisive years in the history of French women. Though France did not witness the militant "bra-burning" demonstrations common in the United States, there were some provocative gestures. In 1969, for example, when a group of women laid a wreath dedicated to "the wife of the unknown soldier" under the Arc de Triomphe, the press viewed this act as offensive and scandalous. More recently, the militant feminists of groups like the *Mouvement de libération des femmes (MLF)* and *Choisir* have concentrated on changing the laws that traditionally define the condition of women.

In 1972, in the working-class suburb of Bobigny, the trial of a seventeen-year-old girl who had undergone an abortion with her mother's approval was turned into a cause célèbre by her energetic lawyer, Gisèle Halimi, a leader of the *Choisir* movement. The momentum generated by the Bobigny trial forced the government to legalize abortions; as a result the cost of contraceptives and abortion *(l'IVG: Interruption volontaire de grossesse)* is now absorbed by the *Sécurité Sociale.* Working mothers are now entitled to a fourteen-week maternity leave with pay. *Crèches* are also available (but in insufficient numbers) at rates that vary according to a family's means. Divorce laws, long held back by the legacy of the *Code Civil,* were liberalized in 1975.

In the 1980s and 1990s, France's socialist leaders made real efforts to promote women within party ranks but women leaders still remained an exception. In 1990, the total number of women in the National Assembly stood at 33 (less than 6%), 20 of whom were elected on a Socialist Party ticket. In 1991 Edith Cresson became the first woman Prime Minister in the history of France.

These breakthroughs have encouraged the appearance of nontraditional life styles. A small number of women who can support themselves financially have chosen to remain single and raise a child alone, as the following text illustrates.

Orientation

Imaginez que vous avez 39 ans, que vous n'êtes pas mariée et que vous voulez absolument avoir un enfant. Quelle(s) solution(s) allez-vous choisir, laquelle ou lesquelles n'allez-vous pas choisir? Pour quelles raisons?

Vous allez:

a. vous adresser à une agence matrimoniale *(dating service)* pour trouver un mari
b. kidnapper un enfant
c. « programmer » un enfant avec un ami de toujours dont vous n'êtes pas amoureuse
d. adopter un enfant
e. utiliser des moyens artificiels (insémination artificielle, fécondation in vitro)
f. chercher une mère porteuse *(surrogate mother)*.

Un Enfant pour elles toutes seules

Si Françoise a pu venir, ce soir-là, à la réunion du groupe de femmes, ce n'est pas parce que son mari a accepté de garder° les enfants. De mari, Françoise n'en a pas. Elle vit seule avec son fils, Hervé, quatre ans. « Je suis métis° », dit simplement Hervé, qui connaît son père, un Africain, mais n'a jamais vécu° avec lui. L'été dernier, il est allé en Afrique, dans la famille de son père, et a trouvé que « c'était très bien ».

Hervé, métis par hasard°, n'est pourtant pas un enfant du hasard. Sa naissance a été « voulue et programmée ». Françoise, la trentaine dépassée°, après un mariage raté°, puis la mort d'un homme qu'elle aimait, vivait seule dans la ville de province où elle est médecin. « J'avais envie d'avoir un enfant, et je me disais qu'il allait bientôt être trop tard », raconte-t-elle. « Alors j'ai arrêté la contraception et je me suis donné un an. Quand j'ai été enceinte°, je n'ai rien dit au père. Je n'avais pas l'intention de le dire à l'enfant non plus. A la naissance d'Hervé, j'ai changé d'avis°. Je ne pouvais pas couper l'enfant de ses racines° africaines. Il sait donc qui est son père. Mais c'est moi qui ai l'entière responsabilité de sa vie ».

Françoise est l'une de ces quelque cent mille femmes célibataires° et chefs de famille°. Elles étaient quatre-vingt-cinq mille en 1975 selon les statistiques de l'Institut national d'études démographiques (INED). Celles qu'on appelait « filles mères° », femmes victimes et rejetées, sont devenues « mères célibataires ». Françoise est fière de ce statut°. Elle se dit « mère célibataire volontaire », catégorie, selon elle, « en augmentation rapide depuis que la contraception a donné aux femmes cette liberté et en même temps cette responsabilité de décider elles-mêmes de leur vie ».

garder = *s'occuper de* / **le métis** half-breed; of mixed racial descent / **vécu** = *vivre (participe passé)* **par hasard** by chance, by accident / **la trentaine dépassée** = *ayant plus de 30 ans* / **raté** failed / **enceinte** pregnant / **changer d'avis** to change one's mind / **les racines** *f* roots / **célibataire** single, unmarried / **chef de famille** head of household / **filles mères** unwed mothers / **le statut** status

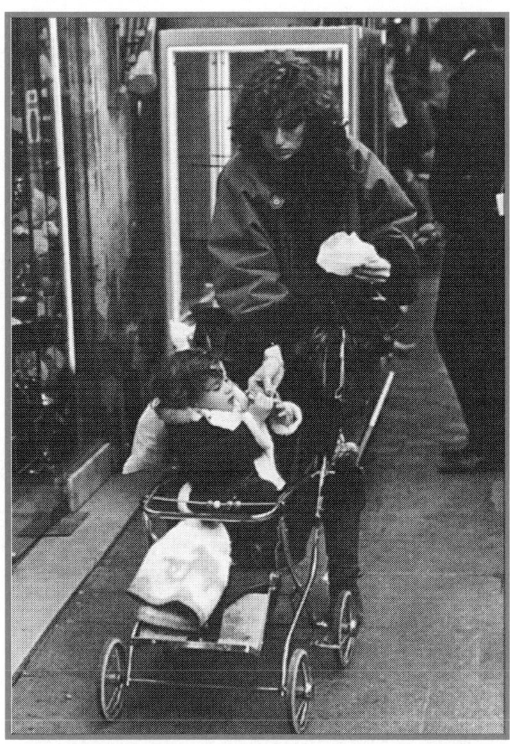

Une mère partage avec son enfant.

Christine n'utilisait pas de contraceptifs. Fragile et réservée, elle semble l'opposé de Françoise. A Marseille, comme avant à Paris, elle sortait peu, et « pour faire l'amour, il fallait que le type° soit vraiment intéressant. Alors à quoi bon° la pilule° tous les jours ? » Christine a été enceinte par hasard, il y a deux ans. « Ce bébé non prévu°, dès que j'ai été enceinte, j'ai décidé de le faire », assure-t-elle. Elle ne voulait rien dire au père pour ne rien lui imposer. Son médecin l'a convaincue du contraire. Le petit garçon a été reconnu par son père, dont il porte le nom.

Ces mères célibataires, revendiquant° un statut naguère infamant° et qui demeure scandaleux, appartiennent pour la plupart à un milieu socio-culturel privilégié. Elles se sont intéressées à la lutte° des femmes, même si elles ne militent pas dans un mouvement. Elles ont longuement réfléchi à leur désir d'enfant, au choix du père, à l'éventuelle reconnaissance° de l'enfant par le père. Beaucoup souhaitent donner à l'enfant leur propre nom. Elles ont généralement un peu moins ou un peu plus de trente ans lorsque naît l'enfant.

Certaines avaient déjà des relations avec un homme auquel elles ont demandé d'être le père de leur enfant; les hommes sont souvent extrêmement réticents. D'autres, comme Françoise, cessant de prendre des contraceptifs ont, au gré des rencontres°, attendu. D'autres encore ont été enceintes accidentellement. Leur acte volontaire a été le refus d'avorter°.

Pour Carmen, une petite brune énergique qui élève son fils en faisant des ménages°, ces femmes « font partie d'un ghetto intellectuel » et leur discours° a peu de rapport avec ce que

le type (*fam*) = *l'homme* / **à quoi bon?** what's the use (the good) of? / **la pilule** pill / **non prévu** not planned for / **revendiquant** laying claim to / **naguère infamant** until recently dishonorable / **la lutte** struggle / **l'éventuelle reconnaissance** *f* the possible acknowledgment / **au gré des rencontres** leaving it up to chance encounters / **avorter** to have an abortion / **faire des ménages** to work as a cleaning woman / **le discours** talk, verbal rationalization vivent les femmes seules. « A partir du moment où on peut avorter, bien sûr que si on ne le fait pas c’est volontaire, mais ça s’arrête là. Ces femmes trouvent de beaux arguments psychologiques et féministes. Elles ont du mal à° imaginer qu’on puisse être enceinte sans le vouloir. C’est pourtant le cas pour la majorité des femmes. Moi, je dis que, depuis sept ans que j’élève mon fils seule, je n’ai pas rencontré une seule vraie mère célibataire volontaire. Qui voudrait être ainsi au ban de° la société ? »

Tous les matins, Carmen fait le ménage dans des bureaux de son quartier° à partir de 4 heures. Lorsqu’elle rentre chez elle, après 8 heures, elle a juste le temps de préparer son fils pour l’école. Si elle perd quelques minutes et manque un autobus, il arrive en retard à l’école. Cette année, l’institutrice° a fait des remarques à Carmen. « Il paraît qu’on dérange° la classe. Elle sait pourtant que je n’y peux rien°. Je suis sûre que cela a un rapport avec le fait que je n’ai pas de mari. Elle veut me le faire sentir. Toutes les femmes seules ont des problèmes ».

Que la maternité soit volontaire ne supprime° pas les difficultés de la solitude. Il ne suffit pas que des mères revendiquent° leur célibat° pour que la réalité se plie à° leurs désirs. La famille elle-même est souvent le premier obstacle. Les belles-sœurs° de Françoise n’osaient° pas expliquer à leurs enfants qu’elle était enceinte alors qu°’elle n’avait pas de mari. La mère de Christine, au contraire, âgée et ayant perdu son mari depuis longtemps, se réjouissait°, pensant vivre avec sa fille et élever l’enfant.

Les mères célibataires volontaires ont essayé, par leur décision, de trouver le meilleur compromis possible entre leur désir d’enfant et une vie qui ne permettait pas la réalisation de ce désir. Mais elles ne savent pas encore si elles sont en train d’inventer une nouvelle cellule familiale° ou si elles referment sur elles le piège° d’une maternité solitaire, exclusive et aliénante°.

Josyane Savigneau, « La Société française en mouvement »

Qu’en pensez-vous ?

Etes-vous d’accord ou non avec les déclarations suivantes ? Justifiez votre réponse.

1. Les mères célibataires volontaires viennent généralement d’un milieu socio-culturel privilégié.
2. Elles ont, le plus souvent, moins de 25 ans.
3. Leur famille accepte toujours sans problèmes leur décision d’avoir un enfant sans être mariée.
4. Beaucoup de mères célibataires souhaitent donner leur propre nom à leur enfant.
5. Françoise a voulu et a littéralement programmé la naissance de son fils, Hervé.
6. Hervé n’a jamais rencontré la famille de son père qui est africain.
7. Christine a toujours eu l’intention de révéler la naissance de son enfant au père de celui-ci.
8. Tout comme Françoise, Christine a soigneusement programmé la naissance de son enfant.
9. La mère de Christine a été très heureuse de la naissance de son petit-fils.
10. Carmen et son fils ont tous les deux une vie très facile.
11. D’après Carmen, toutes les femmes seules ont des problèmes.
12. La maternité volontaire met automatiquement fin à la solitude des mères célibataires.

avoir du mal à (+ verb) to have a hard time (doing something) / **au ban de** banned from, shunned by / **le quartier** neighborhood / **l’institutrice** *f* school teacher / **déranger** to disturb / **je n’y peux rien** I can’t help it / **supprimer** = *éliminer* / **revendiquer** to lay claim to / **le célibat** = *l’état d’être célibataire* / **se plier à** = *se conformer à* / **la belle-sœur** sister-in-law / **oser** to dare / **alors que** while, even though / **se réjouir** to be pleased / **la cellule familiale** family unit / **referment sur elles le piège** are closing the trap on themselves / **aliénant** = *qui vous aliène des autres*

Vocabulaire satellite

la **famille monoparentale** single-parent family
la **mère célibataire** single mother
la **naissance** birth
être enceinte to be pregnant
la **grossesse** pregnancy
accoucher (de) to give birth (to)
le **congé de maternité (paternité)** maternity (paternity) leave
la **pilule** pill
l' **avortement** *m*, l' **IVG (interruption volontaire de grossesse)** abortion
l' **enfant naturel, né hors mariage** child born out of wedlock

Pratique de la langue

1. Questions aux mères célibataires volontaires du texte. Répondez aux questions qui suivent en employant deux ou trois phrases.

   a. Hervé, le fils de Françoise, à sa mère : « Maman, pourquoi mon papa n'habite-t-il pas avec nous ? » Réponse de Françoise : « Mon petit,... »
   b. La mère de Françoise à sa fille : « Mon enfant, pourquoi as-tu choisi un Africain comme père de ton fils ? » Françoise : « Maman,... »
   c. Le père de l'enfant à Christine : « Pourquoi ne m'as-tu pas dit plus tôt que tu étais enceinte ? Et pourquoi me le dire maintenant ? » Christine : « Eh bien,... »
   d. Le patron de Carmen à Carmen : « Ne préféreriez-vous pas, Madame, faire vos heures de ménage pendant la journée plutôt qu'à des heures aussi bizarres ? » Carmen : « Oui, Monsieur, mais... »

2. Jouez les situations suivantes par groupes de deux :

   a. Christine annonce à sa mère qu'elle est enceinte et qu'elle veut garder l'enfant. Sa mère lui parle des difficultés d'élever un enfant seule, puis se réjouit finalement d'être bientôt grand-mère.
   b. Françoise (ou Christine, ou Carmen) retrouve une amie d'enfance qu'elle n'a pas vue depuis longtemps et lui parle de son enfant et de sa vie.

3. Pourquoi, à votre avis, une femme décide-t-elle de devenir ou de ne pas devenir mère célibataire volontaire ? Choisissez vos réponses dans la liste suivante.

   a. parce qu'elle désire quelqu'un qui s'occupera d'elle quand elle sera vieille
   b. parce qu'elle déteste les hommes
   c. parce qu'elle veut avoir un but *(goal)* dans la vie
   d. parce qu'elle veut donner sa fortune à son enfant
   e. parce qu'elle a peur d'être au ban de la société
   f. parce qu'elle veut être comme tout le monde
   g. parce qu'elle aime sa liberté par-dessus tout
   h. parce qu'elle a peur que l'enfant ait des problèmes
   i. parce qu'un enfant a besoin de son père
   j. parce qu'élever un enfant coûte cher

4. Une grande majorité de Français (67%) estime que l'avortement est un droit fondamental. Etes-vous du même avis ? Préparez un débat en classe en présentant les arguments pour ou contre.

Hubertine Auclert

"Universal suffrage" (meaning the right for all *men* to vote) was established in France in 1848. However, it was almost a century later, in 1945, that French women were granted the right to vote. It is generally thought that there were two reasons for the delay: first, because the majority of French women were willing to bend to the French national feminine mystique, which relegated women to an inferior position; second, because the Senate repeatedly opposed the measure between 1919 and 1935 for fear that female votes would elect clerical candidates. The problem came up again in French politics only after the Second World War.

In 1908, a sixty-year-old woman marched into a Parisian polling place, seized the ballot box, hurled it to the floor, and stamped on it while denouncing the "unisexual suffrage" system of the French Republic. She was arrested by the police. Her name was Hubertine Auclert but she was also known publicly as "the French Suffragette."

Auclert (1848–1914) created the women's suffrage movement in France through the organization *Droits des femmes* (Women's Rights), which began in 1876 and was later renamed *Suffrage des femmes* (Women's Suffrage) in 1883. She also founded in 1881 the first French suffragist newspaper, *La Citoyenne* (The Female Citizen), which she financed largely with her own money and in which she wrote numerous articles, including the ones presented here. *La Citoyenne* addressed itself to both a male and a female audience.

In 1888, having just married her former lawyer, Antonin Lévrier (who had also been one of the main collaborators of *La Citoyenne*), Hubertine Auclert followed her husband to North Africa, where he had been nominated as a judge. She then spent four years in Algeria and took advantage of her stay to study the condition of Arab women. In a series of articles published mostly in *La Citoyenne*, as well as in a book, *Les Femmes arabes en Algérie* (1900), she denounced the prac-

Hubertine Auclert

tice of buying wives who sometimes were still merely children, and condemned polygamy, prostitution, and the Muslim practice of repudiation, as well as the racist dimensions of French colonial policy.

Born in the aftermath of a revolution, Auclert died on the eve of the First World War. She is buried at the Père Lachaise cemetery in Paris. Ironically, the funeral announcement issued by her family identified her as her husband's widow *« Mme Veuve Antonin Lévrier. Née Marie Anne Hubertine Auclert »*, thus reflecting the very traditional concept that she had fought against all her life, that a woman should be defined through her husband. Although Auclert's contribution to women's liberation has been acknowledged by the feminist movement of the 1970s and her writings have been discovered, she is little known to the French public at large, having been considered for many years as an eccentric by the French establishment.

The following excerpts exemplify the diversified nature of her concerns. If Hubertine Auclert were to return today, she would probably be astonished and delighted to learn that French women can vote and seek a divorce without the consent of their husbands, that birth control and abortion have now become legal in France, and that ever since the Constitution of the Fourth Republic (October 27, 1946) granted them rights equal to men in all domains, they have indeed made considerable legal and social advances.

Orientation

A votre avis, est-ce que la femme est considérée l'égale de l'homme ?

Etes-vous d'accord avec les opinions suivantes ? Comparez vos réponses avec celles de vos camarades de classe.

1. La femme gagne le même salaire que l'homme.
2. L'homme partage les travaux ménagers avec sa femme.
3. Le mari et la femme ont les mêmes responsabilités familiales.
4. La femme a le même accès aux postes importants que l'homme.
5. La journée de travail est aussi longue pour l'homme que pour la femme.
6. La femme reçoit le même respect que l'homme dans sa vie professionnelle.
7. La femme a autant de puissance comme électrice *(voter)* que l'homme.
8. L'homme et la femme ont à peu près le même nombre d'heures de loisir.
9. La femme peut poursuivre n'importe quelle carrière.

Le Vote des femmes

Chaque homme a dans la société un rôle spécial et bien déterminé. Eh bien, que diraient les hommes si on les enfermait° dans le rôle restreint° de leur profession ? Si on leur disait : vous boulanger°, votre rôle est de pétrir° le pain ! Vous n'aurez pas vos droits° politiques. Vous cordonnier°, votre rôle est de coudre° les souliers°... Vous, avocat...

Ce serait aussi logique que de dire à la femme que parce qu'il est dans son rôle de prendre soin° du ménage°, des vêtements et des enfants, elle n'aura pas de droits politiques.

enfermer to confine / **restreint** = *limité* / **le boulanger** baker / **pétrir** to knead / **les droits** *m* rights / **le cordonnier** shoemaker / **coudre** to stitch / **le soulier** = *la chaussure* / **prendre soin de** to take care of / **le ménage** household

Pourquoi dit-on que le rôle doit les priver° de l'exercice de leurs droits ? Est-ce que la femme remplit° un rôle inférieur à celui de l'homme ? Les soins donnés aux affaires domestiques sont-ils moins précieux que l'attention portée° à l'exercice d'un métier° ? Non !

Ce n'est pas parce que la femme française voterait, comme vote la femme américaine, qu'elle cesserait d'être dans la maison l'administratrice intelligente et économe°, la travailleuse ou l'intendante° active qui surveille° tout, qui est à tout°.

Ce n'est pas parce que la femme voterait qu'elle cesserait d'être pour la famille ce qu'est le soleil pour la fleur°, un astre° qui la réchauffe° de son amour. Non ! les femmes peuvent à la fois° jouir de° l'intégralité° de leurs droits et être irréprochables dans l'accomplissement de leurs devoirs.

La Citoyenne, 6 mars 1881

Le Travail des femmes

J'ai dit que les femmes devaient être indépendantes de l'homme au point de vue économique : aussitôt° est tombée sur moi une avalanche de malédictions masculines.

Les hommes me reprochent d'inciter les femmes à prendre leur place : partager° une place ce n'est pas la prendre.

Pour de l'argent, il y a des hommes qui cousent°, qui raccommodent°; pour de l'argent, il y a des hommes qui font la cuisine, mettent et ôtent le couvert°, lavent la vaisselle. Pour de l'argent, il y a des hommes qui prennent soin de tout° jeunes enfants.

La répugnance des hommes pour les affaires domestiques n'est pas inhérente à leur sexe; elle vient simplement de ce que°, dès la naissance°, on traite les petits garçons en pachas°; après leur mère, ce sont leurs sœurs qui se font leurs servantes.

Il ne faut pas chercher ailleurs que° dans l'infériorité sociale et politique de la femme son infériorité économique et productive. Parce que la femme n'est pas une personne autonome, parce que la femme est considérée comme la satellite de l'homme bien plus que comme un être° qui a sa vie propre°, tous ses actes sont dépréciés.

La Citoyenne, 31 juillet 1881

La Journée de vingt heures

Les travailleurs d'Europe et d'Amérique proclament, avec raison, qu'il faut à l'être humain un temps pour se reposer et ils sont en voie° d'obtenir par cette manifestation° admirable, une grève universelle° d'un jour, la réduction de leur labeur à huit heures.

priver to deprive / **remplir** to fill / **porté** = *donné* / **le métier** = *la profession* / **économe** thrifty / **l'intendant(e)** steward / **surveiller** to watch over / **être à tout** = *prendre soin de tout* / **ce qu'est... fleur** what the sun is for the flower / **l'astre** *m* star / **réchauffer** to warm / **à la fois** = *en même temps* / **jouir de** = *profiter de* / **l'intégralité** *f* totality / **aussitôt** = *immédiatement* / **partager** to share / **cousent** present tense of *coudre* (to sew) / **raccommoder** to mend / **mettre et ôter le couvert** to set and clear the table / **tout** = *très* / **de ce que** from the fact that / **dès la naissance** from birth / **en pachas** = *en rois* / **ailleurs que** elsewhere than / **l'être** *m* being / **sa vie propre** = *sa vie à soi* / **être en voie de** = *être sur le point de* / **la manifestation** demonstration / **une grève universelle** a general strike

L'homme va donc bientôt jouir partout de huit heures de loisir° et de huit heures de repos. Mais la femme, elle, quand aura-t-elle un temps de loisir et de repos ?

L'ouvrier° en sortant de l'atelier° est libre comme un pacha.

L'ouvrière, sa journée finie, commence un travail encore plus pénible° que celui qu'elle vient de faire : balayage°, nettoyage°, approvisionnement°, cuisine, lavage, soin des enfants, raccommodage°, repassage°, que sais-je encore ? La moitié de la nuit y passe°.

Le travail du ménage partagé entre l'homme et la femme rendrait possible le repos, le loisir partagé. Alors, en rentrant au logis°, l'homme plus content de lui-même trouverait, au lieu d'une femme à moitié morte de fatigue, qui est décharnée° et a parfois° la bouche amère°, une compagne gaie, gracieuse, toujours prête à accepter ses offres de sorties°.

Le fardeau° domestique partagé, la femme aura enfin le temps de penser qu'elle n'est pas une bête de somme° et qu'il est de son intérêt d'exercer tous ses attributs de personne humaine.

Si les maris° refusent leur part de besogne°, que les épouses° se croisent les bras° devant le travail supplémentaire du ménage; les maris céderont° vite.

La Citoyenne, 15 mai 1891

Qu'en pensez-vous ?

Etes-vous d'accord ou non avec les déclarations suivantes ? Justifiez votre réponse.

1. Pour Hubertine Auclert, le rôle des femmes dans la société est aussi important que celui des hommes.
2. Elle pense, cependant, que les femmes ne devraient pas avoir le droit de vote.
3. Les femmes américaines ont obtenu le droit de vote avant les femmes françaises.
4. Les hommes de l'époque d'Hubertine Auclert pensaient que les femmes devraient être économiquement indépendantes.
5. Selon Auclert, quand des hommes accomplissent, pour de l'argent, des tâches accomplies par les femmes à la maison, ces tâches sont soudain considérées comme nobles.
6. Elle pense que les femmes ont trop gâté les hommes.
7. A l'époque d'Hubertine Auclert, la femme était définitivement considérée comme l'égale de l'homme.
8. Hubertine Auclert pense que tout être humain (homme ou femme) doit avoir un temps pour se reposer.
9. Elle pense que, si les hommes partageaient avec leur femme le travail du ménage, les femmes pourraient alors partager leurs loisirs et tout le monde serait plus heureux.
10. Selon Auclert, les femmes devraient refuser de faire le ménage si leur mari ne les aide pas.

le loisir leisure / **l'ouvrier** *m* = *le travailleur* / **l'atelier** *m* shop / **pénible** = *difficile* / **le balayage** sweeping / **le nettoyage** cleaning / **l'approvisionnement** *m* shopping for food / **le raccommodage** = *action de raccommoder* / **le repassage** ironing / **y passe** is spent doing that / **rentrer au logis** = *revenir à la maison* / **décharné** = *très maigre* / **parfois** = *quelquefois* / **amer** bitter / **ses offres de sorties** = *ses invitations à sortir* / **le fardeau** burden / **la bête de somme** beast of burden / **le mari** husband / **la besogne** = *le travail* / **l'épouse** *f* wife / **se croiser les bras** to fold one's arms / **céder** to yield

Vocabulaire satellite

le **mouvement de libération des femmes** women's liberation movement
le **droit de vote** right to vote
voter to vote
l' **égalité** *f* **des sexes** equality between the sexes
l' **indépendance financière** financial independence
le **salaire égal** equal salary
le **contrôle des naissances** birth control
l' **avortement légalisé** legalized abortion
épuisé exhausted
frustré frustrated
faire la cuisine to cook
faire le ménage to clean the house
faire la vaisselle to wash dishes
faire la lessive to do the laundry
faire les courses to do the shopping
s' **occuper des enfants** to take care of the children
se **disputer** to quarrel
la **scène de ménage** argument between husband and wife
la **femme de ménage** cleaning lady
la **femme d'intérieur** housewife

Pratique de la langue

1. Complétez les déclarations suivantes du point de vue d'Hubertine Auclert :
   a. Au 19e siècle, quand une femme rentre à la maison, elle doit...
   b. Pour cette raison elle est souvent...
   c. Parce que les maris n'aident pas les femmes dans le travail de la maison, il y a fréquemment...
   d. Les femmes continueront à être les administratrices intelligentes et économes de leur maison et des travailleuses actives même si...
   e. Pour de l'argent, il y a des hommes qui...
2. Faites une liste de quatre choses positives résultant du fait que l'homme moderne partage le travail de sa femme à la maison.
3. Jouez les situations suivantes :
   a. Une scène de ménage entre mari et femme, à l'époque d'Hubertine Auclert. Un ouvrier rentre chez lui, le soir, après une longue journée de travail et se met en colère parce que le repas n'est pas prêt et que sa femme est de mauvaise humeur. Inventez les personnages, puis imaginez le dialogue.
   b. Même situation aujourd'hui mais le mari est un homme libéré, tolérant et généreux, et il n'y a pas de scène de ménage.
   c. Imaginez une rencontre entre Hubertine Auclert et une contemporaine américaine qui s'intéresse à la situation des femmes françaises.
   d. Par un miracle inexplicable, Hubertine Auclert rencontre une féministe du vingtième siècle et l'interroge sur le statut social et politique des femmes d'aujourd'hui. Imaginez le dialogue et les réactions d'Hubertine devant les changements qui se sont produits depuis son époque.

2 La Famille

Nouns and Articles

Une famille bourgeoise

Vocabulaire du thème : *La Famille*

La Famille et le Foyer

la **famille nucléaire, élargie, monoparentale** nuclear, extended, single-parent family
le **foyer** home
fonder un foyer to set up a household
les **parents** *m* parents, relatives
le **père** father
la **mère** mother
la **mère célibataire** single mother
l' **enfant** *m, f* child
la **fille** daughter
le **fils** son
les **grands-parents** grandparents
le, la **gosse** *(fam)* kid
l' **enfant unique** *m, f* only child
l' **aîné** *m*, **l'aînée** *f* the elder, the eldest
le **cadet** *m*, la **cadette** *f* the younger, the youngest
le **jumeau** *m*, la **jumelle** *f* twin
l' **orphelin** *m*, l'**orpheline** *f* orphan

Rapports familiaux

avoir de bons (mauvais) rapports avec to have a good (bad) relationship with
s' **entendre avec (quelqu'un)** to get along with (someone)
faire des sacrifices pour to make sacrifices for
mériter l'amour de to deserve, to earn the love of
respecter to respect
soigner to care for, to take care of
admirer to admire
faire une sortie en famille to have a family outing
ensemble together
le **fossé entre les générations** generation gap
le **manque de communication** lack of communication
se **séparer de** to break away from
la **dispute** quarrel
se **disputer** to quarrel

L'Education

l' **éducation** *f* upbringing
indulgent lenient
négliger to neglect
négligé neglected
irresponsable irresponsible
mal élevé badly brought up
gâté spoiled
ingrat ungrateful
désobéir à to disobey

strict strict
exigeant demanding
compréhensif, compréhensive understanding
responsable responsible
bien élevé well brought up
sage well-behaved
poli polite
obéir à to obey

La Discipline

être juste (injuste) envers to be fair (unfair) to
corriger to correct
punir to punish
gronder to scold
gifler to slap
donner une fessée à to give a spanking to

EXERCICE

Situations. Répondez en employant une ou plusieurs expressions du *Vocabulaire du thème.*

1. M. et Mme Céleste sont des parents modèles. Ils ont de très bons rapports avec leurs deux enfants, Paul et Virginie. Pouvez-vous deviner pourquoi ?

—Nicolas chéri, qu'est-ce que tu fais ?

2. Lisette, qui a 18 ans, ne s'entend pas avec ses parents. Ils se disputent tout le temps ! Pouvez-vous deviner pourquoi ?
3. Le petit Nicolas a volé le parfum de sa mère et il en a mis partout—sur son lit, sur ses vêtements, derrière ses oreilles, même sur son chien ! Vous êtes la mère de Nicolas. Qu'est-ce que vous allez faire ?

Nouns

A noun is a word used to name a person, place, or thing. Unlike English nouns, all French nouns are either masculine or feminine in gender.

Recognition of Gender

The gender of most nouns is arbitrary and must be learned. However, certain indications can be helpful.

Sex

Nouns that refer to persons and animals of the male or female sex are usually masculine and feminine, respectively.

le père	la mère
le chat	la chatte

Endings and words usually masculine

1. Nouns ending in **-ail, -eau, -ent, -ier,** and **-isme** are usually masculine.

le travail	le gouvernement	le classicisme
le couteau	le papier	

Exceptions: **l'eau** *(f)*, **la peau** *(skin)*, **la dent** *(tooth)*.

2. The names of languages, trees, metals, days, months and seasons, and adjectives used as nouns, are usually masculine.

le français	l'or *(gold)*	l'hiver
le russe	le mardi	le pauvre
le chêne *(oak)*	le (mois de) septembre	le beau

Endings and words usually feminine

1. Nouns ending in **-esse, -ette, -ie, -ion, -té,** and **-ure** are usually feminine.

la finesse	la copie	la société
la cigarette	la génération	la nourriture

Exceptions: **le génie, le parapluie** *(umbrella)*.

2. The names of natural and social sciences are usually feminine.

la biologie	la chimie
la physique	la sociologie

3. The names of continents, countries, provinces, and states ending in unaccented **-e** are usually feminine.

l'Asie	la Bretagne	la Virginie
l'Angleterre	la France	la Floride

Exceptions: **le Mexique, le Maine**.

EXERCICES

A. Indiquez le genre sans consulter le dictionnaire.

1. français	7. vrai	13. manteau	19. octobre
2. partialité	8. eau	14. conception	20. allocation
3. lundi	9. botanique	15. ceinture	21. détail
4. fer *(iron)*	10. peuplier *(poplar)*	16. discernement	22. promesse
5. Louisiane	11. moment	17. latin	23. assiette
6. Afrique	12. communication	18. activité	24. communisme

B. Complétez au **temps présent.** Faites tous les accords nécessaires.

MODELE nous / aller / visiter / France, / Angleterre / et Mexique.
Nous allons visiter la France, l'Angleterre et le Mexique.

1. romantisme / être / mouvement / littéraire.
2. tradition / jouer / rôle / important / dans / société / français.
3. mon / enfants / étudier / grec, / latin / et / géographie.
4. éducation / français / être / très différent de / éducation / américain.

Formation of the Feminine Singular

Feminine nouns derived from the masculine

1. French nouns usually form the feminine singular by adding an unaccented **-e** to the masculine singular.

Masculine singular	Feminine singular
un avocat	une avocat**e**
un orphelin	une orphelin**e**
un Français	une Français**e**

2. Nouns with certain endings form the feminine in other ways.

Ending	Masculine	Feminine
el } → **elle**	Gabriel	Gabrielle
eau } → **elle**	jumeau	jumelle
en → **enne**	lycéen	lycéenne
on → **onne**	baron	baronne
et → **ette**	cadet	cadette
eur → **euse**	danseur[1]	danseuse
teur → **trice**	acteur[2]	actrice
er → **ère**	écolier	écolière
x → **se**	époux	épouse
f → **ve**	veuf *(widower)*	veuve *(widow)*

Feminine nouns not derived from the masculine

The feminine of some common nouns is not derived regularly from the masculine and simply must be learned.

[1]Like **danseur:** other nouns derived from the present participle (**buvant, buveur**), such as **chanteur, flatteur, menteur, trompeur, travailleur,** etc.

[2]Like **acteur:** other nouns ending in **-teur** that are not derived from the present participle: **auditeur, conducteur, directeur, instituteur,** etc.

Masculine	Feminine
le fils	la fille
le frère	la sœur
le mari	la femme
le neveu	la nièce
l'oncle	la tante
le père	la mère
le roi	la reine
le dieu	la déesse
le héros	l'héroïne

Nouns without a separate feminine form

1. Many masculine nouns indicating professions previously associated with males do not have a feminine form.

auteur	ingénieur	ministre
diplomate	juge	peintre
écrivain	médecin	professeur

   The feminine of these nouns is often indicated by using a feminine personal pronoun in the sentence, or by placing the word **femme** or **femmes** before or after the noun.

   J'aime mon professeur parce qu'elle est sympathique.
   I like my teacher because she's nice.

   Il y a trois femmes écrivains dans la famille.
   There are three women writers in the family.

2. Some nouns indicating persons form the feminine by simply using the feminine article **la** (**l'** before a vowel or mute **h**) or **une.** Many of these nouns end in unaccented **-e.**

architecte	dentiste	pianiste
artiste	élève	secrétaire
athlète	enfant	touriste
célibataire	journaliste	

EXERCICES

A. Mettez au féminin.

1. le menteur
2. le chien
3. l'Italien
4. le conducteur
5. le dieu
6. l'aîné
7. le cousin
8. le frère
9. le chanteur
10. le fils
11. le cadet
12. le chat
13. le Juif
14. l'infirmier
15. le héros
16. le neveu

B. Vrai ou Faux? Indiquez si vous êtes d'accord ou non avec les phrases suivantes. Si non, corrigez-les.

1. Ma tante est la sœur de mon père ou de ma mère.
2. Ma cousine est le fils de mon frère ou de ma sœur.

Les enfants s'amusent avec des bateaux.

3. Mon neveu est le fils de ma sœur ou de mon frère.
4. Mon grand-père est le père de ma tante.
5. Mon cousin est le fils de ma sœur et de mon frère.
6. Mon oncle est le frère de mon cousin.
7. Ma grand-mère est la sœur de ma mère ou de mon père.

C. Identifiez les personnages suivants.

MODELE Homère
Homère était poète.

1. Le Corbusier
2. Edith Piaf
3. Honoré de Balzac
4. Simone de Beauvoir
5. Laurence Olivier
6. Louis XIV
7. Picasso
8. Marie-Antoinette
9. Babe Ruth
10. Sarah Bernhardt

D. Préparez une liste de trois personnes célèbres et demandez à un(e) autre étudiant(e) d'identifier leur profession.

Formation of the Plural

The plural with *-s*

The plural of French nouns is generally formed by adding **-s** to the singular. A noun that already ends in **-s** in the singular will not change in the plural.

la fille	les filles
le fils	les fils

Names of families do not take **-s** in the plural.

Je suis allé chez les Dupont hier.
I went to the Duponts' yesterday.

The plural with *-x* or *-z*

1. Nouns with certain endings form the plural in **-x** or **-z.**

Change	Singular	Plural
al → aux[1]	le cheval	les chevaux
au → aux	le noyau *(stone of a fruit)*	les noyaux
eau → eaux	le couteau	les couteaux
eu → eux	le neveu	les neveux
x (no change)	le prix	les prix
z (no change)	le nez	les nez

2. Seven nouns ending in **-ou** form the plural in **-x.**

le bijou *jewel*	**les bijoux**	le hibou *owl*	**les hiboux**
le caillou *pebble*	**les cailloux**	le joujou *toy*	**les joujoux**
le chou *cabbage*	**les choux**	le pou *louse*	**les poux**
le genou *knee*	**les genoux**		

Irregular plurals

A small group of common nouns have unusual plurals.

Singular	Plural
le ciel	**les cieux**
l'œil	**les yeux**
le travail	**les travaux**
madame	**mesdames**
mademoiselle	**mesdemoiselles**
monsieur	**messieurs**

The Plural of Compound Nouns

A compound noun is a noun formed by two or more words connected by a hyphen: **le grand-père, le premier-né.** The formation of the plural depends on the words that make up the compound noun. As a rule, only nouns and adjectives can be made plural in a compound noun, the

[1] The nouns **le bal, le récital, le carnaval,** and **le festival** add **-s** to form the plural.

Un couple de personnes âgées

other elements—verbs, adverbs, prepositions, pronouns—being invariable. Since this rule has many exceptions, the plural of compound nouns should always be checked in a dictionary. Here are the plurals of some common ones:

le grand-parent *grandparent*	**les grands-parents**
le grand-père *grandfather*	**les grands-pères**
la grand-mère *grandmother*	**les grands-mères**
le beau-père *father-in-law, stepfather*	**les beaux-pères**
la belle-mère *mother-in-law, stepmother*	**les belles-mères**
le beau-fils *son-in-law, stepson*	**les beaux-fils**
la belle-fille *daughter-in-law, stepdaughter*	**les belles-filles**
le beau-frère *brother-in-law*	**les beaux-frères**
la belle-sœur *sister-in-law*	**les belles-sœurs**
le premier-né *firstborn (child)*	**les premiers-nés**
le dernier-né *last child*	**les derniers-nés**
le demi-frère *stepbrother*	**les demi-frères**
la demi-sœur *stepsister*	**les demi-sœurs**
le nouveau-né *newborn child*	**les nouveau-nés**
le pique-nique *picnic*	**les pique-niques**
le réveille-matin *alarm clock*	**les réveille-matin**

EXERCICES

A. Mettez au pluriel.

1. madame
2. le carnaval
3. le fou
4. le ciel
5. le tapis
6. le feu
7. le tableau
8. la grand-mère
9. le pique-nique
10. l'œil
11. le général
12. la croix
13. le beau-frère
14. le manteau
15. le nez

B. Mettez les phrases suivantes au pluriel. Faites tous les changements nécessaires.

1. Il y a un joujou sous le genou de mon neveu.
2. L'œil de ma fille est très beau.
3. Ce chou n'est pas un bijou!
4. Il y a un cheveu blanc sur l'oreille de ce nouveau-né.

C. Traduisez en français, puis jouez le dialogue avec un(e) camarade de classe.

A: Do you get along well with your stepfather?
B: Yes, I have a good relationship with him. He's demanding but very fair.
A: And your stepsister?
B: Her? She's impossible!

Related Expressions

In French, a number of words are used to express the word *people.*

les gens

The word **gens** is a collective plural meaning *people.* It is unusual in that it is feminine if an adjective precedes it, but masculine if an adjective follows it.

Il faut aider les vieilles gens.
One must help old people.

Ce sont des gens courageux.
They are courageous people.

Note also that **jeunes gens** *(young people)* is used as the plural of **jeune homme** (**jeunes hommes** is rarely used).

Ces jeunes gens ont des liens de famille étroits.
These young men have close family ties.

le monde

Le monde refers to people in the collective singular. The expression **tout le monde** *(everybody)* is very common.

J'ai invité du monde à dîner ce soir.
I invited people to dinner tonight.

Tout le monde ici parle français.
Everybody here speaks French.

les personnes

Les personnes *(f)* usually indicates a small number of people who can be counted (the collective nouns **gens** and **monde** cannot be counted).

J'ai rencontré plusieurs personnes intéressantes chez les Pelletier.
I met several interesting people at the Pelletiers'.

le peuple

Le peuple refers to those who constitute a nation. It also can have the somewhat pejorative meaning of *the masses, the common people.*

Le peuple français a élu un nouveau chef d'état.
The French people elected a new leader.

Sans une presse libre, le peuple est ignorant.
Without a free press, the masses are ignorant.

on

On is an indefinite pronoun expressing *people* in the indefinite sense of *they, you, one,* or *we.* It takes the same verb form as the singular subject pronouns **il** and **elle.**

On dit que la famille traditionnelle va durer.
People (They) say that the traditional family will last.

EXERCICE

Remplacez les mots entre parenthèses par la forme convenable de **gens, monde, personnes, peuple** ou **on.**

1. ____________ *(The people)* du quartier trouvent cette famille un peu bizarre.
2. Plusieurs ____________ *(people)* m'ont demandé le prix de ce joujou.
3. ____________ *(The American people)* est souvent généreux.
4. ____________ *(People)* dit que les enfants uniques sont souvent gâtés.
5. Il y a des ____________ *(people)* qui détestent les gosses.
6. J'ai invité cinq ____________ *(people)* à dîner.
7. Les vieilles ____________ *(people)* ressemblent souvent aux enfants.
8. Parfois les jeunes ____________ *(men)* font très bien la cuisine.
9. ____________ *(People)* admire les parents qui ont fait des sacrifices pour leurs enfants.
10. Combien de ____________ *(people)* vont venir déjeuner chez nous cet après-midi ?
11. Olga invite du ____________ *(people)* chez elle ce soir.
12. ____________ *(People)* dit que la famille monoparentale peut fonctionner aussi bien que la famille nucléaire.

Articles

An article is a word placed before a noun to indicate its number and degree of determination. There are three kinds of articles in French: definite, indefinite, and partitive.

The Definite Article

	Simple form	**With *à***	**With *de***
Masculine singular	le	au	du
Feminine singular	la	à la	de la
Plural	les	aux	des

The elided form **l'** replaces **le** and **la** before singular nouns and adjectives beginning with a vowel or mute **h: l'enfant, l'hôtel, l'autre gosse.** The definite article has varied uses in French.

To indicate a particular noun

Here the French definite article is used like *the* in English.

La mère a oublié la moutarde et l'eau minérale pour le pique-nique.
The mother forgot the mustard and the mineral water for the picnic.

In French the article is generally repeated after each noun in a series, whereas in English often it is not.

Je ne peux pas trouver le pain, le vin et le fromage !
I can't find the bread, wine, and cheese!

Before nouns used in a general sense

Here usage differs from English, which uses no article at all in generalizations and abstractions.

La vie est difficile. *Life is difficult.*	L'histoire me passionne. *History excites me.*

Les femmes sont aussi ambitieuses que les hommes.
Women are just as ambitious as men.

Since noun objects following the verbs **adorer, aimer, détester,** and **préférer** are usually understood in a general sense, the definite article is almost always used with these nouns.

Louise aime les bonbons.
Louise likes candy.

Mes parents préfèrent les enfants sages.
My parents prefer well-behaved children.

With temporal expressions

The singular definite article is used with days of the week, and with the nouns **matin, après-midi,** and **soir,** to indicate habitual recurrence.[1]

Papa nous emmène au cinéma le vendredi.
Dad takes us to the movies on Fridays.

En été notre famille fait un pique-nique le dimanche.
In the summer our family goes on a picnic on Sundays.

Je fais le lit le matin et elle fait la vaisselle le soir.
I make the bed in the morning and she washes the dishes at night.

Note, however, that when a particular day is indicated, the article with the day is omitted.

Ces gosses sont ravis parce que les vacances commencent vendredi.
These kids are delighted because vacation begins Friday.

With proper nouns

1. The definite article is used with proper nouns preceded by a title or an adjective.

   Le général de Gaulle a gouverné la France.
   General de Gaulle governed France.

[1] For the use of the definite article with days and dates, see p. 350 in the appendix.

Dans ce roman de Balzac, le vieux Goriot fait beaucoup de sacrifices pour ses filles ingrates.
In this novel by Balzac, old Goriot makes many sacrifices for his ungrateful daughters.

Otherwise, proper nouns are used without the article.

Anne-Marie est une mère célibataire.
Anne-Marie is a single mother.

2. The definite article is not used before a title, if one is speaking to the person directly.

   Docteur Leblond, comment va notre enfant ?
   Doctor Leblond, how is our child?

With units of weight and measure

Les bonbons coûtent vingt francs la livre.
The candy costs twenty francs a pound.

Les œufs coûtent dix francs la douzaine.
Eggs cost ten francs a dozen.

But note these related expressions:

1. frequency or amount per unit of time = **par** + *noun*

   Je vais à New York deux fois par an (mois, semaine, etc.).
   I go to New York twice a year (month, week, etc.).

   Nous gagnons trente dollars par jour.
   We earn thirty dollars a day.

2. money per hour = **de l'heure**

   Mon fils gagne cinq dollars de l'heure pendant les vacances d'été.
   My son earns five dollars an hour during summer vacation.

3. speed per hour = **à l'heure**

   La voiture roulait à 130 kilomètres à l'heure !
   The car was traveling at 130 kilometers an hour!

EXERCICES

A. Traduisez les mots entre parenthèses.

1. ____________ *(Professor)* Dubonnet dîne chez nous ____________ *(on Mondays).*
2. Abraham Lincoln est né ____________ *(on February 12).*
3. ____________ *(Strict parents)* corrigent leurs enfants.
4. ____________ *(Doctor)* Janvier sera absent ____________ *(Saturday)* parce qu'il est malade.
5. Comment ! Vous avez payé cette viande quatre dollars ____________ *(a pound) ?*
6. ____________ *(Little Babette)* est toujours impossible ____________ *(in the morning).*
7. ____________ *(Children)* sont parfois plus exigeants que leurs parents !
8. Elle rencontre son ami ____________ *(on Sundays).*
9. ____________ *(Doctor)* Lachance, quand est-ce que vous allez vous marier ?

B. Complétez au présent et remplacez le tiret par un chiffre.

MODELE Je / étudier / français / __________ fois / semaine.
J'étudie le français quatre fois par semaine.

1. Je / nettoyer / ma / chambre / __________ fois / mois.
2. Je / faire / __________ kilomètres[1] / heure / sur / autoroute.
3. Je / gagner / __________ dollars / heure.
4. Le chewing-gum / coûter / __________ cents / paquet.

The Definite Article with Geographical Names

The definite article is used with most geographical names (continents, countries, provinces, states, mountains, rivers, oceans, etc.): **l'Afrique, la France, la Normandie, le Massachusetts, la Seine, la Nouvelle-Zélande.**

Le Mexique est riche en pétrole.
Mexico is rich in oil.

La Seine est polluée.
The Seine is polluted.

The definite article is not used with cities unless it forms an integral part of the name: **Le Havre, La Haye** *(The Hague)*, **La Nouvelle-Orléans.**

Boston est une ville historique.
Boston is a historical city.

Le Havre est un port important.
Le Havre is an important port.

To and *in* with geographical names

1. With cities

The preposition **à** alone is used before names of cities.

Nous comptons passer nos vacances à Paris et à Londres.
We intend to spend our vacation in Paris and London.

The names of cities that include the article make the normal contraction with **à.**

Demain je vais au Havre.
Tomorrow I'm going to Le Havre.

2. With states

En is used before the feminine states of the union (i.e., **Californie, Caroline du Nord, Caroline du Sud, Floride, Géorgie, Louisiane, Pennsylvanie, Virginie, Virginie de l'Ouest**): **dans** + *definite article*, or the expression **dans l'état de,** is often used before masculine states (i.e., those not ending in unaccented **-e**).

Si vous avez froid l'hiver, allez en Floride ou en Californie.
If you are cold in winter, go to Florida or California.

Elle est née dans l'état d'Indiana.
She was born in Indiana.

Mon père est né dans le Kentucky.
My father was born in Kentucky.

Exceptions: **au Texas, au Nouveau-Mexique, dans le Maine, dans le New Hampshire.**

[1] un mile = 1.6 kilomètres

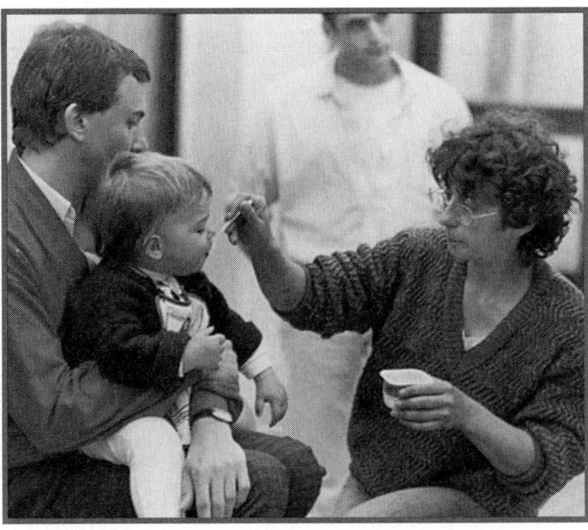

Une mère fait manger son enfant.

3. With countries

   En is used before continents and feminine countries, and before masculine singular countries beginning with a vowel.

   Je l'ai rencontré en France.
   I met him in France.

   Michel a rendu visite à ses parents en Israël.
   Michael visited his parents in Israel.

   Je vais voyager en Asie et en Europe.
   I'm going to travel to Asia and Europe.

   The preposition **à** + *definite article* is used before plural names of countries, and masculine singular countries beginning with a consonant.

   Les enfants sont-ils gâtés aux Etats-Unis ?
   Are children spoiled in the United States?

   Je vais au Portugal.
   I'm going to Portugal.

From with geographical names

In French, *from* is expressed by **de** alone before most feminine singular geographical names, and before islands and cities. *From* is expressed by **du** before masculine singular names, and by **des** before all plural names.

D'où venez-vous, des Etats-Unis ou de France ?
Where are you coming from, the United States or France?

Toute ma famille vient du Japon.
My whole family comes from Japan.

Je viens de rentrer de Paris.
I have just returned from Paris.

EXERCICES

A. Situez le nom donné.

MODELE Rome
Rome se trouve en Italie.

1. Tokyo
2. San Francisco
3. Miami
4. Detroit
5. le Vatican
6. les Nations Unies
7. Moscou
8. Houston
9. la vallée de la Loire
10. Tel-Aviv
11. la Chine
12. Québec

B. Dans quel pays, quel état ou quelle ville êtes-vous...

1. si vous êtes en train de visiter l'Arc de Triomphe ?
2. si vous portez un kimono ?
3. si tout le monde parle chinois ?
4. si vous montez dans la statue de la Liberté ?
5. si tout le monde parle espagnol ?
6. si vous êtes en train de manger beaucoup de spaghettis ?
7. si vous prenez une photo du Kremlin ?
8. si vous faites des courses à Montréal ?

C. Préparez deux questions originales comme celles de l'exercice B et posez-les à un(e) autre étudiant(e).

D. Remplacez les tirets par **de, des, d'** ou **du.**

1. Mes parents viennent ____________ Argentine.
2. Mon oncle revient ____________ Etats-Unis.
3. Quand l'avion partira-t-il ____________ New York ?
4. Nos voisins reviennent ____________ Mexique.
5. Ma tante Marie est arrivée ____________ Canada hier.

E. De quel pays viennent probablement les personnes suivantes ? Répondez en employant les pays de la colonne de droite.

MODELE Luigi Fiorentini Italie
Il vient d'Italie.

1.	Maria Garcia	Allemagne
2.	Dimitrios Politakis	Mexique
3.	Colleen O'Flanagan	Japon
4.	Angelina Carifio	Etats-Unis
5.	Horst Heine	Russie
6.	Micheline Duchamp	Angleterre
7.	Sally Jones	Grèce
8.	Misako Kyoto *(f)*	France
9.	Ivan Raskolnikov	Italie
10.	Maxwell Hamilton	Irlande

F. Préparez une liste de quatre personnes fictives comme celles de l'exercice E et demandez à la classe de quels pays viennent probablement leurs parents.

The Indefinite Article

	Singular	Plural
Masculine	un	des
Feminine	une	des

In the singular, the indefinite article in French expresses the English indefinite articles *a* and *an*. In the plural, the indefinite article in French is identical with the plural of the partitive (see following box), which is translated by *some* or *any* in English, or often by no word at all.

Nous avons un gosse de quinze ans.
We have a fifteen-year-old kid.

Mon fils a acheté des pommes et des oranges.
My son bought (some) apples and oranges.

Unlike in English, the indefinite article in French is normally repeated before each noun in a series.

Je vois un homme, une femme et un enfant.
I see a man, woman, and child.

The Partitive Article

	Singular	Plural
Masculine	du de l'	des
Feminine	de la de l'	des

As its name indicates, the partitive article designates a part of the whole represented by the noun. English does not possess a partitive article, but expresses the partitive notion by placing *some* or *any* before the noun, or by using the noun alone.

Achetez-moi du vin et de l'eau minérale, s'il vous plaît.
Buy me some wine and mineral water, please. *or:*
Buy me wine and mineral water, please.

Elle veut de la viande et des épinards.
She wants some meat and spinach. *or:*
She wants meat and spinach.

Remember that after a negative verb other than **être, de (d')** usually replaces the indefinite and the partitive article accompanying the unmodified noun.

Avez-vous une voiture ? —Non, je n'ai pas de voiture.
Do you have a car? —No, I don't have a car.

Votre sœur a-t-elle de l'ambition ? —Non, elle n'a pas d'ambition.
Does your sister have ambition? —No, she has no ambition.

A-t-elle des enfants ? —Non, elle n'a pas d'enfants.
Does she have children? —No, she has no children.

Before an adjective preceding a plural noun

Note also that **de** is used instead of **des** before a plural adjective.[1]

Ils ont de beaux enfants.
They have beautiful children.

Des is used, however, if the adjective and the plural noun form a unity: **les petits pois** *(peas)*, **les jeunes filles, les jeunes gens.**

Je connais des jeunes filles qui ne veulent pas se marier.
I know some girls who don't want to get married.

quelques

The adjective **quelques** is the equivalent of the expression *a few.*

Maman, as-tu quelques dollars ?
Mom, do you have a few dollars?

EXERCICES

A. Remplacez les tirets par **du, de la, des** ou **de.**

1. M. Maquet a ____________ fils remarquables.
2. Notre père avait ____________ bons rapports avec nous.
3. Connaissez-vous ____________ jeunes gens responsables ?
4. Nous avons entendu ____________ belle musique dans cette église.
5. Nos parents ont fait ____________ grands sacrifices pour nous.

B. Traduisez en français.

1. I have some friends.
2. I have a few friends.
3. I have friends.
4. Do you have any friends?
5. I have good friends.
6. I have no friends.

C. Demandez à un(e) autre étudiant(e) ce qu'il (elle) mange ou boit, en employant **du, de la** ou **des** selon le modèle.

MODELE les sardines
ETUDIANT(E) 1 : *Manges-tu des sardines ?*
ETUDIANT(E) 2 : *Oui, je mange des sardines.*
ou : *Non, je ne mange pas de sardines.*

[1]Although this rule is followed by many cultivated speakers and writers, the use of **des** + *adjective* + *plural noun* is becoming increasingly popular and is not, in fact, considered incorrect.

le jus de tomate

ETUDIANT(E) 1 : *Bois-tu du jus de tomate ?*
ETUDIANT(E) 2 : *Oui, je bois du jus de tomate.*
ou : *Non, je ne bois pas de jus de tomate.*

1. les escargots
2. le jus de carotte
3. le caviar
4. le vin français
5. la soupe à l'oignon
6. la pizza
7. les cuisses de grenouille
8. le pop-corn
9. les omelettes
10. le lait

The Partitive Article Versus the Definite Article

The distinction between the partitive article and the definite article used in the general sense may sometimes be confusing. A convenient rule of thumb is to insert in the sentence the word *some* or *any* as a test for the partitive, and *all* or *in general* as a test for the definite article. The word that fits most naturally *without changing the sentence's meaning* indicates the appropriate article.

Men are mortal.
All men or *some* men? Clearly, *all* men, since *some* would change the meaning of the sentence. The definite article is therefore appropriate:
Les hommes sont mortels.

Do you have brothers?
All or *any* brothers? Clearly, *any* brothers, since *all* brothers is awkward and does not convey the meaning of the sentence. The partitive article is therefore appropriate:
Avez-vous des frères?

EXERCICES

A. Remplacez les tirets par la forme convenable de l'**article défini, indéfini** ou **partitif.**

1. Je déteste[1] ____________ disputes.
2. Nos parents ont ____________ idées intéressantes.
3. Ma mère préfère ____________ enfants bien élevés.
4. Les Dupont ont ____________ problèmes avec leur aîné.
5. J'aime ____________ enfants sages.
6. ____________ enfants adorent ____________ bonbons.
7. Avez-vous ____________ enfants parfaits ?
8. ____________ adolescents ont parfois besoin de solitude.
9. Je ne peux pas sortir parce que j'ai ____________ travail à faire.
10. Est-ce que ____________ jumeaux se ressemblent toujours ?

[1] Remember that after the verbs **adorer, aimer, détester,** and **préférer,** the definite article is almost always used because the noun is usually considered in the general sense.

B. Traduisez en français, puis jouez les dialogues.

1. **A:** Do you have brothers?
   B: Yes.
   A: Do you have sisters?
   B: Yes. And you?
   A: I am an only child. I only have parents!
2. **A:** I hate stereotypes.
   B: So do I *(Moi aussi)*. "Only children are spoiled!"
   A: "Orphans are sad!"
   B: "Parents are always right!"
   A: "Stereotypes are stupid!"

Omission of the Article

Under certain circumstances, nouns may be used in French without any article at all. It is important to note that in all the cases that follow, the noun is understood in an indefinite sense, and not in a specific sense.

After certain expressions ending in *de*

1. After expressions of quantity

   After expressions of quantity such as **beaucoup de, combien de, trop de, peu de, plus de, assez de, une boîte de, un sac de, un million de, une douzaine de,** etc., no article is used.

   Beaucoup de mères croient que leurs enfants sont parfaits.
   Many mothers think that their children are perfect.

Un jeune couple et leur enfant

Il y avait peu de disputes chez nous.
There were few quarrels at our house.

However, **de** + *definite article* (**du, de la, de l', des**) is used with certain expressions: **bien de, la plupart de, la plus grande partie de,** and **la majorité de.**

La majorité des étudiants sont sérieux.
The majority of students are serious.

La plupart des enfants aiment l'école.
Most children like school.

2. After **ne... pas de** and other general negations

Like all expressions of quantity, the negative expression of quantity **ne... pas de** is followed directly by an indefinite noun without an article. Remember that **ne... pas de** may be the negative of both the partitive article (**du, de la, de l', des**) and the indefinite article (**un, une, des**).

Cette pauvre fille a-t-elle des joujoux ? —Non, elle n'a pas de joujoux.
Does this poor girl have any toys? —No, she doesn't have any toys.

Avez-vous un frère ? —Non, je n'ai pas de frère.
Do you have a brother? —No, I don't have a brother.

De without an article is also used after other negative expressions like **ne... plus** and **ne... jamais.**

Jean a-t-il toujours de l'ambition ? —Non, il n'a plus d'ambition.
Does John still have ambition? —No, he no longer has any ambition.

Il n'a jamais gagné d'argent.
He has never earned any money.

But the normal indefinite and partitive forms are used after **être** in the negative.

Ce ne sont pas des enfants sages !
They are not well-behaved children!

Ce n'est pas une bonne idée !
It's not a good idea!

3. After verbal and adjectival expressions with **de**
No article is used after verbal and adjectival expressions ending in **de,** such as **avoir besoin de** *(to need)*, **avoir envie de** *(to feel like)*, **manquer de** *(to lack)*, **remplir de** *(to fill with)*, **entouré de** *(surrounded by)*, **plein de** *(full of)*, and **couvert de** *(covered with)*.

Cette mère célibataire a besoin de courage.
That single mother needs courage.

Mon frère manque de prudence.
My brother lacks prudence.

4. After **de** + *noun* used to qualify another noun
In French, when a noun qualifies another noun, it follows that other noun and is joined to it by **de;** no article is used after **de.**

une robe de soie
a silk dress

un guide de voyage
a travel guide

la maison de campagne
the country house

des souvenirs d'enfance
childhood memories

After *avec* and *sans*

After the prepositions **avec** (with abstract nouns only) and **sans,** no article is used.

La famille a adopté l'enfant avec enthousiasme.
The family adopted the child enthusiastically.

Est-ce qu'un ménage sans enfants est incomplet?
Is a household without children incomplete?

But if the noun with **avec** is not abstract, the partitive is used.

Mon frère est allé jouer au tennis avec des amis.
My brother went to play tennis with friends.

With languages after *parler* and *en*

No article is used if the verb **parler** or the preposition **en** are directly followed by the name of a language.

Je parle russe.
I speak Russian.

Je ne peux pas lire cet article écrit en français.
I can't read this article written in French.

When **parler** is followed by **pas,** no article is used. When other adverbial expressions intervene between **parler** and the name of a language, the article may or may not be used.

Elle ne parle pas chinois.
She doesn't speak Chinese.

Ma femme parle couramment (le) portugais.
My wife speaks Portuguese fluently.

Vous parlez très bien (le) japonais!
You speak Japanese very well!

Note that languages do not take a capital letter in French.

With qualifying nouns after *être*

No article is used when nouns designating profession, nationality, political allegiance, religion, or social class follow the verb **être.**

Mon père est employé de bureau.
My father is an office worker.

Sa grand-mère est américaine.
His grandmother is an American.

Son père est conservateur, mais lui est communiste.
His father is a conservative, but he's a Communist.

Ils sont catholiques.
They are Catholics.

Il est avocat, mais ses amis sont ouvriers.
He is a lawyer, but his friends are workers.

The indefinite article is used, however, when the sentence begins with **c'est** or **ce sont.** It is also usually used when the noun is modified by an adjective.

C'est un médecin.
He is a doctor.

Le Corbusier était un excellent architecte.
Le Corbusier was an excellent architect.

Note that in all the cases just reviewed, when a noun is used without any article, that noun is understood in an indefinite sense. If the noun is particularized in any way, an article must be used.

J'ai mangé trop de gâteau !
I ate too much cake.

BUT:
J'ai trop mangé du gâteau que vous m'avez donné !
I ate too much of the cake you gave me.

Cet enfant a besoin de joujoux.
This child needs toys.

BUT:
Cet enfant a besoin des joujoux de son frère.
This child needs his brother's toys.

Balzac est auteur.
Balzac is a writer.

BUT:
Balzac est un auteur célèbre.
Balzac is a famous writer.

On mange de la glace à la terrasse.

EXERCICES

A. Trouvez-vous les choses, les personnes ou les qualités suivantes dans votre famille ? Répondez en employant **beaucoup de, trop de, assez de, peu de** ou **ne... pas** selon le modèle.

MODELE l'amour
Il y a beaucoup d'amour (assez d'amour, peu d'amour, etc.) dans ma famille.

1. les enfants
2. les plantes
3. les disputes
4. la tolérance
5. les magazines
6. les animaux
7. la tendresse
8. l'humour

B. Qu'est-ce que les personnes suivantes n'ont pas ?

1. un orphelin
2. un petit enfant
3. un pauvre
4. une femme divorcée
5. un enfant unique

C. Formulez une expression nouvelle en employant un mot de la colonne de gauche, la préposition **de** et un mot de la colonne de droite selon le modèle.

MODELE une tasse thé
une tasse de thé

1. une robe	anglais
2. une assiette	foie
3. un professeur	satin
4. un pâté	science-fiction
5. une femme	coton
6. une chemise	porcelaine
7. un écrivain	affaires

D. De quoi les personnes suivantes ont-elles besoin ? Répondez selon le modèle.

MODELE les enfants gâtés
Les enfants gâtés ont besoin de discipline (de fessées, de parents exigeants).

1. les nouveau-nés
2. les professeurs
3. les skieurs
4. les nageurs
5. les alcooliques
6. les étudiants
7. les parents
8. les vieux

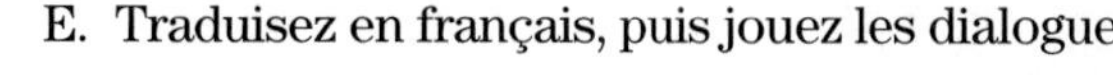

E. Traduisez en français, puis jouez les dialogues.

1. **A:** Mark is a doctor, isn't he?
   B: No, he's a lawyer.
   A: But I'm sure he's a doctor!
   B: You're wrong.

2. **A:** Do you take your coffee with milk or sugar?
   B: With sugar but without milk.
   A: And your tea?

B: With milk but without sugar.
A: But that's not logical!
B: Is life logical?

F. Remplacez les tirets, si nécessaire, par **un** ou **une.**

1. J. P. Morgan était ____________ banquier bourgeois.
2. Ma mère est ____________ socialiste, mais mon père est ____________ communiste fervent !
3. Etes-vous ____________ étudiant sérieux ?
4. De Gaulle était ____________ général.
5. Edith Piaf était ____________ très bonne chanteuse.
6. Je veux être ____________ artiste, mais mes parents veulent que je sois ____________ médecin !
7. M. Lesage n'est pas ____________ professeur exigeant.
8. Est-elle ____________ protestante ?

Exercices d'ensemble

I. Indiquez le genre sans consulter le dictionnaire.

1. espagnol
2. mariage
3. bonté
4. dimanche
5. imagination
6. brusquerie
7. Belgique
8. culture
9. pin *(pine tree)*
10. été
11. trompette
12. Floride
13. cynisme
14. politesse
15. vitrail

II. Mettez les mots en italiques au pluriel.

1. Le père a donné une fessée *au jumeau.*
2. Mon frère n'aime pas *le travail manuel.*
3. M. Dupuy a mal *au genou.*
4. Quand j'étais enfant, j'avais *un cheval.*
5. Ma tante a regardé *le bijou* de ma mère avec intérêt.
6. Voulez-vous répéter *le prix* de ces vêtements, s'il vous plaît ?
7. Invitons *notre beau-frère* à déjeuner.
8. Vous rappelez-vous *notre pique-nique* ensemble ?
9. Vous êtes trop injuste envers *votre neveu américain !*

III. Dans l'histoire suivante, remplacez les tirets, si nécessaire, par la forme convenable de l'article (**défini, indéfini** ou **partitif**) ou par **de.**

1. ____________ membres de ma famille sont faciles à décrire.
2. Ma mère est ____________ femme au foyer.
3. Mon père est ____________ avocat célèbre.
4. Tous les deux sont ____________ catholiques et ____________ républicains.
5. Ils parlent couramment ____________ français et ____________ anglais.

6. Mon père est __________ républicain très sérieux; il travaille même pour __________ parti républicain.
7. Et moi ? Je suis bien élevé maintenant, mais j'étais __________ enfant très gâté !
8. Quand j'étais petit, mes parents ne me donnaient pas __________ fessées.
9. Puisque mon éducation était négligée, j'étais vraiment __________ enfant impossible !
10. Je fumais __________ cigarettes dans ma chambre à l'âge de treize ans.
11. Je rentrais très tard __________ soir.
12. Quand mon professeur __________ français m'appelait, je dormais !
13. Je sortais avec __________ jeunes gens et __________ jeunes filles très mal élevés.
14. Mes parents ont finalement vu que je manquais __________ respect pour eux et que j'avais besoin __________ discipline.
15. Heureusement, j'avais assez __________ intelligence pour comprendre qu'il fallait changer mes mauvaises habitudes.
16. Il n'y a plus __________ manque de communication entre mes parents et moi.
17. Maintenant je suis __________ avocat, __________ catholique et __________ républicain !

IV. Traduisez en français.

1. Do American parents often scold their children?
2. She has cousins who live in Mexico.
3. I have a good relationship with my parents.
4. Many parents do not make sacrifices for their children.
5. The Merciers like to have family outings on Sundays.
6. My stepbrother wants to be a teacher.
7. Doctor Colbert is not fair to his eldest son.
8. Can parents correct their children with love?
9. She doesn't speak French, but she speaks English very well.
10. Children obey their parents if they respect them.
11. My sisters always quarrel!
12. My father is happy when he is surrounded by his extended family.

Transformation de la famille traditionnelle

The French family has changed radically during the past generation. The traditional situation in which the father worked and took care of matters outside the home while the mother remained at home to raise the children is no longer the norm. Women are working in increasing numbers outside the home and are often themselves heads of households. In addition, fewer couples are getting married. Since 1972 the number of marriages has been decreasing by nearly 30% each year, though since 1988 this situation seems to have stabilized. Moreover, those who choose to marry are doing so at a later age: the average age for men is twenty-six and for women twenty-four. At the same time, divorce now terminates one out of every three marriages. Finally, the birth rate has decreased substantially despite government subsidies to every family for each child beyond the second one. The current birth rate of 1.84 children per woman is below the rate needed to maintain the population at the current level.

Nevertheless, in spite of these substantial changes, the French family continues to survive and has not lost its importance. Young people are choosing to live at home longer: one-third of current male wage-earners who are twenty-five years old continue to live with their parents. Children, parents, and grandparents generally remain quite close as they often live near one another. The notion of the family clan is still very much alive and manifests itself in a variety of rituals, including having the Sunday meal together, grandparents baby-sitting their grandchildren, parents and grandparents helping the younger generation to purchase a home or launch a career. The family remains a refuge protecting its members from insecurity and the absence of values. Given the numerous assaults against it in recent times, the family has maintained an amazing vitality.

Orientation

De nos jours, la famille n'existe plus sous un seul modèle mais prend des formes variées. Imaginez qu'à une cocktail party se trouvent les six personnages suivants :

—Elizabeth Mono (mère célibataire, une fille)
—M. et Mme Tribu (mariés, 8 enfants; Mme Tribu est femme au foyer)
—M. et Mme Tout-le-monde (mariés, 2 enfants; ils travaillent tous les deux)
—Nadine et Jean-Paul Nousdeux (ils vivent en concubinage, sans enfant)
—M. et Mme Déconstruction (ils sont divorcés et remariés; ils ont 6 enfants en tout, de père et mère différents)
—Philippe Nouvo (divorcé, a la charge de son fils)

Mettez-vous en groupe, prenez chacun un rôle et posez-vous mutuellement des questions sur votre mode de vie.

La Transformation de la famille traditionnelle

Discussion entre Evelyne Sullerot, sociologue, cofondatrice du Mouvement français pour le planning familial, et Colette Soler, rédactrice pour le magazine freudien, L'Ane.

COLETTE SOLER : La famille a beaucoup changé en peu de temps. Pouvez-vous nous parler de cette évolution ?

EVELYNE SULLEROT : Plus qu'une évolution, c'est d'une sorte d'éboulement° qu'il s'agit°. Je n'aime pas parler de destruction parce que cela ressemble à un jugement moral. Eboulement convient bien°. Jusqu'à présent, la France a vécu avec une institution : le mariage, la famille constituée, qui était d'une stabilité extraordinaire. Depuis la fin du XVIIIe siècle, neuf personnes sur° dix se mariaient; aujourd'hui, cinq sur dix seulement. Ce changement s'est fait en l'espace de° dix à douze ans.

A ce chiffre°, d'autres s'ajoutent, tels que la baisse° de 40% du remariage des divorcés, ou la multiplication par cinq de la proportion d'enfants nés hors mariage°. J'essaie, en ce moment,

l'éboulement *m* collapse / **qu'il s'agit** = *dont il est question* / **convient bien** is suitable, is the right word / **sur** out of / **en l'espace de** within / **le chiffre** = *le nombre* / **la baisse** drop / **né hors mariage** born out of wedlock d'évaluer la proportion d'enfants de moins de quinze ans élevés sans leur père : ils sont près de deux millions. C'est que, parallèlement à la baisse des mariages, le divorce reste en hausse° : d'un mariage rompu° sur dix, on est passé à un sur trois. Tout ceci va toucher des enfants qui sont actuellement° encore jeunes....

Ce qui se substitue au mariage, a pris la forme de concubinage°. Cette évolution part des classes cultivées°, des grandes villes, et des personnes ayant reçu une instruction supérieure°; elle touche ensuite les classes moyennes, les petites villes, puis les agriculteurs°. Depuis 1983 on remarque de façon très nette d'autres phénomènes. Les jeunes—je mets la limite vers 30 ans—vivent seuls, quoiqu°'ils aient une union stable. Leur nombre s'est beaucoup accru° ces dernières années. On trouve aussi de très nombreux jeunes gens et jeunes filles qui vivent jusqu'à 25 ou 30 ans chez leurs parents, tout en ayant° une vie sexuelle ou affective°. Il est très frappant° de constater° que les parents de cette génération se montrent tout à fait libéraux. Ils acceptent cette situation et donnent même de l'argent aux enfants.

Je pense que vous serez intéressés de constater l'absence de terme pour désigner° cette nouvelle réalité. Il y a un vide° du vocabulaire, particulièrement chez les parents, pour désigner le partenaire de leur enfant. On parle de pseudo-belle-fille, d'amie, de petite amie. C'est tout à fait symptomatique, et à propos des enfants, on retrouve ce même défaut° de vocabulaire. De nombreux enfants issus de° parents séparés, ayant refait un autre couple se trouvent élevés avec des enfants qui ne sont ni leur demi-frère° ni leur demi-sœur°. Eh bien, il n'y a pas de mot pour désigner leur relation. Les sociologues doivent parfois inventer des mots, par exemple, ils parlent de « famille recomposée », car pour eux, la famille n'existe qu'autour du rapport sexuel de deux individus. La famille recomposée, c'est un foyer°, un homme et une femme vivant ensemble au sens topographique°, et des enfants dont peu importe° de qui ils sont nés. Leur désir est de montrer que c'est le couple sexuel et sa volonté qui fondent la famille, et non plus la filiation° et le mariage. Ce changement anthropologique est énorme, puisque nous sommes les héritiers° d'une civilisation où la famille était fondée sur la filiation.

COLETTE SOLER : Comment voyez-vous la génération nouvelle qui est en train de se fabriquer ?

EVELYNE SULLEROT : Près de la moitié des enfants à l'école n'ont pas le même nom que leur père, et s'embrouillent° avec leur nom. Fréquemment, ils parlent de leurs papas au pluriel. Le mariage détermine le nom, donc l'identité. Il a des répercussions symboliques profondes. Or, aujourd'hui, des femmes ne se marient pas pour pouvoir donner leur nom à l'enfant; certaines demandent au père de ne pas le reconnaître pour qu'il soit tout à fait leur°. Tous ces phénomènes ont en commun de signer° une société où la valeur suprême est l'individu autonome.

Evelyne Sullerot, propos° recueillis° par Colette Soler,
« La courte échelle° des générations », *L'Ane*

en hausse = *en augmentation* / **rompu (rompre)** broken / **actuellement** = *en ce moment* / **le concubinage** = *le fait de vivre maritalement sans être légalement marié* / **cultivé** educated / **une instruction supérieure** higher education / **les agriculteurs** *m* farmers / **quoique** even though / **s'est accru (accroître)** = *a augmenté* / **tout en ayant** while having / **affective** = *sentimentale* / **frappant** = *surprenant* / **constater** = *noter, observer* / **désigner** = *nommer* / **un vide** = *une absence* / **le défaut** lack / **issu de** = né de / **le demi-frère, la demi-sœur** step-brother, step-sister / **le foyer** home / **au sens topographique** in the same space / **dont peu importe** about whom it matters little / **la filiation** blood relationship / **l'héritier** *m* heir / **s'embrouiller** to get mixed up / **leur** = *le leur* (theirs) / **signer** = *indiquer* / **le propos** remark / **recueilli** gathered / **l'échelle** *f* ladder

TABLEAU

Pourcentage de jeunes vivant chez leurs parents

	1982	*1987*
15–19 ans	89,5	91,6
20–24 ans	57,3	63,2
25–29 ans	26,0	33,6

INSEE, enquêtes Emploi, 1991
Olivier Galland, Les Jeunes

Qu'en pensez-vous ?

Etes-vous d'accord ou non avec les déclarations suivantes ? Justifiez votre réponse.

1. En l'espace de 10 à 12 ans, le mariage est devenu une institution extrêmement stable.
2. Il y a de plus en plus d'enfants nés hors mariage.
3. Les enfants de moins de 15 ans sont souvent élevés par un seul parent.
4. Le concubinage se trouve surtout dans les classes moyennes, les petites villes et les milieux ruraux.
5. Beaucoup de jeunes vivent seuls tout en ayant une relation sexuelle et affective stable.
6. En général, les parents n'acceptent pas le fait que leurs enfants, une fois adultes, continuent à vivre à la maison.
7. Dans la famille recomposée, il y a souvent des enfants nés de différentes unions.
8. A l'école, il faut que les enfants aient le même nom que leur père.
9. Nous allons vers une société où la famille n'est plus fondée sur la filiation et le mariage.
10. Il faut créer d'autres mots pour désigner les nouvelles relations des différents membres à l'intérieur de la famille.

Vocabulaire satellite

l' **époux,** l'**épouse;** le, la **conjoint(e)** spouse
se **marier avec quelqu'un** to marry someone
épouser quelqu'un to marry someone
se **marier et avoir des enfants** to start a family
fonder un foyer to get married, to set up a household
entretenir quelqu'un to support someone
trouver un emploi to find a job
l' **union** *f* **libre,** le **concubinage** cohabitation (of an unmarried couple)
la **famille nucléaire** nuclear family
la **famille élargie** extended family
la **famille reconstituée, recomposée** reconstructed family
le, la **petit(e) ami(e);** le **copain,** la **copine** boyfriend, girlfriend
le **beau-père,** la **belle-mère** stepfather, stepmother; father-in-law, mother-in-law
le **demi-frère,** la **demi-soeur** stepbrother, stepsister
le **fils unique,** la **fille unique** only child

Pratique de la langue

1. Décrivez votre famille. Combien de personnes allez-vous inclure ? Est-ce que vous allez compter vos grands-parents, oncles, tantes, cousins, cousines ? Est-ce que les membres de votre famille sont très dispersés géographiquement ? Vous réunissez-vous souvent en famille ? A quelles occasions ?

2. Si vous deviez continuer à vivre chez vos parents pendant ou après vos années à l'université, trouveriez-vous cette situation : a. agréable; b. acceptable mais pas souhaitable; c. intolérable ? Expliquez pourquoi.

3. Jouez les situations suivantes :

   a. Isabelle et Jacques vivent ensemble depuis cinq ans. Ils viennent d'avoir un enfant qu'ils désiraient tous les deux, mais ils refusent toujours de se marier. Ils discutent avec les parents d'Isabelle qui n'approuvent pas leur concubinage.
   b. Nathalie, 10 ans, dont les parents sont divorcés et remariés, partage sa vie entre son père et sa mère. Elle a donc deux chambres, doubles vacances, une belle-mère, un beau-père, de charmants demi-frères et demi-sœurs et une foule de grands-parents, d'oncles et de cousins. Elle essaie d'expliquer sa vie à sa copine Sandrine qui est fille unique et qui vient d'une famille traditionnelle.

4. Dans le milieu que vous connaissez le mieux, quelles sont les attitudes concernant le mariage et la famille ?

Victor Hugo

The French consider Victor Hugo (1802–1885) one of their greatest poets. The non-French reader tends to know Hugo as the author of the monumental social novel, *Les Misérables* (1862), or as the creator of the famous hunchback of Notre-Dame, Quasimodo, in the historical novel, *Notre-Dame de Paris* (1831). In fact, Victor Hugo was not only a poet and novelist but a dramatist as well, who first achieved notoriety through the theater.

Still, it is through his poetry that Victor Hugo gained his greatest literary recognition. Capitalizing on the greater freedom afforded him by the new romantic concepts, Hugo developed grandiose imagery and rich rhythmical effects, while displaying an extraordinary grasp of the French language. He tried his hand at every conceivable poetic genre, running the gamut of poetic expression from the lyrical through the epic to the satirical. He remains an acknowledged master of poetic technique.

In the following poem, we gain insight into the intimate feelings of Victor Hugo, the parent. While traveling through southern France in September 1843, he casually picked up a newspaper and read of the death by drowning of his own beloved nineteen-year-old daughter, Léopoldine, and her young husband, who had been boating on the Seine. Four years later, on the anniversary of her death, he wrote "Demain, dès l'aube."

Orientation: Reading French Poetry

Poetry cannot be read in the same way as prose since the elements of verse, rhyme, and rhythm add a musical quality which must be properly rendered. French verses are of various lengths and

Victor Hugo

are identified by the number of pronounced syllables: e.g., an octosyllabic verse contains eight syllables. Usually all the lines in a poem have the same number of syllables. More importantly, all of the syllables have the same phonetic value and should be pronounced equally, with no tonic stress or accent on any particular one.

In a twelve-syllable verse, such as is found in Hugo's poem, the voice normally pauses in the middle, i.e., after the sixth syllable (line 3 is a good example). At times, however, instead of a 6/6 split, the verse will be divided into three parts: 4/4/4 (see line 5). Other more unusual pauses are used for special effect (see line 8, where there is a significant pause after the first syllable). Since Hugo's poem is conversational in form, the rhythm is generally dictated by the sense of the ideas expressed.

Demain, dès l'aube°

Demain, dès l'aube, à l'heure où blanchit° la campagne,
Je partirai. Vois-tu, je sais que tu m'attends.
J'irai par la forêt, j'irai par la montagne,
Je ne puis demeurer loin de toi plus longtemps.

Je marcherai les yeux fixés sur mes pensées,
Sans rien voir au dehors, sans entendre aucun bruit,
Seul, inconnu, le dos courbé°, les mains croisées,
Triste, et le jour pour moi sera comme la nuit.

dès l'aube at the very break of day / **blanchir** = *devenir blanc* / **courbé** = *incliné*

Je ne regarderai ni l'or° du soir qui tombe,
Ni les voiles° au loin° descendant vers Harfleur°,
Et quand j'arriverai, je mettrai sur ta tombe
Un bouquet de houx° vert et de bruyère° en fleur.

Victor Hugo, *Les Contemplations* (1856)

Qu'en pensez-vous?

Etes-vous d'accord ou non avec les déclarations suivantes ? Justifiez votre réponse.

1. Le narrateur va commencer son trajet de bonne heure.
2. Le narrateur connaît très bien la personne à qui il va rendre visite.
3. Le voyage du narrateur n'est pas long.
4. Le narrateur est impatient de retrouver l'autre personne.
5. Il va méditer en marchant.
6. Pendant son voyage il admirera les beautés de la nature.
7. Le voyage le rendra heureux.
8. Il va admirer le coucher du soleil.
9. La route le mènera le long d'une rivière.
10. Quand le narrateur arrivera, il offrira un bouquet de roses à sa fille.

Appréciation du texte

1. Dans ce poème Victor Hugo a employé des vers de douze syllabes. Lisez le poème à haute voix en prononçant bien les douze syllabes de chaque vers. N'oubliez pas qu'en poésie les *e* muets sont prononcés sauf à la fin du vers ou devant une voyelle. Dans le poème combien de syllabes y a-t-il dans les mots suivants : *l'aube, l'heure, campagne, marcherai, pensées, dehors, entendre, triste, sera, comme, regarderai, tombe, voiles, arriverai, bruyère ?*
2. A la fin de la première strophe, quelle impression a le lecteur ? De quel genre de rendez-vous s'agit-il ? Est-ce que cette impression change dans la deuxième strophe ? Si oui, à partir de quel vers ? Quand est-ce que le lecteur reconnaît avec certitude la nature exacte du rendez-vous ?
3. Etudiez la progression de la narration dans ce poème. Quelles expressions donnent une idée de la durée du voyage ?
4. Comment l'idée du 5e vers est-elle mise en relief par les sons et le rythme du vers ?
5. Dans le 12e vers, quelle est l'importance du houx *vert* et de la bruyère *en fleur ?*

Vocabulaire satellite

les **relations amicales** *f* friendly relations

le **sentiment** feeling

la **tendresse** tenderness

l'or *m* gold / **la voile** sail / **au loin** = *à une grande distance* / **Harfleur** = *petit port sur la Seine* / **le houx** holly / **la bruyère** heather

la **caresse** caress
le **charme** charm
l' **attrait** *m* attraction, charm
le **mari** husband
la **femme** wife
le, la **bien-aimé(e)** beloved
le, la **petit(e) ami(e)** boyfriend, girlfriend
l' **amant(e)** lover
(mon, ma) chéri(e) (my) darling
être amoureux, -euse (de) to be in love (with)
éprouver de l'amour pour quelqu'un to feel love for someone
tenir à quelqu'un to be fond of someone
être ami(e) avec quelqu'un to be friends with someone
prendre rendez-vous to make a date
sortir avec quelqu'un to go out with someone
offrir (des fleurs, des cadeaux) to give (flowers, gifts)
se **marier (avec)** to marry, to get married (to)
être fidèle (infidèle) to be faithful (unfaithful)
tromper quelqu'un to cheat on someone
briser le cœur de quelqu'un to break someone's heart

Pratique de la langue

1. Dans la première strophe de *Demain, dès l'aube*, il s'agit d'un rendez-vous entre deux personnes. Racontez un rendez-vous mémorable que vous avez eu. Racontez votre anticipation de l'événement et les préparatifs que vous avez faits. Est-ce que tout s'est bien passé ou avez-vous été déçu(e) ?
2. Y a-t-il différentes sortes d'amour ? Si oui, qu'est-ce que ces amours ont en commun et comment peut-on les différencier ?
3. Est-ce que l'amour est la même chose que l'amitié ? Lequel des deux sentiments vous semble préférable ? Pourquoi ? Est-il possible d'avoir plusieurs amis intimes ?
4. Ecrivez et présentez un dialogue où deux personnes observent un couple amoureux et remarquent les signes qui révèlent l'amour du couple.

3 Ville et Campagne

Reflexives, Passé Composé, *and Imperfect*

Un bateau sur une rivière (en haut) *Notre-Dame de Paris (en bas)*

Vocabulaire du thème : *Ville et Campagne*

Le Milieu de la ville

le **citadin** city dweller
le **quartier** section, district
le **métro** subway
la **voiture** car
garer une voiture to park a car
la **banlieue** suburbs
le **centre-ville** downtown
le **gratte-ciel** skyscraper

Plaisirs de la ville

la **vie culturelle** cultural life
les **distractions** *f* entertainment
la **boîte de nuit** night club
le **grand magasin** department store
la **boutique** shop
faire des courses to shop
stimulant stimulating
dynamique dynamic
animé lively
s' **amuser bien** to have a good time
flâner to stroll
se **promener** to take a walk, to walk
visiter un endroit to visit a place
rendre visite à une personne to visit a person
fréquenter (un café, un bar, etc.) to frequent (a café, a bar, etc.)

Problèmes de la ville

le **bruit** noise
le **crime** crime
la **circulation** traffic
la **pollution** pollution
le **mendiant** beggar
le **voyou** hoodlum, thug
le **clochard** bum
se **perdre** to get lost
attaquer to attack, to mug
louche shady, suspicious
anonyme anonymous
sale dirty
inhumain inhuman

Le Milieu de la campagne

le **campagnard,** la **campagnarde** country dweller
le **paysan,** la **paysanne** peasant, hick
le **fermier,** la **fermière** farmer
la **ferme** farm
l' **herbe** *f* grass
le **bois** woods
le **champ** field
la **rivière** (small) river
le **fleuve** (large) river
le **lac** lake
le **poisson** fish
la **montagne** mountain

Plaisirs de la campagne

faire du camping to go camping, to camp
faire de la bicyclette to go bicycle riding
faire la grasse matinée to sleep in, to sleep late
faire un pique-nique to have a picnic
aller à la pêche to go fishing
attraper un poisson to catch a fish
prendre un bain de soleil to sunbathe
bronzé tanned
se **détendre** to relax
se **reposer** to rest
coucher à la belle étoile to sleep outdoors
méditer (sur) to meditate (about)
paisible peaceful
isolé isolated
rustique rustic
la **solitude** solitude
tranquille tranquil, calm

Problèmes de la campagne

tondre la pelouse to cut, mow the lawn

s' **ennuyer** to be bored
l' **ennui** *m* boredom
l' **insecte** *m* insect
l' **abeille** *f* bee
le **moustique** mosquito
piquer to sting
l' **ours** *m* bear
le **serpent** snake

EXERCICES

Mise en scène. Complétez en employant une ou plusieurs expressions du *Vocabulaire du thème*, puis jouez les dialogues.

1. (Deux hommes/femmes qui habitent à la campagne se parlent.)
   A: Qu'est-ce que tu as, (nom) ? Tu as l'air triste !
   B: Oui, (nom). Hier je suis allé(e) en ville et...
   A: C'est dommage !
   B: Et...
   A: Pauvre (nom) !
2. **A:** Nous voilà à la montagne !
   B: Oui, nous voilà à la montagne.
   A: Est-ce que tu voudrais... ?
   B: Non, ça ne m'intéresse pas.
   A: Peut-être que tu aimerais... ?
   B: Non, ça ne m'intéresse pas.
   A: Qu'est-ce que tu veux faire, alors ?
   B: ...

Reflexives

Reflexives may express either reflexive action (reflexive verbs) or reciprocal action (reciprocal verbs).

Reflexive Verbs

The subject acts upon itself in reflexive verbs. This reflexive action is expressed by a reflexive pronoun: **se voir** *(to see oneself)*, **s'admirer** *(to admire oneself)*, **se parler** *(to speak to oneself)*. Most of the common reflexive verbs in French have lost their reflexive meaning and are not translated as reflexives in English:

s'amuser *to have a good time*
se coucher *to go to bed*
se détendre *to relax*
s'en aller *to go away, to leave*
s'endormir *to fall asleep*
s'énerver *to get excited, to get worked up*
se fier à *to trust*
s'habiller *to get dressed*
s'habituer à *to get used to*
se laver *to wash up*
se lever *to get up*
se marier *to get married*
se méfier de *to distrust*
se mettre à *to start, begin*

se moquer de *to make fun of*
se promener *to take a walk*
se raser *to shave*
se reposer *to rest*
se réveiller *to wake up*
se sauver *to run away*
se suicider *to commit suicide*
se taire *to be quiet, to shut up*
se tromper *to be mistaken*

Reflexive pronouns

1. The reflexive pronouns **me, te, se, nous,** and **vous** agree in person and number with the subject.

se laver

je me	lave	nous nous	lavons
tu te	laves	vous vous	lavez
il / elle / on se	lave	ils / elles se	lavent

2. Reflexive pronouns follow the same rules of position as object pronouns in the formation of questions and negative expressions.

   Simone se lève-t-elle de bonne heure ?
   Does Simone get up early?

   Vous brossez-vous les dents tous les soirs ?
   Do you brush your teeth every night?

   Je ne me couche pas avant minuit.
   I don't go to bed before midnight.

   Je ne m'habille jamais devant la fenêtre !
   I never get dressed in front of the window!

   The pronouns **me, te,** and **se** change to **m', t',** and **s',** respectively, before a verb beginning with a vowel or mute **h: je m'habille, elle s'endort.**

3. Reflexive pronouns used in an infinitive construction must also agree with the subject.

   Allez-vous vous lever de bonne heure à la campagne ?
   Are you going to get up early in the country?

   Je ne veux pas m'énerver.
   I don't want to get all excited.

4. Reflexive pronouns are either direct or indirect, depending on whether the verb takes a direct or indirect object.

   Direct: Elle se regarde dans le lac. (**Regarder** takes a direct object.)
   She looks at herself in the lake.

   Indirect: Il se parle quand il est seul dans le bois. (**Parler** takes an indirect object.)
   He speaks to himself when he's alone in the woods.

EXERCICES

A. Transformez les phrases.

1. Je m'ennuie à la campagne. (nous, ce clochard, vous, tu, ces voyous, on, je)
2. Je ne me rase pas. (vous, ma grand-mère, tu, nous, les enfants, on, je)
3. Je vais me promener. (tu, Jean-Jacques, nous, on, Paul et Virginie, vous, je)

B. Complétez au présent.

1. se laver (vous, nous)
2. se réveiller (ils, je)
3. se regarder (nous, tu)
4. se lever (elles, vous)
5. se coucher (tu, elles)
6. se marier (ils, nous)
7. se perdre (nous, il)
8. s'endormir (nous, je)
9. se méfier (elles, nous)
10. se raser (ils, vous)
11. s'habiller (vous, je)
12. se parler (nous, tu)
13. se taire (elles, je)
14. s'énerver (je, vous)
15. se détendre (tu, elles)

C. Complétez au présent en employant un des verbes de la colonne de droite.

MODELE à minuit se coucher
Je me couche à minuit.

1. à sept heures du matin	s'amuser
2. au bord de la mer	se lever
3. quand je suis sale	se raser
4. quand je n'ai rien à faire	se détendre
5. quand je fais du camping avec mes amis	se promener
6. avant de me coucher	se déshabiller
7. quand je suis fatigué(e)	se dépêcher
8. devant le miroir	s'ennuyer
9. quand je suis en retard	s'admirer
10. à une heure du matin	se coucher
11. tous les jours	se laver
12. à la campagne	se reposer

D. Demandez à un(e) autre étudiant(e) ou au professeur...

1. à quelle heure il (elle) se couche.
2. à quelle heure il (elle) se lève.
3. où il (elle) va pour s'amuser.
4. s'il (si elle) se moque du président.
5. où il (elle) se promène.
6. s'il (si elle) s'ennuie en ville (à la campagne, en banlieue).
7. s'il (si elle) s'endort souvent dans la classe de français.
8. s'il (si elle) s'habille devant la fenêtre.
9. s'il (si elle) va se marier cette année.
10. s'il (si elle) aime se promener dans le bois (à la campagne).
11. s'il (si elle) s'énerve souvent.

E. Répondez en employant un verbe réfléchi.

1. Que faites-vous quand vous êtes très fatigué(e) ?
2. Qu'est-ce que Brigitte peut faire si elle adore Louis et voudrait passer sa vie avec lui ?

3. Que fait Ricardo à la soirée d'Isabelle ?
4. Que font la petite Tina et la petite Mimi après avoir joué dans la boue *(mud)* pendant quatre heures ?
5. Que fait le professeur quand son réveille-matin sonne ?
6. Que fait un citadin à la campagne ?
7. Que fait un campagnard en ville ?

The imperative

1. In the affirmative imperative the reflexive pronouns follow the verb and are connected to it by a hyphen. Note that in the affirmative imperative **te** becomes **toi.**

Indicative	**Imperative**
Tu te couches. *You go to bed.*	Couche-toi ! *Go to bed!*
Vous vous levez. *You get up.*	Levez-vous ! *Get up!*
Nous nous sauvons. *We run away.*	Sauvons-nous ! *Let's run away!*

2. In the negative imperative the reflexive pronouns precede the verb.

Ne vous dépêchez pas ! *Don't hurry!*	Ne te marie pas ! *Don't get married!*

EXERCICES

A. Répondez en employant à **l'impératif** un des verbes de la colonne de droite, selon le modèle.

MODELE Que dites-vous à votre ami quand il prend trop de temps pour s'habiller ?
Dépêche-toi !

Que dites-vous à votre ami...

1. quand il parle pour parler ?	se réveiller
2. quand il a une grande barbe qui vous fait horreur ?	s'amuser bien
3. quand il est fatigué après avoir tondu la pelouse ?	se laver
4. quand il est tout sale parce qu'il pleuvait quand il est allé à la pêche ?	se raser se lever
5. quand il va dans une boîte de nuit avec sa petite amie ?	se taire
6. quand il s'endort pendant que vous parlez brillamment ?	se reposer
7. quand il est en retard pour le cinéma ?	se dépêcher
8. quand il fait la grasse matinée ?	

B. Répondez en employant l'impératif d'un verbe réfléchi.

1. Il est dix heures du matin et votre camarade de chambre est toujours au lit. Mais il (elle) a un cours à dix heures dix ! Qu'est-ce que vous lui dites ?
2. Votre petite sœur a mangé du chocolat et elle en a sur les mains, sur ses vêtements, partout ! Qu'est-ce que vous lui dites ?

Un bâtiment dans une ville nouvelle

3. Votre cousine a été demandée en mariage par un homme très riche et distingué. Son problème : elle le respecte beaucoup mais elle ne l'aime pas. Qu'est-ce que vous lui dites ?
4. Vous êtes très pressé(e) et vous voulez entrer dans la salle de bains, mais votre petit frère y est déjà ! Qu'est-ce que vous lui dites ?
5. Vous êtes assis(e) dans une salle de cinéma et vous attendez le commencement du film. Deux adolescents viennent s'asseoir devant vous. Ils commencent à parler fort et à manger des bonbons, et quand le film commence, ils continuent à parler. Qu'est-ce que vous leur dites ?

Reciprocal Verbs

In a reciprocal action the subjects act on each other. Reciprocal verbs are formed in exactly the same way as reflexive verbs. Because a reciprocal action requires at least two people, reciprocal verbs exist only in the plural.

Depuis leur premier rendez-vous, ils s'écrivent tous les jours.
Since their first date, they have been writing to each other every day.

Pourquoi vous regardez-vous avec dédain ?
Why do you look at each other with disdain?

Although reflexive and reciprocal verbs are identical in form, their context usually makes the meaning clear. If confusion does arise, however, the expressions **l'un(e) l'autre** or **les un(e)s les autres** are used with reciprocal verbs.

Jean et Marie se regardent.
John and Mary are looking at themselves.
John and Mary are looking at each other.

Jean et Marie se regardent l'un l'autre.
John and Mary are looking at each other.

Est-ce que les Américaines et les Françaises se comprennent ?
Do American and French women understand themselves?
Do American and French women understand one another?

Est-ce que les Américaines et les Françaises se comprennent les unes les autres ?
Do American and French women understand one another?

When a reciprocal verb requires a preposition, the preposition is placed between the two parts of **l'un(e) l'autre** or **les un(e)s les autres: l'un à l'autre, les uns des autres,** etc.

Mes amis se moquent les uns des autres.
My friends make fun of each other.

Elles se battent toujours, l'une avec l'autre !
They are always fighting with each other!

EXERCICES

A. Formulez une phrase en employant un verbe réfléchi ou un verbe réciproque. Si nécessaire, pour éviter l'ambiguïté, employez **l'un(e) l'autre** ou **les un(e)s les autres** avec le verbe réciproque.

MODELE Hélène se maquille le matin et Andréa se maquille le matin.
Elles se maquillent le matin.

Jean regarde Marie et Marie regarde Jean.
Ils se regardent l'un l'autre.

1. Jean se rase et Henri se rase.
2. Groucho frappe Harpo et Harpo frappe Groucho.
3. Napoléon écrit à Joséphine et Joséphine lui écrit.
4. Antoine se suicide et Cléopâtre se suicide.
5. Pierre embrasse Catherine et Catherine embrasse Pierre.
6. Elle dit bonsoir à Agnès et Agnès lui dit bonsoir.
7. Sa sœur se fie à lui et il se fie à sa sœur.
8. Maigret se méfie de Sherlock et Sherlock se méfie de Maigret.
9. Le voyou attaque Merlin et Merlin attaque le voyou.
10. Isabelle se couche de bonne heure et Ferdinand se couche de bonne heure.

B. Traduisez en français, puis jouez les dialogues.

1. **A:** Pierre and Jean-Louis, why are you fighting with each other?
   B: We're brothers, aren't we?
2. **A:** Are Héloïse and Guy kissing each other again?
   B: Why not? They got married yesterday, didn't they?

3. **A:** Let's write to each other.
   B: Let's not write to each other.
   A: Are you serious?

Related Expressions

se souvenir de and *se rappeler:* to remember

1. **Se souvenir** is used with the preposition **de.**

   Vous souvenez-vous de cet auto-stoppeur ?
   Do you remember that hitchhiker?

   Je me souviens très bien de lui.
   I remember him very well.

   Vous souvenez-vous de la circulation à Rome ?
   Do you remember the traffic in Rome?

   Non, je ne m'en souviens pas.
   No, I don't remember it.

2. **Se rappeler** is used without **de.**

   Il se rappelle notre rendez-vous au Quartier latin.
   He remembers our meeting in the Latin Quarter.

   Vous rappelez-vous son adresse ? —Non, je ne me la rappelle pas.
   Do you remember his address? —No, I don't remember it.

EXERCICES

A. Employez au temps présent **se souvenir de** ou **se rappeler.**

1. Je ____________ la jolie vendeuse du grand magasin *Au Printemps.*
2. Ils ____________ de leurs vacances au bord de la mer.
3. Elle ____________ la vie stimulante de Paris.
4. Nous ____________ de nos promenades charmantes au Jardin du Luxembourg.
5. Je ____________ les vues pittoresques de Californie.

B. Est-ce que vous vous rappelez les choses ou les personnes suivantes ? Répondez selon le modèle.

MODELE Est-ce que vous vous rappelez le premier livre que vous avez lu ?
Oui, je me le rappelle.
ou : Non, je ne me le rappelle pas.

Est-ce que vous vous rappelez...

1. votre première bicyclette ?
2. le président Nixon ?
3. Edith Piaf ?
4. Elvis ?

C. Est-ce que vous vous souvenez des choses ou des personnes suivantes ? Répondez selon le modèle.

Dans les Alpes

MODELE Est-ce que vous vous souvenez de Roy Orbison ?
Oui, je me souviens de lui.
ou : *Non, je ne me souviens pas de lui.*

Est-ce que vous vous souvenez de votre école primaire ?
Oui, je m'en souviens.
ou : *Non, je ne m'en souviens pas.*

Est-ce que vous vous souvenez...
1. de votre premier (première) petit(e) ami(e) ?
2. de Lucille Ball ?
3. du premier disque que vous avez acheté ?
4. du premier film que vous avez vu ?
5. du président Kennedy ?
6. de Grace Kelly ?

The *Passé Composé* and the Imperfect

The *passé composé* (compound past) and the imperfect are treated together here because they are often used together in expressing past actions and states.

Formation of the *passé composé*

The *passé composé* is composed of two parts:

parler

j'ai parlé		nous avons parlé
tu as parlé		vous avez parlé
il / elle / on } a parlé		ils / elles } ont parlé

Formation of the past participle

1. The past participle of regular verbs is formed from the infinitive: parl**er,** parl**é;** fin**ir,** fin**i;** ven**dre,** vend**u.**
2. The past participles of irregular verbs must simply be learned.

avoir, **eu**
être, **été**
faire, **fait**

couvrir, **couvert** } **-ert**
offrir, **offert** } **-ert**

rire, **ri** } **-i**
suivre, **suivi** } **-i**

s'asseoir, **assis** } **-is**
mettre, **mis** } **-is**
prendre, **pris** } **-is**

construire, **construit** } **-it**
dire, **dit** } **-it**
écrire, **écrit** } **-it**

boire, **bu**
connaître, **connu**
courir, **couru**
croire, **cru**
devoir, **dû**
falloir, **fallu**
lire, **lu**
paraître, **paru**
pouvoir, **pu**
recevoir, **reçu**
savoir, **su**
tenir, **tenu**
vivre, **vécu**
vouloir, **voulu**
} **-u**

Formation of the auxiliary verb

The auxiliary verb is the present tense of either **avoir** or **être.**

1. **Avoir** is used in the *passé composé* of most verbs.

   J'ai vécu à Grenoble pendant cinq mois.
   I lived in Grenoble for five months.

   Ils ont bu de l'eau de source à la campagne.
   They drank spring water in the country.

2. **Etre** is used in the *passé composé* of certain verbs.

   a. All reflexive and reciprocal verbs

se lever

je me suis levé(e)	nous nous sommes levé(e)s
tu t'es levé(e)	vous vous êtes levé(e)(s)
il s'est levé	ils se sont levés
elle s'est levée	elles se sont levées
on s'est levé	

Je me suis bien amusé dans ce bistro.
I had a good time in that bistro.

Ils se sont téléphoné tous les jours.
They telephoned each other every day.

   b. Certain intransitive[1] verbs of motion

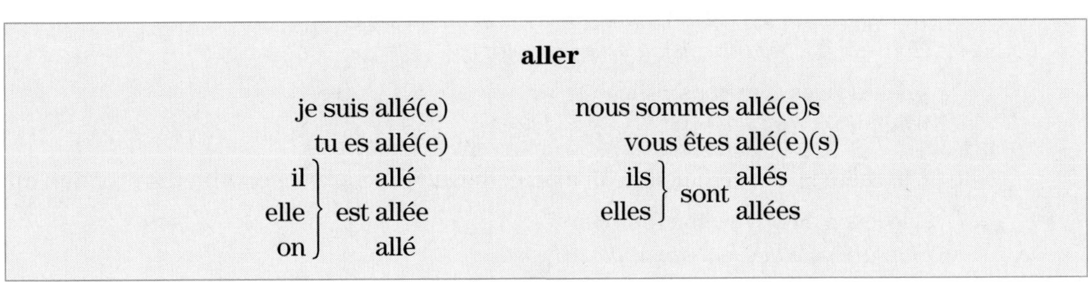

aller

je suis allé(e)	nous sommes allé(e)s
tu es allé(e)	vous êtes allé(e)(s)
il est allé	ils sont allés
elle est allée	elles sont allées
on est allé	

Hier nous sommes allés en ville.
Yesterday we went downtown.

Following are the main intransitive verbs that take **être.** Some are grouped by opposites to help you remember them.

aller / venir	passer
arriver / partir	rester
descendre / monter	retourner
entrer / sortir	tomber
naître / mourir	

Ils sont tombés dans la rivière.
They fell in the river.

Elle est morte jeune.
She died young.

Compounds of these verbs also take **être.**

Ils sont redescendus du train.
They got off the train again.

Le voyou est devenu violent.
The hoodlum became violent.

[1] A transitive verb takes a direct object. In the sentence *She throws the ball, ball* is the direct object of the transitive verb *throws.* An intransitive verb does not take a direct object: *She is coming from France; They went out; He died yesterday.*

Agreement of the past participle

In certain cases there is agreement of the past participle in the *passé composé.*

1. Verbs conjugated with **avoir**

   a. The past participle of verbs conjugated with **avoir** generally remains invariable.

   Elle a médité sur la destinée humaine au sommet d'une montagne isolée.
   She meditated about human destiny on top of an isolated mountain.

   Nous avons respiré l'air frais et pur de la campagne.
   We breathed the fresh, pure air of the country.

   b. However, the past participle agrees in number and gender with any *preceding direct object.* The preceding direct object may be indicated by a personal pronoun, the relative pronoun **que,** or a noun preceded by the adjective **quel.**

   Où avez-vous vu les serpents ? —Je les ai vus dans l'herbe.
   Where did you see the snakes? —I saw them in the grass.

   Voici les poissons gigantesques que nous avons attrapés !
   Here are the gigantic fish that we caught!

   Quelles villes avez-vous visitées ?
   What cities did you visit?

   c. But there is *no* agreement with a preceding indirect object or with the pronoun **en.**

   Elle leur a dit au revoir à l'aéroport.
   She said goodbye to them at the airport.

   Avez-vous vu des jeunes filles au bar ? —Oui, j'en ai vu.
   Did you see any girls in the bar? —Yes, I saw some.

2. Verbs conjugated with **être**

   a. Reflexive and reciprocal verbs:
   In most cases the reflexive pronoun is a direct object. This is true for verbs that have an obvious reflexive value, such as **se voir** *(to see oneself),* and for those that do not translate as reflexives in English, such as **se lever** *(to get up).* With these verbs the past participle agrees with the direct object reflexive pronoun. If the reflexive pronoun is clearly an indirect object, however, there is no agreement with the past participle.

   Elle s'est levée de bonne heure.
   She got up early.

   Elles se sont regardées au même instant et se sont mises à rire !
   They looked at each other at the same moment and began to laugh!

   BUT:

   Elles se sont parlé au téléphone pendant quatre heures !
   They spoke to each other on the phone for four hours!

   Ils se sont dit au revoir les larmes aux yeux.
   They said goodbye to each other with tears in their eyes.

   Note that when a reflexive verb is used with a part of the body in expressions such as **se laver les mains, se brosser les dents,** and **se gratter le dos,** the part of the body is the direct object and the reflexive pronoun is the indirect object. There is, therefore, no agreement with the past participle.

Elle s'est lavé les mains et s'est brossé les dents.
She washed her hands and brushed her teeth.

Note that the past participle also remains invariable in the common expression **se rendre compte de** *(to realize)*, since the reflexive pronoun is an indirect object.

Nous ne nous sommes pas rendu compte des conséquences de nos actions.
We did not realize the consequences of our actions.

b. The intransitive verbs of motion:
The past participle agrees in gender and number with the subject of the verb.

Nous sommes montés dans l'autobus.
We got on the bus.

Elles sont passées quatre fois devant la boutique.
They passed in front of the shop four times.

Occasionally, some of these verbs are used transitively: that is, they take a direct object. When used transitively, they are conjugated with **avoir,** in which case the past participle does not agree with the subject.

Malheureusement, nous avons monté la tente près d'une ruche !
Unfortunately, we put up the tent near a beehive!

Elles ont passé leurs vacances à Cannes.
They spent their vacation in Cannes.

Elle a sorti sa voiture du garage.
She took her car out of the garage.

EXERCICES

A. Transformez les phrases.

1. J'ai fait du camping. (nous, vous, ces citadins blasés, tu, le vieux général, on, je)
2. Je me suis promené(e) dans le centre-ville. (tu, ces amoureux, nous, vous, ce clochard, on, je)
3. Je suis sorti(e) du café. (vous, tu, ces paysans, on, nous, le mendiant, je)

B. Lisez chaque passage en entier, puis mettez chaque phrase au **passé composé.**

1. Babette se réveille.
Elle se lève.
Elle se lave.
Elle s'habille.
Elle regarde par la fenêtre.
Elle voit un éléphant.
Elle se déshabille.
Elle retourne au lit.
2. André va à la pêche.
Il attrape un grand poisson.

Il met le poisson dans son sac.
Le poisson saute du sac !
Le poisson tombe dans l'eau !
André rentre.
Il mange une pizza.

C. Complétez en employant un des verbes de la colonne de droite.

MODELE trop tard je suis rentré(e)
Je suis rentré(e) trop tard.

1. à la pêche	je suis rentré(e)
2. un pique-nique	j'ai pris
3. un bain de soleil	j'ai fait
4. trop tard	j'ai tondu
5. dans les rues de Paris	j'ai flâné
6. une vieille église	j'ai fini
7. le 25 décembre	je suis né(e)
8. « l'addition, s'il vous plaît ! »	j'ai dit
9. de la limonade	j'ai perdu
10. mon travail	je suis allé(e)
11. mon innocence	j'ai bu
12. la pelouse	j'ai visité

D. Demandez à un(e) autre étudiant(e) ou au professeur...

1. s'il (si elle) a jamais visité Paris. Si oui, quels endroits est-ce qu'il (elle) a visités ?
2. s'il (si elle) a pris une douche (s'est lavé les cheveux, s'est brossé les dents) ce matin.
3. à quelle heure il (elle) s'est couché(e) hier soir.
4. s'il (si elle) a jamais habité dans une grande ville (dans une ferme).
5. à quelle heure il (elle) s'est réveillé(e) (s'est levé/e) ce matin.
6. s'il (si elle) est jamais allé(e) à Monte-Carlo (en Afrique, en Chine).
7. s'il (si elle) a jamais couché à la belle étoile. Si oui, où ?

E. Faites l'accord du **participe passé** s'il y a lieu.

1. Voici la cathédrale que nous avons ____________ (visité).
2. Est-elle ____________ (allé) à la campagne pour oublier ses ennuis ?
3. Ils ont ____________ (fait) un pique-nique au bord du lac.
4. Quels champs le fermier a-t-il ____________ (cultivé) ?
5. Tes amies ? Je les ai ____________ (vu) dans cette boutique hier soir.
6. La pollution atmosphérique a ____________ (couvert) la ville.
7. Je leur ai ____________ (téléphoné) trois fois hier soir.
8. Regardez les poissons contaminés que les gens ont ____________ (attrapé) dans la Seine.
9. Malheureusement, ils ne se sont pas ____________ (rendu) compte de l'indifférence des citadins.
10. Nous nous sommes vite ____________ (habitué) à la vie de banlieue.
11. Voici la maison que nous avons ____________ (construit).
12. Quelle circulation nous avons ____________ (vu) en ville !
13. Ils sont ____________ (allé) à la pêche à deux heures du matin !
14. Voici un des grands magasins où nous avons ____________ (fait) des courses.

15. Les chauffeurs ont ______________ (garé) leurs élégantes voitures dans l'avenue des Champs-Elysées.
16. Pourquoi se sont-ils ______________ (moqué) des campagnards ?
17. Dorine s'est ______________ (lavé) les cheveux dans le lac.
18. Agnès s'est ______________ (endormi) sur l'herbe.

Formation of the Imperfect

The imperfect is formed by replacing the **-ons** ending of the first person plural of the present tense with the imperfect endings **-ais, -ais, -ait, -ions, -iez, -aient.**

boire	stem: nous **buv**ons
je buv**ais**	nous buv**ions**
tu buv**ais**	vous buv**iez**
il / elle / on buv**ait**	ils / elles buv**aient**

Both regular and irregular verbs follow this rule: nous parlons, **je parlais;** nous finissons, **je finissais;** nous vendons, **je vendais;** nous avons, **j'avais;** nous faisons, **je faisais;** etc.

Note, however, the irregular imperfect stem of the verb **être: j'étais, tu étais,** etc. Note also the spelling changes of **-cer** and **-ger** verbs:

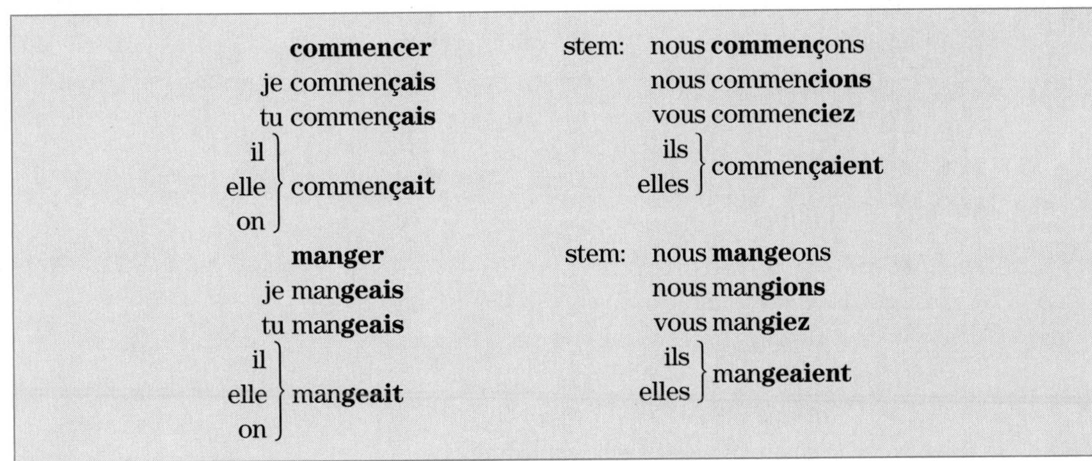

commencer	stem: nous **commenç**ons
je commen**çais**	nous commen**cions**
tu commen**çais**	vous commen**ciez**
il / elle / on commen**çait**	ils / elles commen**çaient**
manger	stem: nous **mange**ons
je man**geais**	nous man**gions**
tu man**geais**	vous man**giez**
il / elle / on man**geait**	ils / elles man**geaient**

EXERCICE

Mettez les verbes à l'**imparfait.**

1. tenir (elle)
2. flâner (nous)
3. mentir (il)
4. être (vous)
5. avoir (je)
6. faire (vous)
7. piquer (il)
8. sortir (je)
9. finir (nous)
10. construire (ils)
11. punir (on)
12. recevoir (tu)
13. rendre (je)
14. pouvoir (vous)
15. courir (nous)

A la ferme

16. se connaître (elles)
17. arranger (on)
18. rire (nous)
19. offrir (vous)
20. avancer (ils)
21. se détendre (tu)

Use of the *Passé Composé* and the Imperfect

The *passé composé*

The *passé composé* is used to express a completed action in the past. The single form of the *passé composé* corresponds to three forms of the English past tense.

ils ont couru { *they ran* / *they have run* / *they did run* }

Hier j'ai visité quatre musées et trois cathédrales !
Yesterday I visited four museums and three cathedrals!

Avez-vous jamais couché à la belle étoile ?
Have you ever slept outdoors?

Avez-vous entendu le bruit de la circulation hier soir ?
Did you hear the noise of the traffic last night?

The action expressed is always a completed action. It may have been of short or long duration, or have been repeated a specified number of times.

Ma mère et moi, nous avons vécu à Rome pendant dix ans.
My mother and I lived in Rome for ten years.

Je vous ai téléphoné quatre fois lundi dernier.
I phoned you four times last Monday.

The imperfect

The imperfect is used to express past actions or states that were not completed ("imperfect" means, in fact, "not completed").

1. It expresses a continuous action in the past (equivalent to *was* + *verb* + *-ing*, in English). The *passé composé* is used to indicate any action that interrupts this continuous action.

   Elle traversait la rue quand elle a vu l'accident.
   She was crossing the street when she saw the accident.

   Je rentrais à bicyclette quand il s'est mis à pleuvoir.
   I was going home on my bicycle when it began to rain.

2. It indicates a customary action in the past (equivalent to the past tense, or to *used to* + verb, in English).

   Quand j'étais plus jeune, je faisais du camping presque tous les mois.
   When I was younger, I went (used to go) camping almost every month.

   L'année dernière je quittais la ville le vendredi soir et j'y revenais le lundi matin.
   Last year I used to leave (left) the city on Friday night and come back (came back) on Monday morning.

3. It is used to describe a past condition or state of mind that has no specified beginning or end.

   Hier le ciel était bleu et la campagne était belle.
   Yesterday the sky was blue and the country was beautiful.

   Il savait que je n'aimais pas la ville !
   He knew I didn't like the city!

   However, when verbs denote a *change* in conditions or in a state of mind, they are put into the *passé composé*. Such states have a beginning and an end, and are therefore considered completed.

   Soudain il a fait nuit.
   Suddenly it became dark.

   Il a eu peur quand ce type louche s'est approché de lui.
   He got scared when that shady character approached him.

4. It is used with **depuis** or **il y avait... que** to express an action that began in the past and continued until another time, also in the past. English uses the progressive form of the pluperfect *(had been* + *present participle,* or *had been)* to express this idea.

   Ils faisaient de la bicyclette depuis cinq minutes quand il s'est mis à pleuvoir.
   They had been bicycle riding for five minutes when it began to rain.

   Il y avait cinq heures qu'elle flânait dans Paris quand elle est tombée malade.
   She had been strolling in Paris for five hours when she got sick.

   Il y avait deux heures qu'il était dans le bois quand il a vu le feu.
   He'd been in the woods for two hours when he saw the fire.

EXERCICES

A. Répondez par une phrase complète.

1. Où êtes-vous allé(e) hier ? Pleuvait-il ? Faisait-il beau ? Neigeait-il ? De quelle couleur était le ciel ?
2. Où avez-vous dîné hier ? Qu'est-ce que vous avez mangé ? Comment était le repas ? Comment était le décor ?
3. Quand vous étiez petit(e), quelles émissions *(programs)* regardiez-vous à la télévision ? Où habitiez-vous ? Quel était votre bonbon préféré ?
4. Qu'est-ce que je faisais à six heures ce matin ? Je dormais ! Qu'est-ce que vous faisiez à six heures (à huit heures) ?

B. Traduisez à l'**imparfait** ou au **passé composé** les verbes entre parenthèses.

1. Elle ____________ *(was meditating)* sur la condition humaine quand un méchant moustique l'a piquée !
2. Quand j' ____________ *(was)* étudiant à Paris, je ____________ *(used to frequent)* un petit café à côté de Notre-Dame de Paris.
3. Comment ! Vous ____________ *(visited)* le Musée Rodin trois fois en une journée !
4. Heureusement, nous ____________ *(were eating)* dans la tente quand il ____________ *(began)* à pleuvoir.
5. Je ____________ *(was taking a walk)* aux Champs-Elysées quand une femme un peu louche m' ____________ *(said)* bonsoir.
6. Parlez-moi de tous les musées que vous ____________ *(visited)* à Paris.
7. Gérard et son amie Nathalie ____________ *(were having a picnic)* à Versailles quand ____________ *(it got cold)*.
8. Ils ____________ *(returned)* à la campagne à cause de la pollution et du bruit de la ville.
9. Nous ____________ *(were sleeping outdoors)* quand soudain j' ____________ *(felt)* quelque chose dans mon sac de couchage *(sleeping bag)* !
10. Nous ____________ *(could not)* garer notre voiture parce que la circulation ____________ *(was)* trop intense.
11. Pendant nos vacances d'été, nous ____________ *(used to go fishing)* tous les matins.
12. Il ____________ *(was)* très chaud ce matin-là, mais nous y ____________ *(went)* quand même.

C. Traduisez en français.

1. She had been shopping for five minutes when she lost her purse *(le sac)*.
2. We'd been strolling in the Latin Quarter for an hour when the hoodlum attacked us!
3. He had been meditating for two days when he found the solution *(la solution)*.
4. The farmer had been in the field for two minutes when he saw the snake.
5. She had been mowing the lawn for five minutes when it began to rain.

The *passé composé* and imperfect in narration[1]

The *passé composé* and the imperfect often appear together in past narrations. The *passé composé*, with its emphasis on completed action, is used to advance the narration: it indicates facts,

[1] In formal narrations—historical works, novels, short stories, etc.—the *passé simple* (past definite) is often used instead of the *passé composé* (see pp. 2–3).

actions, and events. The imperfect, with its emphasis on incompleted actions or states, is used to set the background: it describes outward conditions and inner states of mind.

EXERCICES

A. Voici un passage anglais écrit au temps passé. Identifiez (ne traduisez pas) les verbes qu'il faut mettre au **passé composé** ou à l'**imparfait.** Expliquez précisément les raisons de votre choix.

Yesterday morning I woke up early. I didn't feel well. I got out of bed, walked to the bedroom window, lifted the shade, and looked out. I immediately felt better. It was a beautiful summer day. There were no clouds in the sky and the sun was shining gloriously. I could hear the usual cacophony of city sounds. I went into the kitchen and kissed Barbara, who was already awake. She knew that I wanted to take a walk in the park.

We quickly ate breakfast, left the building, took the subway, got off after a short ride, and began our walk in the Luxembourg Gardens. We were quietly walking along, minding our own business, when we suddenly heard the sound of music behind us. We stopped, turned around, and saw an odd-looking old man who was playing the accordion. Passers-by were throwing coins at his feet while a small monkey was picking them up and putting them in a tin cup. As this one-man show was passing in front of me, I threw a couple of coins at his feet. Barbara barked approvingly. We then continued our walk.

B. Mettez les verbes entre parenthèses à l'**imparfait** ou au **passé composé.**

1. Michel et André, deux petits jumeaux gâtés, ____________[1] (entrer) dans le salon. Leur père ____________[2] (fumer) sa pipe. Leur mère ____________[3] (lire) un magazine. Leur frère ____________[4] (regarder) la télé.

Un village au bord d'une rivière

Tout à coup, ils ________[5] (crier) ensemble: «Il y a le feu dans le jardin!» Leur père, leur mère et leur frère ________[6] (se lever) et ________[7] (regarder) par la fenêtre. Tout ________[8] (être) calme. Il n'y ________[9] (avoir) pas de feu dans le jardin.

Quand ils ________[10] (se retourner), ils ________[11] (voir) Michel et André qui ________[12] (rire) aux éclats *(heartily)*. Leur père leur ________[13] (donner) une bonne fessée.

2. Il ________[1] (être) sept heures du matin et Julie ________[2] (dormir) encore. Tout à coup sa mère l' ________[3] (appeler). Julie ________[4] (se réveiller) mais elle ________[5] (ne pas bouger). Son lit ________[6] (être) le paradis! Alors, sa mère ________[7] (avoir) une idée. Elle ________[8] (téléphoner) à Julie! Quand Julie ________[9] (répondre) au téléphone, qui ________[10] (se trouver) à côté de son lit, elle ________[11] (entendre) sa mère qui ________[12] (dire): «Lève-toi, paresseuse, tu vas être en retard!»

C. Une visite à Paris. Lisez le passage suivant en entier, puis mettez les verbes au **passé composé** ou à l'**imparfait,** selon le cas.

1. Georges le fermier décide de visiter Paris.
2. Il se lève à quatre heures du matin,
3. il prend son petit déjeuner,
4. et il part en voiture.
5. Il arrive à Paris à six heures du matin.
6. Comme Paris est beau à six heures du matin!
7. Il n'y a pas de bruit,
8. il n'y a pas de circulation,
9. il n'y a pas de pollution.
10. Georges fait beaucoup de choses.
11. Il flâne le long des quais,
12. il regarde les pigeons,
13. et il parle aux clochards.
14. A sept heures du matin il monte dans sa voiture
15. et il rentre chez lui.

Related Expressions

1. The verbs **partir, sortir, s'en aller, quitter**, and **laisser** all mean *to leave.* The first three are conjugated with **être,** the last two with **avoir.**

partir: to leave

A quelle heure est-elle partie hier soir?
What time did she leave last night?

sortir: to go out

Il est sorti il y a dix minutes, mais il va revenir tout de suite.
He left (went out) ten minutes ago, but he'll be back right away.

Je suis sorti avec Hélène parce qu'elle adore faire de la bicyclette.
I went out with Helen because she adores bike riding.

When **sortir** means *to leave* or *go out of* a place, it must be followed by **de.**

Ils riaient quand ils sont sortis du café.
They were laughing when they left the café.

Like the English verb *to go out,* **sortir** often implies leaving an enclosed area, such as a room, a car, a restaurant, etc.

s'en aller: to go away

Le voyou s'en est allé après avoir vu le gendarme.
The hoodlum left (went away) after seeing the policeman.

Allez-vous-en ! Vous nous avez assez tourmentés !
Go away! You've bothered us enough!

quitter: to leave someone or something

Nous avons quitté la ville à cause de la pollution.
We left the city because of the pollution.

Elle faisait des courses quand je l'ai quittée.
She was shopping when I left her.

Quitter is never used alone; it always takes a direct object.

laisser: to leave someone or something somewhere

Zut ! J'ai laissé mon parapluie au Louvre !
Darn it! I left my umbrella at the Louvre!

Quand j'ai laissé Hubert à la soirée, il s'amusait beaucoup.
When I left Hubert at the party, he was having a great time.

Like **quitter, laisser** always takes a direct object.

2. The expression **venir de** + *infinitive* is used to indicate having just done something.

The imperfect tense of **venir de** + *infinitive* is the equivalent of the English *had just* + *past participle.*

Elle venait de sortir de la banque quand le voleur l'a attaquée.
She had just left the bank when the thief attacked her.

Remember that the present tense of **venir de** + *infinitive* means *to have just* + *past participle* in English.

Je viens de rentrer.
I have just returned home.

EXERCICES

A. Traduisez en français les mots entre parenthèses.

1. Ils ______________ *(left the city)* pour faire un petit séjour à la campagne.
2. Nous ______________ *(left Madeleine)* à Chartres parce qu'elle voulait y passer toute la journée !
3. Nous ______________ *(left the house)* parce qu'il faisait beau.

4. Elle m'a dit qu'elle allait rester avec moi, mais elle ______ *(left)* quand même.
5. Quand le clochard ______ *(left)* le bar, tout le monde s'est mis à rire.
6. Elle ______ *(left her book)* sur la littérature romantique au bord d'un lac.
7. Après avoir passé deux jours à Paris, le campagnard ______ *(left)*.
8. Quand les abeilles ______ *(left)*, nous avons recommencé notre pique-nique.
9. ______ *(Leave)* ! J'en ai assez de vos histoires !
10. Elle avait si peur de faire son exposé qu'elle ______ *(left the classroom)*.

B. Traduisez en français, puis jouez le dialogue.

A: Why are you leaving the restaurant?
B: I left my keys in the car.
A: Again?
B: Do you want to come with me?
A: Leave!

C. Traduisez en français en employant **venir de.**

1. I had just left the nightclub when I had the accident.
2. A mosquito had just stung me.
3. M. Saumon had just caught a fish when we arrived.
4. They had just left.
5. They'd just gotten lost when I found them!

Exercices d'ensemble

I. Répondez en français par une phrase complète.

1. Vous coupez-vous quand vous vous rasez ?
2. Etes-vous de bonne ou de mauvaise humeur quand vous vous réveillez ?
3. Aimez-vous vous coucher tôt ou tard ?
4. Quand est-ce que vous vous taisez ? Quand est-ce que vous ne vous taisez pas ?
5. En quoi vous spécialisez-vous à l'université ?
6. Vous intéressez-vous à la vie culturelle de la ville ?
7. Vous fiez-vous aux autres ou vous méfiez-vous des autres ?
8. Etes-vous né(e) en ville ou à la campagne ?
9. A quelle heure vous êtes-vous couché(e) hier soir ?
10. Vous fâchez-vous souvent ?
11. Vous détendez-vous en ville ?

II. Répondez précisément en employant deux ou trois phrases complètes.

1. Avez-vous peur de vous promener en ville le soir ?
2. Avez-vous jamais fait du camping ?
3. Si vous avez visité une grande ville récemment, expliquez comment vous l'avez trouvée et ce que vous y avez fait.
4. Avez-vous jamais rencontré un serpent ? Si oui, qui s'est sauvé le plus vite, vous ou lui ?
5. Etes-vous jamais allé(e) en France ? Si oui, quand ?
6. Comment comptez-vous vous amuser ce week-end ?
7. Qu'est-ce que vous avez fait pendant votre dernier séjour à la campagne ?

8. Vous ennuyez-vous en ville ?
9. Vous êtes-vous jamais perdu(e) en ville ou à la campagne ?
10. Avez-vous jamais couché à la belle étoile ? Si oui, où ?

III. Traduisez en français.

1. They had just visited friends in Marseilles when they got sick.
2. We had been waiting for him for two hours when he arrived!
3. We had just returned from the suburbs.
4. We have just visited an interesting shop.
5. We had been bicycling for five days when finally we saw Paris!

IV. Décrivez au présent une de vos journées typiques en employant les verbes suivants. Arrangez-les par ordre chronologique.

se raser	se couper	se mettre au travail
se coucher	s'endormir	s'habiller
se regarder dans la glace	se maquiller	se mettre à table
se laver	se lever	se reposer
	se réveiller	se déshabiller

V. Lisez les passages suivants en entier, puis mettez les verbes au **passé composé** ou à l'**imparfait,** selon le cas.

1. Il est onze heures du matin.
   Il fait beau.
   Mais il fait chaud.
   Brigitte entre dans un café.
   Elle commande un thé glacé.
   Bruno entre dans le café.
   Il voit Brigitte.
   Brigitte est belle !
   Elle est fascinante !
   Bruno sourit à Brigitte.
   Brigitte lui sourit aussi.
2. Il fait très beau à Paris.
   Le soleil brille, et le ciel est bleu.
   A dix heures Sally et Peggy quittent leur hôtel.
   Elles vont tout de suite au Louvre.
   Le Louvre est très intéressant.
   Après la visite elles prennent une bière.
   A midi elles visitent Notre-Dame.
   La cathédrale est magnifique !
   Après la visite elles prennent une autre bière.
   A deux heures elles montent à la Tour Eiffel.
   La tour est belle.
   Après la visite, elles prennent une autre bière.
   Sally et Peggy sont très fatiguées.
   Elles rentrent à l'hôtel, où elles boivent du café !

VI. Mettez les verbes entre parenthèses au **passé composé** ou à l'**imparfait,** selon le cas.

A. Il ______[1] (faire) frais et le ciel ______[2] (être) bleu à Paris. Roger et Suzanne Smith, touristes intrépides et hardis, ______[3] (prendre) le petit déjeuner, un café crème et des croissants, dans un café. Ils ______[4] (venir) de se lever. Ils ______[5] (se parler) et ______[6] (lire) avec beaucoup d'attention le guide Michelin. Ils ______[7] (avoir) l'air un peu tristes parce qu'ils ______[8] (savoir) que la fin de leur tour d'Europe était arrivée et ils n' ______[9] (avoir) qu'une journée à passer à Paris ! Leur avion ______[10] (aller) partir le lendemain matin.

A 9 h précises, ils ______[11] (aller) en taxi au Musée du Louvre. Ils y ______[12] (admirer) la Joconde et la Vénus de Milo. Malheureusement, ils y ______[13] (rester) très peu de temps parce qu'il ______[14] (falloir) se dépêcher ! Entre 10 h et 11 h, ils ______[15] (courir) dans les galeries du Musée d'Orsay, le musée des peintres impressionnistes. Les tableaux de Van Gogh les ______[16] (impressionner). Entre 11 h et 12 h 30, ils ______[17] (se promener) sur les Champs-Elysées, le grand boulevard chic de Paris. Il y ______[18] (avoir) beaucoup de distractions intéressantes : des boutiques, des cinémas, des boîtes de nuit et le fameux Drugstore. Ils ______[19] (se promener) depuis une heure quand ils ______[20] (décider) d'entrer dans un café pour déjeuner. Ils ______[21] (être) si pressés qu'ils ______[22] (finir) de déjeuner en un quart d'heure ! Pendant le reste de l'après-midi ils ______[23] (visiter) la cathédrale de Notre-Dame de Paris, la Sainte-Chapelle, les Invalides (le tombeau de Napoléon) et, finalement, le Quartier latin. A 5 h, ils ______[24] (rentrer) à l'hôtel où ils ______[25] (se reposer) un peu.

Ils ______[26] (passer) une soirée aussi magnifique que leur journée. Ils ______[27] (dîner) dans un bon restaurant, et puis, ils ______[28] (aller) voir *Le Bourgeois gentilhomme* de Molière à la Comédie-Française. A minuit, pendant que Roger ______[29] (faire) les valises, Suzanne ______[30] (remarquer) qu'ils avaient oublié de visiter la Tour Eiffel. Quel dommage !

B. Quand Chantal ______[1] (être) élève à l'école primaire, elle ______[2] (passer) chaque été en Bretagne chez son oncle Marc et sa tante Agnès. Ils ______[3] (habiter) une petite ferme à la campagne. Le matin Chantal ______[4] (accompagner) son oncle aux champs où il ______[5] (cultiver) la terre. Elle ______[6] (aimer) respirer l'air pur et goûter le silence dans cet endroit tranquille et paisible. Le soir elle ______[7] (écouter) le chant des insectes en se reposant sur son lit.

La petite Chantal ne ______[8] (s'ennuyer) jamais avec son oncle et sa tante. Ils la ______[9] (traiter) bien mieux que ses parents qui ne ______[10] (s'occuper) jamais d'elle et qui ne ______[11] (sembler) pas l'aimer.

L'Urbanisation : l'exemple de Paris

France's major cities, especially Paris, have grown tremendously since the end of World War II. Some twelve million people, over one-fifth of the total population of France, now live in the Greater Paris area. A metropolis as well as a capital, Paris monopolizes every form of national activity in spite of recent trends towards decentralization.

La Grande Arche de la Défense à Paris

The predominance of Paris over the provinces has been reinforced throughout French history. During the economic expansion of the nineteenth century, for example, a vast network of roads and railroads radiating from the capital was created. Baron Haussmann, a technocrat with a vision, drove wide boulevards through the congested sections of the old city, turning Paris into the world's most elegant capital. As a consequence, the working-class population was driven to the outskirts of the city, where—especially to the north and east—Paris was soon ringed by drab, impoverished districts known as "the red belt" *(la ceinture rouge)* because of the workers' political allegiance to the Left. This pattern still holds true today as the suburbs tend to attract a low-income population which cannot afford the high rents of the city. The capital has remained elegant and bourgeois but by no means dormant. It is constantly being transformed and embellished. Each Administration has vied to leave its mark on the city by ordering ambitious architectural projects such as the controversial Centre Pompidou, the glass pyramid in front of the Louvre, or the daring Arche de la Défense, to name a few.

In recent years, to cope with the growing population moving out of the city, new urban centers have been created. "*Villes nouvelles*" like Evry, Marne-la-Vallée, etc., have sprung up east and west of Paris. They have been an interesting challenge to a new generation of urbanists and architects. In order to avoid the commuting nightmare, financial incentives were given to offices and industries to relocate in those areas. Still in the experimental stage, the "*villes nouvelles*" have expanded but are still searching for their identity.

The quickest and most economical solution to the housing shortage was to build on the outskirts, mainly east and north of Paris, large housing projects (*grands ensembles* or *cités*) and low-income housing (*habitations à loyer modéré*, or *HLM*). Most of them were built hurriedly and very cheaply in the sixties on existing farmlands. They provided large and low-income families with affordable housing but failed to offer a decent quality of life. With insufficient public transportation, shopping centers, schools and recreation areas, problems soon appeared. Though rehabilitation efforts have been made, few of these constructions have improved with age. Recently, immigrant worker families have moved in large numbers into these *grands ensembles*. In certain cities where unemployment is high, problems of cohabitation and racial tension have occurred. Riots that broke out in Les Minguettes and Vaulx-en-Velin, two poor suburbs near Lyon, led the government to create a new cabinet post, *Ministre de la ville*, to deal with the explosive situation that exists in many of the *grands ensembles* all over France, where the majority of the population is under twenty, unemployed and ethnically diverse.

Orientation

1. Pensez aux concepts de ville et de banlieue *(suburbs)* tels qu'ils existent aux Etats-Unis. Parmi les adjectifs suivants, choisissez ceux que vous associez à la ville et ceux que vous associez à la banlieue.

—calme
—dégradée *(dilapidated)*
—dangereuse
—verte
—résidentielle
—anonyme
—stimulante
—ennuyeuse
—animée *(lively)*
—polluée
—bruyante
—uniforme

2. Lisez l'introduction et refaites le même exercice en pensant aux concepts de ville et de banlieue tels qu'ils existent en France.

Les Jeunes des banlieues

Aujourd'hui, les mots « ville » et « banlieue » recouvrent° des réalités très différentes. Une hausse° extraordinaire des loyers° dans les villes repousse les moins fortunés vers la périphérie°. Les villes deviennent de plus en plus des endroits° privilégiés où ne peuvent survivre que ceux qui disposent de° revenus élevés. A Paris, par exemple, le prix moyen° des loyers a triplé en 10 ans. La capitale se vide, ses banlieues s'étendent°. Mais le mot « banlieue » représente aussi des univers très différents : quelques havres° de calme et de verdure°, à côté de quartiers° réellement sinistrés°.

Robert Solé, « La ville et ses banlieues »,
Le Monde—Dossiers et Documents

recouvrir to cover / **la hausse** increase / **le loyer** rent / **la périphérie** outskirts / **l'endroit** *m* place / **disposent de** = *ont* / **moyen** average / **s'étendre** to stretch out / **le havre** haven / **la verdure** green space / **le quartier** neighborhood / **sinistré** wrecked

Une HLM de banlieue

Comment vit-on en banlieue quand on a 15 ans ?

« Ça dépend des endroits », précise tout de suite Laure. « Si tu vis dans des cités° affreuses° et délabrées°, c'est l'angoisse°. Par contre°, si tu habites une ville avec des espaces verts° et des petites maisons, ça peut être sympa. » Toute la différence est là. Entre les banlieues ouvrières° où les gens ne rentrent que pour dormir après le travail, et les banlieues résidentielles avec leurs beaux immeubles° et leurs parcs, il y a un monde°. La population n'y est pas la même, la vie non plus.

Sandrine, qui habite Neuilly-sur-Marne, une petite ville paisible de 30.000 habitants à 15 kilomètres de Paris, se déclare ravie° : « C'est plus agréable que dans les grandes villes. C'est moins gigantesque, on arrive plus facilement à se connaître. Depuis qu'on est tout petit, on va ensemble à la maternelle°, puis à l'école primaire, ensuite au collège°. On rentre ensemble de l'école, on joue « en bas° » le soir et le mercredi°. »

« Il n'y a pas beaucoup de voitures, affirme Vincent, les parents nous laissent facilement sortir. Très jeunes, on nous autorise à faire du vélo° dans les rues de la Résidence° et même dehors. Et puis, pour faire du sport, c'est bien plus facile qu'à Paris. »

la cité housing project / **affreux** ugly / **délabré** dilapidated / **c'est l'angoisse** (*fam*) = *c'est horrible* / **par contre** on the other hand / **l'espace** *m* **vert** = *un endroit où il y a de la verdure* / **ouvrier** working-class / **l'immeuble** *m* apartment building / **un monde** = *une énorme différence* / **ravi** delighted / **la maternelle** kindergarten / **le collège** = *l'école secondaire* / **en bas** = *en bas de l'immeuble* / **le mercredi** = *il n'y a pas de classe le mercredi après-midi* / **le vélo** bike / **la Résidence** suburban housing development

Une scène d'émeute°

Certaines banlieues bougent° à travers des associations particulièrement actives, des maisons des jeunes et de la culture° bien dirigées° et offrent une réelle qualité de vie, calme et convivialité. D'autres, par contre, représentent l'univers de « la galère°. » La galère, c'est un monde à la dérive°, celui des HLM de banlieue, de ces grands ensembles surgis de terre° pendant les 30 dernières années et où s'entasse° une population déboussolée°, frappée° par le chômage°. « On vit dans un univers pourri° » nous dit Karim. Un univers dégradé où plus rien ne fonctionne. Ni les objets (cabines téléphoniques° inutilisables, autobus couverts de tags). Ni les institutions (familles éclatées°, écoles impuissantes°). Ni les relations humaines (voisins° méfiants°, passants° agressifs...) »

Ali, un jeune beur°, habite un grand ensemble au nord de Paris et rêve de s'en échapper° quand il sera plus vieux. « Il n'y a rien à faire ici, explique-t-il, c'est le désert, la zone°. Du béton° partout. » Franck, son copain, renchérit° : « Et quand les jeunes ne savent pas quoi faire, ils se bagarrent° avec les gars° de la cité d'à côté. » La plupart n'ont pas de travail. Alors ils traînent° dans les cages d'escalier° nauséabondes°, l'unique café et le centre commercial° barricadé à cause des vols°.

F. Gaussen, « Les jeunes de la galère »,
Le Monde—Dossiers et Documents

Une scène d'émeute riot / **bouger** to be vibrant / **la maison des jeunes et de la culture** youth and cultural center / **dirigé** managed / **la galère** (*argot*) = *quelque chose d'horrible* / **à la dérive** drifting / **surgir de terre** to rise / **s'entasser** to crowd together / **déboussolé** = *sans direction* / **frappé** hurt / **le chômage** unemployment / **pourri** rotten / **la cabine téléphonique** telephone booth / **éclaté** = *séparé* / **impuissant** = *qui ne peut rien faire* / **le voisin** neighbor / **méfiant** suspicious / **le passant** passer-by / **le beur** = *un jeune né en France de parents maghrébins* / **s'échapper de** to escape / **la zone** = *la galère* / **le béton** concrete / **renchérir** to add / **se bagarrer** = *se battre* / **le gars** (*fam*) = *le garçon* / **traîner** to hang around / **la cage d'escalier** stairway / **nauséabond** stinking / **le centre commercial** shopping center / **le vol** theft

...« Les Français avaient un peu oublié leurs banlieues. Ils les ont brutalement redécouvertes à la fin de 1990, avec deux événements troublants. En octobre d'abord, quand ont éclaté° des scènes d'émeutes° à Vaulx-en-Velin, dans la banlieue lyonnaise. Puis en novembre, à Paris, au cours d'une manifestation° lycéenne, quand des dizaines de « casseurs° » venus de la périphérie se sont mis à casser° les vitrines° et à piller° les magasins. L'émotion° provoquée par ces deux événements a été d'autant plus forte que les banlieues des grandes villes ont bénéficié ces derniers temps de beaucoup d'argent. Mais, on s'est vite aperçu qu'il ne suffisait pas° de ravaler les façades° ou de réparer les ascenseurs°. Il faut aussi créer des emplois°, briser les mécanismes d'exclusion, changer les mentalités... tout en inventant un nouvel urbanisme. C'est un travail de fourmi° mais des résultats immédiats sont nécessaires pour redonner de l'espoir° aux habitants et les associer à la transformation de leur quartier. »

Robert Solé, « La ville et ses banlieues »,
Le Monde—Dossiers et Documents

VAULX-EN-VELIN

C'est ici que la France a découvert qu'elle avait mal à ses banlieues et aux jeunes qui y vivent. Le 7 octobre, une voiture de police en patrouille° renverse° une moto, un mort, Thomas Claudio. C'est alors l'embrasement° : pilleurs,° casseurs et incendiaires° se retrouvent pour défigurer cette ville plutôt tranquille de l'agglomération lyonnaise.°

en patrouille on patrol / **renverse** runs over / **l'embrasement** *m* flare-up / **le pilleur** looter / **l'incendiaire** *m* arsonist / **l'agglomération** *f* **lyonnaise** Greater Lyon

Qu'en pensez-vous ?

Etes-vous d'accord ou non avec les déclarations suivantes ? Justifiez votre réponse.

1. En général, en France, les loyers en banlieue sont plus chers que les loyers en ville.
2. Il faut avoir des revenus élevés pour vivre à Paris.
3. Toutes les banlieues se ressemblent.
4. Sandrine aime vivre en banlieue parce qu'elle a pu facilement se faire des amis.

éclater to break out / **la scène d'émeute** riot / **la manifestation** demonstration / **le casseur** (*fam*) hoodlum / **casser** to smash / **la vitrine** shop window / **piller** to loot / **l'émotion** *f* shock / **il ne suffisait pas** = *ce n'était pas assez* / **ravaler les façades** to plaster the walls / **l'ascenseur** *m* elevator / **l'emploi** *m* job / **un travail de fourmi** = *un travail très long et qui demande de la persévérance (fourmi :* ant*)* / **l'espoir** *m* hope

5. Vincent pense qu'il est plus facile de faire du sport à Paris qu'en banlieue.
6. Le monde de la galère, c'est le paradis.
7. Ali ne voudrait pas habiter toute sa vie dans un grand ensemble.
8. Beaucoup de HLM ont été construites en béton.
9. Les jeunes des cités traînent dans les rues parce qu'ils n'ont rien à faire.
10. Il ne suffit pas de ravaler les façades et de réparer les ascenseurs pour résoudre *(solve)* les problèmes des grands ensembles.

Vocabulaire satellite

le **centre-ville** downtown
la **banlieue** suburb
le, la **banlieusard(e)** suburbanite
la **périphérie** outskirts (of town)
le **loyer** rent
louer (un appartement) to rent (an apartment)
le, la **locataire** tenant
le, la **propriétaire** landlord, landlady
le **quartier** district, neighborhood
l' **immeuble** *m* apartment building
le **gratte-ciel** skyscraper
une **HLM,** un **grand ensemble,** une **cité** housing project
le **béton** concrete
les **petites annonces** *f* classified ads
l' **endroit** *m* place
la **pièce** room
un **appartement de trois pièces** three-bedroom apartment
l' **étage** *m* floor (i.e., first, second, third)
l' **ascenseur** *m* elevator
le **centre commercial** shopping center
faire des courses to shop
regarder les vitrines to go window shopping
piller (les magasins) to loot (the stores)
casser to break
l' **émeute** *f* riot
l' **insécurité** *f* insecurity, lack of safety
affreux, -euse ugly
délabré dilapidated
bruyant noisy
les **espaces** *m* **verts** parks, green spaces or areas
paisible peaceful
sûr safe
les **transports** *m* **en commun** public transportation
prendre le métro, le train, l'autobus to take the subway, the train, the bus
la **circulation** traffic
l' **embouteillage** *m* traffic jam
garer sa voiture to park one's car

Pratique de la langue

1. Le maire *(mayor)* de Vaulx-en-Velin et le maire de Neuilly-sur-Marne se retrouvent à une réunion de maires de toute la France. Chacun présente les problèmes propres à sa ville. Préparez les deux discours et les questions que vous allez leur poser à la fin.
2. Interrogez Ali, le jeune beur de 15 ans, qui habite dans un grand ensemble au nord de Paris. Faites-le parler de sa famille, de ses copains, de ses problèmes à l'école et en dehors de l'école, de ses aspirations et de ses frustrations.
3. Quand vous aurez à louer ou à acheter une maison ou un appartement, quels seront les critères les plus importants qui guideront votre choix ? Répondez au questionnaire suivant en précisant le degré d'importance.

Vous allez chercher un endroit :

	très important	assez important	pas important
a. calme			
b. près de votre travail			
c. pas cher			
d. où les habitants s'occupent activement de leur quartier			
e. avec beaucoup d'espaces verts			
f. près d'un centre commercial			
g. où il y a un bon hôpital			
h. qui a une bonne réputation			
i. près de bonnes écoles			
j. où il existe des crèches			
k. près du quartier où habitent vos parents.			

4. Décrivez la ville dans laquelle vous avez habité la plus grande partie de votre vie. Quels sont les principaux centres d'intérêt (monuments, parcs, magasins, terrains de sport, etc.) ? Quels sont les endroits les plus agréables d'après vous ?

5. Vous voulez louer un appartement à Paris. Examinez les petites annonces ci-dessous. Choisissez-en une et téléphonez à l'agent immobilier *(real estate agent)* pour avoir plus de détails. Travaillez en groupe de deux (l'agent immobilier, le client).

5° arrdt°

GOBELINS CHARME
Séj. + 2 chbres, cuisine équipée, bains, refait neuf, imm. pierre de taille°. 1 290 000 F, 45-67-86-16.

12° arrdt

Splendide appt 32, rue de Lyon, 12°, 2° ét., 140 m^2 environ avec balcon + cave. Visite tous les jours l'après-midi, 43-43-28-72.

15° arrdt

M° CONVENTION
Gd. 2 p., style ATELIER D'ARTISTE pierre de t., ét élevé très bon état INONDÉ DE LUMIÈRE, 820 000 F France Conseil 48-28-0-75.

VUE SEINE, VERDURE
Bel imm. 1926, 3 p. 70 m^2 tt. cft° 2° étage ascenseur. 45-38-49-34.

arrdt. = *arrondissement* (subdivision of Paris) / **la pierre de taille** freestone / **tt. cft** = *tout confort* (modern conveniences)

Jean-Jacques Rousseau

"I do not believe I am the only person who has such a taste for nature, although up to now I have not observed it in anyone to this extent," wrote Jean-Jacques Rousseau (1712–1778) in his last work, *Les Rêveries du promeneur solitaire.* This understatement captures the essential theme in the life of Rousseau, who explored, cultivated, eulogized, and defended his "taste for nature" in virtually all of his writings.

He was nearly forty years old when his first work, *Discours sur les Sciences et les Arts*, appeared in 1752. Taking the provocative position—very much opposed to the optimistic spirit of the French Enlightenment—that progress in the sciences and the arts has corrupted humanity by sapping the original moral goodness of man, the work created an immediate furor.

When, three years later, Rousseau continued to praise the virtuous life of the noble savage and condemn the spiritual depravity of modern civilization in his *Discours sur l'origine de l'inégalité parmi les hommes*, Voltaire, one of the most eloquent defenders of the idea of progress during the Enlightenment, wrote him these famous words: "Never has anyone used such wit to reduce us to animal stupidity. Reading your work, one feels like walking on all fours."

Rousseau was not deterred by the almost unanimous condemnation of his peers. In 1776 appeared *La Nouvelle Héloïse*, a sentimental epistolary novel whose two protagonists, Julie and Saint-Preux, turn to nature to help quell the passion of their virtuous and unfulfilled love. They find consolation by meditating in the midst of mountain landscapes, imagining each other's presence in solitary country walks, and sharing the innocent and wholesome activities of humble wine-harvesters. Immensely popular, the novel was the most important precursor of the French Romantic movement that dominated the beginning of the nineteenth century.

Jean-Jacques Rousseau

Le Contrat Social and *Emile* both appeared in 1762. A political treatise that begins with the words, "Man is born free, and everywhere he is enslaved," the *Contrat Social* was a stirring call for freedom that was promptly condemned by the monarchist government of Louis XV and then resurrected by anti-government forces on the eve of the French Revolution. *Emile*, an original treatise on education, was also condemned because of its daring affirmation that conscience alone was enough to determine right and wrong.

Dominated by a growing sense of persecution, Rousseau wrote his last two major works, *Les Confessions* (1781–1788) and *Les Rêveries du promeneur solitaire* (1782), both intimate self-revelations. He was prompted to write his confessions to respond to a pamphlet by Voltaire condemning him for placing his five illegitimate children in an orphanage (an act Rousseau grew to regret), whereas he wrote *Les Rêveries du promeneur solitaire* for personal consolation.

The two excerpts that follow describe the kinship with nature felt by this original thinker whose thought has exerted a lasting influence in many fields, including literature, sociology, and political theory.

Orientation

Indiquez ce que vous aimez faire quand vous faites une excursion à la campagne. Comparez vos réponses avec celles de vos camarades de classe.

	oui	non
1. cueillir des fruits		
2. attraper des insectes		
3. faire du camping		
4. aller à la chasse *(hunting)*		
5. nager dans un lac ou une rivière		
6. rester dans un hôtel		
7. faire un pique-nique		
8. faire des courses		
9. marcher dans le bois		
10. coucher à la belle étoile		
11. faire de la bicyclette		
12. écouter le chant des oiseaux		
13. visiter des endroits historiques		
14. méditer		

Si j'étais riche...

Je n'irais pas me bâtir° une ville en campagne, et mettre au fond° d'une province les Tuileries° devant mon appartement. Sur le penchant° de quelque agréable colline° bien ombragée°, j'aurais une petite maison rustique : une maison blanche avec des contrevents° verts... J'aurais pour cour° une basse-cour°, et pour écurie° une étable° avec des vaches°, pour avoir du laitage° que j'aime beaucoup. J'aurais un potager° pour jardin et pour parc un joli verger°...

bâtir = *construire* / **au fond de** in the depths of / **les Tuileries** = *jardin public à Paris* / **le penchant** side / **la colline** hill / **ombragé** shaded / **le contrevent** shutter / **la cour** courtyard / **la basse-cour** farmyard / **l'écurie** *f* stable / **l'étable** *f* cattle-shed / **la vache** cow / **le laitage** dairy products / **le potager** vegetable garden / **le verger** orchard

Là, je rassemblerais une société d'amis aimant le plaisir et s'y connaissant°, de femmes qui puissent sortir de leur fauteuil et se prêter° aux jeux champêtres°... L'exercice et la vie active nous feraient un nouvel estomac et de nouveaux goûts°. Tous nos repas seraient des festins°, où l'abondance plairait plus que la délicatesse... La salle à manger serait partout, dans le jardin, dans un bateau, sous un arbre... On aurait le gazon° pour table et pour chaises, les bords° de la fontaine serviraient de buffet, et le dessert pendrait° aux arbres... Chacun serait servi par tous; le temps passerait sans le compter; le repas serait le repos, et durerait autant que l'ardeur° du jour. S'il passait près de nous quelque paysan° retournant au travail, ses outils° sur l'épaule°, je lui réjouirais° le cœur par quelques bons propos°, par quelques coups de bon vin° qui lui feraient porter plus gaiement sa misère; et moi j'aurais aussi le plaisir de me sentir émouvoir° un peu les entrailles°, et de me dire en secret: « Je suis encore homme. »

Jean-Jacques Rousseau, *Emile*

Les Voyages à pied

La chose que je regrette les plus dans le détails de ma vie dont j'ai perdu la mémoire est de n'avoir pas fait des journaux° de mes voyages. Jamais je n'ai tant° pensé, tant existé, tant vécu°, tant été moi, si j'ose ainsi dire°, que dans ceux que j'ai faits seul et à pied. La marche° a quelque chose qui anime et avive° mes idées: je ne puis presque penser quand je reste en place...

Je me souviens d'avoir passé une nuit délicieuse hors de° la ville, dans un chemin° qui côtoyait° le Rhône ou la Saône°, car je me rappelle pas lequel des deux. Des jardins élevés en terrasse° bordaient° le chemin du côté opposé. Il avait fait très chaud ce jour-là, la soirée était charmante; la rosée° humectait° l'herbe° flétrie°; point de vent, une nuit tranquille; l'air était frais, sans être froid; le soleil, après son coucher, avait laissé dans le ciel des vapeurs rouges dont la réflexion rendait l'eau couleur de rose: les arbres des terrasses étaient chargés° de rossignols° qui se répondaient de l'un à l'autre. Je me promenais dans une sorte d'extase, livrant° mes sens et mon cœur à la jouissance° de tout cela, et soupirant° seulement un peu du regret d'en jouir° seul. Absorbé dans ma douce rêverie, je prolongeai fort avant dans la nuit° ma promenade, sans m'apercevoir° que j'étais las°. Je m'en aperçus enfin. Je me couchai voluptueusement sur la tablette° d'une espèce de niche° ou de fausse porte enfoncée° dans un mur° de terrasse; le ciel de mon lit° était formé par les têtes des arbres; un rossignol était précisément au-dessus de moi; je m'endormis à son chant: mon sommeil fut doux, mon réveil le fut davantage°. Il était grand jour°: mes yeux, en s'ouvrant,

s'y connaissant being versed in it (here, pleasure) / **se prêter (à)** to lend oneself (to) / **le jeu champêtre** country pastime / **le goût** taste / **le festin** feast / **le gazon** grass, lawn / **le bord** edge / **pendre** to hang / **l'ardeur** *f* heat / **le paysan** peasant / **l'outil** *m* tool / **l'épaule** *f* shoulder / **réjouir** to gladden / **le propos** = *le mot* / **le coup de vin** drink of wine / **émouvoir** to move / **les entrailles** *f* innards (here = *le cœur*) / **le journal** diary / **tant** so much / **vécu** = *vivre (participe passé)* / **si... dire** if I dare say / **la marche** = *la promenade* / **aviver** to enliven / **hors de** outside / **le chemin** path / **côtoyer** to border on / **le Rhône, la Saône** French rivers / **en terrasse** terraced / **border** to border / **la rosée** dew / **humecter** to moisten / **l'herbe** *f* grass / **flétri** wilted / **chargé** loaded / **le rossignol** nightingale / **livrant** delivering / **jouissance** enjoyment / **soupirant** sighing / **jouir de** to enjoy / **fort avant dans la nuit** well into the night / **s'apercevoir** to realize / **las** = *fatigué* / **la tablette** flat surface / **une espèce de niche** a kind of nook / **enfoncé** dug / **le mur** wall / **le ciel de lit** canopy / **davantage** more so / **grand jour** broad daylight virent° l'eau, la verdure°, un paysage° admirable. Je me levai, me secouai°, la faim me prit°, je m'acheminai° gaiement vers la ville, résolu° de mettre à un bon déjeuner deux pièces de six blancs° qui me restaient encore. J'étais de si bonne humeur que j'allais chantant tout le long du chemin...

J'aime à marcher à mon aise, et m'arrêter quand il me plaît. La vie ambulante est celle qu'il me faut. Faire route à pied par un beau temps, dans un beau pays, sans être pressé, et avoir pour terme de ma course un objet agréable° : voilà de toutes les manières de vivre celle qui est le plus de mon goût. Au reste°, on sait déjà ce que j'entends par un beau pays. Jamais pays de plaine°... Il me faut des torrents°, des rochers°, des sapins°, des bois noirs°, des montagnes, des chemins raboteux° à monter et à descendre, des précipices à mes côtés qui me fassent bien peur.

Jean-Jacques Rousseau, *Les Confessions*

Qu'en pensez-vous?

Etes-vous d'accord ou non avec les déclarations suivantes ? Justifiez votre réponse.

1. Si Rousseau était riche, il aimerait avoir un appartement en ville.
2. Il voudrait s'entourer *(surround himself)* de femmes paresseuses.
3. Il aimerait prendre ses repas dans une salle à manger élégante.
4. Il aimerait avoir beaucoup de serveurs.
5. Si un paysan passait, Rousseau lui offrirait quelques vêtements.
6. Les voyages à pied aident Rousseau à penser.
7. Il se souvient d'une nuit délicieuse passée en ville.
8. Il neigeait beaucoup cette nuit-là.
9. Rousseau s'est endormi en écoutant le chant d'un rossignol.
10. Pour Rousseau, le plus beau pays est un pays de plaine.

Vocabulaire satellite

la **montagne** mountain
le **bois** woods
la **plage** seashore
le **lac** lake
le **champ** field
faire du camping to go camping, to camp
faire de la bicyclette to go bicycle riding
faire un pique-nique to have a picnic
faire de la natation to go swimming
faire une excursion (en auto, à bicyclette, à pied) to take a car trip, bike trip, to hike
méditer (sur) to meditate (about)
se détendre to relax
cueillir des fruits to pick fruit
s'ennuyer to be bored
la **tranquillité** peace, quiet
la **solitude** solitude
paisible peaceful
isolé isolated
un moustique mosquito
une abeille bee
piquer to sting

virent = *voir (passé simple)* / **la verdure** greenery / **le paysage** landscape / **secouer** to shake / **la faim me prit** hunger came over me / **s'acheminer** to set out / **résolu** resolved / **deux pièces de six blancs** = *une petite somme d'argent* / **un objet agréable** a pleasant destination / **au reste** besides / **la plaine** plains / **le torrent** mountain stream / **le rocher** rock / **le sapin** fir, spruce / **le bois noir** dark woods / **raboteux** rough

Pratique de la langue

1. Imaginez que vous êtes un(e) invité(e) à la maison idéale de Rousseau. Ecrivez une lettre à un(e) ami(e) lui racontant ce que vous y faites et comment vous vous y amusez.
2. Complétez : « Si j'étais riche, j'irais à la campagne. Je... »
3. Gisèle (Jean-Marie) vit en ville depuis longtemps mais elle (il) n'aime plus y vivre parce qu'elle (il) déteste la pollution, le crime, le bruit, le train de vie rapide, la circulation affreuse, et les autres problèmes de la ville. Mais qu'est-ce qu'elle (il) va faire ? Ecrivez un dialogue entre Gisèle (Jean-Marie) et son psychiatre.
4. Décrivez un pique-nique extraordinaire (désastreux ? bizarre ? romantique ?) et lisez votre description devant la classe.
5. Préparez un dialogue entre Rousseau et le paysan qui retourne au travail (voir « Si j'étais riche... »).

4 Les Classes sociales

Interrogatives and Negatives

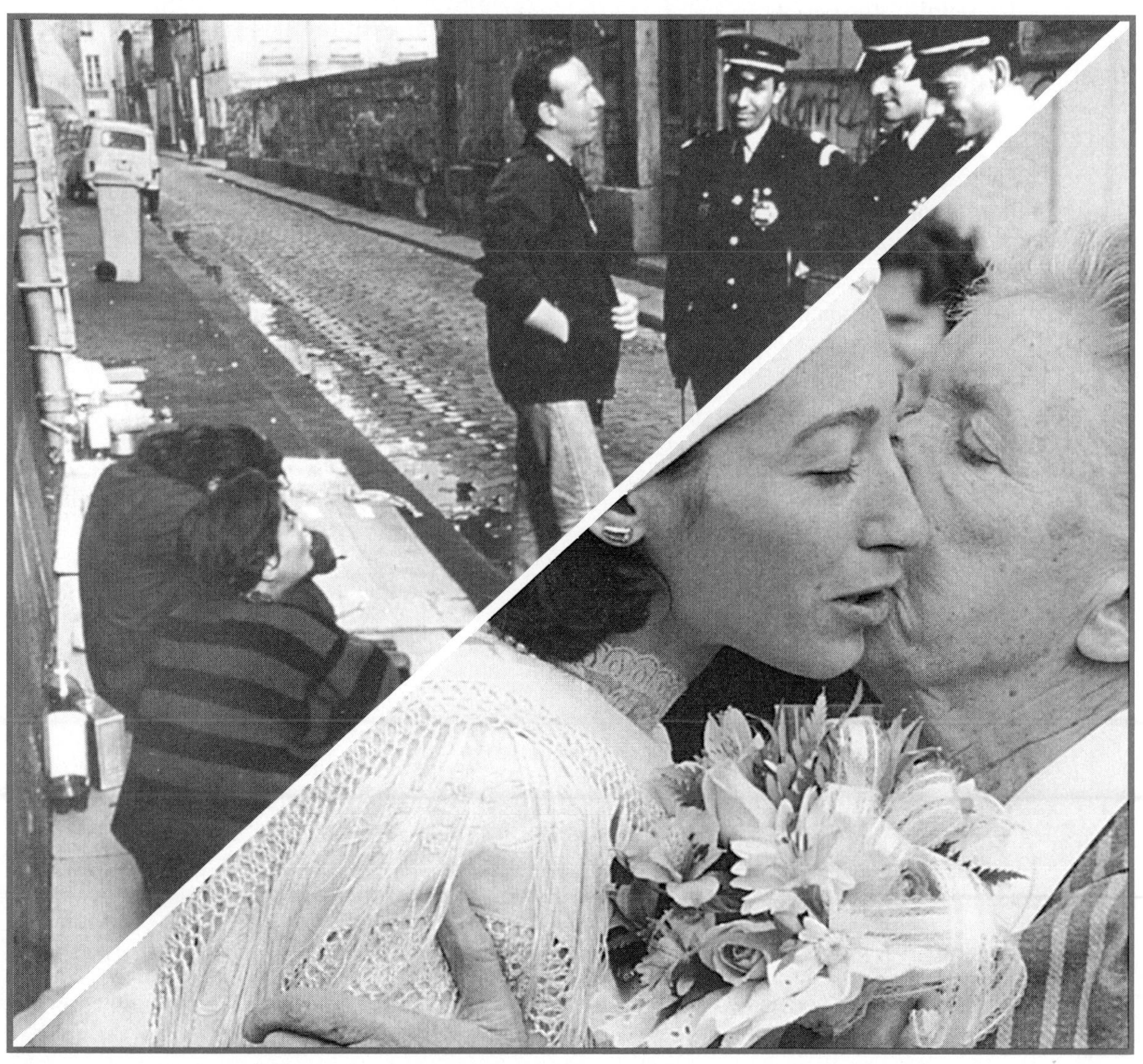

Des sans-abri qui parlent aux gendarmes (en haut)
Un baiser pour la nouvelle mariée (en bas)

Vocabulaire du thème : *Les Classes sociales*

Les Classes

la **haute société** high society
la **classe moyenne** middle class
la **classe ouvrière** working class
les **classes privilégiées** privileged classes
les **classes défavorisées** underprivileged classes
le **clochard,** la **clocharde** bum, street person
le, la **sans-abri** homeless person
le **peuple** the people
le **patron,** la **patronne** boss
l' **ouvrier** *m*, l' **ouvrière** *f* worker

la **profession**[1] profession
le **métier** trade
le **charpentier** carpenter
l' **électricien** *m*, l' **électricienne** *f* electrician
le **mécanicien,** la **mécanicienne** mechanic
le **plombier** plumber

Le Succès

l' **ambition** *f* ambition
ambitieux, ambitieuse ambitious
gagner sa vie to earn one's living
aller loin to go far, get ahead
améliorer sa condition sociale to improve one's social position
le, la **millionnaire** millionaire
le **nouveau riche** nouveau riche
l' **arriviste** *m, f* social climber
le, la **snob** snob
impressionner to impress
le **pouvoir** power
le **prestige** prestige
le **luxe** luxury
somptueux, somptueuse luxurious
aisé well-to-do
propre clean

La Pauvreté

le **quartier pauvre** poor district, neighborhood
les **taudis** *m* slums
la **misère** misery, distress
misérable miserable
malsain unhealthy
pénible hard (difficult), painful
sale dirty

se **révolter contre** to revolt against
faire la grève to go on strike, to strike
être exploité to be exploited
le **syndicat** union

Manières et Goût

les **manières** *f* manners
être bien (mal) élevé to be well-(ill-)bred
avoir bon (mauvais) goût to have good (bad) taste
avoir de la classe to have class
comme il faut proper
poli polite
raffiné refined
sophistiqué sophisticated
élégant elegant
grossier, grossière gross, coarse
vulgaire vulgar

EXERCICE

Situations. Répondez en employant une ou plusieurs expressions du *Vocabulaire du thème.*

1. Vous êtes Lucie Lachaise, une pauvre jeune fille sans fortune. Vous êtes intelligente, vous avez du talent, et vous voulez réussir. Dites à votre amie, Mimi Dubois, ce que vous rêvez de faire plus tard.

[1] For a list of the masculine and feminine forms of many professions, see p. 46.

2. Quelle sorte de personnes préférez-vous ? Complétez le monologue suivant : « J'aime beaucoup les gens... , j'aime assez les gens... , mais je déteste les... ! »

3. A qui allez-vous téléphoner :

   a. si votre voiture ne marche pas ?
   b. si l'électricité ne fonctionne pas ?
   c. si vous voulez faire construire un nouveau garage ?
   d. si vous êtes malade et ne pouvez pas aller au bureau ?
   e. si vous avez mal aux dents ?
   f. si vous ne savez pas la grammaire française ?

Interrogatives

Formation of Questions

Inversion of the subject and verb

1. Simple tenses

   a. If the subject is a pronoun, it is inverted with the verb and connected to the verb by a hyphen.

   Voudriez-vous être riche ?
   Would you like to be rich?

   Vous méfiez-vous de votre patron ?
   Do you distrust your boss?

   Verbs ending in a vowel in the third person singular insert **-t-** between the verb and the inverted subject pronoun.

   Travaille-t-elle maintenant comme électricienne ?
   Is she working now as an electrician?

   Admire-t-il vraiment les snobs ?
   Does he really admire snobs?

   b. If the subject is a noun, the order is *noun subject + verb + pronoun subject.*

   Marie habite-t-elle une grande maison ?
   Does Mary live in a large house?

   Une société sans classes est-elle possible ?
   Is a classless society possible?

2. Compound tenses

   In compound tenses, inversion takes place only with the auxiliary verb. Inversion of the auxiliary verb follows the same rules as for simple verbs.

   Cet arriviste a-t-il impressionné son patron ?
   Did that social climber impress his boss?

   Avez-vous remarqué ses manières impeccables ?
   Did you notice his (her) impeccable manners?

Vous êtes-vous reposé après le travail ?
Did you rest after work?

est-ce que

The question **est-ce que** placed before any sentence transforms it into a question.

Est-ce que vous êtes trop ambitieux ?
Are you too ambitious?

Est-ce que les classes privilégiées sont assez généreuses ?
Are the privileged classes generous enough?

Est-ce que is almost always used when asking a question in the first person singular. However, the expressions **ai-je** *(have I)*, **dois-je** *(must I)*, **puis-je** *(may I)*, and **suis-je** *(am I)* are sometimes used.

Est-ce que j'ai l'air d'être avare ?
Do I look greedy?

Est-ce que je vous gêne parce que je ne suis pas comme il faut ?
Do I bother you because I'm not proper?

Puis-je vous poser une question indiscrète ?
May I ask you an indiscreet question?

n'est-ce pas

The expression **n'est-ce pas,** usually placed at the end of a sentence, seeks confirmation or denial. It is equivalent to the expressions *aren't you, didn't you, isn't he, isn't it,* etc., in English.

Vous êtes fauché, n'est-ce pas ?
You're broke, aren't you?

Vous cherchez une bonne situation, n'est-ce pas ?
You're looking for a good job, aren't you?

Rising intonation

Any sentence can be made interrogative by pronouncing it with a rising intonation. This manner of asking a question is conversational and colloquial; the other interrogative patterns should be used in formal writing.

Salut ! Vous avez bien dormi ?
Hi! (Did) you sleep well?

Tu viens à la réunion du syndicat demain ?
(Are) you coming to the union meeting tomorrow?

EXERCICES

A. Voici des réponses. Posez les questions convenables en employant l'inversion.

MODELE Hélas, oui, il y a beaucoup de sans-abri dans cette ville.
Y a-t-il des sans-abri dans cette ville ?

1. Au contraire, je gagne très peu d'argent.
2. De la classe ? Vous plaisantez. Louise n'a pas de classe !
3. Oui, Delphine est très snob !
4. Oui, il m'a beaucoup impressionné.
5. Mécanicien ? Non, Pierre n'est pas mécanicien. Il est charpentier.
6. Oui. Malheureusement, les pauvres sont exploités.
7. Oui. Malheureusement, les millionnaires réussissent toujours !
8. Non, Sylvie n'est pas devenue professeur. Elle est devenue médecin.
9. Oui, j'habite dans un quartier pauvre.

B. En employant les phrases de l'exercice A, posez des questions avec **est-ce que** et **n'est-ce pas.**

C. En employant l'inversion ou **est-ce que,** demandez à un(e) autre étudiant(e)...

1. s'il (si elle) aime les snobs.
2. si ses amis ont de la classe.
3. si son(sa) meilleur(e) ami(e) est aisé(e).
4. si ses parents sont français.
5. s'il (si elle) a jamais travaillé dans une usine (dans une banque, dans un bar).
6. s'il (si elle) s'est jamais révolté(e) contre ses parents (le professeur).
7. s'il (si elle) se méfie des clochards (des hommes d'affaires, des vendeurs d'automobiles).
8. s'il (si elle) a jamais eu un accident de voiture.

D. Voulez-vous connaître la vie du professeur ? Par exemple, voulez-vous savoir où il (elle) est né(e), s'il (si elle) va souvent en France, s'il (si elle) mange souvent des escargots ? Préparez cinq questions (amusantes ?, sérieuses ?, bizarres ?) et posez-les au professeur.

Interrogative Words

The interrogative adverbs

With the common interrogative adverbs **combien** *(how much, how many)*, **comment** *(how)*, **où** *(where)*, **pourquoi** *(why)*, and **quand** *(when)*, the order *adverb + inverted verb* is always correct.

La haute société

Comment les pauvres vont-ils vivre ?
How are the poor going to live?

Pourquoi ce mécanicien n'aime-t-il pas son métier ?
Why doesn't this mechanic like his trade?

Quand cessera-t-il de faire ce travail ingrat ?
When will he stop doing this thankless work?

In short questions composed only of **combien, comment, où,** or **quand** with a noun subject and a verb, the order *adverb + verb + noun* may be used. The adverb **pourquoi,** however, does not follow this rule.

Combien a gagné le patron ?
How much did the boss make?

Comment vont les enfants ?
How are the children?

Où vont les employés ?
Where are the employees going?

BUT:

Pourquoi ce clochard chante-t-il ?
Why is that homeless person singing?

Note that **comment + être** asks for a description: it corresponds to *what is (are) . . . like?* in English.

Comment est la haute société en France ? —Très snob !
What's high society like in France? —Very snobbish!

Comment est ton patron ? —Il est sympathique mais exigeant.
What's your boss like? —He's nice but demanding.

EXERCICES

A. Les phrases suivantes sont des réponses. Formulez des questions en employant **combien, comment, où, pourquoi** ou **quand.**

1. Ce clochard s'appelle Georges.
2. Il est sale et vulgaire, mais il est intelligent aussi.
3. Il habite sous un pont.
4. Il ne travaille pas parce que le travail l'ennuie.
5. Il a beaucoup d'amis.
6. Il a très peu de vêtements.
7. Il se lève de bonne heure.
8. Il se couche après minuit.
9. Il est clochard parce qu'il aime la liberté.

B. Préparez trois questions originales en employant **comment, combien, où, pourquoi** ou **quand,** et posez-les à un(e) autre étudiant(e) ou au professeur.

C. Imaginez que vous pouvez poser une seule question aux personnes suivantes. Commencez votre question par **comment, combien, où, pourquoi** ou **quand.**

Au marché aux puces

MODELE à un clochard
Pourquoi ne travaillez-vous pas ?
ou : *Où dormez-vous ?*

1. à un gangster
2. à un millionnaire
3. au président de l'université
4. au professeur
5. au président des Etats-Unis
6. à un alcoolique
7. à un snob
8. à un chat

The invariable pronouns

Function	**Persons**	**Things**
subject	qui OR: qui est-ce qui *(who)*	qu'est-ce qui *(what)*
direct object	qui *(whom)*	que *(what)*
object of preposition	qui *(whom)*	quoi *(what)*

As the preceding table shows, the invariable interrogative pronouns are classified according to their nature (persons, things) and their function (subject, direct object, object of a preposition). Both factors must be considered in choosing the proper interrogative pronoun. Note, however, that **qui** referring to persons is correct for all functions.

Qui (qui est-ce qui) va travailler dans ce bureau ?
Who (person, subject) *is going to work in this office?*

Qu'est-ce qui vous empêche d'aller loin ?
What (thing, subject) *keeps you from getting ahead?*

Qui veut-elle impressionner ?
Whom (person, direct object) *does she want to impress?*

Que voulez-vous comme salaire ?
What (thing, direct object) *do you want for a salary?*

Contre qui allez-vous vous révolter ?
Against whom (person, object of preposition) *are you going to revolt?*

Avec quoi le charpentier réparera-t-il cette maison ?
With what (thing, object of preposition) *will the carpenter repair this house?*

Note that **que** elides to **qu'** before a vowel or mute **h** (**qui** does not).

Qu'a-t-il choisi comme profession ?
What has he chosen as a profession?

1. In sentences beginning with the subject pronouns, the order *pronoun* + *uninverted verb* is always followed.

Qui remplacera notre patronne ?
Who will replace our boss?

Qu'est-ce qui se passe ?
What's happening?

2. In sentences beginning with the object pronouns (direct objects and objects of prepositions), the two most common ways of asking questions, **est-ce que** or inversion, are used.

Qui a-t-elle impressionné ?
Qui est-ce qu'elle a impressionné ?
Whom did she impress?

Qu'avez-vous trouvé comme emploi ?
Qu'est-ce que vous avez trouvé comme emploi ?
What have you found for a job?

De quoi a-t-il besoin pour aller loin ?
De quoi est-ce qu'il a besoin pour aller loin ?
What does he need to get ahead?

3. However, if a sentence beginning with **que** has a noun subject, inversion of the subject pronoun cannot be used. The order **que** + *verb* + *noun subject* must be used instead.

Que veut la classe ouvrière ?
What does the working class want?

EXERCICES

A. Quelle question allez-vous poser aux personnes suivantes ? Répondez en employant **qu'est-ce que** selon le modèle.

MODELE à un vendeur
Qu'est-ce que vous vendez ?

1. à un professeur
2. à un grand fumeur
3. à un grand buveur
4. à un écrivain
5. à un compositeur
6. à un mécanicien
7. à un étudiant

B. Posez une question en employant l'expression **avoir besoin de** et le pronom **quoi** selon le modèle.

MODELE d'une voiture à réparer
De quoi un mécanicien a-t-il besoin ?

1. d'un verre de lait
2. d'une maison à construire
3. d'une nouvelle pipe
4. d'inspiration
5. de beaucoup d'ambition
6. de beaucoup d'argent

C. Remplacez les tirets par **qui** ou **qu'est-ce qui,** puis jouez les dialogues.

1. **A:** qu'est-ce qui vous ennuie à l'école ?
   B: Tout !
2. **A:** Qui a causé l'accident ?
   B: C'est lui ! C'est lui qui l'a causé !
3. **A:** Qui vient de frapper à la porte ?
   B: Je, je ne sais pas... j'ai peur !
4. **A:** Qu'est-ce qui se passe ?
   B: Qu'est-ce qui se passe ?
   A: Oui, Qu'est-ce qui se passe ?
   B: Rien.
5. **A:** Qu'est-ce qui impressionne ce snob ?
   B: L'argent, imbécile, l'argent !

D. Traduisez en français puis jouez les dialogues.

1. **A:** What's happening?
   B: Not much *(pas grand-chose)*. What do you want to do?
   A: What interests you?
   B: Nothing.
   A: Whom do you want to see?
   B: No one.
2. **A:** Why did you say I was a snob?
   B: Who told you that?
   A: Jean-Louis.
   B: What was he talking about?
   A: I don't know.
   B: Never listen to Jean-Louis. He's crazy!

E. Préparez cinq questions originales (amusantes ? sérieuses ? impertinentes ?) en employant **qui, qu'est-ce qui, que, qu'est-ce que** et **quoi,** et posez-les à un(e) autre étudiant(e) ou au professeur.

The variable pronoun *lequel* (which one, which)

	Masculine	Feminine
Singular	lequel	laquelle
Plural	lesquels	lesquelles

Lequel agrees in gender and number with the noun to which it refers.

Ma sœur est au chômage. —Laquelle ?
My sister is unemployed. —Which one?

Lequel de ces ouvriers a volé l'argent ?
Which (one) of these workers stole the money?

Lequel and **lesquel(le)s** contract with the prepositions **à** and **de: auquel, auxquel(le)s, duquel, desquel(le)s.**

J'ai parlé à certains membres du syndicat. —Auxquels ?
I spoke to certain members of the union. —To which ones?

Il y a deux syndicats dans cette entreprise. Duquel voulez-vous faire partie ?
There are two unions in this company. Which do you want to belong to?

The adjective *quel* (which, what)

	Masculine	**Feminine**
Singular	quel	quelle
Plural	quels	quelles

The adjective **quel** agrees in number and gender with the noun it modifies.

Quelle profession a-t-elle choisie ?
What (which) profession did she choose?

Quelles conditions de travail existent dans cette usine ?
What working conditions exist in this factory?

Quelle est la date de la grève ?
What is the date of the strike?

Quel is also used to express the English exclamations *What a . . . !* or *What . . . !*

Quelle maison propre et confortable !
What a clean and comfortable house!

Quelle bêtise !
What nonsense!

Quel culot !
What nerve!

EXERCICES

A. Traduisez en employant la forme convenable de **quel** ou **lequel.**

1. ______ *(What)* jolies jeunes filles !
2. Diane, je parle de votre amie. ______ *(Which one)* ?
3. ______ *(What)* milieux sociaux fréquente-t-elle?
4. ______ *(Which one)* de ces jeunes filles veut devenir électricienne ?
5. Un de ses fils a dépensé trop d'argent. — ______ *(Which one)* ?
6. ______ *(What a)* employé ingrat !
7. ______ *(What a)* mauvaise odeur !
8. ______ *(What)* conditions de vie déplorables !

9. Il y a deux usines dans la ville. __________ *(Which)* voulez-vous visiter ?
10. __________ *(What a)* quartier intéressant !

B. Posez des questions à un(e) autre étudiant(e) ou au professeur en employant la forme correcte de **quel** selon le modèle.

MODELE son adresse
Quelle est ton (votre) adresse ?
ses écrivains préférés
Quels sont tes (vos) écrivains préférés ?

1. ses boissons préférées
2. son bonbon préféré
3. son sport préféré
4. ses musiciens préférés
5. ses magazines préférés
6. sa voiture préférée
7. sa couleur préférée
8. son poète préféré

Related Expressions

The interrogative construction *what is . . . ?*

1. If the answer to the question *What is . . . ?* is a definition, the expressions **qu'est-ce que** or **qu'est-ce que c'est que** are used. These are fixed forms; they agree in neither gender nor number.

Qu'est-ce qu'un arriviste ?
What is a social climber?

Qu'est-ce que c'est que la haute société ?
What is high society?

2. If the answer is anything other than a definition—dates, names, facts, etc.—the adjective **quel** is generally used, agreeing with the noun in question.

Quelle est la date de son anniversaire ?
What is the date of his birthday?

Quel est son rôle dans l'entreprise ?
What is his role in the business?

When the adjective **quel** modifies plural nouns, the English equivalent is *What are . . . ?*

Quelles sont les règles de la société ?
What are society's rules?

EXERCICES

A. Traduisez en français les mots entre parenthèses.

1. *(What is)* la dignité humaine ?
2. *(What are)* ses conclusions définitives ?
3. *(What is)* le métier de votre père ?
4. *(What is)* la démocratie ?
5. *(What is)* la politesse française ?
6. *(What is)* la date aujourd'hui ?
7. *(What is)* sa classe sociale ?

Un clochard

8. *(What is)* une classe sociale ?
9. *(What are)* les plus grandes villes du monde ?

B. Posez une question en employant **qu'est-ce que c'est que** ou la forme correcte de **quel** selon le modèle.

MODELE C'est une personne qui a des millions.
Qu'est-ce que c'est qu'un millionnaire ?

10, rue de l'Université.
Quelle est votre (ton) adresse ?

1. C'est une personne qui répare les voitures.
2. C'est l'interruption du travail par des ouvriers.
3. Je suis femme d'affaires.
4. C'est un endroit où on passe beaucoup de temps à boire et à bavarder.
5. C'est une personne, généralement insupportable, qui essaie d'impressionner les autres.
6. Je m'appelle Louis XIV.
7. 15, rue Saint-Jacques.

C. Préparez deux questions personnelles comme celles de l'exercice B.

Negatives

ne... pas	*not*	**ne... rien**	*nothing*
ne... jamais	*never*	**ne... que**	*only*
ne... plus	*no longer, not any more, no more*	**ne... aucun(e)**	*no, not any, not a single*
ne... point	*not (at all)*	**ne... ni... ni**	*neither . . . nor*
ne... personne	*no one*		

The Basic Negative: *ne... pas*

Position

1. With simple verbs

   a. To form the negative, **ne** is normally placed before the verb and **pas** after it.[1] If the sentence contains object pronouns, they are placed between **ne** and the verb.

   Elle ne travaille pas dans ce magasin.
   She doesn't work in this store.

   Ne faites pas attention à ses remarques impertinentes.
   Don't pay attention to his (her) impertinent remarks.

   Il ne me les donne pas tout de suite.
   He doesn't give them to me right away.

   Je ne me moque pas de toi!
   I'm not making fun of you!

   Note that **ne** changes to **n'** before a verb beginning with a vowel or mute **h.**

   David n'habite pas dans un appartement somptueux.
   David doesn't live in a luxurious apartment.

   Elle n'aime pas les snobs.
   She doesn't like snobs.

   b. In interrogative sentences, **ne** is placed before the verb and inverted subject pronoun, and **pas** after them. If the sentence contains object pronouns, they are placed between **ne** and the verb and inverted subject pronoun.

   N'a-t-il pas l'air un peu trop raffiné?
   Doesn't he look a little too refined?

   Les patrons n'exploitent-ils pas leurs employés?
   Don't (the) bosses exploit their employees?

   Ne les préférez-vous pas?
   Don't you prefer them?

   If the interrogative form **est-ce que** is used, the general rule in the preceding section 1.a is followed.

   Est-ce qu'il n'a pas l'air un peu trop raffiné?
   Est-ce que les patrons n'exploitent pas leurs employés?

   c. In sentences containing a verb followed by a complementary infinitive, only the main verb is made negative.

   Ma sœur n'aime pas critiquer les gens.
   My sister doesn't like to criticize people.

   Ne voulez-vous pas m'accompagner à l'usine?
   Don't you want to accompany me to the factory?

[1] The omission of **ne** is frequent in current popular speech: **C'est pas vrai; J'en veux pas; J'étais pas comme ça.**

2. With compound verbs

The negative of compound verbs is built around only the auxiliary verb **avoir** or **être.**

Pourquoi n'a-t-il pas remercié le patron ?
Why didn't he thank the boss?

Il n'était pas allé loin.
He hadn't gone far.

3. With infinitives

Both parts of the negation precede a negative infinitive. This rule applies to both the present and the past infinitives.

Il est important de ne pas gêner le patron.
It is important not to bother the boss.

Je regrette de ne pas avoir réussi.
I regret not having succeeded.

Followed by the indefinite article or the partitive

Remember that after **ne... pas** (and other negatives) the indefinite article (**un, une, des**) and the partitive article (**du, de la, de l', des**) generally change to **de:** they are translated by *not any* or *no*, or sometimes by no word at all.

Avez-vous un métier ? —Non, je n'ai pas de métier.
Do you have a trade? —No, I don't have a trade.

Elle n'a pas trouvé de travail.
She didn't find any work. OR:
She found no work. OR:
She didn't find work.

When used alone in front of a noun, **pas de** is translated by *no*.

Pas de travail !
No work!

Pas de chance !
No luck!

EXERCICES

A. Qu'est-ce que les personnes suivantes n'ont pas ? Répondez en employant **ne... pas** et un des mots suivants, selon le modèle.

amis, argent, classe, courage, emploi, principes, bon sens, humour, temps

MODELE Sylvie est très solitaire.
Elle n'a pas d'amis.

1. Guillaume a peur de tout.
2. Henri ne rit jamais.
3. Virginie est toujours pressée.
4. Florence dit n'importe quoi, même des mensonges monstrueux, pour avoir ce qu'elle veut.
5. Robert est chômeur.
6. Chantal est pauvre.
7. Richard est vulgaire et grossier.
8. Mimi est toujours dans les nuages *(clouds)*.

B. Demandez à un(e) autre étudiant(e)...

1. s'il (si elle) veut être plombier (professeur, médecin, clochard[e]).
2. s'il (si elle) a bon goût.
3. s'il (si elle) aime le luxe.
4. s'il (si elle) s'est levé(e) à cinq heures.
5. s'il (si elle) s'est révolté(e) contre ses parents.
6. s'il (si elle) a gagné des millions.
7. s'il (si elle) se sent supérieur(e) à tout le monde.
8. s'il (si elle) veut vivre dans un quartier pauvre.
9. s'il (si elle) est snob.
10. s'il (si elle) a pris une douche ce matin.

C. Traduisez en français, puis jouez le dialogue.

A: Why don't you want to become a mechanic?
B: Mechanics don't make enough money.
A: That's not true.
B: And they have no prestige.
A: Well *(Eh bien)*, why don't you become a plumber?
B: That's not very chic.
A: An electrician?
B: They aren't sophisticated.
A: Well, become a sophisticated bum!

D. Dans les phrases suivantes, mettez seulement les infinitifs au **négatif.**

1. Il est important de parler anglais en classe.
2. Je suis content d'être né riche.
3. Il est étrange d'aimer l'argent.
4. Elle espère perdre sa fortune.

Other Negatives

ne... jamais, ne... plus, ne... point

The position of **ne... jamais** *(never)*, **ne... plus** *(no longer, not any more, no more)*, and the more literary **ne... point** *(not [at all])* is the same as that of **ne... pas.**

Cette dame n'est plus riche.
This lady is no longer rich.

Je ne veux plus de vin.
I don't want any more wine.

Il n'a jamais fait la connaissance d'un millionnaire.
He never met a millionaire.

Cette famille misérable n'a point perdu sa dignité !
This miserable family has not lost its dignity (at all)!

After these negatives, as after **ne... pas,** the indefinite article and the partitive generally change to **de.**

Mon fils ne porte jamais de manteau !
My son never wears a coat!

Après la révolution, il n'y aura plus de misère !
After the revolution there will be no more misery!

EXERCICES

A. Imaginez que vous êtes une des personnes suivantes. Qu'est-ce que vous ne faites plus ?

Vous êtes...

1. une chanteuse qui a perdu la voix.
2. un grand buveur qui a mal à l'estomac.
3. un étudiant qui sait toutes les réponses.
4. une danseuse qui s'est cassé la jambe.
5. une serveuse qui est devenue charpentier.
6. un écrivain qui a peur d'écrire.
7. un professeur qui est devenu homme d'affaires.
8. une ouvrière qui a hérité d'une grosse fortune.
9. un voleur qui est maintenant en prison.

B. Répondez au négatif en employant **ne... jamais** ou **ne... plus,** selon le cas.

1. Dormez-vous encore avec une poupée ?
2. Avez-vous jamais mangé des pieds de cochon ?
3. Etes-vous encore naïf (naïve) ?
4. Avez-vous jamais habité sur une île déserte ?
5. Le professeur regarde-t-il encore la télé le samedi matin ?
6. Le vieux général a-t-il encore de l'ambition ?
7. Avez-vous jamais marché sur la lune ?
8. Votre grand-mère a-t-elle encore toutes ses dents ?
9. Voulez-vous encore des questions ?
10. Avez-vous jamais fait la grève ?
11. Avez-vous jamais été snob ?

C. Quand vous étiez petit(e), vous faisiez certaines choses que vous ne faites plus. Nommez-en deux. (Par exemple : Je ne regarde plus la télévision le samedi matin.)

D. Nommez deux choses (intéressantes ? bizarres ? ridicules ?) que vous n'avez jamais faites.

ne... personne and *ne... rien*

The negative pronouns **ne... personne** *(no one, not anyone)* and **ne... rien** *(nothing, not anything)* are placed in the same position as **ne... pas** in simple tenses. In compound tenses, **rien** follows the auxiliary verb whereas **personne** follows the past participle. As the object of an infinitive, **rien** precedes the infinitive whereas **personne** follows it.

Cette famille pauvre ne possède rien.
This poor family possesses nothing.

Elle était fâchée parce qu'il n'y avait personne à la soirée.
She was angry because there was no one at the party.

Malheureusement, le propriétaire n'a rien compris.
Unfortunately, the owner didn't understand anything.

Je n'ai vu personne au bureau.
I didn't see anyone in the office.

Je ne peux rien faire; je ne veux voir personne.
I can't do anything; I don't want to see anybody.

When used with verbs that take a preposition, **personne** a [illegible] tion.

A qui le patron s'intéresse-t-il ? —Il ne s'intéresse à person[illegible]
Whom is the boss interested in? —He's not interested in any[illegible]

De quoi avez-vous besoin ? —Je n'ai besoin de rien.
What do you need? —I don't need anything.

The pronouns **personne ne** and **rien ne** are used as subjects.

Personne ne l'a remercié de ses sacrifices.
No one thanked him for his sacrifices.

Rien n'a changé dans sa vie.
Nothing changed in his (her) life.

Note that **pas** is never used with the negative expressions **ne... personne** and **ne... rien.**

EXERCICES

A. Répondez aux questions suivantes en employant **ne... rien** ou **ne... personne,** selon le modèle.

MODELE Qui détestez-vous ?
Je ne déteste personne.

Qu'est-ce que vous avez acheté ?
Je n'ai rien acheté.

1. Qu'est-ce que vous avez compris ?
2. Qui regardez-vous ?
3. Qui avez-vous vu ?
4. Qui avez-vous contacté ?
5. Qu'est-ce que vous avez demandé ?
6. Qu'est-ce que vous avez dit ?
7. Qu'est-ce que vous cherchez ?
8. Qui cherchez-vous ?
9. Qu'est-ce que vous avez trouvé ?
10. Qui avez-vous choisi ?

B. Imaginez que vous êtes un(e) grand(e) pessimiste : vous voyez le monde tout en noir. Répondez aux questions suivantes en employant **ne... rien** ou **ne... personne** selon le modèle.

MODELE Qu'est-ce que vous aimez ?
Je n'aime rien !

Qui aimez-vous ?
Je n'aime personne !

1. Qui respectez-vous ?
2. Qu'est-ce que vous désirez ?
3. Qui embrassez-vous ?
4. Avec qui flirtez-vous ?
5. Avec qui sortez-vous ?
6. A quoi vous intéressez-vous ?
7. A qui vous intéressez-vous ?
8. Qui voulez-vous voir ?
9. Qu'est-ce que vous voulez apprendre ?
10. Qu'est-ce que vous voulez faire ?

L'actrice Catherine Deneuve (à gauche) et le couturier Karl Lagerfeld à une fête

C. Imaginez que vous êtes un(e) grand(e) optimiste : vous voyez la vie en rose. Répondez en employant **personne ne** ou **rien ne** selon le modèle.

MODELE Qu'est-ce qui vous décourage ?
Rien ne me décourage !

Qui est-ce qui vous décourage ?
Personne ne me décourage !

1. Qu'est-ce qui vous rend triste ?
2. Qu'est-ce qui vous gêne ?
3. Qui est-ce qui vous fâche ?
4. Qui est-ce qui vous insulte ?
5. Qui est-ce qui vous énerve ?
6. Qu'est-ce qui vous inquiète ?
7. Qui est-ce qui vous traite mal ?
8. Qu'est-ce qui vous ennuie ?

D. Traduisez en français.

1. Nothing impresses her.
2. Nobody likes slums.
3. We didn't see anybody.
4. She insulted no one.
5. He spoke to nobody.
6. He didn't speak to anyone.
7. They aren't interested in anything.
8. No one likes to be exploited.

ne... que

In the restrictive expression **ne... que** *(only)*, **que** is placed directly before the word it modifies.

Ce millionnaire n'aimait que l'argent quand il était jeune.
This millionaire liked only money when he was young.

Pourquoi le patron n'a-t-il donné une augmentation de salaire qu'à ses amis ?
Why did the boss give a raise only to his friends?

Note that the adverb **seulement** may replace **ne... que.**[1]

Ce millionnaire aimait seulement l'argent quand il était jeune.
Pourquoi le patron a-t-il donné une augmentation de salaire seulement à ses amis ?

Since **ne... que** is a restrictive rather than a negative expression, any following indefinite and partitive articles **(un, une, du, de la, de l', des)** do *not* change to **de.**

Elle n'a invité que des jeunes gens bien élevés.
She invited only well-bred young men.

EXERCICES

A. Imaginez que je suis une personne qui exagère tout. Vous, par contre, vous êtes plus réaliste et plus honnête. Répondez en employant l'expression **ne... que** selon le modèle.

MODELE J'ai cinq brosses à dents. Combien en avez-vous ?
Je n'en ai qu'une (que deux).

1. J'ai vingt maillots de bain *(m)*. Combien en avez-vous ?
2. J'ai dix montres *(f)*. Combien en avez-vous ?
3. J'ai cent dollars sur moi. Combien en avez-vous ?
4. J'ai cinq livres de français. Combien en avez-vous ?
5. Je connais cinq millionnaires. Combien en connaissez-vous ?
6. Je parle dix langues. Combien en parlez-vous ?
7. J'ai quatre bicyclettes. Combien en avez-vous ?
8. J'ai douze téléviseurs. Combien en avez-vous ?

B. Substituez l'expression **ne... que** pour l'adverbe **seulement.**

1. Ils ont habité seulement des logements misérables.
2. Il mange beaucoup seulement quand il est nerveux.
3. Elle s'intéresse seulement aux jeunes gens riches.
4. Cette dame lit seulement les magazines de mode.
5. Elle est polie seulement devant les adultes.
6. Ils ont seulement deux voitures de sport.
7. Ce clochard possède seulement les vêtements qu'il a sur le dos.

ne... aucun(e), aucun(e)... ne

The adjective **aucun(e)** *(no, not any, not a single)*, a stronger form of **ne... pas,** is placed before the noun it modifies. Like all adjectives, it agrees in number and gender with its noun. **Aucun(e)** is almost always used in the singular.

Ces gens-là n'ont-ils aucune envie de réussir ?
Don't those people have any desire (at all) to succeed?

Je n'ai aucune idée.
I have no (not a single) idea.

[1] Do not confuse the adverb **seulement** *(only)* with the adjective **seul** *(only, sole)*: **Il a seulement une ambition** *(He has only one ambition)*; **sa seule ambition** *(his only ambition).*

When **aucun(e)... ne** modifies a subject, **aucun(e)** precedes the noun it modifies and **ne** precedes the verb.

Aucun invité n'est venu à l'heure.
Not a single guest arrived on time.

Note that **aucun(e)** *(not a single one, none at all)* can also be used as a singular pronoun.

Ces femmes d'affaires sont-elles américaines? —Non, aucune (de ces femmes d'affaires) n'est américaine.
Are these businesswomen American? —No, not a single one (of these businesswomen) is American.

EXERCICE

Répondez en employant l'expression **ne... aucun(e)** avec le verbe **avoir** et un mot de la colonne de droite selon le modèle.

MODELE Pourquoi Robert Hasard perd-il toujours aux courses de chevaux? — chance *f*
Parce qu'il n'a aucune chance!

1. Pauvre Georges! Il est si paresseux. Il ne fait rien! Pourquoi pas?
2. Pourquoi Charles n'est-il pas un bon peintre?
3. Pourquoi Brigitte ne tient-elle pas compte des opinions de ses amis?
4. Pourquoi Jean-Pierre ne plaisante-t-il jamais?
5. Emma est très intelligente mais elle ne réussit jamais à ses examens. Pourquoi?

talent *m*
chance *f*
sens de l'humour *m*
discipline *f*
respect pour les autres *m*
envie de réussir *f*

ne... ni... ni

In the expression **ne... ni... ni,** the negative adverb **ne** precedes the verb and the conjunctions **ni... ni** *(neither . . . nor)* precede the words they modify. The indefinite article and the partitive are omitted after **ni... ni,** but the definite article is retained.

Il n'a ni la formation ni l'expérience qu'il faut pour obtenir ce poste.
He has neither the background nor the experience necessary to obtain this position.

Un avocat n'est ni ouvrier ni patron.
A lawyer is neither a worker nor a boss.

Ce pauvre clochard n'a ni femme ni enfants ni amis.
This poor bum has neither a wife nor children nor friends.

Note that **ni** may be used more than twice.

EXERCICES

A. Répondez au **négatif** en employant **ne... ni... ni.**

1. Mon cher, allez-vous au théâtre ou à l'opéra?
2. Ce jeune homme est-il poli et sympathique?

3. Allez-vous devenir architecte, plombier ou cosmonaute ?
4. Votre amie a-t-elle visité des musées ou des usines ?
5. Avez-vous un bureau et une secrétaire ?
6. Ont-ils l'argent ou le crédit nécessaires pour acheter cette maison ?
7. Avez-vous une télé et une radio ?

B. Complétez les phrases suivantes en employant **ne... ni... ni** selon le modèle.

MODELE Un enfant unique n'a...
Un enfant unique n'a ni frères ni sœurs.

1. Un orphelin n'a...
2. Au printemps il ne fait...
3. La classe moyenne n'est...
4. Une personne qui a trente-cinq ans n'est...
5. Un chat gris n'est...

Related Expressions

Expressions meaning *yes* and *no*

1. **oui, non,** and **si**

The adverbs **oui** and **non** are ordinarily used to mean *yes* and *no* in French. The more emphatic form, **si,** however, is used for *yes* in response to a negative statement or question.

Avez-vous de l'ambition ? —Oui.
Do you have ambition? —Yes.

N'avez-vous pas d'ambition ? —Si !
Don't you have any ambition? —Yes! (I do!)

Le fermier cultive son champ.

2. **Je crois que oui** and **Je crois que non**

   The English expressions *I think so* and *I don't think so (I think not)* are expressed by **Je crois que oui** and **Je crois que non.**

   Les riches ont-ils des responsabilités envers les pauvres ? —Je crois que oui.
   Do the rich have responsibilities toward the poor? —I think so.

   Allons-nous faire la grève ? —Je crois que non.
   Are we going to strike? —I don't think so.

personne or *rien* + *de* + adjective

The preposition **de** followed by the masculine singular form of the adjective is always used with **personne** or **rien** to express *no one* or *nothing + adjective* in English. An adverb like **si, très, plus,** etc., is sometimes placed in front of the adjective for emphasis.

Personne d'intéressant n'est venu.
No one interesting came.

N'avez-vous rien d'original à dire ?
Have you nothing original to say?

Je n'ai jamais vu personne de si charitable !
I never saw anyone so charitable!

1. Note that if **rien** is the direct object of a compound verb, it is separated from **de** and the adjective by the past participle.

   Il n'a rien dit d'intéressant.
   He said nothing interesting.

2. The indefinite pronouns **quelque chose** and **quelqu'un** are also used with **de** + *masculine adjective.*

   quelqu'un de grossier
   someone vulgar

   quelque chose de raffiné
   something refined

ne... pas du tout

The expression **ne... pas du tout** renders the English *not at all.*

Je n'ai pas du tout apprécié ses manières grossières !
I didn't appreciate his vulgar manners at all!

Aimeriez-vous habiter en ville ? —Pas du tout.
Would you like to live in the city? —Not at all.

(ni)... non plus

Used with an emphatic pronoun, the expression **(ni)... non plus** renders the English *neither* in phrases like *neither do I, neither will he,* etc. In spoken French, **ni** is frequently dropped.

Je ne veux pas travailler dans cette usine malsaine ! —Ni eux non plus !
I don't want to work in this unhealthy factory! —Neither do they!

Je ne pouvais pas supporter cet arriviste ! —Moi non plus !
I couldn't stand that social climber! —Neither could I!

Emphatic pronouns are the only ones used in this expression.

de rien and *il n'y a pas de quoi*

The expressions **de rien** and **il n'y a pas de quoi** both translate the English *you're welcome.*

Je vous remercie de ce cadeau magnifique ! —De rien.
ou : —Il n'y a pas de quoi.
I thank you for that terrific gift! —You're welcome.

EXERCICES

A. Traduisez en français.

1. He ate something good (bad)!
2. Nothing serious happened (*arriver*).
3. Nobody sophisticated came.
4. She said something coarse!
5. She married somebody ambitious.
6. Tell me something amusing.
7. He said nothing original.
8. Someone vulgar just phoned!
9. Something strange just happened.

B. Répondez en employant **pas du tout, (ni)... non plus,** ou **il n'y a pas de quoi,** selon le modèle.

MODELE Je ne suis jamais allé(e) en France.
(Ni) Moi non plus.

1. Je ne suis pas né très riche.
2. Voulez-vous dire que je suis grossier, vulgaire et ingrat ?
3. Quel compliment ! Merci !
4. Je ne voudrais pas habiter dans un château !
5. Soyons francs ! N'êtes-vous pas un peu snob ?
6. Merci pour ces cadeaux magnifiques.
7. Je n'ai jamais fait la grève.
8. Je te remercie, mon vieux, de m'avoir critiquée devant mon ami !

Exercices d'ensemble

I. Voici les réponses. Quelles sont les questions ?

1. Non, Marie-France n'est pas ici.
2. Oui, je veux visiter votre bureau.
3. Un snob est une personne qui se sent supérieure à tout le monde.
4. Ils se sont révoltés contre leurs oppresseurs.
5. J'ai gagné beaucoup d'argent.
6. Si, cette dame élégante fait partie de la haute société !
7. Il n'a pas réussi parce qu'il se sent inférieur.
8. Le conflit entre les riches et les pauvres s'appelle la lutte des classes.
9. Ce clochard habite dans les taudis.
10. Je n'aime pas mon concierge parce qu'il a de mauvaises manières !
11. Les ouvriers font la grève parce que le patron ne veut pas augmenter leur salaire.
12. Un homme « arrivé » est une personne qui a réussi à monter l'échelle *(ladder)* sociale jusqu'au rang (*rung*) le plus élevé.
13. Si, elle a très bon goût !

II. Interrogez le professeur ! Complétez les questions suivantes et posez-les au professeur.

1. Avez-vous jamais...
2. Comment...
3. Où...
4. Etes-vous jamais...
5. Combien...
6. Pourquoi...

III. Traduisez en français.

1. Barbara is neither polite nor refined.
2. They lived in a poor neighborhood last year, but they no longer live there.
3. I have never earned a lot of money.
4. Don't you want to get ahead?
5. I saw nothing.
6. These workers don't have a union.
7. His wealthy family has only one car?
8. The middle class has neither good manners nor good taste!
9. Not a single member of that family wants to work.
10. Doesn't he want to be rich? —Yes, he does.
11. She is not well-bred. —Neither are you!
12. That snob impresses no one.
13. Is he late again? —I don't think so.
14. She has never seen any misery.
15. Do you want to be a millionaire? —Not at all!
16. The underprivileged classes have neither money nor influence.
17. It's cold and that bum doesn't have a hat.
18. Ambition is good, isn't it?

La Conscience de classe en France

On the basis of their own national experience, most Americans view social class as relatively unimportant, certainly less crucial than race and ethnic background. The overwhelming majority of Americans see themselves as members of a vast "middle class." To a considerable extent, this attitude reflects a reaction against the more rigid class structure of nineteenth-century Europe, from which immigrants consciously sought to escape by coming to America. This attitude is also supported by a wage structure that blurs the traditional distinction between manual and clerical workers and frequently enables blue-collar workers to earn more than their white-collar counterparts. Even more important, perhaps, is the traditional belief in upward social mobility based on merit and achievement.

By contrast, class consciousness is far more acute in France, even though many factors accounting for the relative "classlessness" of American society are now present. Despite an overall improvement in living standards, the gap between rich and poor remains significant, and, in times of economic recession and high unemployment, social inequities become even more flagrant. The law guarantees a minimum wage, the SMIC[1], which is automatically adjusted for inflation and which in 1990 applied to two million mostly unskilled workers *(les smicards)*. But paradoxically,

[1]Acronym for *Salaire minimum interprofessionnel de croissance*

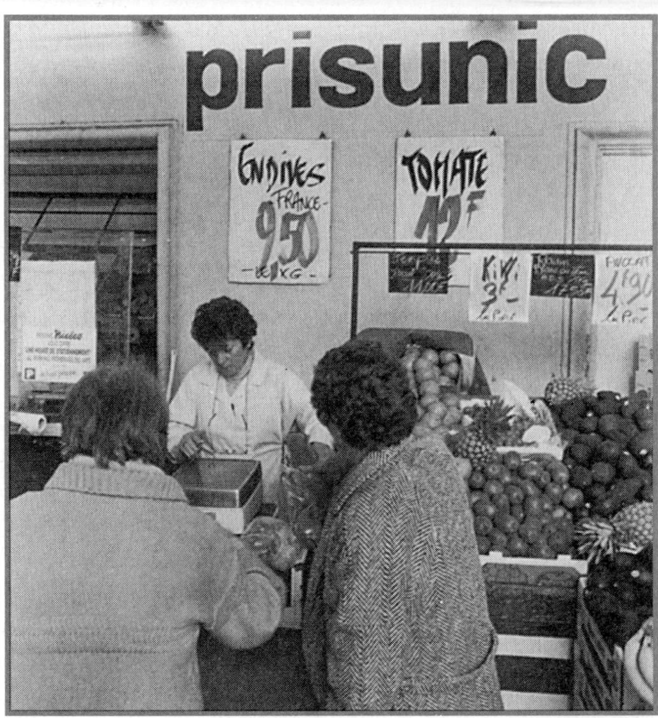

Le rayon légumes dans un Prisunic

while the country has experienced an increase in purchasing power, the number of poor people has risen. This phenomenon is mainly attributed to chronic unemployment that especially affects women, immigrant and older workers with outdated skills, and young people who lack education and training. To come to the aid of this newest group of society's dispossessed, the government created in 1988 the RMI *(le revenu minimum d'insertion)*, which tries to facilitate professional (re-)insertion into society by providing financial support for a minimum of three months. It cannot prevent, however, the existence of numerous *"sans-abri"* (homeless) in big cities, a marginalized population that has not succeeded in finding a place in society.

Orientation

Imaginez que vous êtes journaliste et que vous faites une enquête sur les vendeurs et les vendeuses qui travaillent dans les supermarchés. Posez les questions suivantes à vos camarades de classe qui vont imaginer les réponses des vendeurs et des vendeuses.

1. Travaillez-vous debout ou assis ?
2. Faites-vous un travail créatif ou routinier ?
3. Est-il important que vous travailliez vite ?
4. Vous arrêtez-vous plus ou moins d'une heure pour déjeuner ?
5. Avez-vous des chances de promotion ?
6. Les clients sont-ils toujours aimables avec vous ?
7. Existe-t-il un syndicat *(union)* dans ce magasin pour défendre vos droits ?
8. Y a-t-il beaucoup de bruit sur votre lieu de travail ?
9. Avez-vous un salaire supérieur ou inférieur au SMIC ?
10. Etes-vous satisfait(e) de vos conditions de travail ? Pourquoi ? Pourquoi pas ?

Une journaliste du magazine L'Express, *Elisabeth Schemla, a décidé de vivre, pendant trois semaines, la vie d'une vendeuse dans un Prisunic° parisien. Elle nous raconte son expérience.*

Vendeuses

J'aimerais bien savoir à quoi on va m'employer. J'ai passé des tests, été embauchée°; ce matin, l'employée m'accueille°, voilà trois quarts d'heure que nous sommes ensemble. Et que m'a-t-elle dit ? Que j'allais gagner 1.050 Francs brut° par mois, que j'étais « engagée comme vendeuse, mais que je serais caissière°, tout en étant, pour l'instant, à la vente » !

Nous arrivons au rayon° boulangerie-pâtisserie.

« Madame Simon ! Cette demoiselle est engagée comme caissière, mais elle va aider Maria pendant les trois jours de promotion°. Elle commencera lundi seulement, avec Mme Taffoureaux. »

La jeune femme du service du personnel m'abandonne. Pendant les trois semaines qui suivront, chaque fois que je la croiserai°, elle ne me jettera pas un regard ni ne m'adressera un sourire...

Attirée par les appels de l'animateur° qui annonce une vente spéciale de gros « éclairs », une cliente s'approche :

« Madame ?

—C'est vraiment un Franc, ces gros éclairs ?

—Oui Madame. »

Hésitation dans le for intérieur° de la dame : « Evidemment, certains sont cassés°, ce n'est pas très présentable. D'un autre côté... un Franc... Ils font de l'effet° ».

Enfin : « Mettez-m'en dix. »

Outre° le pain et les autres pâtisseries, nous avons ainsi vendu près de 5.000 éclairs géants en trois jours, Maria et moi. Du coup°, une grande complicité s'est installée entre nous. Pensez ! Soixante-douze heures de crème pâtissière° ! Car on en a rêvé toutes les deux pendant trois nuits, de ces satanés° éclairs. Sans compter les affreuses° courbatures°—les frigos° sont à hauteur de genou°—et les maux de crâne° à cause de ce haut-parleur° situé juste au-dessus de nos têtes et par lequel l'animateur nous fait savoir dix, vingt, trente fois par jour qu'« au rayon pâtisserie, exceptionnellement, Prisunic est heureux... »

Je n'ai pas eu le temps de connaître Maria : pendant les « journées de promotion », nous avons travaillé vingt-quatre heures ensemble, et nous avons à peine eu une demi-heure de répit°. En tout. Sur trois jours.

Je sais donc seulement que c'est une Portugaise de 25 ans, qu'elle travaillait dans une fabrique de matelas°. « Toute la journée à genoux, par terre », et qu'à tout prendre° elle « préfère encore être vendeuse, bien que ça ne soit pas toujours rose° avec les clients ».

Prisunic *m* = *magasins populaires et bon marché qui se trouvent partout en France* / **embauché** hired / **l'employée m'accueille** the personnel clerk greets me / **brut** gross (of money) / **la caissière** cashier / **le rayon** department (in a store) / **les trois jours de promotion** the three-day sale / **croiser** = *rencontrer* / **l'animateur** *m* announcer / **dans le for intérieur** deep down inside / **cassé** broken / **faire de l'effet** = *produire une bonne impression* / **Outre** Besides / **Du coup** Consequently / **la crème pâtissière** pastry cream / **satané** darn / **affreux** horrible / **la courbature** muscle ache / **le frigo** (*fam*) = *le réfrigérateur* / **le genou** knee / **les maux** *m* **de crâne** headaches / **le haut-parleur** loudspeaker / **le répit** rest, break / **la fabrique de matelas** mattress factory / **à tout prendre** considering everything / **pas toujours rose** = *pas toujours facile*

Les clients... Quand on travaille en usine°, on se dit que ça doit être agréable de voir du monde°. Le fameux « contact humain », vous savez. Et puis, quand on est enfin en contact avec ces humains, alors, là...

Le dernier jour « éclairs géants », Maria était aphone°. Arrive une « chère cliente » qui réclame° une demi-baguette° : 35 centimes.

« Un papier pour mettre autour.

—Madame, on n'est pas chez Fauchon°.

—Mademoiselle, il y a un arrêté préfectoral° qui... »

Oh là là ! Je fais signe à Maria de donner au manteau d'astrakan° son morceau de papier. Elle s'exécute de mauvaise grâce°.

« Oh, ne le prenez pas sur ce ton°, hein ? Qu'est-ce que vous ferez quand Prisunic n'aura plus de clients ? Le trottoir° ! D'ailleurs°, vous n'êtes bonne qu'à ça ! »

Scheim... —Ça, c'est moi. J'ai eu beau répéter° que Scheim n'était pas mon nom, quelle importance ? Caisse° 2. Je déteste la « 2 » : elle est juste à côté des surgelés°.

Chaque matin, en arrivant, on consulte ainsi la liste affichée au-dessus du tableau de pointage°.

Ensuite, il faut descendre au vestiaire° : un étage° plus les quatre marches°. Une fois en tenue°, on revient pointer° à l'entrée du service : les quatre marches plus l'étage. Après, encore un étage pour aller chercher sa caisse au guichet°. Enfin, redescendre jusqu'au sous-sol° pour rejoindre l'Alimentation°.

Cette petite gymnastique, quatre fois par jour, les jeunes la supportent allégrement°. Pas les autres. J'en croise souvent qui se sont arrêtées, essoufflées° et rouges, la main sur la poitrine°.

Toutes, nous aimons les cinq minutes qui précèdent l'ouverture du magasin. Le silence, les allées° désertes ont un charme certain.

« Salut, bien dormi ?

—Comme une masse°. Je suis « tombée » à 9 heures. J'ai même pas eu le courage de regarder la télé. »

Nous savons qu'aux portes se bousculent° déjà les premiers clients. Ceux qui font le poireau° avant l'ouverture « pour avoir moins de monde°. »

—Dis-moi, Claude, combien fait-on de réduction sur les achats qu'on fait dans ce magasin ?

—On n'a aucune réduction sur rien. Le seul avantage qu'on a, c'est de pouvoir aller une fois par mois au Printemps-Nation° où ils font un rabais° de 15% pour les employés de Prisunic. Parce que Printemps et Prisunic, c'est la même boîte°.

en usine in a factory / **du monde** = *des gens* / **était aphone** = *n'avait plus de voix* / **réclamer** to call out for / **la baguette** narrow stick of French bread / **Fauchon** a gourmet food store in Paris / **l'arrêté** *m* **préfectoral** city ordinance / **le manteau d'astrakan** lambskin coat / **elle s'exécute de mauvaise grâce** she does it begrudgingly / **ne le prenez pas sur ce ton** don't be so fresh / **le trottoir** sidewalk; **faire le trottoir :** to be a streetwalker / **d'ailleurs** besides / **avoir beau répéter** = *répéter en vain* / **la caisse** cash register / **les surgelés** *m* frozen foods / **le tableau de pointage** the board where employee timecards are kept / **le vestiaire** cloakroom / **l'étage** *m* floor / **la marche** step / **en tenue** = *en uniforme* / **pointer** to punch in / **le guichet** window / **le sous-sol** basement / **l'Alimentation** *f* = *le rayon d'alimentation* : food department / **allégrement** lightly / **essoufflé** out of breath / **la poitrine** chest / **l'allée** *f* aisle / **comme une masse** like a log / **se bousculer** to jostle one another / **faire le poireau** (*fam*) = *attendre* / **pour avoir moins de monde** to avoid the crowd / **le Printemps-Nation** a department store / **le rabais** discount / **la même boîte** (*fam*) the same company (i.e., owned by the same management)

Une réclame pour un magasin de fourrures

les soldes *m* sale / **la fourrure** fur

Pendant la pause, les vendeuses font connaissance° en se reposant. Elles parlent de leurs problèmes. Celle-ci se plaint de° son mari, celle-là de ses enfants, des vaisselles, une autre, à 36 ans voudrait enfin être enceinte, une jeune femme seule confie à sa compagne :

—Et alors, elles ne sont pas les seules à avoir des problèmes. Moi, j'ai fait une connerie° en venant ici... J'habitais à Mantes-la-Jolie. J'ai quitté l'école à la rentrée°. Je voulais monter à Paris. Et, une fois à Paris, je ne savais rien faire. Dans ces cas-là, tu n'as plus qu'à° devenir vendeuse.

Elle va pleurer.

« Tu restes déjeuner ici, le midi ?

—Non, je mange à la cantine de mon foyer°. Ça me coûte moins cher. »

La pause est finie. Je me lève.

—Hé ! Tu pourrais venir déjeuner avec moi, un jour, au foyer. Enfin... Si tu veux.

Ces travailleuses sont-elles organisées pour défendre leurs intérêts ?

« Carottes, 2F10. Café, 5F12...Voilà votre monnaie, monsieur, merci, monsieur, au revoir, monsieur... »

L'autre jour, sur le panneau réservé à l'affichage°, on nous a annoncé une réunion syndicale° pour le soir à 7 heures.

« Claude, tu viens à la réunion ?

—Non. Il ne faut pas° y aller.

—Pourquoi ?

—Parce qu'ils n'arrêtent pas de te demander de l'argent.

—Ça ne tient pas debout°, ce que tu dis. Le syndicat te demande une cotisation° annuelle. Et c'est tout.

faire connaissance to make each other's acquaintance / **se plaindre de** to complain about / **une connerie** (*fam*) = *quelque chose de stupide* / **la rentrée** = *la rentrée des classes*: the start of the school year / **tu n'as plus qu'à** all that's left for you to do is / **la cantine de mon foyer** cafeteria of my boarding house / **le panneau réservé à l'affichage** bulletin board / **la réunion syndicale** union meeting / **il ne faut pas** one must not / **Ça ne tient pas debout** = *Ça n'a pas de sens* / **la cotisation** dues

—Non, non, je t'assure : c'est 20 Francs par-ci, 30 Francs par-là.
—Mais enfin, qui raconte ça ?
—Ben°, le directeur... »

Elisabeth Schemla, « Trois semaines à Prisunic », *L'Express*

Qu'en pensez-vous ?

Etes-vous d'accord ou non avec les déclarations suivantes ? Justifiez votre réponse.

1. La journaliste a été embauchée comme caissière dans une boulangerie-pâtisserie.
2. Dans ce magasin, il y a des contacts très chaleureux entre les différentes catégories de personnel.
3. Elle a vendu avec Maria 5.000 éclairs par jour.
4. Elle aime tellement les éclairs qu'elle en rêve la nuit.
5. Ces trois jours de promotion ont été très agréables et très reposants.
6. Elle a eu le temps de bien connaître Maria pendant la pause-café.
7. Cela fait 25 ans que Maria travaille à Prisunic.
8. Dans le métier de vendeuse, le contact avec les clients n'est pas toujours rose.
9. Les caissières doivent faire chaque matin une « petite gymnastique » pour bien commencer la journée.
10. Après leur journée de travail, les vendeuses sont abruties de fatigue.
11. Elles achètent tout ce dont elles ont besoin à Prisunic parce qu'on leur fait d'importantes réductions sur leurs achats.
12. La plupart des jeunes femmes qui travaillent à Prisunic font ce métier parce qu'elles n'ont pas assez de qualifications pour faire autre chose.
13. La majorité des employées de Prisunic se méfient des syndicats.

Vocabulaire satellite

la **conscience de classe** class consciousness
les **inégalités** *f* **sociales** social inequities
les **classes** *f* **privilégiées** privileged classes
les **classes défavorisées** underprivileged classes
le **patron,** la **patronne** boss
l' **ouvrier,** l'**ouvrière** worker
un **O.S.** = *ouvrier spécialisé* (in fact, designates an unskilled laborer)
le **travail manuel** manual labor
travailler en usine to work in a factory
embaucher to hire
congédier, licencier to fire
gagner le SMIC to earn the minimum wage
le **syndicat** labor union
le **travail (fatigant, abrutissant, monotone, exigeant, intéressant, stimulant)** (exhausting, stupefying, monotonous, demanding, interesting, stimulating) work
l' **employé(e)** white-collar worker, employee
le **vendeur,** la **vendeuse** salesperson
le **grand magasin** department store
le **rayon** department (in a store)

ben = *eh bien* (well)

le, la **client(e)** customer
l' **achat** *m* purchase
la **vente** sale
en solde on sale
essayer (un vêtement) to try on (item of clothing)
la **taille** size
la **pointure** shoe size
cela vous va bien it fits you, it suits you well

Pratique de la langue

1. Complétez les énoncés suivants en vous aidant du texte:
   a. « Au rayon pâtisserie, exceptionnellement pendant trois jours, Prisunic est heureux de vous annoncer ____________ . »
   b. « Je préfère encore être vendeuse, bien que ça ne soit pas toujours rose avec les clients parce que, tu sais, avant je ____________ . »
   c. « Tu viens à la réunion syndicale, ce soir ? —Oh, non, je ne peux pas parce que ____________ . »
2. Improvisez les dialogues suivants:
   a. Une cliente extrêmement mal polie se fâche contre une vendeuse qu'elle ne trouve pas suffisamment aimable.
   b. Vous voulez échanger un pull-over que vous avez acheté il y a six mois. La vendeuse vous dit que ce n'est plus possible. Vous vous mettez en colère et demandez à parler au chef de rayon.
   c. Deux vendeuses se retrouvent au café après une longue journée de travail. Elles parlent de leur métier et de leurs activités pendant le week-end.
   d. Vous cherchez un travail pour l'été. Sélectionnez une des annonces suivantes: Téléphonez au patron (à la patronne) du magasin. Présentez-vous et prenez rendez-vous avec lui (elle) pour un court entretien *(interview)*.

Pâtisserie confiserie° à
Maisons-Alfort recherche
VENDEUSE QUALIFIÉE
Bonne présentation, références
exigées. Appelez de 10 h. à midi
et de 14 h. à 17 h. 30
43.78.77.41

Grande librairie 5e arrondissement
recherche
4 VENDEURS, VENDEUSES
même débutants, 18 ans minimum
bon salaire, promotion
tél. 43.65.91.18

la confiserie confectionery

3. Dans le choix de votre futur métier, qu'est-ce qui sera le plus important? Choisissez vos réponses dans la liste suivante, puis comparez-les avec celles de vos camarades de classe.

   Vous voulez avoir:

   a. un haut salaire
   b. des chances de promotion
   c. des horaires flexibles
   d. beaucoup d'initiative
   e. la possibilité de voyager
   f. de longues vacances
   g. un travail varié et intéressant
   h. de nombreux contacts avec vos collègues
   i. beaucoup de liberté
   j. des responsabilités importantes.

4. Imaginez une réunion syndicale au Prisunic où travaille temporairement la journaliste Elisabeth Schemla. Elaborez une liste de revendications *(demands)* que vous aimeriez soumettre à la direction *(management)*. Quelles pourraient être les réponses du directeur?

Jacques Prévert

Jacques Prévert (1900–77) is one of the most widely known contemporary French poets. His works are savored by the general public as well as by students of literature. Prévert was nurtured in surrealism, which fostered his spirit of revolt and his ability to utilize linguistic resources for maximum effect.

Prévert's style strikes the reader as unique, yet natural. The simplicity of form and the frequent touches of humor complement the poet's extraordinary fantasy. Prévert does not hesitate to fabricate new words, to play on others, to use alliteration, to exploit colloquial terms, to knowingly introduce disorder to attract attention. He often questions clichés, wondering out loud how a word and its object were ever associated in the first place. One of his most effective devices—and one that betrays a surrealist influence—is the inventory or lengthy enumeration that lists unconnected items, leaving the reader free to make his own associations according to the mere juxtaposition of terms.

Prévert's themes, expressed at times violently and at times with irony, are illustrated through realistic scenes from everyday life. The following poem is an outstanding example.

Orientation: Free Verse

At first glance, Prévert's *La Grasse Matinée* is not a tightly structured poem. It does not present the fixed form, say, of a sonnet, nor are the verses even ordered in discernible, predictable stanzas. The rhythmic pattern, such as it is, offers many variations, and the rhyme scheme is, to say the least, loose. Prévert is expressing himself in free verse.

The main advantage of this poetic form is that it involves readers more actively in the poet's creative process. They are forced to read more carefully and elucidate the poem themselves. At times, they may perceive several possible interpretations of a single verse since they do not have

Jacques Prévert

the benefit of the usual punctuation signals. The poem's suggestive powers are thus significantly enhanced.

As you read *La Grasse Matinée*, try to insert your own punctuation marks—periods, commas, colons, semicolons, quotation marks, exclamation points—to indicate your personal rendition of the poem.

La Grasse Matinée°

Il est terrible
le petit bruit de l'œuf dur cassé° sur un comptoir d'étain°
il est terrible ce bruit
quand il remue° dans la mémoire de l'homme qui a faim
elle est terrible aussi la tête de l'homme
la tête de l'homme qui a faim
quand il se regarde à six heures du matin
dans la glace° du grand magasin
un être° couleur de poussière°
ce n'est pas sa tête pourtant° qu'il regarde
dans la vitrine° de chez Potin°
il s'en fout° de sa tête l'homme

faire la grasse matinée to sleep late. The poet is playing on the word *gras* (fat). Is this really a "fat" morning for the protagonist? / **cassé** cracked / **le comptoir d'étain** tin countertop / **remuer** to stir / **la glace** plate glass / **l'être** *m* being / **la poussière** dust / **pourtant** however / **la vitrine** store window / **Potin** name of a chain of grocery stores (Félix Potin) / **il s'en fout** *(vulgaire)* he couldn't care less

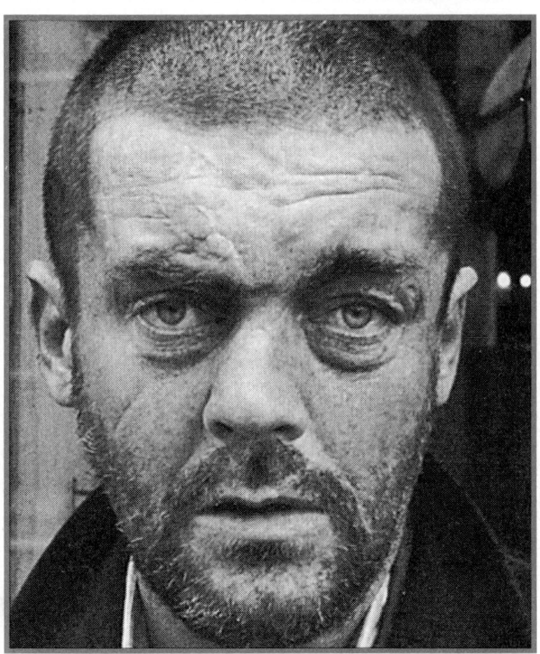

Un pauvre vagabond

il n'y pense pas
il songe°
il imagine une autre tête
une tête de veau° par exemple
avec une sauce de vinaigre
ou une tête de n'importe quoi° qui se mange
et il remue° doucement la mâchoire°
doucement
et il grince des dents° doucement
car° le monde se paye sa tête°
et il ne peut rien contre ce monde
et il compte sur ses doigts un deux trois
un deux trois
cela fait trois jours qu'il n'a pas mangé
et il a beau se répéter° depuis trois jours
ça ne peut pas durer
ça dure
trois jours
trois nuits
sans manger

songer = *rêver, penser* / **le veau** veal *(La tête de veau avec une sauce vinaigrette est un plat populaire en France.)* / **n'importe quoi** anything at all / **remuer** to move / **la mâchoire** jaw / **grincer des dents** to grind one's teeth / **car** = *parce que* / **se payer la tête de quelqu'un** = *se moquer de lui* / **il a beau se répéter** = *il se répète en vain*

et derrière ces vitres°
ces pâtés° ces bouteilles ces conserves°
poissons morts protégés par les boîtes°
boîtes protégées par les vitres
vitres protégées par les flics°
flics protégés par la crainte°
que de barricades° pour six malheureuses sardines...
Un peu plus loin le bistro
café-crème° et croissants chauds
l'homme titube°
et dans l'intérieur de sa tête
un brouillard° de mots
un brouillard de mots
sardines à manger
œuf dur café-crème
café arrosé° rhum
café-crème
café-crème
café-crime arrosé sang° !...
Un homme très estimé dans son quartier
a été égorgé° en plein jour°
l'assassin le vagabond lui a volé°
deux francs
soit° un café arrosé
zéro franc soixante-dix°
deux tartines beurrées°
et vingt-cinq centimes pour le pourboire° du garçon°.
Il est terrible
le petit bruit de l'œuf dur cassé sur un comptoir d'étain
il est terrible ce bruit
quand il remue dans la mémoire de l'homme qui a faim.

Jacques Prévert, *Paroles* (1946)

Qu'en pensez-vous ?

Etes-vous d'accord ou non avec les déclarations suivantes ? Justifiez votre réponse.

1. L'homme qui a faim se rappelle le goût des œufs durs en entendant le bruit d'un œuf qu'on casse.

la vitre pane of glass / **le pâté** meat pie / **les conserves** *f canned goods* / **la boîte** tin can / **le flic** *(argot)* cop / **la crainte** = *la peur* / **que de barricades** what a great number of barricades / **le café-crème** = *café avec de la crème ou du lait* / **tituber** to stagger / **le brouillard** mist, fog / **arrosé** laced with / **le sang** blood / **a été égorgé** had his throat cut / **en plein jour** in broad daylight / **voler (à)** to steal (from) / **soit** that is / **zéro franc soixante-dix** = *zéro franc soixante-dix centimes* / **tartines** *f* **beurrées** slices of buttered bread / **le pourboire** tip / **le garçon** waiter

2. L'homme se regarde dans la glace de la salle de bains à six heures du matin.
3. Quand il se regarde dans la vitrine de chez Potin, il imagine quelque chose de bon à manger.
4. L'homme compte sur ses doigts le nombre de repas qu'il va prendre aujourd'hui.
5. Les sardines dans le magasin sont bien protégées.
6. Devant le bistro l'homme pense à son petit déjeuner.
7. Parce qu'il a faim, il se met à délirer.
8. On a tué un homme en plein jour pour le voler.
9. La somme volée était importante.
10. Il est terrible, le petit bruit de l'œuf dur cassé sur un comptoir d'étain.

Appréciation du texte

1. Une fable est un récit en vers ou en prose, destiné à illustrer un précepte, une morale. Peut-on considérer ce poème comme une espèce de fable ? Où se trouve la morale dans ce poème ? Enoncez cette morale avec vos propres mots.
2. Avez-vous l'impression que le poète est pour ou contre l'homme qui apparaît dans ce récit ? Enumérez toutes les expressions dans le poème qui indiquent la sympathie de l'auteur pour son personnage ou son hostilité envers lui.
3. Expliquez l'emploi du mot *barricades* (vers 39) et montrez comment l'énumération des éléments dans les vers 34–39 et la répétition de la même structure nous préparent à cette hyperbole. Contre qui ou contre quoi est-ce que tous ces éléments sont protégés ? Pourquoi les sardines sont-elles malheureuses ? Pourquoi le poète a-t-il choisi ce poisson plutôt qu'un autre ? Quel est l'effet de tous les pluriels dans les vers 34–40 ?

Vocabulaire satellite

le, la **clochard(e)** street person
le, la **sans-abri** homeless person
la **classe ouvrière** working class
l' **ouvrier,** l' **ouvrière** blue-collar worker
l' **employé(e)** white-collar worker
les **ressources** *f* resources
le **chômeur,** la **chômeuse** unemployed person
la **nourriture** nourishment, food
le **logement** lodgings, housing
sans argent penniless
affamé famished
avoir faim, soif to be hungry, thirsty
n'avoir rien à manger to have nothing to eat
avoir une faim de loup to be ravenously hungry (lit., to have a wolf's hunger)
manquer de to lack
mourir de faim to starve
améliorer son sort to improve one's fate
chercher du travail to look for work
être au chômage to be unemployed
nourrir to nourish, to feed
loger to lodge, to house
joindre les deux bouts to make ends meet
tirer le diable par la queue to be hard up

Pratique de la langue

1. Avec un(e) autre étudiant(e), écrivez et présentez devant la classe un dialogue entre un(e) clochard(e) et :

   a. un agent de police
   b. une petite fille
   c. un homme d'affaires
   d. un(e) étudiant(e)
   e. un(e) autre clochard(e).

2. A débattre : Ce n'est pas l'Etat qui doit s'occuper des clochards. Il vaut mieux laisser ce travail au secteur privé.

3. Faites le procès *(trial)* du vagabond dans le poème de Prévert. Un(e) étudiant(e) présentera les arguments du procureur *(prosecutor)* tandis qu'un(e) autre étudiant(e) représentera l'avocat(e) de la défense. Les autres étudiants seront les membres du jury. En annonçant le verdict de culpabilité ou d'acquittement, chacun(e) citera les raisons de son choix.

4. A débattre : Les vagabonds de nos villes ne sont pas des victimes de la société. La plupart ont décidé de leur propre sort et pourraient l'améliorer s'ils le voulaient.

5. Ecrivez votre propre poème sur une personne rejetée par la société (clochard, criminel, alcoolique, pauvre, etc.).

6. Lisez à haute voix, pour les autres membres de la classe, le poème de Prévert, *La Grasse Matinée.*

5

La France politique et économique

Descriptive Adjectives and Adverbs

Le drapeau de la Communauté européenne

Vocabulaire du thème: *La France politique et économique*

La Politique

le **président,** la **présidente** president
le **ministre** minister
le **sénateur** senator
le **député** representative

l' **homme** (la **femme**) **politique** politician
le **candidat,** la **candidate** candidate
se **lancer dans la politique** to go into politics
poser sa candidature to run for office
faire un discours to make a speech
être élu to be elected

le **parti** party
libéral liberal
conservateur, conservatrice conservative
réactionnaire reactionary
de gauche leftist
de droite rightist
le **citoyen,** la **citoyenne** citizen
le **partisan,** la **partisane** supporter, follower
l' **adversaire** *m, f* opponent
voter (pour, contre) to vote (for, against)

le **programme** program, platform
faire des réformes to make reforms
maintenir le statu quo to maintain the status quo

la **crise** crisis
le **pot-de-vin** *(fam)* bribe
démissionner to resign

L'Economie

les **affaires** *f* business
l' **affaire** *f* deal
le **secteur public (privé)** public (private) sector
l' **homme** (la **femme**) **d'affaires** businessman, businesswoman
le **directeur,** la **directrice** director
le, la **secrétaire** secretary
l' **employé,** l' **employée** employee
le, la **fonctionnaire** civil servant
le **client,** la **cliente** customer
le **consommateur,** la **consommatrice** consumer
le **concurrent,** la **concurrente** competitor
le **chômeur,** la **chômeuse** unemployed person

lucratif, lucrative lucrative
compétent, incompétent competent, incompetent
qualifié qualified
ambitieux, ambitieuse ambitious
paresseux, paresseuse lazy
travailleur, travailleuse hard-working

l' **entreprise** *f* company, business, firm
l' **usine** *f* factory
le **bureau** office
l' **ambiance** *f* atmosphere
la **machine à écrire** typewriter
l' **ordinateur** *m* computer
le **micro-ordinateur** microcomputer
le **traitement de texte** word processor, word processing
le **courrier électronique** electronic mail

lancer un nouveau produit to launch a new product
gérer une entreprise to manage a business
faire de la publicité to advertise
la **publicité** advertisement
la **concurrence** competition

engager to hire
demander une promotion, une augmentation to ask for a promotion, a raise

gagner un bon salaire to earn a good salary
travailler à mi-temps, à plein temps to work part-time, full-time
l' **emploi** *m* job
renvoyer to fire
faire faillite to go bankrupt
être au chômage to be unemployed
faire la grève to strike
licencier to lay off
le **licenciement** layoff

EXERCICE

Situations. Répondez en employant une ou plusieurs expressions du *Vocabulaire du thème.*

1. Imaginez que vous êtes le directeur (la directrice) d'une entreprise française et que vous allez engager de nouveaux employés. Quelles sont les caractéristiques personnelles que vous cherchez ?
2. Les entreprises, hélas, ne réussissent pas toujours. Parfois elles font faillite. Trouvez des raisons qui peuvent mener *(lead)* à la faillite.
3. Quelle est votre orientation politique ? Choisissez la réponse appropriée.

a. Je suis	conservateur (conservatrice)
	libéral(e)
	réactionnaire
b. J'aimerais	maintenir le statu quo
	faire des réformes
	accepter des pots-de-vin

L'ancien président François Mitterrand

c. Je voudrais être	président(e)
	député
	simple citoyen (citoyenne)
	ministre
	sénateur
	dictateur (dictatrice)
	roi (reine)

Descriptive Adjectives

An adjective is a word that modifies a noun or pronoun. If an adjective describes, it is called a descriptive or qualitative adjective.

C'est un partisan loyal.	Elle est qualifiée.
He's a loyal follower.	*She is qualified.*

In English, descriptive adjectives have only one form. French descriptive adjectives have four, since they usually agree in gender (masculine, feminine) and number (singular, plural) with the noun they modify.

	Masculine	**Feminine**
Singular:	un produit intéressant	une affaire intéressante
	an interesting product	*an interesting deal*
Plural:	des produits intéressants	des affaires intéressantes
	some interesting products	*some interesting deals*

Formation of Adjectives

Formation of the feminine singular

1. Most adjectives form the feminine singular by adding an unaccented **-e** to the masculine singular. If the masculine singular already ends in an unaccented **-e,** the masculine and feminine singular are identical.

Masculine singular	**Feminine singular**
compétent	compétente
énergique	énergique

2. Some feminine singular endings are irregular.

Change	**Masculine singular**	**Feminine singular**
x → se	ambitieu**x**	ambitieu**se**
er → ère	ch**er**	ch**ère**
f → ve	lucrati**f**	lucrati**ve**
c → que	publi**c**	publi**que**
g → gue	lon**g**	lon**gue**

Change	Masculine singular	Feminine singular
eur → euse[1]	travaill**eur**	travaill**euse**
double the consonant + **e**	professionn**el**	professionn**elle**
	par**eil**	par**eille**
	anc**ien**	anc**ienne**
	gr**as**	gr**asse**
	gr**os**	gr**osse**
	coqu**et**[2]	coqu**ette**

3. Certain common adjectives have irregular feminine singular forms.

Masculine singular	Feminine singular
beau	belle
blanc	blanche
bon	bonne
doux	douce
faux	fausse
favori	favorite
fou	folle
frais	fraîche
franc	franche
gentil	gentille
malin	maligne
mou	molle
nouveau	nouvelle
sec	sèche
vieux	vieille

4. Five of the preceding adjectives have a second masculine singular form, used before nouns beginning with a vowel or mute *h*.

beau	bel
fou	fol
mou	mol
nouveau	nouvel
vieux	vieil

le vieux fonctionnaire
the old civil servant

le vieil ouvrier
the old worker

But these adjectives have only one form in the masculine plural.

les vieux fonctionnaires
the old civil servants

les vieux ouvriers
the old workers

[1]Adjectives in **-eur** not derived from a present participle change **-eur** to **-ice: destructeur, destructrice. Meilleur** and the pairs **antérieur, postérieur; intérieur, extérieur; mineur, majeur;** and **supérieur, inférieur** are regular and add an unaccented **-e.**

[2]A small group of common adjectives ending in **-et** change to **-ète: complet, concret, discret, inquiet, secret.**

Formation of the plural

1. Most adjectives form the plural by adding **-s** to the masculine or feminine singular.

Singular	**Plural**
un avocat célèbre *a well-known lawyer*	des avocats célèbres *some well-known lawyers*
une réforme importante *an important reform*	des réformes importantes *some important reforms*

2. Masculine singular adjectives with certain endings have irregular plurals.

Change	**Masculine singular**	**Masculine plural**
x *(no change)*	paresseu**x**	paresseu**x**
s *(no change)*	gri**s**	gri**s**
eau → **eaux**	nouv**eau**	nouv**eaux**
al → **aux**	mor**al**	mor**aux**

The adjectives **banal, fatal, final,** and **naval** form the masculine plural by adding **-s.**

EXERCICES

A. Marc et Yvette, deux employés de bureau, sont complètement différents l'un de l'autre. Marc est toujours mécontent, par exemple, et Yvette est contente. Décrivez Yvette en employant le féminin des adjectifs de la colonne de droite selon le modèle.

MODELE Marc est malheureux.
Yvette est heureuse.

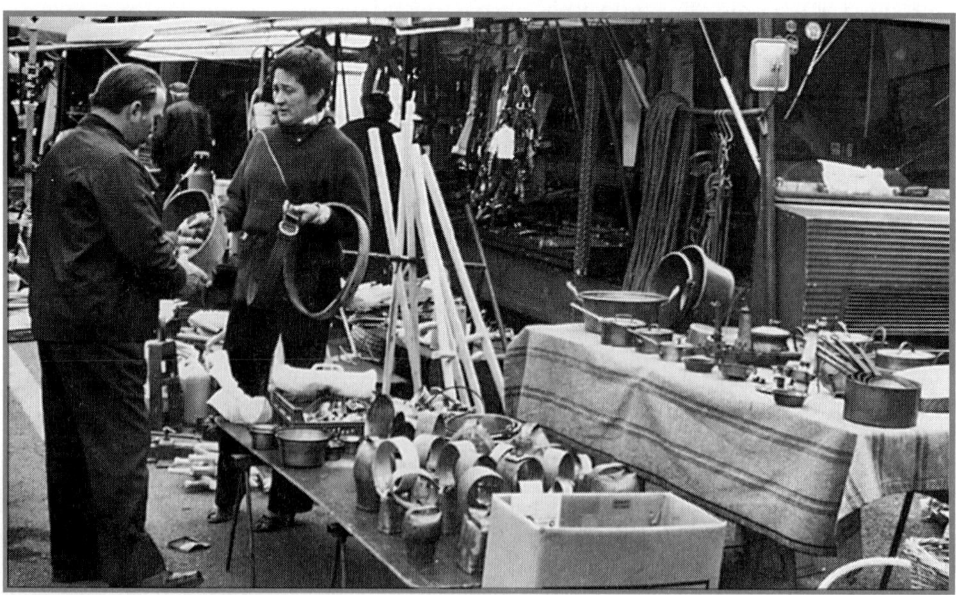

Au marché aux puces

1. Marc est indiscret.	doux
2. Marc est dur.	honnête
3. Marc est conservateur.	compétent
4. La carrière de Marc est ennuyeuse.	poli
5. Marc est malhonnête.	long
6. Marc est paresseux.	travailleur
7. Marc est incompétent.	libéral
8. La mémoire de Marc est courte.	moral
9. Marc est immoral.	discret
10. Marc est brusque.	intéressant

B. Janine est femme d'affaires. Comment est-elle probablement dans les situations suivantes? Répondez selon le modèle. Employez des adjectifs variés.

MODELE Elle vient d'avoir une bonne augmentation de salaire.
Elle est probablement heureuse (ravie, étonnée, etc.).

1. Janine vient d'avoir un enfant.
2. Elle vient d'être renvoyée.
3. Son directeur, un jeune célibataire très riche, invite Janine à dîner.
4. Une autre employée accuse Janine d'être une féministe enragée.
5. Janine donne de l'argent à un vieux clochard qu'elle voit devant un café.

Position of Adjectives

After the noun

In English, descriptive adjectives precede the noun they modify. In French, on the other hand, they usually follow the noun. Adjectives of color, religion, nationality, and class almost always follow the noun.

une usine grise
a gray factory

une entreprise française
a French company

la société bourgeoise
middle-class society

l'avocat catholique
the Catholic lawyer

Note that adjectives of nationality are not capitalized in French. Nouns of nationality, however, are capitalized: **un Français, une Russe, un Japonais.**

Before the noun

1. Some short, common adjectives normally precede the noun.

autre	haut	nouveau
beau	jeune	petit
bon	joli	premier
grand	long	vieux
gros	mauvais	vilain

2. Certain adjectives have one meaning when they precede the noun and another when they follow it.

un ancien client *a former customer*	une usine ancienne *an old (or ancient) factory*
un brave citoyen *a fine citizen*	un soldat brave *a courageous soldier*
un certain succès[1] *a degree of success*	un succès certain *a sure success*
sa chère femme *his dear wife*	un ordinateur cher *an expensive computer*
notre dernier chèque *our last check (in a series)*	l'année dernière *last year (the one just passed)*
le même jour *the same day*	le jour même *the very day (emphatic)*
le pauvre type *the poor (unfortunate) guy*	un homme pauvre *a poor man (not rich)*
la prochaine question *the next question (in a series)*	l'année prochaine *next year (the one coming)*
son propre bureau *his own office*	un bureau propre *a clean office*
le seul concurrent *the only competitor*	un voyageur seul *a traveler alone (by himself) (i.e., a lone traveler)*
un simple ouvrier *a mere worker*	un homme simple *a simple man (plain, simple-minded)*

3. Many descriptive adjectives that normally follow the noun may precede it for special emphasis. In this case the stress is on the adjective, which is often pronounced in a more emphatic tone of voice.

Une magnifique affaire ! *A magnificent deal!*	Quel dangereux adversaire ! *What a dangerous opponent!*

Two adjectives with one noun

1. If one adjective usually precedes the noun and the other usually follows it, they are placed in their normal order.

   Charles de Gaulle était un grand homme politique français.
   Charles de Gaulle was a great French politician.

2. If both adjectives normally precede the noun, both are placed either before or after the noun, joined by the conjunction **et.**

   C'est une longue et belle histoire.
   C'est une histoire longue et belle.
   It's a long and beautiful story.

[1] As in English, **certain** before the noun can also mean "unspecified": **un certain homme,** a certain man (whom I could name if I wanted to).

3. If both adjectives normally follow the noun, both are placed after it and joined by **et.**

   C'est une secrétaire compétente et honnête.
   She is a competent and honest secretary.

Two adjectives juxtaposed

Two adjectives may be juxtaposed if one adjective describes a word group composed of a second adjective and a noun. Both adjectives are placed in their normal position before or after the noun.

Monique est une jolie jeune fille.
Monique is a pretty girl.

Il essaie de comprendre le milieu politique américain.
He is trying to understand the American political scene.

In the first example, **jolie** describes the word group **jeune fille;** in the second, **américain** applies to the word group **milieu politique.**

EXERCICES

A. Remplacez les tirets par deux adjectifs choisis dans la colonne de droite. Faites l'accord des adjectifs.

1. une ____________ directrice ____________
2. une ____________ et ____________ secrétaire
3. une femme d'affaires ____________ et ____________
4. une employée ____________ et ____________
5. une ____________ candidate ____________
6. une journaliste ____________ et ____________
7. une ____________ avocate ____________
8. une ____________ et ____________ ouvrière
9. une dentiste ____________ et ____________
10. une publicité ____________ et ____________

travailleur
gros
français
laid
cruel
vieux
joli
ambitieux
coquet
professionnel
immoral
jeune
compétent
fou
sympathique
insupportable
énergique
qualifié
mauvais
incompétent
idiot

B. Mettez l'**adjectif** à la place convenable et faites l'accord.

1. sa voiture (propre : *clean*)
2. mon professeur (ancien : *former*)
3. une vie (simple : *uncomplicated*)

4. les réponses (seul : *only*)
5. une crise (certain : *sure*)
6. la semaine (prochain : *next*, meaning *the one coming*)
7. les ouvriers (pauvre : *not rich*)
8. ses amies (cher : *dear*)
9. l'histoire (même : *same*)
10. une citoyenne (brave : *courageous*)

C. Traduisez en français.

1. Last year those unfortunate citizens voted for their former senator for the last time!
2. That poor politician! It's his own son who is asking him the next difficult question!
3. My dear Dupont, why are you the last person to understand this simple deal?
4. My boss bought an expensive computer for his former wife the very day he got married!

D. Préparez une phrase originale (bizarre ? ridicule ? brillante ?) comme celles de l'exercice C.

Agreement of Adjectives

French adjectives generally agree in number (singular, plural) and gender (masculine, feminine) with the noun or pronoun they qualify.

les institutions sociales *social institutions*	la politique internationale *international politics*

Note that the adjective **demi** is invariable and joined to the noun by a hyphen when it precedes the noun, but that it agrees in gender with the noun when it comes after.

une demi-heure *a half hour*	BUT:	une heure et demie *an hour and a half*

An adjective with more than one noun

An adjective that modifies more than one noun is plural. If the gender of the nouns is different, the masculine plural form of the adjective is used. If both nouns are of the same gender, the adjective is naturally in that gender.

une jeune fille et un garçon courageux
a courageous girl and boy

les premières questions et réponses
the first questions and answers

EXERCICES

A. Comparez les personnes ou les choses suivantes en employant l'adjectif entre parenthèses, selon le modèle.

MODELE (travailleur) le patron, la patronne
Le patron est travailleur. La patronne est travailleuse aussi. En effet, tous les deux sont travailleurs.

Le président Jacques Chirac

1. (ambitieux) le directeur, la directrice
2. (discret) l'homme d'affaires, la femme d'affaires
3. (vieux) mon père, ma mère
4. (long) mon nez, ma jambe
5. (idiot) le client, la cliente
6. (paresseux) le chômeur, la chômeuse
7. (gros) mon frère, ma sœur
8. (énergique) le fonctionnaire, la fonctionnaire
9. (actif) le candidat, la candidate
10. (cher) le taxi, la limousine

B. Faites l'accord des **adjectifs.**

Je m'appelle Irène, et j'ai été témoin dans un procès ____________[1] (célèbre) l'année ____________[2] (dernier). La suspecte, une ____________[3] (jeune) femme d'affaires ____________[4] (français), était ____________[5] (accusé) de vol *(theft)*. Elle ne semblait pas ____________[6] (dangereux). J'ai été ____________[7] (impressionné), pourtant, par le juge, une femme ____________[8] (exceptionnel).

Un peu ____________[9] (gras), elle avait les cheveux ____________[10] (brun) et les yeux ____________[11] (bleu). Mais sa description ____________[12] (physique) n'est pas très ____________[13] (important). Je l'ai admirée à cause de ses qualités ____________[14] (moral et humain). ____________[15] (Brillant et perspicace), elle était ____________[16] (compatissant) sans être ____________[17] (indulgent), et ____________[18] (objectif) sans être ____________[19] (froid). Ceux qui prétendent que les femmes ne sont pas ____________[20] (travailleur et raisonnable) sont ____________[21] (idiot) !

Et la femme d'affaires ? On l'a jugée ____________[22] (coupable).

Related Expressions

avoir l'air + adjective

Elle a l'air content.	Elles ont l'air contentes.
She looks happy.	*They seem happy.*

The adjectives may agree with either the subject or the masculine noun **air.** In modern usage, agreement is made most often with the subject. When, as often happens, **d'être** is added to the expression, agreement is always with the subject.

Elles ont l'air d'être contentes.
They seem to be happy.

rendre + adjective

Le travail la rend heureuse.
Work makes her happy.

Les réformes rendent la présidente anxieuse.
Reforms make the president anxious.

The adjective agrees with the direct object of **rendre** (in the preceding examples, **la** and **la présidente**). Note that the verb **faire** is not used to translate the expression *make* + adjective.

EXERCICES

A. Est-ce que les situations suivantes vous rendent furieux (furieuse), content(e) ou triste ? Répondez selon le modèle.

MODELE Votre patron vient de mourir.
Ça me rend triste.

1. Un député malhonnête a été élu.
2. Votre entreprise vient de faire faillite.
3. Vous venez de trouver un nouvel emploi très bien payé.
4. Vous avez acheté une nouvelle voiture, mais elle ne marche pas bien !
5. Un ami vous a acheté un beau micro-ordinateur très perfectionné.
6. Un homme politique bon et juste vient d'être assassiné.
7. Vous trouvez vingt dollars dans votre poche.
8. Le chien d'un autre employé entre dans votre bureau et mange votre sandwich !
9. Votre entreprise vient de lancer un nouveau produit sensationnel.
10. On vient de vous licencier.

B. Préparez deux situations originales comme celles de l'exercice A.

C. Faites l'accord de l'adjectif entre parenthèses.

1. L'humour peut rendre la vie ____________ (gai).
2. Les directeurs ont l'air ____________ (fâché).
3. Le courrier électronique rend mon travail ____________ (plus facile).
4. Un patron généreux peut rendre la vie ____________ (heureux).
5. Cette patronne rend ses employés ____________ (furieux).
6. M. Laland a l'air ____________ (malheureux) quand ses employés se moquent de lui.
7. Nina a l'air ____________ (sérieux) quand elle parle de son travail.

D. Comment sont les personnes suivantes ? Répondez en employant l'expression **avoir l'air** selon le modèle.

MODELE Babette a travaillé 70 heures cette semaine.
Elle a l'air fatigué(e) !

1. Maurice a fait la connaissance de Mimi cette semaine, et il la trouve adorable !
2. Louise est allée à l'hôpital où elle a rendu visite à sa mère qui est très malade.
3. Une personne inconnue est entrée dans la chambre de la comtesse et a volé tous ses bijoux et ses plus beaux vêtements.
4. Un employé très médiocre a eu une promotion, et on n'a même pas considéré Bruno, un employé fidèle et compétent.
5. Le ministre a travaillé toute la nuit.

Adverbs

An adverb is a word that modifies a verb, an adjective, or another adverb.

Le gouvernement a fait des réformes **lentement.**
The government made reforms slowly.

Ce patron est **totalement** irresponsable.
That boss is totally *irresponsible.*

Elle a **mal** dormi.
She slept badly.

Il a **très** bien compris la question.
He understood the question very *well.*

Formation of Adverbs

Adverbs formed by adding *-ment* to the adjective

1. The most common way of forming adverbs is to add the suffix **-ment** to the masculine form of adjectives ending in a vowel, and to the feminine form of adjectives ending in a consonant. The suffix **-ment** frequently corresponds to the English suffix *-ly*.

   arbitraire, **arbitrairement**
   poli, **poliment**
   probable, **probablement**
   vrai, **vraiment**
   doux, **doucement**
   naturel, **naturellement**
   sérieux, **sérieusement**
   subjectif, **subjectivement**

2. A small number of adverbs have **é** rather than **e** before **-ment.** Some of the most common are:

   confus, **confusément**
   énorme, **énormément**
   précis, **précisément**
   profond, **profondément**

3. The adverbs corresponding to the adjectives **gentil** and **bref** are **gentiment** and **brièvement.**

4. Adjectives ending in **-ant** or **-ent** form adverbs ending in **-amment** and **-emment** (both pronounced /amɑ̃/).

   constant, **constamment**
   puissant, **puissamment**
   innocent, **innocemment**
   patient, **patiemment**

   But the adjective **lent** forms the adverb **lentement.**

Adverbs that do not add *-ment* to the adjective

1. A small number of very common adjectives form adverbs that do not end in **-ment.**

   bon, **bien**
   mauvais, **mal**
   meilleur, **mieux**
   petit, **peu**

   Elle gère bien son entreprise.
   She manages her business well.

   Cet homme d'affaires s'exprime mal.
   This businessman expresses himself badly.

2. Some adjectives are used as adverbs after the verb without changing form. Here are some of the most common.

   sentir bon (mauvais)
   to smell good (bad)

   coûter cher
   to cost a lot

   marcher droit
   to walk straight

   chanter faux
   to sing off key

   travailler dur
   to work hard

   Ces secrétaires travaillent dur.
   These secretaries work hard.

   Cette fleur sent bon.
   This flower smells good.

EXERCICES

A. Changez les adjectifs en **adverbes.**

1. bon
2. sincère
3. agréable
4. bête
5. mauvais
6. triste
7. sec
8. naïf
9. long
10. profond
11. confus
12. évident
13. poli
14. objectif
15. libéral
16. sérieux
17. naturel
18. courageux
19. principal
20. faux
21. énorme
22. assuré
23. bruyant
24. seul
25. certain
26. énergique

B. Remplacez les tirets par un **adverbe** de la colonne de droite.

1. Cet employé m'impressionne ____________.
2. Elle est très qualifiée, ____________.
3. Je travaille ____________ trois jours par semaine.
4. Pourquoi marches-tu si ____________?
5. Cet enfant bien élevé répond toujours ____________.
6. Cette mère caresse son enfant si ____________!
7. Je vais ____________ voter pour le président.

poliment
tendrement
évidemment
seulement
probablement
lentement
énormément

C. Complétez en employant la forme appropriée de **sentir bon (mauvais), travailler dur, coûter cher, chanter faux** ou **marcher droit,** puis jouez les dialogues.

1. —Le ministre a bu trop de bière.
   —Oui, il ne peut plus... !

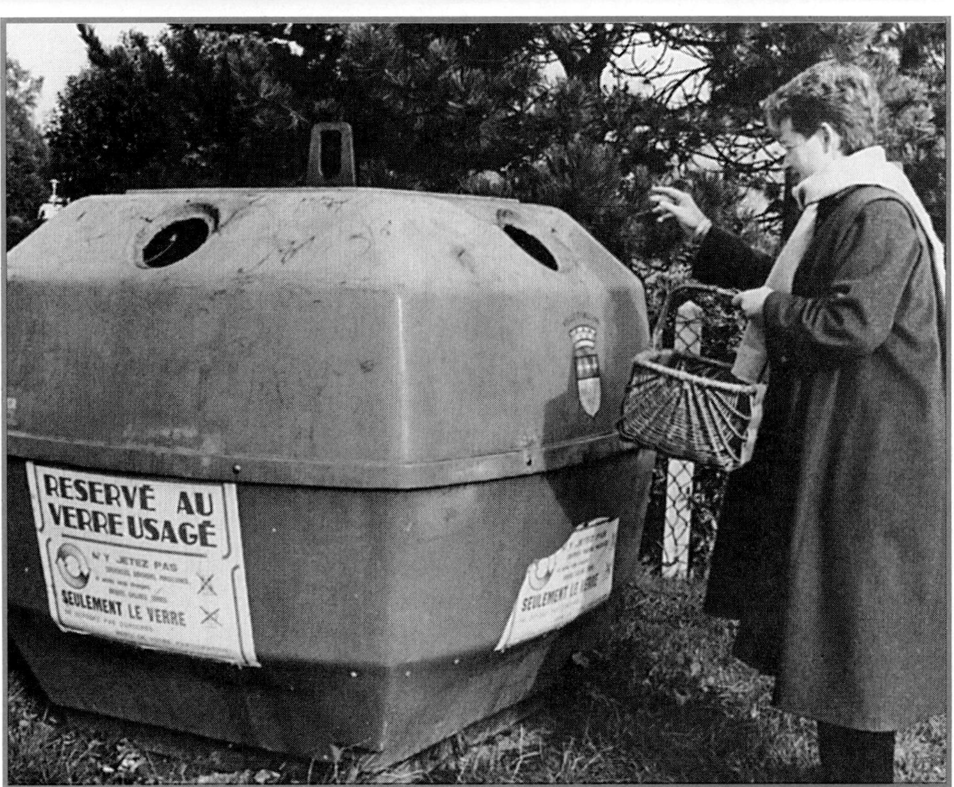

On recycle le verre.

2. —Avez-vous travaillé ce matin ?
   —Oui, et j'...
3. —Je ne peux pas manger ce fromage.
   —Moi non plus. Il... !
4. —Pourquoi est-ce que Marie-Louise ne joue pas dans la comédie musicale ?
   —C'est évident, non ? Elle... !
5. —Ce parfum...
   —Oui, mais, il... aussi !

Position of Adverbs

With verbs

1. As a general rule, adverbs follow verbs in simple tenses in French. In English, on the other hand, adverbs very often precede the verb.

   Le ministre arrive-t-il **enfin ?**
   Is the minister finally *arriving?*

   Elle dit **toujours** la vérité.
   She always *tells the truth.*

   On l'accuse **injustement** d'incompétence.
   He is unjustly *accused of incompetence.*

2. In compound tenses, most commonly used adverbs are placed between the auxiliary verb and the past participle. These adverbs include:

assez	encore	peut-être	certainement
aussi	enfin	presque	complètement
beaucoup	mal	souvent	probablement
bien	même	toujours	vraiment
bientôt	moins	trop	
déjà	peu	vite	

Il l'a vite engagée.
He hired her quickly.

A-t-il vraiment renvoyé Jacqueline ?
Did he really fire Jacqueline?

3. In cases where a verb is followed by an infinitive, common adverbs are usually placed between the two verbs.

Elle va probablement réussir.
She is probably going to succeed.

La directrice espère beaucoup éviter la grève.
The director hopes very much to avoid the strike.

With adjectives and other adverbs

Like English adverbs, French adverbs precede the adjectives or adverbs they modify.

L'ambiance est généralement bonne.
The atmosphere is generally good.

Est-il vraiment qualifié ?
Is he really qualified?

For emphasis

Some adverbs may exceptionally appear at the beginning of a sentence for emphasis. The most common are **généralement, heureusement, malheureusement,** and adverbs of time and place.

Heureusement, les licenciements n'ont pas été trop nombreux.
Luckily, the layoffs were not too numerous.

Aujourd'hui, le président sera élu !
Today, the president will be elected!

EXERCICES

A. Répondez par une phrase complète.

1. Qu'est-ce que vous faites vite ?
2. Qu'est-ce que vous faites toujours ?
3. Qu'est-ce que vous faites bien ?
4. Qu'est-ce que vous faites mal ?
5. Qu'est-ce que le professeur a probablement fait ce matin ?
6. Avez-vous déjà déjeuné (dîné) ?
7. Avez-vous bien ou mal préparé cette leçon ?

8. Avez-vous bien ou mal dormi hier soir ?
9. Qu'est-ce que vous allez probablement faire ce soir ?
10. Qu'est-ce que vous aimez beaucoup faire ?

B. Formulez une phrase en employant un **adverbe** de la colonne de droite.

1. J'étudie	lentement
2. Je pense	mal
3. Le professeur parle	logiquement
4. Je travaille	élégamment
5. Je m'amuse	énergiquement
6. Je dors	vite
7. Le président parle	profondément
8. Le professeur s'habille	bien
9. Je flirte	souvent
	rarement
	beaucoup
	constamment
	furieusement

Related Expressions

peut-être, aussi

1. **Peut-être** *(maybe, perhaps)*, like most adverbs, is generally placed after the verb (after **avoir** or **être** in a compound tense). In more formal French, it may be used at the beginning of a sentence, in which case the subject and verb are inverted.

   Il avait peut-être tort.
   Peut-être avait-il tort.
   Maybe he was wrong.

   Peut-être que, which does not require inversion, can be substituted for **peut-être** at the beginning of a sentence.

   Peut-être avait-il raison.
   Peut-être qu'il avait raison.
   Perhaps he was right.

2. If placed at the beginning of a sentence or clause, **aussi** means *so* or *therefore* and requires the inversion of the subject and the verb. Since this usage is somewhat formal, **donc** is often preferred in spoken French.

   Elle a travaillé dur, donc elle a demandé une augmentation.
   Elle a travaillé dur, aussi a-t-elle demandé une augmentation.
   She worked hard, so she asked for a raise.

   When placed elsewhere within the sentence, **aussi** means *also* or *too.* But when **aussi** means *also,* it must never come first in a sentence.

   Attendez ! Je viens aussi !
   Wait! I'm coming too!

EXERCICES

A. Modifiez la phrase en employant **peut-être** ou **peut-être que** au début.

MODELE Elle était peut-être absente.
Peut-être était-elle absente.
ou : *Peut-être qu'elle était absente.*

1. Il était peut-être avec le patron.
2. Elle ne sait peut-être pas la réponse.
3. On l'engagera peut-être.
4. Elle demandera peut-être une augmentation.

B. Modifiez la phrase en remplaçant **donc** *(therefore)* par **aussi.**

MODELE Il aime la justice, donc il est devenu avocat.
Il aime la justice, aussi est-il devenu avocat.

1. Il aime l'argent, donc il s'est lancé dans les affaires.
2. Il veut réussir, donc il travaille sérieusement.
3. Il aimait le pouvoir, donc il est devenu directeur.
4. Il a marché trop lentement, donc il est arrivé en retard.
5. Il aimait le secteur public, donc il est devenu fonctionnaire.
6. Il aimait son pays, donc il s'est lancé dans la politique.

C. Traduisez en français. Employez **aussi** dans chaque phrase.

1. He is qualified, but she is also.
2. M. Laurent no longer liked his work, so he resigned.
3. He kissed her, so she kissed him.
4. I'm leaving too!
5. She was very ambitious; therefore she became a candidate.
6. She wanted a lucrative job, so she married the boss!

tout as an adjective, adverb, and pronoun

1. The adjective **tout**

	Masculine	**Feminine**
Singular	tout	toute
Plural	tous	toutes

The adjective **tout** often means *all* or *every.* It agrees in number and gender with the noun it modifies.

Il travaille toute la journée.
He works all day (long).

Il demande une augmentation tous les jours !
He asks for a raise every day!

Qui a lancé tous ces nouveaux produits ?
Who launched all these new products?

When used before a singular noun without an article, **tout (toute)** means *every*, *any*, or *all.*

Tout homme politique devrait être honnête.
Every politician should be honest.

Toute justice a disparu du pays.
All justice has disappeared from the country.

2. The adverb **tout**

The adverb **tout,** meaning *all* or *completely,* is invariable except when it appears before a feminine adjective beginning with a consonant or aspirate *h.* The feminine singular or plural forms (**toute** and **toutes**) must then be used.

Pourquoi vos employés sont-ils tout contents ?
Why are your employees completely happy?

BUT:

C'est merveilleux ! L'usine est toute moderne !
It's marvelous! The factory is completely modern!

3. The pronoun **tout**

The invariable pronoun **tout** usually means *everything;* the masculine and feminine plural pronouns **tous** and **toutes** mean *all.* Note that the final **-s** of **tous** is pronounced when **tous** is used as a pronoun but is silent when it is used as an adjective.

Elle a tout compris.
She understood everything.

Tout est perdu !
Everything is lost!

Elles sont toutes ambitieuses.
They are all ambitious.

Tous ont l'air d'être raisonnables.
All seem to be reasonable.

Note that the pronoun may be placed either within or at the beginning of the sentence.

Tous sont dans le secteur public.
All are in the public sector.

Ils sont tous dans le secteur public.
They are all in the public sector.

EXERCICES

A. Répondez par des phrases complètes.

1. Nommez trois activités que vous faites tous les jours.
2. Est-ce que toute la classe est présente (préparée, dans les nuages) aujourd'hui ?
3. Prenez-vous trois repas tous les jours ?
4. Avez-vous encore toutes vos dents (toute votre énergie, tous vos cheveux, toutes vos ambitions) ?
5. Donnez-vous le bénéfice du doute à tout le monde ? Si non, à qui ne le donnez-vous pas ?
6. Dormez-vous toute la journée (toute la matinée) ?

B. Remplacez l'adjectif et le nom qu'il modifie par un pronom selon le modèle.

MODELE Est-ce que tous les Américains sont naïfs ?
Oui, ils sont tous naïfs.
ou : *Non, ils ne sont pas tous naïfs.*

1. Est-ce que tous les chiens sont méchants ?
2. Est-ce que tous les Français boivent du vin (parlent français, chantent la Marseillaise) ?
3. Est-ce que tous les parfums sentent bon ?
4. Est-ce que tous les chômeurs sont paresseux ?
5. Est-ce que tous les candidats sont ambitieux ?
6. Est-ce que tous les emplois sont lucratifs ?
7. Est-ce que toutes les entreprises sont bien gérées ?
8. Est-ce que toutes les publicités sont idiotes ?
9. Est-ce que toutes les grèves sont justifiées ?
10. Est-ce que toutes vos réponses sont brillantes ?

C. Remplacez les tirets par les pronoms **tout, toute, toutes** ou **tous.**

1. Les candidats de droite ont ____________ été élus.
2. Ah ! J'ai ____________ compris !
3. Elles ont ____________ décidé de faire la grève.
4. Ses partisans sont loyaux. ____________ ont l'air très loyaux !
5. Les secrétaires ont eu une augmentation. Elles ont ____________ eu une bonne augmentation.
6. Pourquoi sont-ils ____________ ici ?
7. Les hommes politiques malhonnêtes ? Ils ont ____________ démissionné.
8. Est-ce que c'est ____________, Madame ?
9. Avez-vous ____________ mangé, Duroc ?

Comparative and Superlative of Adjectives and Adverbs

The comparative

The comparative is used to compare two things. There are three comparative expressions used with both adjectives and adverbs:

comparison of superiority:	**plus... que**	*more . . . than*
comparison of inferiority:	**moins... que**	*less . . . than*
comparison of equality:	**aussi... que**	*as . . . as*

Il parle plus facilement que moi.
He speaks more easily than I.

Ton patron est moins généreux que le mien.
Your boss is less generous than mine.

Les professeurs sont-ils aussi réalistes que les hommes d'affaires ?
Are professors as realistic as businessmen?

1. The adverbs **bien** and **beaucoup** are used to emphasize the comparatives **plus... que** and **moins... que.** The English equivalent is *much* or *a lot.*

Il parle bien plus facilement que moi.
He speaks a lot more easily than I.

Ton patron est beaucoup moins généreux que le mien.
Your boss is much less generous than mine.

2. *Than* is expressed by **de** when it is followed by a number.

   Il a passé plus de cinq ans au sénat.
   He spent more than five years in the senate.

   Je lui ai prêté plus de cinquante dollars.
   I lent him more than fifty dollars.

EXERCICES

A. Formulez une phrase comparative en employant les noms suivants et les adjectifs de la colonne de droite selon le modèle.

MODELE une dette, un salaire
Une dette est moins désirable (respectée, satisfaisante) qu'un salaire.

1. le travail à mi-temps, le travail à plein temps	énergique
2. l'expérience, l'éducation	respecté
3. un patron, un ouvrier	compétent
4. une dette, un salaire	libre
5. un homme politique, un homme d'affaires	important
6. une femme d'affaires, un homme d'affaires	délicieux
7. le chômage, le travail	désirable
8. le secteur public, le secteur privé	lucratif
9. un micro-ordinateur, une machine à écrire	qualifié
10. un employé paresseux, un employé travailleur	satisfaisant
11. le courrier électronique	riche
12 le courrier ordinaire.	utile
	rapide

B. Traduisez en français, puis jouez les dialogues.

1. **A:** What do you think of Isabelle and Monique?
   B: Isabelle works harder than Monique; that's evident. But Monique is more intelligent, much more intelligent.
   A: Let's hire Monique, then *(alors).*
   B: No, let's hire Isabelle!

2. **A:** Dupont, how long have you been in this office?
   B: More than two years, sir.
   A: Well *(Eh bien)*, I think you deserve a raise.
   B: I'm leaving the office in two weeks, sir. I've found a new job.
   A: (silence)

The superlative

The superlative is used to compare three or more things. The superlative of adjectives is formed by placing the articles **le, la,** or **les** before the comparative. If the adjective follows the noun, the articles must be used twice: once before the noun and once before the superlative.

C'est la plus petite entreprise de la ville.
It's the smallest business in town.

Henri est l'ouvrier le plus respecté de l'usine.
Henri is the most respected worker in the factory.

The superlative of adverbs is formed by placing **le** before the comparative.

Louise a fini son travail le plus vite.
Louise finished her work the fastest.

1. The expression **de** + *article* is always used to mean *in* after the superlative. (Do not use **dans.**)

   l'hôtel le plus célèbre de la région
   the most famous hotel in the area

   la réforme la plus importante du programme
   the most important reform in the platform

2. If more than one comparative or superlative is used in a sentence, the comparative or superlative words are repeated before each adjective or adverb.

   Jean est plus qualifié et plus compétent que le patron.
   John is more qualified and competent than the boss.

   C'est la candidate la plus travailleuse et la plus honnête du parti.
   She's the most hardworking and honest candidate in the party.

EXERCICES

A. Traduisez en français.

My name is Duroc. I'm not the most modest man in the world. In fact, my reactionary opponent, Dubois, says that I'm the most ambitious politician in the city. Well *(Eh bien)*, Dubois is a bad politician, the least honest and most incompetent candidate in the country. I am also intelligent, more intelligent than the other politicians. I make long, brilliant speeches and have interesting ideas. You probably want to know why the most qualified candidate in France is in this dirty prison. Dubois says that I took a big bribe. But here's the truth: a dear friend gave me a small gift. I'm far more innocent than Dubois!

B. Comparons les étudiants de la classe de français ! Répondez par une phrase complète.

1. Qui est le plus (le moins) timide ?
2. Qui est le plus original ?
3. Qui est le plus (le moins) grand ?
4. Qui est le plus (le moins) bavard ?
5. Qui est le plus jeune (le plus âgé) ?
6. Qui a les cheveux les plus longs (les plus courts) ?
7. Qui est le plus (le moins) énergique ?
8. Qui est le plus (le moins) idiot ?

bon and *mauvais*

Certain forms of the adjectives **bon** and **mauvais** are irregular.

	Comparative	**Superlative**
	meilleur	le meilleur
bon	moins bon	le moins bon
	aussi bon	

	Comparative	Superlative
mauvais	plus mauvais, pire[1] moins mauvais aussi mauvais	le plus mauvais, le pire le moins mauvais

Luigi est le meilleur secrétaire du bureau.
Luigi is the best secretary in the office.

C'est la plus mauvaise femme d'affaires du monde !
She's the worst businesswoman in the world!

bien and *mal*

Certain forms of the adverbs **bien** and **mal** are irregular as well.

	Comparative	Superlative
bien	mieux moins bien aussi bien	le mieux le moins bien
mal	plus mal, pis[2] moins mal aussi mal	le plus mal, le pis le moins mal

Barbara travaille le mieux.
Barbara works the best.

Vous mentez aussi mal que moi !
You lie as badly as I do!

EXERCICES

A. Traduisez les mots entre parenthèses en français, puis jouez le dialogue.

A: Je suis ____________ *(the best) !*
B: Non ! C'est moi qui suis ____________ *(the best) !*
A: Je suis ____________ *(better)* que toi !
B: Non, moi je suis ____________ *(better)* que toi !
A: Je chante ____________ *(better)* que toi !
B: Mais je danse ____________ *(better)* que toi !
A: Hypocrite !
B: Menteur ! (Menteuse !)

B. Complétez avec le nom d'une personne de votre choix.

1. Je chante moins bien que...
2. Je parle français mieux que...
3. ... danse mieux que moi.
4. Je joue au basket-ball moins bien que...
5. ... joue de la guitare mieux que moi.

[1] **Pire** and **plus mauvais** are used virtually interchangeably.
[2] **Plus mal** is used much more often than **pis.**

Le jour des élections

C. Répondez en employant le superlatif des adverbes **bien** ou **mal,** ou la forme correcte du superlatif des adjectifs **bon** ou **mauvais,** selon le modèle.

MODELE Que font les meilleurs danseurs ?
Ils dansent le mieux.

Qui chante le plus mal ?
Les plus mauvais chanteurs.

1. Que font les meilleurs travailleurs ?
2. Qui écrit le mieux ?
3. Qui étudie le plus mal ?
4. Que font les meilleurs vendeurs ?
5. Que font les plus mauvais chanteurs ?
6. Que font les meilleurs parleurs ?
7. Qui pense le mieux ?
8. Que font les plus mauvais danseurs ?
9. Que font les meilleurs menteurs ?
10. Qui raconte le plus mal ?

Exercices d'ensemble

I. Le texte suivant résume l'intrigue *(plot)* de *Candide*, un conte philosophique très célèbre de Voltaire (1694–1778).

Faites l'accord, si nécessaire, des **adjectifs** entre parenthèses.

Candide, le personnage ____________[1] (principal), est un ____________[2] (jeune) homme ____________[3] (naïf, courageux et sympathique). Il habite dans le château d'un baron ____________[4] (allemand). ____________[5] (Honnête et ignorant), il croit aux préceptes de son maître Pangloss, un philosophe « optimiste » qui croit que tout est bien dans le monde. Cunégonde, la fille du baron, est __________[6] (doux, frais et gras). Trouvant qu'elle a l'air __________[7] (séduisant), Candide tombe __________[8] (amoureux) d'elle. Le baron n'apprécie pas les activités __________[9] (amoureux) de Candide et de Cunégonde et, __________[10] (fâché), il chasse Candide du château.

Rejeté de ce paradis __________[11] (terrestre), Candide fait des voyages et est témoin de __________[12] (nombreux) désastres __________[13] (naturel) et d'injustices __________[14] (humain)—une guerre, une tempête, un tremblement de terre, des exécutions, des viols, des meurtres, etc. Il est si scandalisé qu'il commence à mettre en doute « l'optimisme » de Pangloss. Ses doutes s'intensifient quand il fait la connaissance du __________[15] (vieux) savant Martin pendant un de ses voyages. Bien plus __________[16] (pessimiste) que Pangloss, Martin affirme que les hommes sont __________[17] (rusé, méchant, menteur et lâche). Mais son plus grand malheur arrive lorsque Candide retrouve sa __________[18] (cher) Cunégonde. Elle n'a plus l'air __________[19] (joli et gentil); elle est devenue __________[20] (laid et désagréable) ! Le pauvre Candide est __________[21] (angoissé).

A la fin du conte, Candide décide de rejeter les idées __________[22] (faux et extrême) de Pangloss et de Martin. A la place, il trouve sa __________[23] (propre) solution __________[24] (pratique et réaliste) : il faut mener une vie __________[25] (utile) avec les autres sans penser aux __________[26] (vain) questions __________[27] (moral et métaphysique). Ces questions sont __________[28] (insoluble). « Il faut cultiver notre jardin » est la conclusion __________[29] (final) de Candide.

II. Trouvez les **antonymes** des mots de la liste 1 dans la liste 2 et mettez chaque antonyme au féminin.

1	**2**
bon	furieux
brillant	beau
content	travailleur
idéaliste	courageux
paresseux	bête
libéral	hypocrite
compétent	incompétent
lâche	conservateur
laid	mauvais
objectif	pessimiste
optimiste	renvoyé
engagé	réaliste
sincère	subjectif
calme	triste

III. Traduisez en français.

1. Why does he always vote for the worst candidates?
2. He probably accepted the job.
3. All men are morally responsible for *(responsable de)* their actions.
4. In my opinion, that advertisement is stupid!
5. Richard is working better today.
6. Are all civil servants qualified?

7. His opponent spoke clearly.
8. She really thinks that the director will give her a raise!
9. Did the senator speak more or less reasonably than the president?
10. Dubois is a better candidate than Duchamp.
11. Who has the best office, Marie or you?
12. She's braver than he.
13. He is probably going to work part-time.

L'Economie de la France

Until quite recently, the French were not particularly known for their faith in the business world. The Socialists, in the years prior to their administration, reflected the prevailing sentiment of the country rather accurately when they spoke of working men and women being "sacrificed to profit." The French were never the greatest proponents of *laissez faire*, preferring to rely on government control rather than private initiative. For the longest time, the term "profit" bore essentially pejorative connotations in the minds of many.

When the Socialists took office in 1981, large sectors of the French economy were nationalized. In order to prevent social unrest at a time when unemployment was soaring, the process of nationalization allowed the retention of antiquated industries such as coal mining. These proved to be a burden on the economy. Moreover, large-scale nationalization did not solve the unemployment problem. A mere two years after taking office, the Socialist administration adopted a complete change of attitude.

The widespread economic crisis of the eighties broadened the French perspective, revealing the need for a global market economy, thus highlighting the vital role played by business in creating employment and increased earnings. The people soon learned to get along with business. The Mitterrand administration, switching gradually from what critics had labeled an antibusiness bias, in fact took to extolling the virtues of hard work, entrepreneurship and productivity found in the private sector. Government intervention gave way to individual, decentralized decision-making. The Chirac administration, elected in 1995, is continuing this trend.

During the latter part of the eighties, the French industrial system was completely done over and modernized. According to figures published by the Organization of Economic Cooperation and Development (OECD) in 1990, France's gross national product (GNP), that is, the value of the total wealth produced by the country, put it in fifth position in the world, after the United States, Japan, Germany, and the former Soviet Union. Its GNP per capita—$14,500—placed it slightly ahead of Great Britain ($14,000) but below Japan ($15,500).

France accounted for 6% of the world's trade in goods in 1990, making it the world's fourth largest exporter (after the United States, Japan, and Germany), and the fifth largest importer (after the United States, Japan, Germany, and Great Britain).

The country was prominent in a number of economic sectors. With more than half of its territory devoted to agriculture, it was the main agricultural producer in Europe and the third largest in the world, with cereals, livestock, fruits and vegetables, and wine as the largest income producers. It placed third in the world in the aerospace industry (the European Airbus is assembled in Toulouse), fourth in the production of automobiles (Peugeot-Citroën and Renault are its two leading companies), and fifth in the electronics and computer industry.

A new breed of managers dedicated to innovative methods and techniques has emerged, ensuring the success of their firms and meeting the challenges of international competition. Creating their own business has become the dream of thousands of men and women. Young people in their twenties show a keen sense of entrepreneurship and business savvy, whereas only a few years ago they would have characterized businesspeople as being interested only in profits. It is significant that a man like Bernard Tapie, who made a fortune by creating new firms or buying old ones on the verge of bankruptcy, had for a while the status of a national hero. In fact, it can be said that the people who are earning great wealth—whether they be industrialists, artists, or athletes—are the ones who are looked up to more and more in today's French society. The younger generation admires such people, envies them, and is fascinated by their success.

Orientation

Un(e) de vos ami(e)s est à la recherche de son premier emploi. Il (Elle) a une bonne formation universitaire mais n'a pas d'expérience professionnelle. Quels conseils allez-vous lui donner? Choisissez dans la liste suivante ceux qui vous semblent les plus utiles et dites pourquoi.

1. Lis les petites annonces *(classified ads)* dans les journaux tous les jours.
2. Prends rendez-vous avec plusieurs personnes qui exercent des métiers qui t'intéressent et demande-leur de t'expliquer ce qu'elles font.
3. Ecris ton c.v. *(resume)* avec soin.
4. Envoie ton c.v. et une lettre de motivation *(cover letter)* à toutes les entreprises qui te semblent intéressantes.
5. Crée ta propre entreprise.
6. Passe des tests pour découvrir tes compétences *(skills)*.
7. Inscris-toi à une agence d'intérim *(temporary employment agency)* pour obtenir une expérience professionnelle.
8. Essaie de faire un stage *(internship)*, payé ou non, dans une entreprise qui te plaît.
9. Utilise le piston *(pull strings)*.

Chef d'entreprise° à vingt ans

« Les études m'avaient semblé trop théoriques » nous dit Thomas, diplômé de Sciences-Po[1]. « Du concret, je voulais du concret. Faire des choses tangibles, réelles. Et surtout être mon propre patron°. Je ne supportais° pas l'idée d'obéir; je suis trop indépendant pour cela. » Tous les jeunes chefs d'entreprise justifient leur décision avec les mêmes arguments.

...Dure, dure est la vie de ces jeunes patrons. Ils travaillent entre dix et quatorze heures par jour, sept jours sur sept, et ne prennent jamais de vacances. Ils semblent heureux pourtant : « Les gens de notre âge ont une vie plate° et unie° », explique l'un d'entre eux. « Nous, nous vivons

le chef d'entreprise entrepreneur / **le patron** = *le chef* / **supportais** = *tolérais* / **plat** = *ennuyeux* / **uni** = *uniforme*

[1]Sciences-Po = L'Institut des Sciences Politiques : établissement d'enseignement supérieur qui prépare surtout aux professions dans l'administration

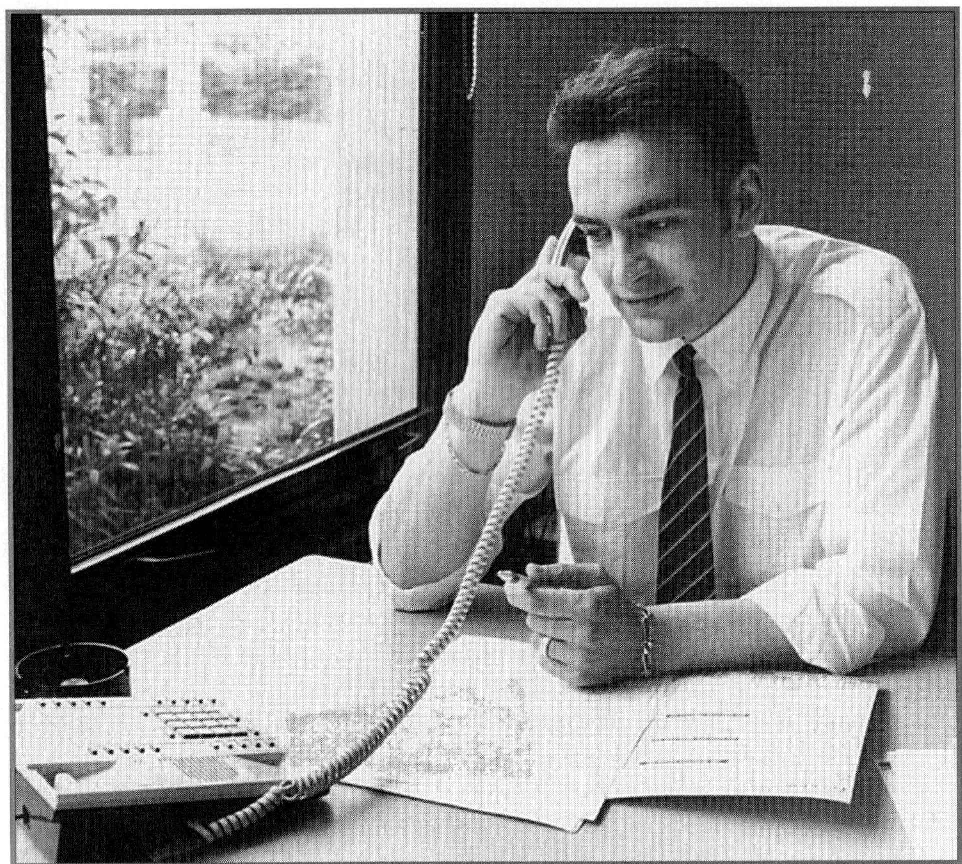

Un jeune entrepreneur

pleinement, à 100 à l'heure°, en risquant tout tous les jours. Ce stress, cette vie intense, riche d'émotions, j'en ai besoin. »

Ils sont de plus en plus nombreux à choisir cette voie°. En 1981, on comptait 150 000 immatriculations° d'entreprises nouvelles en France. En 1986, 210 000 dont 40 000 créées par des jeunes de dix-huit à vingt-cinq ans. L'image de l'entreprise s'est considérablement améliorée : 3 millions de personnes, soit 12% de la population active°, déclarent avoir un projet d'entreprise. Parmi ceux-ci, un quart ont moins de vingt-cinq ans et 40% sont des femmes. Il est vrai que l'investissement financier de départ est à la portée de° davantage de bourses°. Le capital-plancher° légal d'une création d'entreprise en SARL° est de 50 000 francs : une somme que l'on peut trouver, même à vingt ans, et un risque limité.

A la base de toute création d'entreprise, on trouve une passion et le goût du jeu. Le chef d'entreprise fait souvent de son hobby son métier. Christophe, à vingt ans, est créateur de l'agence Microgolf, une société chargée de concevoir et de réaliser des parcours de golf°. Il raconte : « Alors que j'étais encore tout gamin°, mon père m'emmenait jouer au golf le week-end. Il adorait

100 à l'heure = *100 km à l'heure, très vite* / **la voie** way, road / **l'immatriculation** *f* registration / **active** = *qui travaille* / **est à la portée de** = *est accessible à* / **davantage de bourses** more pocketbooks / **le capital-plancher** = *le capital minimal* / **la SARL** = *la Société à responsabilité limitée* / **le parcours de golf** golf course / **le gamin** = *l'enfant* ça et, dès onze ans, le virus m'a saisi°. J'ai toujours voulu faire coïncider ma vie professionnelle et ma passion. Lorsque, avec une amie d'école, nous avons décidé de monter° notre entreprise, il ne pouvait être question° de faire autre chose que du golf. »

Quant à Julien, vingt ans, qui vient de monter, avec des amis plus âgés, dont° son ancien professeur de mathématiques, une société de logiciels°, Hyphéa Informatique, il travaille dans l'informatique° depuis 1981 : il avait alors quatorze ans. « Plus qu'un hobby, l'informatique a toujours été ma passion, je ne m'imagine pas faire autre chose que cela. »

L'enthousiasme n'est pas le seul facteur déclenchant°. Une autre motivation importante est de « faire un truc° avec les copains ». Les jeunes créateurs sont rarement des solitaires; ils se lancent en général à deux ou à trois. François, vingt-six ans, un des trois associés de Play Bac, une nouvelle entreprise de jeux de société°, explique : « Jerôme et moi avions des activités sportives communes, tennis, course°, natation°. C'est en nous entraînant° pour un marathon et en parlant du succès mondial du jeu *Trivial Pursuit* que l'idée nous est venue de l'imiter. Nous nous sommes réunis en secret tous les jeudis soirs pendant quinze mois pour mettre le jeu au point°. Personne ne connaissait nos projets. Ni nos parents, ni nos amies : nous nous sentions l'âme de conspirateurs°, c'était sympa°. Le fond de l'affaire°, c'est que c'est super° de bosser° avec des copains, de réaliser des choses ensemble ».

« Une association entre amis », voilà comment Sophie, vingt-trois ans, cofondatrice° de Café Couette° qualifie sa jeune société de location° de chambres chez l'habitant°, à la manière des *Bed and Breakfast* britanniques. « Seule, je n'y serais jamais parvenue°. Il faut être au moins deux; d'abord, ça évite le découragement, la tentation de laisser tomber°. Et puis, nous nous complétons : l'une est pleine d'idées mais pas très rigoureuse, l'autre est réaliste et réfléchi°. »

Et puis, comme le dit Alexandre : « Quand on n'a pas fait d'études°, il n'y a pas trente-six moyens° pour réussir dans la vie. Il faut fonder sa propre « boîte° ». Mais quelle satisfaction de gagner, quand les professeurs vous ont répété toute votre enfance que vous étiez nul et archinul° et que vous ne feriez jamais rien dans l'existence. »

Les diplômés des grandes écoles sont rares parmi les jeunes créateurs d'entreprise. Dans leurs modes de pensée, il reste plus valorisant° de s'intégrer à° une très grosse entreprise avec l'espoir d'y faire une carrière brillante. De plus, les exigences financières° des élèves des grandes écoles ne s'accommodent guère° des salaires de début, souvent dérisoires°, que s'octroient° les jeunes PDG° qui sacrifient tout à la « boîte ». « Pendant un an ou deux, être payé au SMIC°, merci, très peu pour moi », nous dit un jeune centralien°.

le virus m'a saisi the virus (or bug) got me / **monter** = *ici, créer* / **il ne pouvait être question** it couldn't be a question / **dont** including / **le logiciel** software / **l'informatique** *f* computer science / **déclenchant** = *déterminant* / **faire un truc** (*fam*) = *faire quelque chose* / **le jeu de société** parlor game / **la course** running / **la natation** swimming / **s'entraîner** to train / **mettre au point** = *perfectionner* / **nous nous sentions l'âme de conspirateurs** = *nous avions l'impression d'être des conspirateurs* / **sympa** (*fam*) = *sympathique* / **le fond de l'affaire** fundamentally / **super** (*fam*) = *formidable* / **bosser** (*fam*) = *travailler* / **la cofondatrice** cofounder / **la couette** quilt / **la location** rental / **chez l'habitant** in private homes / **je n'y serais jamais parvenue** = *I never would have succeeded* / **laisser tomber** = *abandonner l'entreprise* / **réfléchi** logical / **on n'a pas fait d'études** = *on n'est pas allé à l'université* / **trente-six moyens** = *d'autre façon* / **la boîte** (*fam*) = *entreprise, société* / **nul et archinul** = *mauvais et très mauvais* / **il reste plus valorisant** = *c'est mieux de* / **s'intégrer à** = *faire partie de* / **les exigences financières** financial demands / **ne s'accommodent guère de** are not at all satisfied / **dérisoires** = *insignifiants* / **s'octroyer** = *se donner* / **le PDG** = *le Président-Directeur Général* (Chief Executive Officer) / **le SMIC** = *le salaire minimum interprofessionnel de croissance* (minimum wage) / **le centralien** = *ancien élève de l'Ecole Centrale (une des grandes écoles d'ingénieurs)*

Pourtant, selon les sondages, plus du tiers des étudiants voudraient créer leur entreprise. Les valeurs libérales à la mode—indépendance, individualisme, responsabilité—ont gagné le monde estudiantin°. Fini l'entreprise comme symbole de la lutte des classes : celle-ci est devenue le lieu° privilégié de la réussite° et de la création. La crise de l'emploi n'y est pas étrangère° : quel meilleur moyen de trouver un « bon job » que de le fabriquer soi-même.

Liliane Delwasse, *Le Monde de l'Education*

Qu'en pensez-vous ?

Etes-vous d'accord ou non avec les déclarations suivantes ? Justifiez votre réponse.

1. Les jeunes chefs d'entreprise comme Thomas se sont lancés dans les affaires parce qu'ils voulaient être leur propre patron.
2. Ces jeunes patrons se disent satisfaits de la vie intense et stressante qu'ils mènent.
3. Peu de femmes deviennent chefs d'entreprise.
4. Les nouveaux patrons sont en général des hommes près de l'âge de la retraite.
5. Pour créer une entreprise, il faut un capital-plancher important que l'on peut rarement obtenir à vingt ans.
6. Certains chefs d'entreprise réussissent à faire coïncider leur vie professionnelle et leur passion.
7. Julien s'intéresse à l'informatique depuis quatorze ans.
8. Les jeunes créateurs sont souvent des solitaires asociaux.
9. François a mis au point son premier jeu de société en collaborant secrètement et joyeusement avec des copains.
10. Café Couette est la version française des *Bed and Breakfast* anglais.
11. Sophie pense que, quand on se lance dans les affaires, il faut être au moins deux pour se soutenir moralement et élargir ses propres compétences.
12. Fonder sa propre boîte, c'est la seule solution pour réussir dans la vie quand on n'a pas fait d'études.
13. Les créateurs d'entreprise ont été, en général, d'excellents élèves, encouragés par leurs professeurs.
14. Les diplômés des grandes écoles sont rares parmi les jeunes créateurs d'entreprise.
15. D'une certaine façon, la crise de l'emploi favorise la création d'entreprise.

Vocabulaire satellite

le **monde des affaires** business world
se **lancer dans les affaires** to go into business
la **PME** small and medium-sized firm
la **PMI** small and medium-sized industry
l' **industriel** *m* industrialist
la **gestion des affaires** business administration, management

estudiantin = *des étudiants* / **le lieu** = *l'endroit* / **la réussite** = *le succès* / **n'y est pas étrangère** is not unrelated

Jeune PMI en pleine expansion
spécialisée en TÉLÉPHONIE° PRIVÉE
recherche

JEUNE COLLABORATEUR commercial (H ou F)

La personne retenue aura une grande autonomie. Basée dans l'une des capitales régionales de l'Est de la France, elle aura pour secteur Nord-Pas-de-Calais, Alsace. Formation technique Bac + 2 souhaitée. Une première expérience de deux à trois ans ainsi qu'une certaine aisance dans les contacts de haut niveau seront déterminantes. Envoyer CV et photo sous réf. 11/608 à

L'EXPRESS 14, rue Pergolèse
75116 Paris

qui transmettra

recrute son

DIRECTEUR COMMERCIAL

- Formation type ESSEC / Sup. de Co.° ou poste similaire réussi.
- Expérience positive de 5 ans minimum en Grande Distribution, Centrales et G.M.S.

Fonction : responsabilité totale du marketing de la vente et de l'équipe commerciale.

Poste basé à Paris.

Rémunération très motivante avec participation aux résultats.

Adresser dossier de candidature à : Claude LEGER
Service du Personnel 32, rue Saint-Hélier 35000 Rennes

la téléphonie telephone company / **les plats** *m* **cuisinés allégés** prepared diet / **ESSEC/Sup. de Co.** *grandes écoles de commerce*

l' **esprit** *m* **d'entreprise** entrepreneurship
faire un stage to do an internship
la **concurrence** competition
lancer un nouveau produit to launch a new product
se **recycler** to retrain oneself
les **petites annonces** classified advertisements
le **curriculum vitae (c.v.)** resume
la **lettre de motivation** cover letter
poser sa candidature to apply for a job
l' **entretien** *m* **d'embauche** job interview
être embauché to be hired
une **agence d'interim** temporary employment agency
faire faillite to go bankrupt
être licencié to be laid off

Pratique de la langue

1. Vous voulez créer votre propre entreprise avec des copains. Dans quels secteurs vous orienterez-vous (les services, la communication, etc.) ? Quel type de produit ou de service voulez-vous lancer sur le marché ? Pourquoi ? Quel public voulez-vous toucher ? Comment allez-vous organiser votre société ? Travaillez en groupe et présentez votre projet à la classe.
2. L'entreprise que vous venez de créer marche bien et vous avez besoin de recruter du personnel.
   a. Etablissez le profil des personnes que vous recherchez et élaborez des annonces d'offres d'emploi sur le modèle ci-dessus.
   b. Interviewez les candidat(e)s que vous avez sélectionné(e)s.
3. Pensez-vous que l'argent tient une trop grande place dans notre société ?

Montesquieu

Charles-Louis de Secondat, baron de la Brède et de Montesquieu (1689–1755), is well known to students of literature as the author of *Les Lettres persanes* (1721), a masterpiece of social, political, and religious satire. In his inimitable witty manner, the author takes a penetrating look at the French society of his day—a venture that involved certain risks for the writer. The autocratic reign of Louis XIV (1661–1715), with its strong emphasis on censorship, had just ended, and the French did not yet dare to criticize their institutions openly. Wisely, Montesquieu had his book published anonymously in Amsterdam. For added protection—and in an effort, no doubt, to make his work more entertaining—he devised the central scheme of two traveling Persians, Usbek and Rica, who spend some eight years in France and communicate their fresh oriental impressions to the folks at home by means of informative letters. Ostensibly, the author could in no way be held responsible for the critical views of these foreigners. Furthermore, Montesquieu had the letters discuss mundane squabbles in the harem, which, in the absence of Usbek and Rica, had been left in charge of the head eunuch. This was another shield for the author: how could anyone take seriously any matter treated in such a frivolous book?

Among students of political science, Montesquieu's reputation rests on his authorship of *L'Esprit des lois* (1748). This work, the culmination of twenty years of research and writing, established its author as one of the most original thinkers of his age and as an advocate of social reform. It was to guarantee individual rights and liberties that Montesquieu, the first of the great *philosophes*, determined to study the nature of law. In the process he developed several important theories: he was, for instance, the first to stress the effect of climate on people, and the need to adjust laws accordingly. His philosophy of the separation of powers in government influenced to no small degree the framing of the American Constitution.

In *L'Esprit des lois* Montesquieu studied various forms of government and the basic principle on which each rested. He pointed out how, in a despotic state, the despot follows his own whims and governs without laws or hindrances of any sort. In a monarchy one person—the monarch—rules, but his actions are controlled by a set of laws. In the republic, on the other hand, sovereign power resides with the people, and the stability and excellence of this form of government depend on the virtue of the citizens.

Une gravure de Montesquieu

Several of Montesquieu's political theories, elaborated in *L'Esprit des lois*, were foreshadowed in his earlier work, *Les Lettres persanes*. In the following two excerpts from *Les Lettres persanes*, Montesquieu develops the political allegory of the Troglodytes, a mythical people who experimented with various forms of government and ultimately chose to establish a republic. The author chronicles the development of the Troglodytes and how they became aware of the need to rely on their own moral goodness.

Orientation: Expressing Ideas through Stories

The eighteenth century in France was the age of the *philosophes*. Writers in this Age of Enlightenment sought to educate their readers by encouraging the discussion of ideas. They raised all of the important issues of the day in an effort to provoke thought and improve society's lot through the use of reason. They believed in necessary change and progress, and their literature was practical in nature, devoted to the elaboration of great concepts. Such writings could, in theory, suffer from a major drawback: they could dwell in the realm of the theoretical and thus not make very inspiring and interesting reading. An able author, however, could capture the imagination and mind of the reader by expressing ideas in narrative form, by telling a good story to illustrate a specific thesis.

In the following passage, Montesquieu is trying to show how a republican form of government relies on the morality of its citizens. To give his abstract concepts a concrete application, Montesquieu uses the example of the Troglodytes, a people whose evolution he traces from their basically evil beginnings to an experientially acquired maturity.

Le Malheur des Troglodytes°

Il y avait en Arabie un petit peuple appelé Troglodyte, qui descendait de ces anciens Troglodytes qui, si nous en croyons les historiens, ressemblaient plus à des bêtes qu'à des hommes. Ceux-ci n'étaient point si contrefaits° : ils n'étaient point velus° comme des ours°; ils ne sifflaient° point; ils avaient deux yeux; mais ils étaient si méchants° et si féroces qu'il n'y avait parmi eux aucun principe d'équité ni de justice.

Ils avaient un roi d'une origine étrangère, qui, voulant corriger° la méchanceté° de leur naturel°, les traitait sévèrement. Mais ils conjurèrent° contre lui, le tuèrent et exterminèrent toute la famille royale.

Le coup° étant fait, ils s'assemblèrent pour choisir un gouvernement, et, après bien des° dissensions, ils créèrent des magistrats. Mais, à peine° les eurent-ils élus° qu'ils leur devinrent° insupportables, et ils les massacrèrent encore.

Ce peuple, libre de ce nouveau joug°, ne consulta plus que° son naturel sauvage°; tous les particuliers° convinrent° qu'ils n'obéiraient plus à personne; que chacun veillerait° uniquement à ses intérêts, sans consulter ceux des autres.

Cette résolution unanime flattait° extrêmement tous les particuliers. Ils disaient : « Qu'ai-je affaire° d'aller me tuer à travailler pour des gens dont je ne me soucie° point ? Je penserai uniquement à moi; je vivrai heureux. Que m'importe° que les autres le° soient ? Je me procurerai tous mes besoins, et, pourvu que° je les aie, je ne me soucie point que tous les autres Troglodytes soient misérables.... »

Un des principaux habitants avait une femme fort° belle; son voisin en devint amoureux et l'enleva°. Il s'émut° une grande querelle, et, après bien des injures° et des coups°, ils convinrent de s'en remettre à° la décision d'un Troglodyte qui, pendant que la République subsistait, avait eu quelque crédit°. Ils allèrent à lui et voulurent lui dire leurs raisons. « Que m'importe, dit cet homme, que cette femme soit à vous ou à vous ? J'ai mon champ à labourer°; je n'irai peut-être pas employer mon temps à terminer vos différends° et travailler à vos affaires, tandis que° je négligerai les miennes. Je vous prie de me laisser en repos et de ne m'importuner plus de vos querelles. » Là-dessus° il les quitta et s'en alla travailler sa terre. Le ravisseur°, qui était le plus fort, jura° qu'il mourrait plutôt que° de rendre° cette femme, et l'autre, pénétré de l'injustice de son voisin et de la dureté° du juge, s'en retournait désespéré, lorsqu'il trouva dans son chemin une femme jeune et belle, qui revenait de la fontaine. Il n'avait plus de femme; celle-là lui plut°, et elle lui plut bien

Troglodyte cave dweller / **contrefait** deformed / **velu** hairy / **l'ours** *m* bear / **siffler** to hiss, to whistle / **méchant** = *enclin à faire du mal aux autres* / **corriger** to correct / **la méchanceté** = *la tendance à faire le mal* / **le naturel** = *le caractère* / **conjurer** to conspire / **le coup** deed / **bien des** = *beaucoup de* / **à peine** scarcely / **eurent-ils élus** = *avaient-ils élus* / **devinrent** = *devenir (passé simple)* / **le joug** yoke, bondage / **ne consulta plus que** was now guided only by / **sauvage** wild, unsociable / **le particulier** = *l'individu* / **convinrent** (**convenir,** *passé simple*) agreed / **veiller à** to watch over / **flatter** = *plaire à* / **Qu'ai-je affaire** What business do I have / **se soucier de** to care about / **Que m'importe** What do I care / **le** = *heureux* / **pourvu que** provided that / **fort** = *très* / **enlever** to carry off / **il s'émut** (**s'émouvoir,** *passé simple*) there arose / **l'injure** *f* = *l'insulte* / **le coup** blow / **s'en remettre à** to rely on / **avoir crédit** = *inspirer de la confiance* / **labourer** = *cultiver* / **le différend** difference of opinion, disagreement / **tandis que** = *pendant que* / **là-dessus** thereupon / **le ravisseur** ravisher, kidnapper / **jurer** to swear / **plutôt que** rather than / **rendre** to give back / **la dureté** = *la sévérité, la rigueur* / **plut** = *plaire (passé simple)* davantage° lorsqu'il apprit que c'était la femme de celui qu'il avait voulu prendre pour juge, et qui avait été si peu sensible° à son malheur. Il l'enleva et l'emmena dans sa maison...

Cependant° une maladie cruelle ravageait la contrée. Un médecin habile y arriva du pays voisin et donna ses remèdes si à propos° qu'il guérit° tous ceux qui se mirent° dans ses mains. Quand la maladie eut cessé°, il alla chez tous ceux qu'il avait traités demander son salaire; mais il ne trouva que des refus. Il retourna dans son pays, et il y arriva accablé° des fatigues d'un si long voyage. Mais bientôt après il apprit que la même maladie se faisait sentir de nouveau et affligeait° plus que jamais cette terre ingrate°. Ils allèrent à lui cette fois et n'attendirent pas qu'il vînt° chez eux. « Allez, leur dit-il, hommes injustes ! Vous avez dans l'âme un poison plus mortel que celui dont vous voulez guérir; vous ne méritez pas d'occuper une place sur la Terre, parce que vous n'avez point d'humanité, et que les règles de l'équité vous sont inconnues. Je croirais offenser les Dieux, qui vous punissent, si je m'opposais à la justice de leur colère°. »

Qu'en pensez vous ?

Etes-vous d'accord ou non avec les déclarations suivantes ? Justifiez votre réponse.

1. Les Troglodytes modernes sont pareils aux anciens Troglodytes.
2. Ils sont gouvernés d'abord par un roi.
3. Ils se décident à n'accepter aucune autorité.
4. Au début, tout le monde vit chacun pour soi.
5. Chacun respecte les biens de son voisin.
6. Les deux habitants sont allés trouver un juge très honorable pour régler leur dispute.
7. Le juge a été bien récompensé de sa sagesse.
8. Le médecin qui a guéri les Troglodytes est devenu riche.
9. Les Troglodytes ont été obligés de retourner chez le médecin.
10. Le médecin croit que les Troglodytes ont une maladie beaucoup plus grave que le mal physique qui les afflige.

Orientation: Contrast of Ideas

Ideas are not static entities. They evolve and go through progressive changes as they are tested. In the first selection, Montesquieu illustrated how the Troglodytes learned a negative lesson through experience, viz., that self-interest did not work as the fundamental principle for their society. Now, in a more positive vein, the Troglodytes must slowly discover which truth can effectively form the basis of their daily living. Growing out of a tiny nucleus of two families, public interest will uproot the selfishness of the previous generation and become the absolute rule of conduct that will inform all decisions.

But, even when the situation appears to have developed ideally, nothing stands still. In theory, all is well and could not be better. Virtue seems to have been confirmed as the solid principle on which the government of the Troglodytes will rest. In practice, however, the demands of virtuous living begin to weigh on the Troglodytes, leading them to seek an adjustment in their form of

bien davantage much more / **peu sensible** insensitive / **Cependant** meanwhile / **à propos** judiciously / **guérir** to cure / **mirent** = *mettre (passé simple)* / **eut cessé** = *avait cessé* / **accablé** overburdened / **affliger** to afflict / **ingrat** worthless / **vînt** = *venir (imparfait du subjonctif)* / **la colère** anger

Une famille où règne le bonheur

government. They call upon a wise old man in their midst to assume a position of authority over them. In an admirable final discourse, the sage penetrates the intent of the Troglodytes and points out to them that solutions that are perfect in theory are not automatically applicable in real life. No solution is that simple. Virtue too has its complexities and must be constantly worked at. Thus, the discussion of ideas necessarily goes on!

Le Bonheur des Troglodytes

De tant de familles, il n'en resta que deux° qui échappèrent aux° malheurs de la Nation. Il y avait dans ce pays deux hommes bien singuliers: ils avaient de l'humanité; ils connaissaient la justice; ils aimaient la vertu. Autant liés° par la droiture° de leur cœur que par la corruption de celui des autres, ils voyaient la désolation générale et ne la ressentaient° que par la pitié; c'était le motif° d'une union nouvelle. Ils travaillaient avec une sollicitude commune pour l'intérêt commun; ils n'avaient de différends que° ceux qu'une douce et tendre amitié faisait naître°; et, dans l'endroit du pays le plus écarté°, séparés de leurs compatriotes indignes° de leur présence, ils menaient° une vie heureuse et tranquille. La terre semblait produire d'elle-même, cultivée par ces vertueuses mains.

Ils aimaient leurs femmes, et ils en étaient tendrement chéris°. Toute leur attention était d'élever° leurs enfants à la vertu. Ils leur représentaient° sans cesse les malheurs de leurs compatriotes

il n'en resta que deux there remained but two / **échapper à** to escape, to avoid / **autant liés** linked as much / **la droiture** integrity / **ressentir** to feel / **le motif** motive / **ils n'avaient de différends que** their only disagreements were / **faire naître** = *créer, produire* / **écarté** remote / **indigne** unworthy / **mener** to lead / **chéri** = *beaucoup aimé* / **élever** to raise, to train / **représenter** = *montrer* et leur mettaient devant les yeux cet exemple si triste; ils leur faisaient surtout sentir que l'intérêt des particuliers se trouve toujours dans l'intérêt commun; que vouloir s'en séparer, c'est vouloir se perdre; que la vertu n'est point une chose qui doive nous coûter°; qu'il ne faut point la regarder comme un exercice pénible°; et que la justice pour autrui° est une charité pour nous.

Ils eurent° bientôt la consolation des pères vertueux, qui est d'avoir des enfants qui leur ressemblent. Le jeune peuple qui s'éleva° sous leurs yeux s'accrut° par d'heureux mariages : le nombre augmenta; l'union fut toujours la même, et la vertu, bien loin de s'affaiblir° dans la multitude, fut fortifiée, au contraire, par un plus grand nombre d'exemples...

Je ne saurais° assez te parler de la vertu des Troglodytes. Un d'eux disait un jour : « Mon père doit demain labourer son champ°; je me lèverai deux heures avant lui, et, quand il ira à son champ, il le trouvera tout labouré. »

Un autre disait en lui-même : « Il me semble que ma sœur a du goût° pour un jeune Troglodyte de nos parents°; il faut que je parle à mon père, et que je le détermine à faire ce mariage... »

Ou bien : « Il y a un champ qui touche celui de mon père, et ceux qui le cultivent sont tous les jours exposés aux ardeurs° du Soleil; il faut que j'aille y planter deux arbres, afin que ces pauvres gens puissent aller quelquefois se reposer sous leur ombre°... »

Comme le Peuple grossissait° tous les jours, les Troglodytes crurent° qu'il était à propos de se choisir un roi. Ils convinrent qu'il fallait déférer° la couronne° à celui qui était le plus juste, et ils jetèrent tous les yeux° sur un vieillard vénérable par son âge et par une longue vertu. Il n'avait pas voulu se trouver à cette assemblée; il s'était retiré dans sa maison, le cœur serré de tristesse°.

Lorsqu'on lui envoya les députés pour lui apprendre le choix qu'on avait fait de lui : « A Dieu ne plaise°, dit-il, que je fasse ce tort° aux Troglodytes, que l'on puisse croire qu'il n'y a personne parmi eux de plus juste que moi ! Vous me déférez la couronne, et, si vous le voulez absolument, il faudra bien que je la prenne. Mais comptez que je mourrai de douleur d'avoir vu en naissant les Troglodytes libres et de les voir aujourd'hui assujettis°. » A ces mots, il se mit à° répandre un torrent de larmes°. « Malheureux jour ! disait-il; et pourquoi ai-je tant vécu° ? » Puis il s'écria° d'une voix sévère : « Je vois bien ce que c'est, ô Troglodytes ! votre vertu commence à vous peser°. Dans l'état où vous êtes, n'ayant point de chef, il faut que vous soyez vertueux malgré vous : sans cela vous ne sauriez subsister, et vous tomberiez dans le malheur de vos premiers pères. Mais ce joug° paraît trop dur; vous aimez mieux être soumis° à un prince et obéir à ses lois, moins rigides que vos mœurs°. Vous savez que, pour lors°, vous pourrez contenter votre ambition, acquérir des richesses et languir° dans une lâche° volupté, et que, pourvu que vous évitiez° de tomber dans les grands crimes, vous n'aurez pas besoin de la vertu. » Il s'arrêta un moment, et ses larmes coulèrent° plus que jamais. « Et que prétendez°-vous que je fasse ? Comment se peut-il que je commande quelque chose à un Troglodyte ? Voulez-vous qu'il fasse une action vertueuse parce que je

coûter = *être difficile* / **pénible** painful / **autrui** = *les autres* / **eurent** = *avoir (passé simple)* / **s'élever** to rise / **s'accroître** = *devenir plus nombreux, augmenter* / **s'affaiblir** = *devenir faible* / **je ne saurais** = *je ne pourrais pas* / **labourer son champ** to plough his field / **le goût** liking / **de nos parents** of our kin / **l'ardeur** *f* intense heat / **l'ombre** *f* shade / **grossir** = *augmenter* / **crurent** = *croire (passé simple)* / **déférer** to confer / **la couronne** crown / **ils jetèrent tous les yeux** they all cast their eyes / **le cœur serré de tristesse** his heart heavy with sadness / **à Dieu ne plaise** heaven forbid / **le tort** harm, wrong / **assujetti** = *subjugué, dominé* / **se mettre à** = *commencer à* / **répandre des larmes** to shed tears / **vécu** = *participe passé (vivre)* / **s'écrier** to cry out / **peser** to weigh, to be burdensome / **le joug** yoke, bondage / **soumis** subject / **les mœurs** *f* = *les usages, les coutumes* / **pour lors** then, thenceforth / **languir** to languish / **lâche** cowardly / **éviter** to avoid / **couler** to flow / **prétendre** = *vouloir* la lui commande, lui qui la ferait tout de même° sans moi et par le seul penchant° de la nature ? O Troglodytes ! je suis à la fin de mes jours; mon sang° est glacé° dans mes veines; je vais bientôt revoir vos sacrés aïeux°. Pourquoi voulez-vous que je les afflige°, et que je sois obligé de leur dire que je vous ai laissés sous un autre joug que celui de la Vertu ? »

Montesquieu, *Les Lettres persanes*

Qu'en pensez-vous ?

Etes-vous d'accord ou non avec les déclarations suivantes ? Justifiez votre réponse.

1. Il y avait dans cette société deux hommes exceptionnels.
2. Ils vivaient en harmonie avec leurs compatriotes.
3. Ils travaillaient tellement qu'ils n'avaient pas le temps de s'occuper de l'éducation de leurs enfants.
4. En faisant la leçon à leurs enfants, ils distinguaient toujours l'intérêt particulier de l'intérêt général.
5. La vertu de ce nouveau peuple s'affaiblissait à mesure que le nombre de personnes augmentait.
6. Il y avait dans cette nouvelle société de nombreux exemples d'actes vertueux.
7. Les Troglodytes ont eu beaucoup de peine à choisir un roi.
8. Le vieillard dit qu'il mourrait de douleur s'il devenait roi.
9. Il comprend pourquoi les Troglodytes veulent se choisir un roi.
10. Le vieillard craint d'aller rejoindre ses ancêtres.

Appréciation du texte

1. L'histoire des Troglodytes est une allégorie politique. A l'aide d'une suite d'éléments narratifs, Montesquieu explique les dangers auxquels sont exposées les sociétés à leur naissance et dans leur organisation. Quels sont les points essentiels sur lesquels il insiste dans son récit ?
2. Montesquieu n'emploie pas de raisonnements très abstraits. Pour convaincre le lecteur, il préfère raconter l'histoire des Troglodytes. Quels sont les avantages de cette méthode narrative ? L'auteur peut-il ainsi nous faire sentir aussi bien que comprendre le mérite de ses arguments ? Peut-il nous persuader aussi bien que s'il avait écrit un essai ?

Vocabulaire satellite

le **pays** country
le **gouvernement** government
le **pouvoir exécutif** executive power
le **pouvoir législatif** legislative power
le **pouvoir judiciaire** judicial power
la **démocratie** democracy
la **république** republic
la **monarchie** monarchy
l' **anarchie** *f* anarchy
le **despotisme** despotism
la **dictature** dictatorship
le, la **citoyen, -ne** citizen

tout de même anyhow / **le penchant** = *l'inclination, la disposition* / **le sang** blood / **glacé** frozen / **les aïeux** *m* = *les ancêtres* / **je les afflige** = *je leur fasse de la peine*

le, la **concitoyen, -ne** fellow citizen
le **peuple (français, américain)** the (French, American) people
la **politique** politics, policy
les **élections** *f* elections
le **droit de vote** right to vote
le **mandat** mandate, term of office
la **liberté** liberty, freedom
l' **égalité** *f* equality
la **fraternité** fraternity
être, arriver au pouvoir to be in, to come to power
voter to vote
élire to elect

Pratique de la langue

1. Présentations orales :

   a. Montesquieu nous dit que la démocratie ne peut se maintenir sans la vertu des citoyens. A-t-il raison ou a-t-il tort ? Pourquoi ?
   b. Est-ce qu'une monarchie pourrait exister aux Etats-Unis ? Pourquoi ou pourquoi pas ?
   c. Tracez le portrait d'un homme (ou d'une femme) politique idéal(e).
   d. « Liberté, égalité, fraternité » : est-ce que ces trois mots représentent un idéal irréalisable ?

2. A débattre : Le Président des Etats-Unis devrait avoir un mandat de sept ans comme le Président de la France.

3. Organisez un colloque sur « la meilleure forme de gouvernement. » Parmi les conférenciers *(speakers)* du colloque il y aura un ancien Marxiste russe, un Républicain américain, un Démocrate américain, un ancien dictateur sud-américain, un chef de tribu africain, un Troglodyte, etc.

6 Images de la France

Future, Conditional, Pluperfect; Devoir

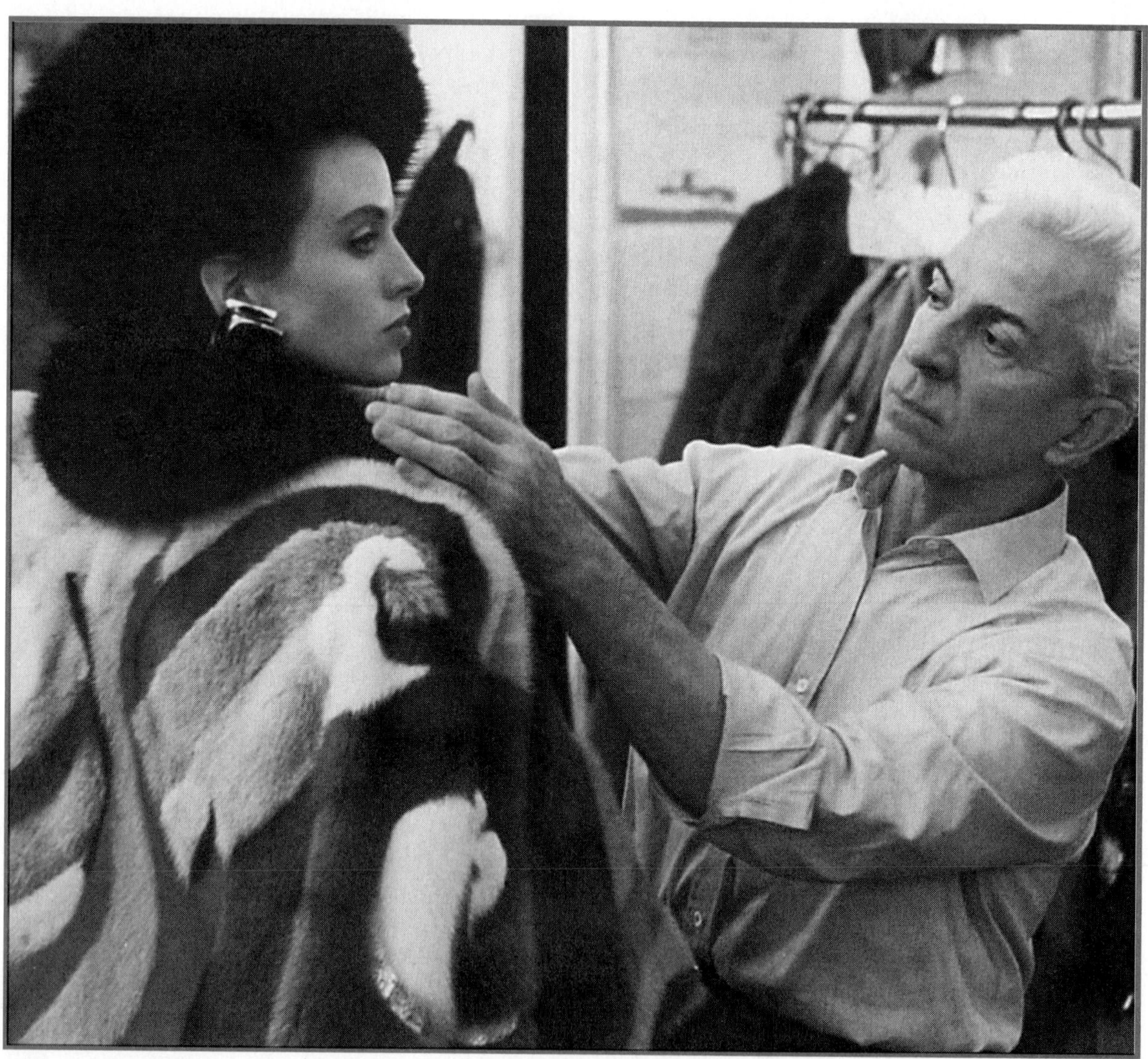

Chez le fourreur

Vocabulaire du thème : *Images de la France : les monuments, la cuisine, la mode*

Les Monuments

le **monument** monument
le **bâtiment** building
l' **église** *f* church
le **château** castle
le **musée** museum
le **jardin public** public garden
le **visiteur,** la **visiteuse** visitor
visiter to visit (a place)
admirer to admire

le **style** style
roman, romane romanesque
gothique gothic
classique classical
moderne modern

l' **architecture** *f* architecture
l' **architecte** *m, f* architect
construire to construct

La Cuisine

le **chef** chef
le **garçon,** le **serveur** waiter
la **serveuse** waitress
le **client,** la **cliente** customer
le **gourmet** gourmet
le **gourmand,** la **gourmande** one who likes to eat
gourmand liking to eat
le **glouton,** la **gloutonne** glutton

la **carte,** le **menu** menu
l' **addition** *f* (restaurant) check
commander to order
le **pourboire** tip

la **recette** recipe
la **nourriture** food
le **repas** meal
faire la cuisine to cook
le **plat** course, dish
l' **apéritif** *m* apéritif, before-dinner drink
le **hors-d'œuvre** *m (inv)* first course
l' **entrée** *f* second course
le **plat principal** main course
le **plateau de fromages** cheese plate
la **salade** salad
le **dessert** dessert
le **café** coffee
la **liqueur** liqueur, after-dinner drink
à votre (ta) santé to your health
avoir mal au ventre to have a stomachache

La Mode

la **mode** fashion
se **démoder** to become outdated, to go out of style
la **haute couture** high fashion
le **couturier,** la **couturière** fashion designer
créer, inventer une mode to create, invent a style
la **boutique** boutique
le **grand magasin** department store
faire des achats to go shopping
le **magazine de mode** fashion magazine
le **parfum** perfume

élégant elegant
classique classic
cher, chère expensive
chic *(inv)* chic
simple simple
pratique practical
bon marché *(inv)* inexpensive
en solde on sale

EXERCICE

Mise en scène. Complétez en employant une ou plusieurs expressions du *Vocabulaire du thème*, puis jouez les dialogues.

1. (au restaurant)
   A: Oh, (nom), j'ai mal au ventre !
   B: (nom), ça ne m'étonne pas. Tu...
   A: Mais non, (nom).
   B: Mais si ! D'ailleurs, je pense que tu es un(e)...
   A: Un(e)... !
   B: Oui ! Au revoir, (nom), et n'oublie pas de payer l'addition !
2. (au grand magasin)
   A: (nom), qu'est-ce que tu penses de ce blue-jean ?
   B: ...
   A: Est-ce que tu penses qu'il est trop cher ?
   B: ...
   A: Tu m'as convaincu(e), (nom), je vais l'acheter !
3. (Deux touristes se parlent.)
   A: Cet après-midi nous allons au musée (nom du musée) !
   B: Ah, oui ? J'adore ce musée-là !
   A: Pourquoi ?
   B: Parce que...
   A: Moi aussi, je l'adore. J'aime surtout...
   B: Allons-y tout de suite. Et nous irons au café ensuite. D'accord ?

La pyramide du musée du Louvre

Future, Conditional, Pluperfect

Formation of the Simple Future and Conditional

Regular verbs

The simple future and conditional of most verbs are formed by adding the future and conditional endings to the infinitive. Note that the final **e** in the infinitive of **-re** verbs (e.g., **perdre, répondre**) is dropped before adding the endings.

Future endings: **-ai, -as, -a, -ons, -ez, -ont**
Conditional endings: **-ais, -ais, -ait, -ions, -iez, -aient**

Note that the conditional and imperfect endings are identical.

gagner (stem, **gagner**)

Future		Conditional	
je gagner**ai**	*I will win*	je gagner**ais**	*I would win*
tu gagner**as**		tu gagner**ais**	
il / elle / on gagner**a**		il / elle / on gagner**ait**	
nous gagner**ons**		nous gagner**ions**	
vous gagner**ez**		vous gagner**iez**	
ils / elles gagner**ont**		ils / elles gagner**aient**	

applaudir (stem, **applaudir**)

Future	Conditional
j' applaudir**ai**	j' applaudir**ais**

perdre (stem, **perdr**)

Future	Conditional
je perdr**ai**	je perdr**ais**

-er verbs with spelling changes

Regular **-er** verbs with certain endings undergo spelling changes before adding the future and conditional endings.

1. Verbs ending in **e** + *consonant* + **er** (e.g., **mener, lever, peser**) change **e** to **è: je mènerai, je mènerais; nous lèverons, nous lèverions.**

2. Verbs ending in **-eler** and **-eter** (e.g., **appeler, jeter**) double the **l** and the **t: j'appellerai, j'appellerais; elles jetteront, elles jetteraient.**

   Note that **acheter** and **geler** change **e** to **è** instead of doubling the **t** and **l: j'achèterai, j'achèterais; nous gèlerons, nous gèlerions.**

3. Verbs ending in **-yer** (e.g., **employer, essayer, essuyer, payer**) change **y** to **i: j'emploierai, j'emploierais; nous paierons, nous paierions.** (Verbs ending in **-ayer** may retain the **y: je paierai, je payerai.**)

Irregular verbs

Many common verbs have unusual future and conditional stems.

aller : **j'irai, j'irais**
avoir : **j'aurai, j'aurais**
courir : **je courrai, je courrais**
devoir : **je devrai, je devrais**
envoyer : **j'enverrai, j'enverrais**
être : **je serai, je serais**
faire : **je ferai, je ferais**
falloir : **il faudra, il faudrait**
mourir : **je mourrai, je mourrais**
pleuvoir : **il pleuvra, il pleuvrait**
pouvoir : **je pourrai, je pourrais**
recevoir : **je recevrai, je recevrais**
savoir : **je saurai, je saurais**
tenir : **je tiendrai, je tiendrais**
venir : **je viendrai, je viendrais**
voir : **je verrai, je verrais**
vouloir : **je voudrai, je voudrais**

EXERCICE

Complétez au **futur** et au **conditionnel.**

1. être (je, nous)
2. aller (nous, tu)
3. entendre (elle, vous)
4. essayer (nous, je)
5. goûter (ils, tu)
6. payer (elle, vous)
7. appeler (ils, nous)
8. savoir (nous, tu)
9. mener (vous, il)
10. construire (je, elles)
11. jeter (il, tu)
12. voir (je, vous)
13. acheter (je, elle)
14. venir (tu, nous)
15. visiter (elle, vous)
16. manger (nous, je)
17. mourir (elle, vous)
18. devoir (nous, tu)

Formation of the Future Perfect, Past Conditional, and Pluperfect

Like the *passé composé*, these three tenses are compound tenses, composed of an auxiliary verb (**avoir** or **être**) and a past participle.

Compound tense	**Tense of Auxiliary**	
future perfect (**futur antérieur**)	future	+ *past participle*
past conditional (**conditionnel passé**)	conditional	
pluperfect (**plus-que-parfait**)	imperfect	

Future perfect	**Past conditional**	**Pluperfect**
j'aurai dîné	**j'aurais dîné**	**j'avais dîné**
I will have dined	*I would have dined*	*I had dined*
elle sera partie	**elle serait partie**	**elle était partie**
she will have left	*she would have left*	*she had left*

EXERCICE

Complétez au **futur antérieur,** au **conditionnel passé** et au **plus-que-parfait.**

1. influencer (nous, je)
2. partir (elles, vous)
3. essayer (je, elles)
4. vendre (il, nous)
5. promettre (tu, elles)
6. devenir (ils, vous)
7. finir (je, nous)
8. faire (vous, tu)
9. aller (elle, elles)
10. choisir (il, nous)

Use of the Simple Future and the Future Perfect

Future action

1. The future tenses express future action. The French simple future tense is the equivalent of the English future *will + verb.*

   Où exporterez-vous ces produits de beauté ?
   Where will you export these beauty products?

   Elles parleront couture toute la soirée !
   They'll talk fashion all evening!

2. The future perfect corresponds to the English form *will have + past participle.*

   Ces gloutons auront mangé toutes les tartes avant dix heures !
   These gluttons will have eaten all the pies before ten o'clock!

   Les visiteurs seront partis avant que le guide arrive !
   The visitors will have left before the guide arrives!

3. The immediate future in French is often expressed by **aller** + *infinitive.*

   Il va bientôt commander son repas.
   He's going to order his meal soon.

   Est-ce que tu vas visiter Notre-Dame ?
   Are you going to visit Notre-Dame?

After *quand, lorsque, dès que, aussitôt que, tant que*

The future tenses must be used after **quand** and **lorsque** *(when),* **dès que** and **aussitôt que** *(as soon as),* and **tant que** *(as long as)* in subordinate clauses, if a future idea is implied. Note that this tense usage differs from English.

Dès qu'elle descendra de l'avion, je prendrai sa photo.
As soon as she gets off the airplane, I'll take her picture.

Quand je reviendrai, j'achèterai des robes, des jupes, des pantalons et du parfum !
When I come back, I'll buy some dresses, skirts, pants, and perfume!

Quand il sera de retour, téléphonez-moi.
When he's back, call me.

Nous partirons aussitôt que nous aurons visité le musée.
We will leave as soon as we've visited the museum.

Ce gourmand continuera de manger tant que vous le servirez !
This gourmand will continue to eat as long as you serve him!

Note that the main verb in such sentences will be in either the simple future or the imperative.

EXERCICES

A. Transformez les phrases.

1. Un jour, je serai célèbre. (vous, tu, ce jeune chef, nous, on, ces couturières, je)
2. Je sortirai quand j'aurai fini de dîner. (tu, nous, ce gourmet, vous, ces deux gloutons, on, je)

B. Imaginez que vous irez aux endroits suivants la semaine prochaine. Qu'est-ce que vous y ferez probablement ? Répondez selon le modèle.

MODELE au café
Quand je serai au café, je bavarderai avec mes amis (je jouerai aux cartes, je flirterai avec tout le monde, je prendrai une bière, etc.).

1. au restaurant
2. au zoo
3. au cinéma
4. dans une boutique
5. à l'hôpital
6. chez mes parents
7. à la bibliothèque
8. dans le grand magasin

C. Ecrivez un petit poème ! Imaginez que vous allez faire le tour du monde et que vous ferez des choses différentes dans chaque pays. Mettez les verbes entre parenthèses au futur.

1. Quand j'irai en Italie,
   Je (manger) des spaghettis.
2. Quand j'irai en Grèce,
   Je (voir) une déesse.
3. Quand j'irai à Moscou,
   Je (acheter) des bijoux.
4. Quand j'irai en Egypte,
   Je (visiter) une crypte.
5. Quand j'irai en Angleterre,
   Je (nager) dans la mer.
6. Quand j'irai à Rio
   Je (faire) l'idiot !
7. Quand j'irai à Berlin,
   Je (prendre) un bain !

Un artisan qui travaille le verre

D. Créez des dialogues en employant le futur antérieur avec **aussitôt que** et une des expressions suivantes, puis jouez les dialogues.

MODELE —Quand quitterons-nous le café ?
—Aussitôt que j'aurai payé l'addition.

acheter quelques vêtements
payer l'addition
voir les tableaux de Renoir
finir mes devoirs
danser avec Mathilde (Jean-Luc)
mettre mon manteau
parler au médecin

1. —Quand quitterons-nous la bibliothèque ?
2. —Quand quitterons-nous le musée ?
3. —Quand quitterons-nous l'hôpital ?
4. —Quand quitterons-nous le restaurant ?
5. —Quand quitterons-nous la maison ?
6. —Quand quitterons-nous la discothèque ?

Use of the Pluperfect

The pluperfect is used to indicate an action that took place before another past action. It is aptly described by its French name, **le plus-que-parfait:** more in the past than the past. Its English equivalent is either the pluperfect *had + past participle (I had spoken)*, or the past tense *(I spoke)*.

Il ne savait pas qu'elle avait déjà payé l'addition.
He didn't know that she had already paid the check.

Ne vous ai-je pas dit qu'elle était venue ?
Didn't I tell you that she had come?
Didn't I tell you that she came?

French usage regarding verb tenses is generally more precise than English usage; thus, the French pluperfect has the two possible English equivalents in the second example above.

EXERCICES

A. Transformez les phrases.

1. J'ai mis le parfum que j'avais acheté. (vous, tu, on, Cléopâtre, mes petites sœurs, nous, je)
2. Je voulais dire « oui », mais j'avais déjà dit « non ». (nous, vous, tu, le client, on, ces jeunes mariés, je)

B. Répondez en employant le **plus-que-parfait** selon le modèle.

MODELE Robert a préparé une quiche. Peu après, il l'a mangée.
Robert a mangé la quiche qu'il avait préparée.

1. Sylvie a essayé une robe. Peu après, elle l'a achetée.
2. Aldo a essayé un pantalon. Peu après, il l'a acheté.
3. Anne a préparé une tarte. Peu après, elle l'a mangée.
4. Dorine a admiré une tarte. Peu après, elle l'a achetée.

5. Le chef a laissé tomber un gâteau. Peu après, il l'a vendu !
6. Yves a préparé une quiche. Peu après, il l'a mangée.

C. David et Lisa sont un jeune couple. Ils sont très heureux ensemble, mais ils ont un petit problème : chaque fois que David fait quelque chose, il trouve que Lisa l'a déjà fait ! Indiquez l'action de Lisa en employant le **plus-que-parfait** selon le modèle.

MODELE David a acheté le pain.
Lisa l'avait déjà acheté !

1. David a laissé le pourboire.
2. David a payé le loyer *(rent)*.
3. David a acheté le vin.
4. David a vendu le piano.
5. David a préparé le dîner.
6. David a acheté un dessert.

Use of the Conditional

Conditional sentences

1. The conditional tenses are used to indicate a possible or hypothetical fact that is the result of a condition. Their English equivalents are *would + verb* (the simple conditional: *I would smile*) and *would have + past participle* (the past conditional: *I would have smiled*).

   Si j'étais à votre place, je dînerais à la Tour d'Argent.
   If I were you, I would dine at the Tour d'Argent.

   Si le garçon avait consulté le chef, il n'aurait pas servi ce gâteau !
   If the waiter had consulted the chef, he wouldn't have served that cake!

2. The conditional tenses are used in so-called conditional sentences (sentences containing *if*-clauses). The following table contains the most common tense sequences used in conditional sentences. The same tense sequences exist in English.

***if*-clause**	**main clause**
present	present, future, imperative
imperfect	present conditional
pluperfect	past conditional

Si elle entre, je sors !
If she enters, I'm leaving!

Si elle est intelligente, elle achètera ces vêtements en solde.
If she's smart, she'll buy these clothes on sale.

Si cette vendeuse vous gêne tellement, ne l'écoutez pas !
If this salesclerk bothers you so much, don't listen to her!

S'il lisait le *Guide Michelin*, il connaîtrait de bons restaurants.
If he read the Guide Michelin, *he would know some good restaurants.*

Si elle avait mangé ces sardines, elle aurait eu mal au ventre !
If she had eaten those sardines, she would have had a stomachache!

Note that the conditional tenses are used in the main clause, but not in the *if*-clause.

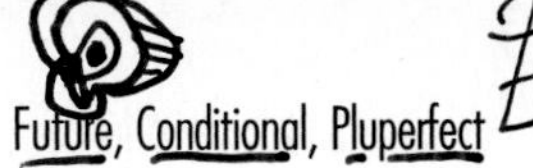

The future of the past

The conditional also expresses the future of the past.

Future of the present:	Il dit qu'il laissera le pourboire. *He says he will leave the tip.*
Future of the past:	Il a dit qu'il laisserait le pourboire. *He said he would leave the tip.*

Here French and English usage correspond.

The conditional of politeness

The conditional is used to attenuate questions and requests, making them more courteous.

Present:	Je veux cinquante dollars, papa. *I want fifty dollars, Dad.*
Conditional:	Je voudrais cinquante dollars, papa. *I would like fifty dollars, Dad.*

EXERCICES

A. La vieille tante bien-aimée de Richard est morte et lui a laissé une grande fortune. [illegible] aux questions suivantes en disant ce que vous feriez si vous étiez à la place de Richard.

1. Changeriez-vous de domicile ? Si oui, où habiteriez-vous ?
2. Qu'est-ce vous achèteriez (à vos parents, à votre petite amie, au professeur) ?
3. Partiriez-vous en voyage ? Si oui, où iriez-vous ? Avec qui partiriez-vous en voyage ?
4. Quelle profession (quelles distractions, quels vêtements) choisiriez-vous ?
5. Nommez deux autres choses que vous feriez.

B. Complétez avec imagination selon le modèle.

MODELE Si j'étais un oiseau...
Si j'étais un oiseau, j'aurais peur des chats (je chanterais dans les arbres, je mangerais beaucoup de vers [worms], *je ferais un voyage en Floride, etc.).*

1. Si j'étais un chat,...
2. Si j'étais un chef célèbre,...
3. Si j'étais très, très intelligent(e),...
4. Si j'avais mal au ventre,...
5. Si j'étais architecte,...
6. Si j'étais le professeur,...
7. Si j'étais un nuage *(cloud)*,...
8. Si j'étais gourmand(e),...
9. Si j'étais snob,...
10. Si j'étais gourmet,...
11. Si j'étais un couturier (une couturière) célèbre,...

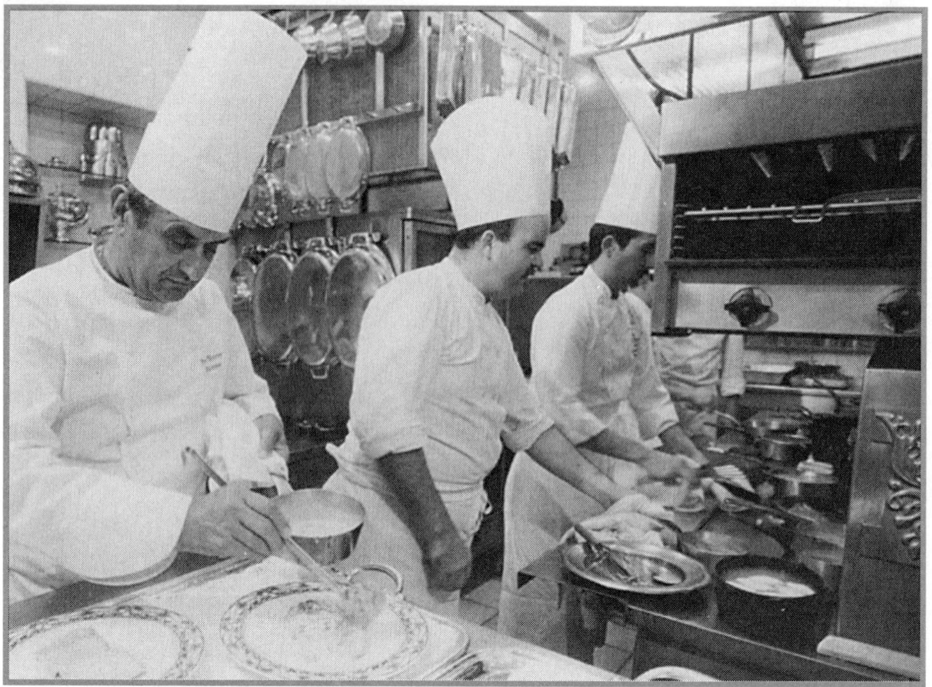

Paul Bocuse (à gauche), le chef célèbre, fait la cuisine.

C. Si vous étiez aux endroits suivants, qu'est-ce que vous y feriez probablement ? Répondez selon le modèle.

MODELE au café
Si j'étais au café, je bavarderais avec mes amis (je mangerais un croissant, je boirais de la limonade, je lirais le journal, etc.).

1. dans un restaurant chic
2. dans un grand magasin
3. au cinéma
4. à la montagne
5. dans une boîte de nuit
6. à l'hôpital
7. au bord de la mer
8. dans un château ancien

D. Qu'est-ce que vous auriez fait si vous aviez été les personnes suivantes ? Répondez selon le modèle.

MODELE Si vous aviez été Pierre ou Marie Curie ?
Si j'avais été Pierre ou Marie Curie, j'aurais découvert le radium.

Si vous aviez été...

1. Voltaire ?
2. Christophe Colomb ?
3. le président Nixon ?
4. Marie-Antoinette ?
5. Eve ?
6. Walt Disney ?
7. Coco Chanel ?
8. Picasso ?
9. le roi Louis XIV ?
10. Le Corbusier ?

E. Préparez deux questions sur le modèle de l'exercice D et posez-les à la classe.

Related Expressions

The imperfect and conditional "would"

Both the imperfect and conditional tenses may be translated by *would* in English. If *used to*, indicating a customary or repeated action, can be substituted for *would*, the imperfect tense is required. If not, a conditional tense is used.

Quand j'avais dix-sept ans, je lisais le journal satirique *Le Canard enchaîné* toutes les semaines.
When I was seventeen, I would read (used to read) the satirical newspaper Le Canard enchaîné *every week.*

Si la soupe était moins chaude, je la goûterais.
If the soup were less hot, I would taste it.

EXERCICES

A. Traduisez en français les verbes entre parenthèses.

1. Quand il était à Paris, il ___________ *(would go)* au musée toutes les semaines.
2. Je ___________ *(would listen to)* ce guide s'il était plus intéressant !
3. Quand il était plus jeune, il ___________ *(would wear)* toujours des vêtements chic.
4. Après avoir mangé des oignons, il ___________ *(would have)* toujours une crise de foie !
5. ___________ *(Would you like)* goûter ce plat ?
6. Si j'avais de l'argent, je ___________ *(would pay)* l'addition.

B. Complétez avec imagination.

1. Si j'étais plus jeune, je...
2. Quand j'étais plus jeune, je...
3. Si Hélène avait plus d'argent, elle...
4. Quand Hélène avait plus d'argent, elle...

Devoir

The commonly used verb **devoir** has multiple meanings. When followed by an infinitive, it expresses necessity or moral obligation or probability. When used with a direct object, it means *to owe.*

Necessity or Moral Obligation

The expression of necessity or moral obligation is perhaps the most common function of **devoir.** The tenses are translated variously.

Present: must, have to

Chéri, tu dois éviter de manger ce dessert sucré !
Dear, you must avoid eating that sweet dessert! OR:
Dear, you have to avoid eating that sweet dessert!

Imperfect: had to[1], used to have to

Elle devait tout faire.
She had to do everything.

Quand j'étais jeune, je devais faire mon lit tous les matins.
When I was young, I had to (used to have to) make my bed every morning.

passé composé: had to[1]

J'ai dû prendre l'avion parce que j'ai raté le train.
I had to take the plane because I missed the train.

J'ai dû payer l'addition parce que mon père a oublié sa carte de crédit !
I had to pay the check because my father forgot his credit card!

Present conditional: should, ought to

M. Courvoisier, vous ne devriez pas boire !
Mr. Courvoisier, you shouldn't drink!

Adam, vous devriez avoir honte !
Adam, you ought to be ashamed!

Past conditional: should have, ought to have

J'aurais dû l'avouer plus tôt. Je suis glouton !
I should have admitted it sooner. I'm a glutton!

J'aurais dû acheter cette robe en solde !
I should have bought that dress on sale!

Future: will have to

Ils devront acheter une marque moins chère.
They will have to buy a less expensive brand.

EXERCICES

A. Qu'est-ce que les personnes suivantes devraient faire ? Répondez selon le modèle.

MODELE une serveuse
Une serveuse devrait travailler vite (être aimable, sourire beaucoup, etc.).

1. une personne trop maigre *(thin)*
2. un garçon de café
3. un professeur
4. un politicien
5. un millionnaire
6. un végétarien
7. un étudiant
8. un architecte

[1] Whether the imperfect or the **passé composé** is used to render *had to* depends on the meaning of *had to* in the context. See Chapter 3, pp. 90–91.

B. Qu'est-ce que les personnes suivantes n'auraient pas dû faire ?

1. Pinocchio
2. Eve (la femme d'Adam)
3. le président
4. l'alcoolique
5. le gourmand
6. le voleur
7. le président Nixon
8. le professeur

C. Répondez par une phrase complète.

1. Qu'est-ce que vous devez faire cette semaine ?
2. Quand vous étiez petit(e), deviez-vous faire des travaux ménagers ? Si oui, lesquels ? Deviez-vous aller à l'école à pied ou en autobus ? A quelle heure deviez-vous vous coucher ? Deviez-vous manger vos haricots verts ?
3. Nous faisons, hélas, beaucoup d'erreurs dans la vie ! Réfléchissez à votre vie passée et nommez quelque chose que vous n'auriez pas dû faire. Nommez quelque chose que vous auriez dû faire.
4. Avez-vous dû préparer le dîner (faire la vaisselle, écrire une composition) hier soir ?
5. Si le professeur annonce un examen que vous aurez demain, qu'est-ce que vous devrez faire ?

D. Traduisez en français, puis jouez les dialogues.

1. **A:** I hate to cook!
   B: You shouldn't have said that.
   A: Why not?

Une exposition de vins

B: Because I love to eat!
A: I shouldn't have said that...

2. **A:** Should we go shopping, or should we study for our French exam tomorrow?
   B: (smile)
3. **A:** Do I have to finish my meal, papa?
   B: Yes, if you want an ice cream...
   A: I have to hurry, then!

Supposition

Devoir commonly expresses *to be supposed to* in two tenses.

Present: am (is, are) supposed to

L'ambassadeur doit arriver bientôt.
The ambassador is supposed to arrive soon.

Imperfect: was (were) supposed to

Giscard devait faire des achats avec moi, mais il est parti !
Giscard was supposed to go shopping with me, but he left!

EXERCICE

Traduisez en français les verbes entre parenthèses en employant le verbe **devoir.**

1. Je ______________ *(was supposed to)* visiter une église romane cet après-midi.
2. Nous ______________ *(were supposed to)* nous lever à cinq heures, mais notre réveille-matin n'a pas sonné.
3. ______________ *(Are they supposed to)* arriver les premiers au restaurant ?
4. Le professeur ______________ *(was supposed to)* faire une conférence sur les rapports entre la France et les Etats-Unis.
5. Comment ______________ *(is he supposed to)* trouver une solution quand il refuse de discuter le problème ?

Probability

Devoir commonly expresses probability in three tenses.

Present

Il doit être fou !
He must be (is probably) crazy!

Elle doit travailler dur.
She must work (probably works) hard.

Imperfect

Les architectes devaient être fiers de ce bâtiment !
The architects must have been (were probably) proud of this building!

Ce couturier célèbre devait avoir soixante-dix ans quand il est mort.
That famous designer must have been (was probably) seventy when he died.

passé composé

Gisèle est en retard. Elle a dû manquer l'avion.
Gisèle is late. She must have (has probably) missed the plane.

Tu as dû passer des heures à préparer ce plat!
You must have spent hours preparing that dish!

EXERCICES

A. Comment sont probablement les personnes suivantes? Répondez en employant **devoir** au temps présent selon le modèle.

MODELE Richard s'est marié hier.
Il doit être heureux (fou, malade, fatigué, anxieux, etc.).

1. Suzette vient d'avoir son premier enfant.
2. Georges vient de recevoir de tristes nouvelles: son père a eu un accident de voiture.
3. Mimi a trop bu au restaurant hier soir.
4. Georges va faire un tour des monuments parisiens.
5. Mme Florentin, qui a soixante ans, s'est mariée avec un homme de vingt-cinq ans.
6. Suzanne porte la même robe que Céleste!
7. Marie-France n'a pas bien dormi hier soir.

B. Préparez deux questions sur le modèle de l'exercice A et posez-les à la classe.

C. Répondez en employant le passé composé du verbe **devoir** selon le modèle.

MODELE Pourquoi Hélène est-elle arrivée en retard au bureau ce matin?
Elle a dû manquer le train (elle a dû oublier sa montre, elle a dû faire la grasse matinée, etc.).

1. Pourquoi Isabelle est-elle toute bronzée *(tanned)*?
2. Pourquoi Nicolas a-t-il mal au ventre?
3. Pourquoi Janine commande-t-elle un autre dessert?
4. Pourquoi Nina marche-t-elle avec des béquilles *(crutches)*?
5. Pourquoi Bubu donne-t-il des cigares à tout le monde ce matin?

D. Traduisez en français, puis jouez le dialogue.

1. **A:** Why did Marc leave early?
   B: He probably had an upset stomach.
   A: But why?
   B. He must have eaten Luigi's chicken!
2. **A:** When I was a waiter (waitress), I had to work hard.
   B: You must have been a good waiter (waitress).
   A: I must have been crazy; I didn't earn anything!

Meaning *to owe*

Devoir means *to owe* when it is used with a direct object.

Malheureusement, je dois trop d'argent à la banque.
Unfortunately, I owe the bank too much money.

Vous lui devez beaucoup de reconnaissance.
You owe him a lot of gratitude.

EXERCICE

Répondez par une phrase complète.

1. Devez-vous de l'argent à quelqu'un ? Si oui, à qui ?
2. A qui devez-vous du respect ?
3. Est-ce que le professeur vous doit quelque chose ?
4. Est-ce que quelqu'un vous doit de l'argent ?

Related Expressions

être obligé de + infinitive: to be obliged to, to have to, must

Elle a été obligée de dire à son mari qu'elle avait perdu le chèque.
She was obliged to tell her husband that she had lost the check.

Ils seront obligés de laisser un pourboire.
They will have to leave a tip.

Etre obligé de is the equivalent of **devoir** expressing necessity or moral obligation.

être censé + infinitive: to be supposed to

Ils sont censés être ici maintenant !
They are supposed to be here now!

Etre censé is the equivalent of **devoir** meaning *to be supposed to.*

EXERCICE

Répondez par une phrase complète.

1. Quel(s) cours êtes-vous obligé(e) de suivre ?
2. Qu'est-ce que vous êtes censé(e) faire avant de vous coucher (avant de passer un examen) ?
3. Qu'est-ce que vous êtes obligé(e) de faire avant d'entrer en France ?
4. A quelle heure êtes-vous censé(e) arriver en classe ?
5. Etes-vous censé(e) dire la vérité ? Etes-vous obligé(e) de la dire ?
6. Qu'est-ce que les bons parents (les agents de police, les gourmets, les professeurs, les bons étudiants, les bons chefs) sont censés faire ?

Exercices d'ensemble

I. Traduisez en français.

1. If I were French, I would be proud of my country's monuments.
2. You will have to pay the check.
3. French high fashion has influenced American fashion.
4. If that customer leaves without paying, stop him!
5. That American gourmet ought to appreciate French cooking.
6. I should have visited that Gothic (*gothique*) cathedral.
7. Each time he lifted his glass, he would say, "To your health!".
8. I never would have come, if she had been here.
9. The hors d'œuvres were good; the main course must be good, too.
10. If you must drink, try the Dubonnet.
11. When I go to Paris I will certainly visit Dior's boutique.
12. When will you understand that the French are not American?
13. He's supposed to be here at eight; he must have already left.
14. If you must do it, do it!

II. Mettez les verbes entre parenthèses au temps convenable.

1. Si j'avais assez d'argent, je ______ (dîner) dans ce restaurant trois étoiles.
2. Si j'étais une personne cultivée, je ______ (visiter) le Louvre.
3. Si Adrienne vient, je ______ (partir) !
4. Tout le monde m' ______ (admirer) si je porte cette robe élégante.

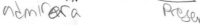

À l'épicerie

5. Si le professeur préparait un poulet rôti, je le ________ (manger) probablement.
6. Si je ________ (voir) l'accident, j'aurais téléphoné à la police.
7. Si vous en avez l'occasion, ________ (venir) me voir.
8. Si elle essaie ce bikini, elle l'________ (acheter) certainement.
9. Nous ________ (avoir) mal au ventre si nous mangeons tous ces oignons !
10. Si j'avais pu goûter ce plat avant, je le ________ (commander).

Mode et haute couture

« La mode, c'est ce qui se démode°. »
—Coco Chanel

There is no question but that *la haute couture* (high fashion) caters to an exclusive clientele of wealthy women, movie stars, and crowned heads, and that most people will never set foot in a true *maison de couture.* Nonetheless, those prestigious *couturiers*—Dior, Pierre Cardin, Givenchy, Balmain, Guy Laroche, Yves Saint-Laurent, Christian Lacroix—not only establish fashions which the rest of the world ultimately adopts, but they also have a real impact on the culture of our time (not to mention contributing to a healthy balance of trade for the French economy).

Traditionally presented twice a year in the famous *défilés* (showings), Paris fashions are conceived in an atmosphere of tremendous excitement and utmost secrecy. But in a matter of weeks or even days, the outstanding features of the original designs are reproduced in the *prêt-à-porter* (ready to wear)—first in luxury versions and then, much later, in popularized, mass-produced copies.

French designers, eager to get their share of this commercial bonanza, have expanded their fashions for men and for a less exclusive female clientele by opening their own boutiques. These establishments sell clothes that, although not true originals, nevertheless carry their designers' prestigious labels while following a more practical style. Yves Saint-Laurent revolutionized the traditional world of *couture* in the 1970s by systematically marketing his own products, including a line of accessories bearing his name. His purpose was to attract younger customers by creating a line of stylish clothes appealing to their taste, and he promoted these clothes in his "Yves Saint-Laurent/Rive Gauche" boutique in the heart of the *Quartier latin.* His example was followed by other designers, so that today the practice of putting designer labels on items ranging from ties to hand luggage is widespread in the fashion industry.

One designer who showed a great sense of chic and inventiveness was Coco Chanel. Gabrielle "Coco" Chanel (1883–1971), precursor of the modern woman, designed clothes that gave women freedom of movement at a time when most of them were still in corsets and frilly dresses. With a style inspired by men's clothing, yet fluid and supple, Chanel created a line of feminine outfits which were sober, functional, and elegant. Now almost a generic term, "*un Chanel*" has been used for over fifty years to designate a tailored suit of high-quality flannel or tweed, with a waist-length, collarless jacket generally trimmed with silk braid. And of course her perfume—the famous Chanel No. 5, the financial backbone of her empire—has for years been, to most foreigners, the epitome of French perfume.

se démoder to go out of style

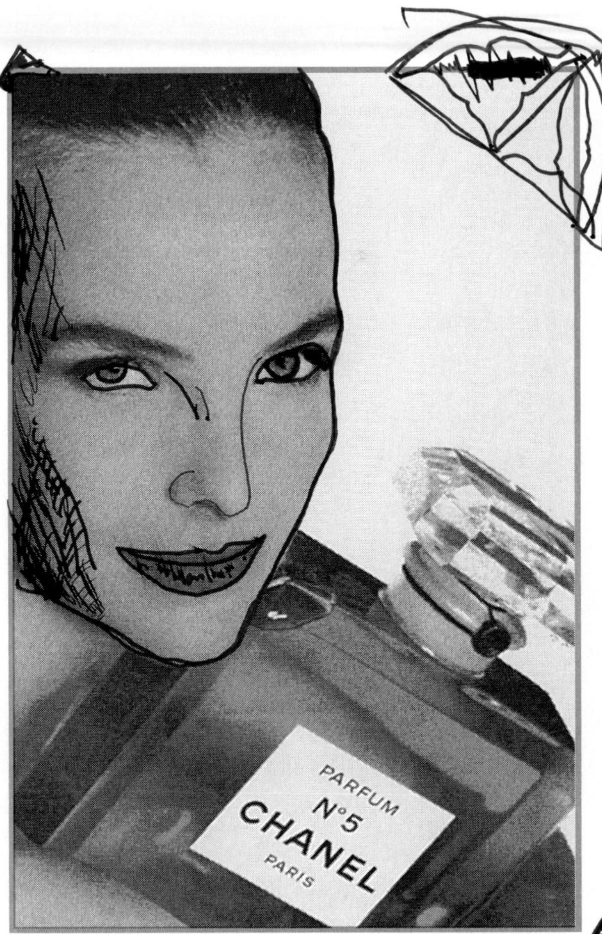

Une publicité

Orientation

Comment s'habillent les étudiants ? Ont-ils leur propre mode ? Mettez-vous en groupe et décrivez les vêtements qui sont à la mode en ce moment sur le campus de votre école ou université. Y a-t-il différents styles ? Quels sont-ils ? Indiquent-ils une appartenance à un groupe particulier ? Y en a-t-il que vous aimez ou n'aimez pas particulièrement ?

Elle disait...

Je suis contre une mode qui ne dure° pas. C'est mon côté masculin. Je ne peux envisager que l'on jette ses vêtements parce que c'est le printemps.

Je n'aime que les vieux vêtements. Je ne sors jamais avec une robe neuve. J'ai trop peur que quelque chose craque°.

Les vieux vêtements sont de vieux amis.

J'aime les vêtements comme les livres, pour les toucher, pour les tripoter°.

Les femmes veulent changer. Elles se trompent°. Moi, je suis pour le bonheur. Le bonheur ça n'est pas de changer.

durer to last / **craquer** to split at the seams / **tripoter** to finger, to handle / **se tromper** to be mistaken

Coco Chanel

L'élégance ne consiste pas à mettre une robe neuve. On est élégant parce qu'on est élégant, la robe neuve n'y fait rien°. On peut être élégant avec une jupe et un tricot°[1] bien choisis. Ce serait malheureux s'il fallait s'habiller chez Chanel pour être élégant. Et tellement limité !

Autrefois, chaque maison de couture avait son style. J'ai fait le mien. Je ne peux pas en sortir.

Je ne peux pas me mettre sur le dos° quelque chose que je ne fabriquerais pas. Et je ne fabriquerais rien que je ne puisse mettre sur mon dos.

Il n'y a plus de mode. On la faisait pour quelques centaines de personnes. Je fais un style pour le monde entier. On voit dans les magasins : « style Chanel ». On ne voit rien de pareil pour les autres.

Je suis l'esclave° de mon style.

Chanel ne se démode pas. Un style ne se démode pas aussi longtemps qu'il s'adapte à son époque. Lorsqu'il y a incompatibilité entre la mode et un certain état d'esprit, ce n'est jamais la mode qui gagne.

Je me trouve très limitée dans ce que je fais. Donc il faut que ce soit soigné°, que l'étoffe° soit belle. Autant que possible, il faut que je montre un peu de goût et que je ne change pas trop. On dirait que je ne fais plus mes robes.

Qu'est-ce que ça veut dire, une mode jeune ? Que l'on s'habille en° petite fille ? Je ne connais rien qui vieillisse davantage°.

n'y fait rien has nothing to do with it / **le tricot** sweater / **me mettre sur le dos** = *porter (un vêtement)* / **l'esclave** *m, f* slave / **soigné** = *fait avec soin, très bien fait* / **l'étoffe** *f* fabric **en** = *comme une* / **davantage** more

[1] C'est Chanel qui a lancé la mode des pull-overs perlés *(beaded)* dans les années 50.

La nouveauté ! On ne peut pas faire tout le temps de la nouveauté. Je veux faire classique. J'ai un sac que l'on vend régulièrement. On me pousse à en lancer un autre. Pourquoi ? J'ai le même depuis vingt ans, je le connais, je sais où placer mon argent et le reste.

En matière de° mode aussi, il n'y a que les imbéciles qui ne changent pas d'avis°.

La couleur ? Celle qui vous va°.

Pour être irremplaçable, il faut rester différente.

Rien n'est laid° du moment que° c'est vivant. Des femmes me disent : « J'ai des jambes un peu grosses... » Je leur demande : « Elles vous portent° ? C'est l'essentiel. Les jambes vous portent, on ne les porte pas. N'y pensez plus, ce n'est pas cela qui rend heureux. »

Marcel Haedrich, *Coco Chanel secrète*

Qu'en pensez-vous?

Etes-vous d'accord ou non avec les déclarations suivantes ? Justifiez votre réponse.

1. Chanel aimait le fait que la mode ne dure pas.
2. Elle portait une robe neuve chaque fois qu'elle sortait.
3. Elle considérait ses vieux vêtements comme de vieux amis.
4. On ne peut être élégant(e) que si on s'habille chez un grand couturier.
5. Le style « Chanel » est connu dans le monde entier.
6. La mode reflète l'état d'esprit d'une époque.
7. Coco Chanel ne faisait pas très attention aux étoffes qu'elle employait.
8. Chanel essayait de renouveler constamment son style.
9. Chanel pensait que, pour être heureux, il faut se sentir bien dans sa peau et s'accepter tel que l'on est.
10. Dans ce passage, elle fait preuve de bon sens, d'humour et d'optimisme.

Vocabulaire satellite

la **haute couture** high fashion
le **couturier** fashion designer
le **créateur,** la **créatrice de mode** stylist
le **prêt-à-porter** ready-made clothes
le **mannequin** fashion model
porter des vêtements to wear clothes
être à la mode to be fashionable, to follow fashion
dans le vent very up-to-date, "in"
essayer des vêtements to try on clothes
ce qui me (vous) va what fits me (you), what looks good on me (you)
bien (mal) habillé well (poorly) dressed
négligé carelessly done, unkempt
le **tailleur** (woman's) suit
le **chemisier** blouse
la **jupe** skirt
le **collant** tights
le **costume trois-pièces** (man's) three-piece suit
la **veste** jacket
le **pantalon** trousers

en matière de = *en ce qui concerne* / **changer d'avis** to change one's mind / **aller à quelqu'un** to suit someone / **laid** = *pas beau* / **du moment que** as long as / **porter** to carry

la **cravate** tie
le **nœud-papillon** bow-tie
la **taille** size
la **pointure** shoe size
le **marché aux puces** flea market
les **vêtements** *m* **d'occasion** second-hand clothes
en solde on sale

Pratique de la langue

1. Quelle est votre attitude vis-à-vis de la mode ? La suivez-vous de près ? Dites pourquoi ou pourquoi pas. Est-il vraiment possible de ne pas suivre la mode ?
2. Improvisez les dialogues suivants :
   a. Une vendeuse dans une boutique à la mode essaie de convaincre une cliente, conservatrice et peu sûre d'elle, d'acheter une robe excentrique aux couleurs très voyantes (*garish*).
   b. Une mère de famille et sa fille ou son fils de quatorze ans se trouvent dans un grand magasin au mois de septembre pour acheter des vêtements pour la rentrée des classes. Ils ne peuvent se mettre d'accord (*agree*) parce que chacun a des idées très différentes sur ce qu'il convient d'acheter. Imaginez leur discussion.
3. Que pensez-vous de la mode masculine ? La trouvez-vous trop limitée, raisonnable, conventionnelle, trop fantaisiste, triste, etc. ? Si vous étiez grand couturier, que proposeriez-vous pour la changer ?
4. Comment expliquez-vous la popularité du blue-jean au cours des années et à travers le monde ?

Une vitrine de boulangerie-pâtisserie

5. Transformez la classe en boutique de troc (*barter*). Faites des échanges de vêtements, chaussures, chapeaux, accessoires, etc., entre vous. Essayez de marchander (*bargain*).

Charles de Gaulle

Leader of the Free French movement *(la France libre)* during World War II and then chief architect of the current form of government in France, the Fifth Republic, Charles de Gaulle (1890–1970) was born in Lille. Destined for a career in the military, he graduated in 1912 from l'Ecole Militaire de Saint-Cyr and served in an infantry regiment under then colonel Pétain. During World War I he was wounded and taken prisoner in 1916, attempting no fewer than five escapes during his confinement. It was while he was a prisoner that he wrote his first book, *La Discorde chez l'ennemi*, published in 1924. After the war he taught military history at Saint-Cyr. In the 1930s, he published a series of works which showed him to be one of the most remarkable thinkers in the French army, reflecting on military and political leadership, and making innovative recommendations for the army of the future.

In 1940 de Gaulle was appointed Undersecretary of State for War. His policy was to never yield to the enemy. However, on June 16 of that year, Marshal Pétain signed an armistice with Germany. De Gaulle resolved to follow his original plan and organize resistance, even if it had to be done from outside of France. On June 18, 1940, he issued his famous appeal to the French people, broadcast over the BBC from London, asking his compatriots to continue the war alongside the British. Little by little he rallied French African colonies to his point of view. He found an ally in

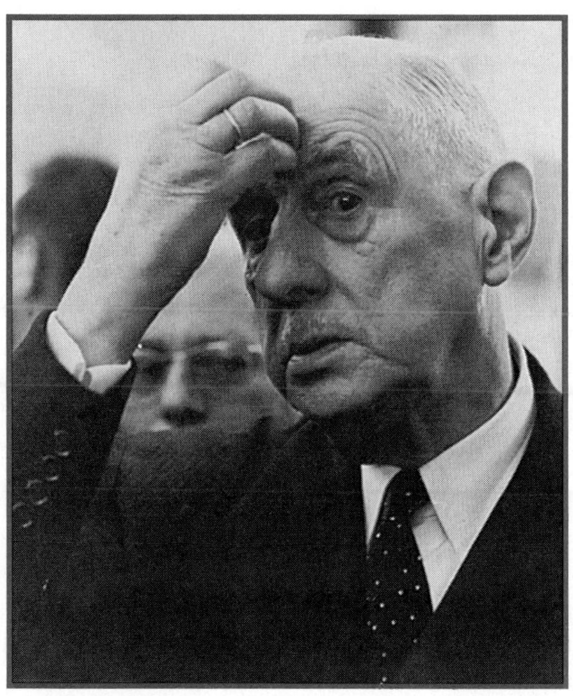

Charles de Gaulle

Winston Churchill but failed to win over Franklin Roosevelt, who chose to work with the Vichy government of Marshal Pétain. At war's end, de Gaulle became head of the provisional government, but only for a brief time as, in his efforts to strengthen the executive branch, he found himself on a collision course with French politicians. He decided to retire and start work on his memoirs.

His *Mémoires de guerre* were published in three volumes: *L'Appel* (1954), *L'Unité* (1956), and *Le Salut* (1959). Meanwhile, the French people had turned to him in 1958, seeking some stability in their government. He answered their call and was elected President of the new Fifth Republic, which featured a strong chief of state elected for seven years. De Gaulle's goal was to reestablish France's prestige in the world community. During his presidency, he insisted on independence for France from all outside control. Accordingly, he forced NATO forces to leave French soil. He formed France's own nuclear strike force, detonating an atomic bomb in 1960. He settled the bitter Algerian problem by granting independence to France's former North African colony. He spoke out on international issues as well, condemning the American war in Vietnam, and supporting independence for the province of Quebec in Canada ("Vive le Québec libre!", he proclaimed in a controversial speech in Canada in 1968). De Gaulle was reelected for a second term in 1965. But following a series of disastrous strikes in 1968, unable to resolve the problems of inflation, and having stirred up much resentment at his excessive nationalism, he decided to resign the presidency in 1969.

No one in the history of France had a more grandiose image of his country than Charles de Gaulle. The very first paragraph of his *Mémoires de guerre* reads in part: "Toute ma vie, je me suis fait une certaine idée de la France... A mon sens, la France ne peut être la France sans la grandeur." De Gaulle toiled uncompromisingly up to the moment of his death to answer this call to greatness.

The following texts are two radio broadcasts in which General de Gaulle, speaking from London over the BBC airwaves, asks the French people to continue the fight against Nazi Germany. The first speech was delivered on June 18, 1940, almost immediately after Marshal Pétain had signed an armistice with Germany. The second was broadcast a day later.

Orientation: The Political Speech

The following passages are two of the early speeches given by Charles de Gaulle during his public career. They were not delivered in person but were broadcast instead over the radio across the English Channel to the people of France. Articulated at a particular moment in history and addressing very specific issues, they were meant to convince de Gaulle's fellow countrymen of the need to persevere in battle and resist the enemy. Words were the only resource that the speaker had at his disposal to accomplish this task.

As you read, try to imagine the impact of the General's words on his audience. Analyze his powers of persuasion. How does he in fact appeal to his fellow Frenchmen? What type of message is he delivering and what elements does he use to touch and persuade his people?

Notice how he uses repetition for effect, repetition which in a written text might be judged excessive but which in an oral delivery becomes an asset enhancing the clarity and forcefulness of expression. Notice also the way that paragraphs—some consisting of a single sentence—produce a kind of dramatic effect. In short, although de Gaulle's style is carefully wrought, one can appreciate the stylistic differences that exist between a written passage and one destined for oral delivery.

Appel° du général de Gaulle aux Français

Les chefs° qui, depuis de nombreuses années, sont à la tête des armées françaises, ont formé un gouvernement.

Ce gouvernement, alléguant° la défaite de nos armées, s'est mis en rapport avec° l'ennemi pour cesser le combat.

Certes, nous avons été, nous sommes, submergés par la force mécanique, terrestre et aérienne, de l'ennemi.

Infiniment plus que leur nombre, ce sont les chars°, les avions, la tactique des Allemands qui nous font reculer°. Ce sont les chars, les avions, la tactique des Allemands qui ont surpris nos chefs au point de les amener° là où ils en sont aujourd'hui.

Mais le dernier mot est-il dit ? L'espérance° doit-elle disparaître ? La défaite est-elle définitive ? Non !

Croyez-moi, moi qui vous parle en connaissance de cause° et vous dis que rien n'est perdu pour la France. Les mêmes moyens° qui nous ont vaincus° peuvent faire venir° un jour la victoire.

Car la France n'est pas seule ! Elle n'est pas seule ! Elle n'est pas seule ! Elle a un vaste Empire derrière elle. Elle peut faire bloc° avec l'Empire britannique qui tient la mer et continue la lutte°. Elle peut, comme l'Angleterre, utiliser sans limites l'immense industrie des Etats-Unis.

Cette guerre n'est pas limitée au territoire malheureux de notre pays. Cette guerre n'est pas tranchée° par la bataille de France. Cette guerre est une guerre mondiale°. Toutes les fautes°, tous les retards°, toutes les souffrances, n'empêchent° pas qu'il y a, dans l'univers, tous les moyens pour écraser° un jour nos ennemis. Foudroyés° aujourd'hui par la force mécanique, nous pourrons vaincre dans l'avenir° par une force mécanique supérieure. Le destin du monde est là.

Moi, général de Gaulle, actuellement° à Londres, j'invite les officiers et les soldats français qui se trouvent° en territoire britannique ou qui viendraient à s'y trouver, avec leurs armes ou sans leurs armes, j'invite les ingénieurs et les ouvriers° spécialistes des industries d'armement qui se trouvent en territoire britannique ou qui viendraient à s'y trouver, à se mettre en rapport avec moi.

Quoi qu'il arrive°, la flamme de la résistance française ne doit pas s'éteindre° et ne s'éteindra pas.

Demain, comme aujourd'hui, je parlerai à la radio de Londres.

Appel radiodiffusé° de Londres par le général de Gaulle

A l'heure où nous sommes, tous les Français comprennent que les formes ordinaires du pouvoir° ont disparu°.

l'appel *m* appeal / **le chef** leader / **alléguer** to allege / **se mettre en rapport avec** to contact / **le char** tank / **reculer** to retreat / **amener** to bring, to lead / **l'espérance** *f* hope / **en connaissance de cause** with full knowledge of the facts / **le moyen** means / **vaincre** to defeat, to vanquish / **faire venir** to bring about / **faire bloc** to unite / **la lutte** = *la bataille* / **tranché** settled / **mondial** world / **la faute** mistake / **le retard** delay / **empêcher** to prevent / **écraser** to crush / **foudroyé** struck down / **l'avenir** *m* = *le futur* / **actuellement** = *maintenant* / **se trouver** = *être* / **l'ouvrier** *m* = *le travailleur* / **quoi qu'il arrive** no matter what happens / **s'éteindre** to be extinguished / **radiodiffusé** broadcast / **le pouvoir** power / **disparaître** to disappear

Devant la confusion des âmes° françaises, devant la liquéfaction d'un gouvernement tombé sous la servitude ennemie, devant l'impossibilité de faire jouer° nos institutions, moi, général de Gaulle, soldat et chef français, j'ai conscience de parler° au nom de la France.

Au nom de la France, je déclare formellement ce qui suit°:

Tout Français qui porte° encore° des armes a le devoir° absolu de continuer la résistance.

Déposer les armes, évacuer une position militaire, accepter de soumettre° n'importe quel morceau° de terre française au contrôle de l'ennemi, ce serait un crime contre la patrie.

A l'heure qu'il est, je parle avant tout pour l'Afrique du Nord française, pour l'Afrique du Nord intacte...

Dans l'Afrique de Clauzel, de Bugeaud, de Lyautey, de Noguès[1], tout ce qui a de l'honneur a le strict devoir de refuser l'exécution des conditions ennemies.

Il ne serait pas tolérable que la panique de Bordeaux[2] ait pu traverser la mer.

Soldats de France, où que vous soyez°, debout° !

Qu'en pensez-vous ?

Etes-vous d'accord ou non avec les déclarations suivantes ? Justifiez votre réponse.

1. Les chefs français veulent continuer à combattre l'ennemi.
2. C'est le nombre des troupes ennemies qui a influencé les chefs français dans leur décision.
3. Selon de Gaulle, la guerre est perdue pour la France.
4. La France n'a plus d'alliés.
5. La défaite de la France marque la fin de la guerre.
6. Pour gagner la guerre, la France aura besoin de troupes plus nombreuses que les troupes allemandes.
7. De Gaulle cherche des combattants et des spécialistes pour l'aider à fonder la résistance française.
8. Ce sont des circonstances spéciales qui autorisent le général de Gaulle à parler au nom de la France.
9. Il déclare que la résistance est un crime contre la patrie.
10. La résistance va se concentrer à Bordeaux.

Appréciation du texte

1. Le texte du général de Gaulle est un discours prononcé à la radio. C'est donc oralement que le général doit arriver à persuader ses auditeurs. Lorsqu'il veut insister sur un point en particulier,

les âmes *f* souls, people / **faire jouer** = *mettre en action* / **j'ai conscience de parler** I feel that I am speaking / **suivre** to follow / **porter** to bear / **encore** still / **le devoir** = *l'obligation* / **soumettre** to subject / **n'importe quel morceau** any piece / **où que vous soyez** wherever you may be / **debout** stand up

[1] **Clauzel, Bugeaud, Lyautey, Noguès:** French military leaders who played major roles in North Africa in the nineteenth and twentieth centuries. Ironically, shortly after this speech, Noguès, a contemporary of de Gaulle, withdrew his support for resistance and switched his allegiance to Pétain.

[2] **La panique de Bordeaux:** As German troops invaded France, French officials took refuge in Bordeaux. It was from there that Marshal Pétain announced the armistice and the formation of the government that would be centered in Vichy.

il a souvent recours à la répétition. Lisez le discours à haute voix et notez les endroits dans le texte où la répétition accentue la pensée ou augmente l'intensité des émotions.

2. Dans ces deux discours, le général de Gaulle lance un appel extraordinaire à ses compatriotes, les exhortant à ne pas abandonner le combat et à se joindre à lui dans la résistance. Qu'est-ce qui fait la force de ces discours, d'après vous ? Quel a dû en être l'effet ? Le général a-t-il été persuasif ?

Vocabulaire satellite

le **pays** country, land
la **patrie** homeland
la **puissance** power
le **chauvinisme** chauvinism
la **xénophobie** xenophobia
l' **isolement** *m* isolation
le **citoyen,** la **citoyenne** citizen
les **impôts** *m* taxes
le, la **contribuable** taxpayer
le, la **fonctionnaire** public servant
l' **homme,** la **femme politique** politician

appartenir to belong
avoir honte to be ashamed
trahir to betray
défendre to defend
se **battre** to fight
fier, fière proud
fidèle loyal
respectueux, -euse des lois law-abiding
bien renseigné well informed

Pratique de la langue

1. Voici une occasion unique ! Vous disposez de trois minutes pour présenter aux autres membres de la classe une idée qui vous est chère. Préparez un petit discours (sérieux ? amusant ? satirique ?) et faites une présentation frappante.
2. Quelle idée vous faites-vous de votre pays ? Lui attribuez-vous, comme le faisait le général de Gaulle pour la France, « une destinée éminente et exceptionnelle » ? Dressez son bilan *(draw up its balance sheet)* : quelles sont ses réussites remarquables, qu'est-ce que l'avenir promet, et quels problèmes l'empêchent pour le moment de réaliser toutes ses possibilités ? Comparez vos conclusions avec celles de vos camarades de classe.
3. Table ronde : Le général de Gaulle savait qu'un jour il allait rendre un service exceptionnel à la France. Quels rapports avez-vous actuellement avec votre pays ? Quel rôle jouez-vous à présent et quel rôle comptez-vous jouer un jour ?
4. « Dans le monde actuel, le nationalisme est un sentiment démodé. Il faut être citoyen du monde. » Traitez cette question sous forme de débat ou de dialogue.

7 La Francophonie

Relative Pronouns and Demonstratives

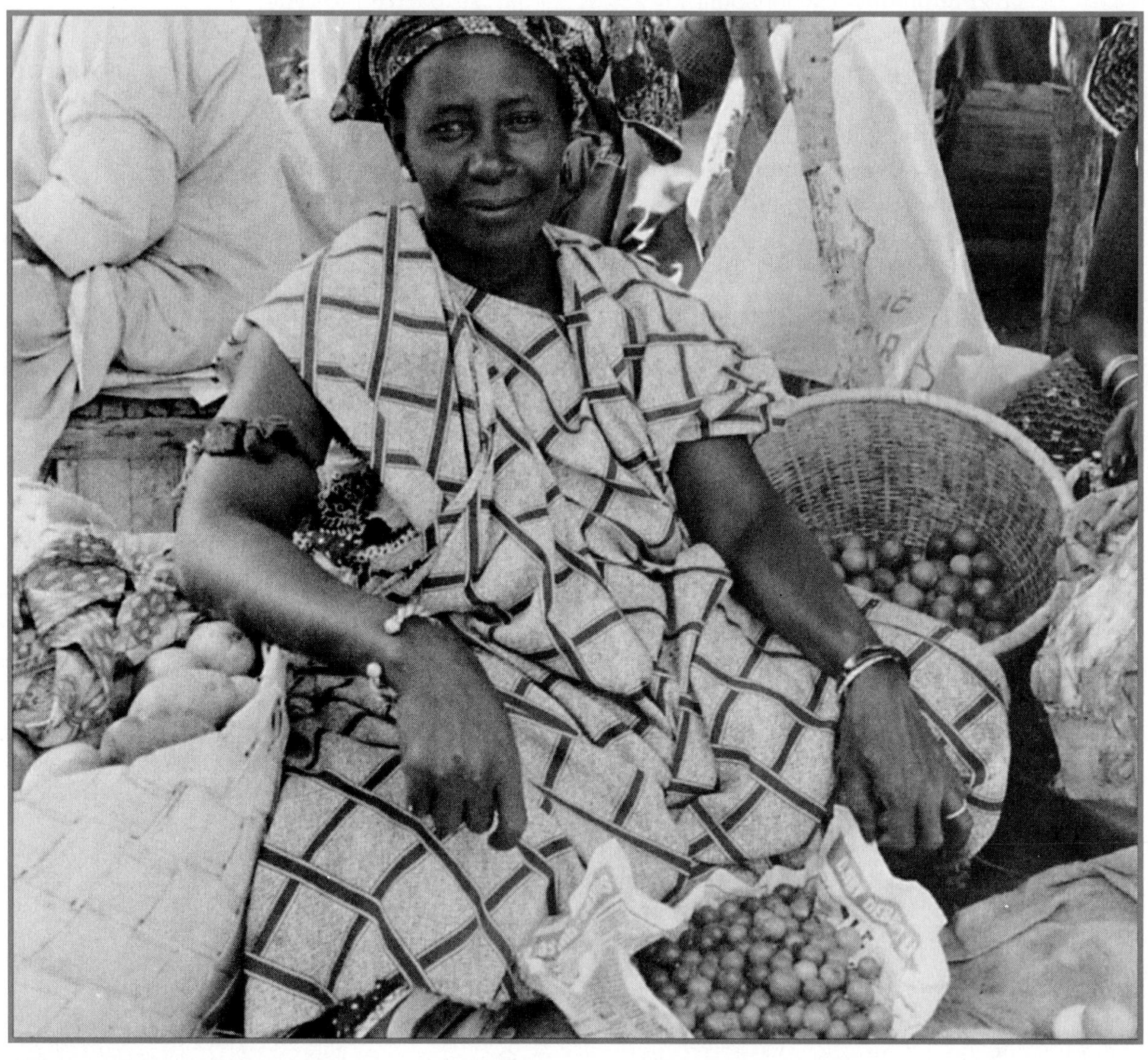

Un marché aux Antilles

Vocabulaire du thème : *La Francophonie*

Touristes et Voyageurs : les préparatifs

rêver de to dream of
faire des projets to make plans
l' **agence** *f* **de voyages** travel bureau
l' **agent** *m* **de voyages** travel agent
le **chèque de voyage** traveler's check
le, la **touriste** tourist
le **passeport** passport
le **visa** visa
la **carte d'identité** ID card
faire les préparatifs to make preparations
faire sa valise to pack one's suitcase

La Douane

passer la douane to pass through customs
le **douanier** customs officer
fouiller to search (a person, a suitcase, etc.)
avoir quelque chose à déclarer to have something to declare

Activités

faire un voyage to take a trip
faire une excursion accompagnée to take a guided tour
prendre des photos to take pictures
rendre visite à to visit (a person)
visiter to visit (a place)
l' **appareil (appareil-photo)** *m* camera
la **carte** map; menu
la **carte postale** postcard
le **guide** tour guide; guidebook
le **séjour** stay
le **souvenir** souvenir

Etrangers et Indigènes

la **patrie** homeland
l' **étranger** *m*, l'**étrangère** *f* foreigner
l' **indigène** *m*, *f* native
francophone French-speaking
francophile French-loving
francophobe French-hating

Aspects positifs

agréable pleasant
complaisant accommodating
avoir l'esprit ouvert (fermé) to have an open (closed) mind
l' **hospitalité** *f* hospitality
accueillir chaleureusement to welcome warmly
accueillant hospitable
être bien reçu to be well received
s' **adapter aux coutumes (aux habitudes) d'un peuple** to adapt to the customs (habits) of a people
se **débrouiller** to get along, to manage
se **fier à** to trust
se **sentir à l'aise** to feel at ease
souhaiter la bienvenue à quelqu'un to welcome someone

Aspects négatifs

désagréable unpleasant
dépaysé out of one's element, lost
condescendant condescending
être mal reçu to be badly received
avoir le mal du pays to be homesick
se **méfier de** to distrust
se **sentir mal à l'aise, dépaysé, etc.** to feel ill at ease, lost, etc.
exploité exploited

EXERCICE

Mise en scène. Complétez en employant une ou plusieurs expressions du *Vocabulaire du thème*, puis jouez les dialogues.

1. **A:** (nom), ça s'est bien passé, ton voyage en France ?
   B: (nom), ç'a été un désastre !

A: Comme c'est dommage ! Qu'est-ce qui est arrivé ?
B: ...
A: Non !
B: Si ! Et...
A: Pauvre (nom) ! Mais comment as-tu trouvé les Français ?
B: ...
A: Alors, ça n'a pas été un désastre complet !

2. **A:** (nom), on m'a donné une bourse ! Je vais étudier à l'étranger ! Je vais passer une année à (ville) !
B: Félicitations, (nom) !
A: J'ai beaucoup de choses à faire avant mon départ. Je dois...
B: Pourquoi as-tu choisi (ville) ?
A: Parce que là il y a beaucoup de choses intéressantes à faire. Je vais...
B: Et quand est-ce que tu vas étudier ?
A: Quand j'aurai du temps libre !

Relative Pronouns

A relative pronoun is a word that joins (relative = relates) a subordinate clause to a noun or pronoun in the main clause. A subordinate clause that begins with a relative pronoun is called a relative clause. The English relative pronouns are *who, whom, whose, that, which, what.*

L'étudiant qui a perdu son passeport a l'air dépaysé.
The student who lost his passport seems lost.
relative clause: **qui a perdu son passeport**
main clause: **L'étudiant a l'air dépaysé.**

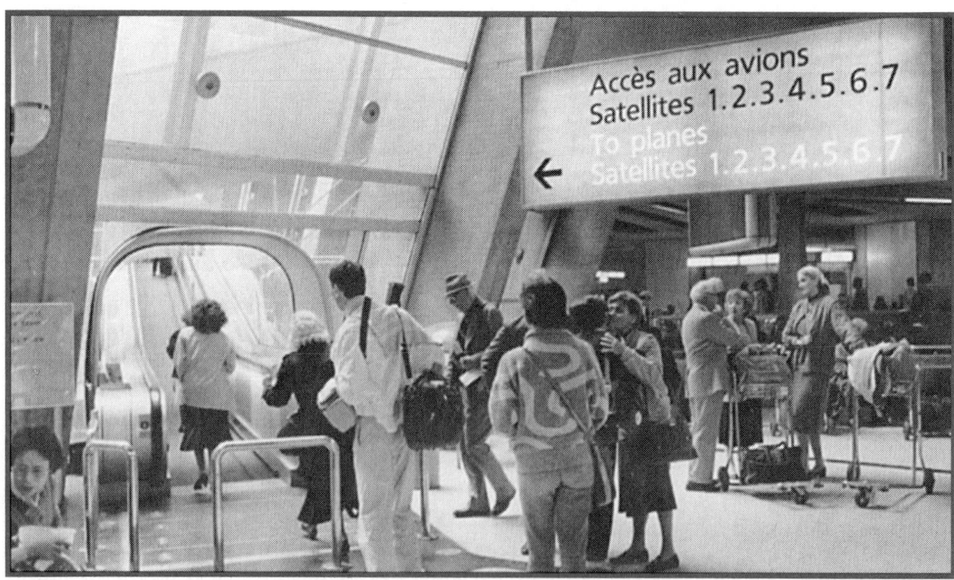

A l'aéroport Charles de Gaulle

L'étranger que j'ai rencontré à Paris s'appelle Paul.
The foreigner whom I met in Paris is named Paul.
relative clause: **que j'ai rencontré à Paris**
main clause: **L'étranger s'appelle Paul.**

The noun or pronoun that precedes the relative pronoun, and to which the relative pronoun refers, is called the antecedent. In the preceding examples, **l'étudiant** and **l'étranger** are antecedents of **qui** and **que,** respectively. Relative pronouns may be used as the subject or direct object of a relative clause, or as the object of a preposition.

Relative Pronouns Used as Subject or Direct Object of a Relative Clause

Antecedent	**Subject**		**Direct Object**	
person	qui	*who*	que[1]	*whom*
things	qui	*that, which*	que[1]	*that, which*
indeterminate	ce qui	*what*	ce que[1]	*what*

To determine whether a relative pronoun is the subject or the direct object of a relative clause, it is first necessary to recognize the verb of the relative clause, as distinguished from that of the main clause.

Sentence 1: Le touriste **qui habite chez nous** vient de France.
The tourist who lives at our house comes from France.

Sentence 2: L'île **que nous avons explorée** était pittoresque.
The island that we explored was picturesque.

In these two sentences, the verbs in the relative clauses are **habite** and **avons explorée.** Knowing this, one must then determine whether the relative pronouns are used as the subject or direct object of these verbs. In Sentence 1, **qui** is the subject of the verb **habite.** In Sentence 2, **que** is the direct object of the verb **avons explorée** (whose subject is **nous**).

Relatives *qui* and *que*

Qui is the subject and **que** is the direct object, when the antecedent is a person or a specified thing.

Comment s'appelle la jeune fille qui nous a accueillis ?
What is the name of the girl who welcomed us?

Voilà un pays qui me plaît !
There's a country that pleases me!

Voilà l'agent de voyages que nous avons engagé.
Here is the travel agent (whom) we hired.

Tahiti est l'île que je trouve la plus charmante.
Tahiti is the island (that) I find the most charming.

[1] **Que** changes to **qu'** before a vowel or mute *h*.

Note that although the direct object relative pronoun is often omitted in English, its counterpart **que** must always be used in French.

EXERCICES

A. Imaginez que vous allez visiter un pays étranger. Naturellement, vous voudriez avoir un guide qui parle la langue du pays. Répondez en employant **qui** et une des langues dans la colonne de droite, selon le modèle.

MODELE Vous allez en France.
Je voudrais un guide qui parle français.

Vous allez...

1. en Espagne.	russe
2. en Angleterre.	japonais
3. aux Etats-Unis.	français
4. en Allemagne.	anglais
5. au Japon.	espagnol
6. en Chine.	chinois
7. au Canada.	allemand
8. en Russie.	italien
9. au Mexique.	
10. en Italie.	

B. Imaginez que vous êtes un(e) touriste curieux (curieuse). Chaque fois que vous visitez un pays étranger, vous achetez une carte postale avec le portrait d'un personnage célèbre qui vient de ce pays. Identifiez les pays en employant **que** selon le modèle.

MODELE Quel beau portrait de Sophia Loren !
C'est le portrait que j'ai acheté en Italie.

1. Quel beau portrait de Mao !
2. Quel beau portrait du président Kennedy !
3. Quel beau portrait de Karl Marx !
4. Quel beau portrait de Jeanne d'Arc !
5. Quel beau portrait de Picasso !
6. Quel beau portrait de Goethe !
7. Quel beau portrait de Michel-Ange !
8. Quel beau portrait de l'empereur Hirohito !
9. Quel beau portrait de Winston Churchill !

C. Créez six phrases logiques en employant les mots dans les quatre colonnes.

1. Le souvenir		a fouillé mes valises	était dangereux.
2. Le voleur	que	j'ai visité	était beau.
3. Le douanier		j'ai fait	était sympathique.
4. Le monument	qui	a perdu son passeport	était cher.
5. Le voyageur		la police a arrêté	était intéressant.
6. Le voyage		nous avons acheté	était fâché.

Devant Notre-Dame de Paris

D. Complétez en employant **qui** ou **que** selon le modèle.

MODELE Un oiseau est un animal...
Un oiseau est un animal qui vole.
ou : *Un oiseau est un animal qu'on voit dans les arbres.*

1. Un francophile est une personne...
2. Un bikini est un vêtement...
3. Un francophobe est une personne...
4. Un étranger est une personne...
5. Un douanier est une personne...
6. Un souvenir est un objet...

Relatives *ce qui* and *ce que*

Ce qui is the subject and **ce que** is the direct object when the antecedent is indeterminate: that is, something other than a person or a specified thing (e.g., an idea or an unspecified thing). **Ce qui** and **ce que** are usually rendered by *what* in English.

Dites-moi tout de suite ce qui vous gêne !
Tell me right away what is bothering you!

Le guide ne sait pas ce que les touristes veulent voir.
The guide doesn't know what the tourists want to see.

Note that **tout ce qui** and **tout ce que** are used to express *all that* or *everything that.*

L'étude de la poésie africaine est tout ce qui l'intéresse.
The study of African poetry is all that interests her.

Montrez-moi tout ce que vous avez acheté pendant votre voyage.
Show me everything that you bought during your trip.

EXERCICES

A. Faites l'exercice B à la page 218 en employant **ce que** selon le modèle.

MODELE Quel beau portrait de Dante !
C'est ce que j'ai acheté en Italie.

B. Imaginez que vous avez perdu la mémoire. La police vous a trouvé(e) sur une belle plage à la Martinique, mais vous ne savez pas comment ou pourquoi vous vous y trouvez. Les médecins pensent que vous êtes devenu(e) amnésique, et ils vous posent des questions. Répondez en employant **ce que** ou **ce qui** selon le modèle.

MODELE Qu'est-ce que vous avez fait hier ?
Je ne me rappelle pas ce que j'ai fait.

Qu'est-ce qui vous intéresse ?
Je ne me rappelle pas ce qui m'intéresse.

1. Qu'est-ce que vous avez mangé hier ?
2. Qu'est-ce qui vous ennuie ?
3. Qu'est-ce que vous avez dit à la police ?
4. Qu'est-ce que vous avez fait la semaine dernière ?
5. Qu'est-ce qui vous rend content(e) ? (triste) ?
6. Qu'est-ce qui vous amuse ?

C. Remplacez les tirets par **qui, que, (tout) ce qui,** ou **(tout) ce que,** puis jouez les dialogues.

1. **A:** Le douanier ____________ a fouillé mes valises m'a posé beaucoup de questions.
   B: Qu'est-ce qu'il t'a demandé ?
   A: Où j'habite, ____________ je vais faire ce soir...
   B: Ah, je sais ____________ l'intéressait. Quel Don Juan !
2. **A:** Montre-moi les cartes postales ____________ tu as achetées ce matin.
   B: Mais ce sont des cartes postales de Lyon, et nous sommes à Paris !
   A: Le monsieur ____________ me les a vendues m'a dit qu'elles étaient très jolies...
   B: Pauvre Henriette (Henri) !
3. **A:** J'ai envie d'acheter beaucoup de souvenirs ce matin.
   B: Les souvenirs coûtent très cher...
   A: L'argent, l'argent, l'argent ! Est-ce que c'est ____________ t'intéresse ?
   B: Pas du tout, chéri(e). Voici un cadeau ____________ je t'ai acheté hier...
   A: (sourire embarrassé)

Le château Frontenac et le vieux Québec

Relative Pronouns Used with Prepositions

There are two groups of relatives that are used with prepositions: one group is used with all prepositions and the other only with the preposition **de.**

Relatives *qui, lequel, quoi,* and *où*

Antecedent	Relative	
person	qui	*whom*
thing	lequel[1]	*which*
indeterminate	quoi	*what, which*
expression of time or place	où	*where, when*

1. **Qui** is ordinarily used to refer to persons, whereas **lequel** is generally used for specified things.

   Voilà le guide avec qui nous allons partir.
   There's the guide we're going to leave with.

   Voici la fiche sur laquelle il a écrit son nom.
   Here's the form he wrote his name on.

[1]The form used—**lequel, laquelle, lesquels,** or **lesquelles**—depends on the number and gender of the antecedent. The forms contract normally with the prepositions **à** and **de: auquel, desquelles,** etc.

Note in the preceding examples that the preposition often ends the sentence in English, but almost never does in French.

2. **Quoi** is used to refer to something indeterminate: something other than persons or specified things (e.g., ideas or unspecified things).

   Il a décidé de se marier, après quoi il s'est senti mal à l'aise.
   He decided to get married, after which he felt ill at ease.

   Je ne sais pas avec quoi elle compte acheter ces souvenirs !
   I don't know what she intends to buy these souvenirs with!

3. The relative **où** is often used after expressions of time and place to render the English *when* or *where:*

   au moment où — le pays où
   la semaine où — la maison où
   le jour où

   Sa vie a changé le jour où elle est arrivée en France.
   Her life changed the day she arrived in France.

   Le pays où nous allons passer nos vacances est francophone.
   The country where we are going to spend our vacation is French-speaking.

   Note that **quand** *(when)* is never used with the preceding expressions of time.

EXERCICES

A. Donnez votre réaction aux opinions suivantes selon le modèle.

MODELE La cuisine française est la meilleure du monde.
Voilà une opinion avec laquelle je suis (je ne suis pas) d'accord.

1. Un voyage en bateau est plus agréable qu'un voyage en avion.
2. Si on veut connaître un pays, il est nécessaire d'y habiter au moins un an.
3. Quand on a le mal du pays pendant un voyage à l'étranger, il vaut mieux retourner tout de suite chez soi.
4. En voyageant à l'étranger il est plus amusant de faire du camping que de loger à l'hôtel.
5. Il est important d'avoir des chèques de voyage quand on fait un voyage à l'étranger.
6. Avant de voyager à l'étranger, il est préférable de faire des préparatifs bien à l'avance *(well ahead of time).*
7. Si on veut apprécier les voyages à l'étranger, il vaut mieux avoir l'esprit ouvert.

B. Remplacez les tirets par **qui, lequel** (**laquelle,** etc.), **quoi** ou **où.**

1. Je me suis sentie à l'aise le jour ____________ j'ai quitté ce pays horrible !
2. Pourquoi est-ce que ces touristes à ____________ je viens de parler ont l'air désagréables ?
3. Les habitants du village ____________ nous avons passé la nuit se méfiaient de nous.
4. Malheureusement, les indigènes à ____________ j'ai parlé n'ont pas compris mon accent.
5. Les Français avec ____________ j'ai dîné ont commandé un repas splendide !
6. Je ne comprends pas avec ____________ il compte fermer ses valises !
7. Nous avons senti une odeur délicieuse au moment ____________ nous sommes entrés dans ce restaurant français.

8. Elle a passé la douane, après ____________ sa famille l'a accueillie.
9. Ce guide n'était pas si vulgaire à l'époque ____________ je l'ai connu !
10. Est-ce que ce touriste vous a dit à ____________ il s'intéresse ?

C. Traduisez en français, puis jouez les dialogues.

1. **A:** I loved this country the day we arrived. It's so beautiful!
   B: I loved it the moment I ate my first pizza.
   A: To each his own *(A chacun son goût)!*
2. **A:** She has no money. I don't know what she's going to buy souvenirs with.
   B: She took your traveler's checks.
   A: What?
3. **A:** That guy *(type)* took the pen I was writing postcards with. What a nerve *(Quel culot)!*
   B: Do you know the guy?
   A: No.
   B: He's the guide we're spending the afternoon with.
   A: Let's stay in the hotel!

Relatives *dont* and *ce dont*

Antecedent	Relative	
person	dont	*of whom, whom, whose*
thing	dont	*of which, which, that, whose*
indeterminate	ce dont	*of which, what*

The relatives **dont** and **ce dont** are generally used in two cases: with verbs and verbal expressions ending in **de,** and with the possessive construction.

1. Some verbs and expressions ending in **de:**

parler de	il s'agit de	être content de
se méfier de	rêver de	avoir peur de
avoir envie de	avoir besoin de	se souvenir de

Dont has an immediate antecedent—a person or a thing—to which it refers. **Ce dont,** on the other hand, does not have an immediate antecedent and refers to something other than specified persons or things (e.g., ideas or unspecified things).

Voici l'étranger dont elle se méfie !
Here is the foreigner (whom) she distrusts!

Avez-vous trouvé la carte dont j'ai besoin ?
Have you found the map (that) I need?

Je ne regrette pas ma décision. C'est précisément ce dont je suis si fier !
I don't regret my decision. That's precisely what I'm so proud of!

Faire un voyage à Paris ? Voilà ce dont j'ai besoin !
Take a trip to Paris? That's what I need!

Keep in mind that the preposition **de** in French verbal expressions often has no specific equivalent in English: **avoir besoin de,** *to need;* **se méfier de,** *to distrust.*

2. The possessive construction: **dont** meaning *whose*

Sentence 1:	La jeune touriste dont les valises étaient lourdes marchait lentement. *The young tourist whose suitcases were heavy was walking slowly.*
Sentence 2:	Mon ami dont le père est douanier est d'origine africaine. *My friend whose father is a customs official is of African origin.*
Sentence 3:	Le guide dont j'ai remarqué la mauvaise humeur gênait tout le monde. *The guide whose bad mood I noticed bothered everybody.*
Sentence 4:	L'amie dont j'ai cassé l'appareil s'est fâchée. *The friend whose camera I broke got angry.*

Note the position of **dont** and *whose* in the preceding sentences. In Sentences 1 and 2, **dont** and *whose* are both immediately followed by the subject of the relative clause. In Sentences 3 and 4, however, though **dont** is again immediately followed by the subject of the relative clause, *whose* is followed by the direct object. In the French sentence, **dont** is always immediately followed by the subject of the relative clause. As a practical guide, substitute *of whom* or *of which* for *whose;* the resulting word order will always be correct.

L'ami dont j'ai cassé l'appareil s'est fâché.
The friend whose camera I broke got angry.
The friend of whom I broke the camera got angry.

EXERCICES

A. Deux jeunes étudiantes décident de passer leurs vacances à Paris. Les parents d'une des étudiantes sont riches, tandis que ceux de l'autre étudiante sont pauvres. Identifiez l'étudiante en employant **dont** selon le modèle.

MODELE Elle habite dans un hôtel élégant.
C'est l'étudiante dont les parents sont riches.

Elle habite dans un hôtel très modeste.
C'est l'étudiante dont les parents sont pauvres.

1. Elle achète ses vêtements chez Dior.
2. Elle n'achète rien.
3. Elle boit du vin ordinaire.
4. Elle boit seulement du champagne.
5. Elle va partout en taxi.
6. Elle va partout à pied.
7. Elle dîne dans des restaurants self-service.
8. Elle dîne dans des restaurants élégants.

B. Quel groupe a probablement besoin des choses suivantes ? Répondez en employant **ce dont** selon le modèle.

MODELE un guide Michelin
C'est ce dont les touristes (les guides) ont besoin.

1. un passeport
2. un revolver
3. un dictionnaire français
4. du travail
5. du lait
6. un stéthoscope
7. beaucoup d'argent
8. une carte d'identité
9. une nouvelle valise

C. Traduisez en français, puis jouez les dialogues.

1. **A:** What a dream! This is the trip I've dreamed about all my life!
   B: I've lost my passport.
   A: What? The passport we need to continue our trip?
   B: Yes . . .
   A: The passport we need to pass through customs?
   B: Yes . . .
   A: What a nightmare (*cauchemar* m)!

2. **A:** Look! There's the tourist whose traveler's checks we just found.
   B: He's talking to a policeman (*agent de police* m).
   A: They're looking at us . . .
   B: I know. That's what I was afraid of!

D. Révision : Remplacez les tirets par **qui, que, lequel, quoi, où, dont** ou **ce dont** dans l'histoire suivante.

Le rêve de Marie

1. Marie travaillait dans un bureau ______ elle s'ennuyait terriblement.
2. Sa mère lui a suggéré un voyage aux Etats-Unis ______ habitaient son oncle et sa tante.
3. Marie a décidé de faire ce voyage pendant ______ elle pourrait peut-être rencontrer son prince charmant !
4. Marie est allée au grand magasin ______ elle a acheté tout ______ elle avait besoin.
5. Avant son départ elle a acheté un cadeau ______ elle comptait présenter à son oncle et sa tante.
6. Elle s'est beaucoup amusée sur le bateau ______ elle a rencontré Mike ______ elle a apprécié le sens de l'humour, et Jim ______ le sourire l'a charmée.
7. Elle a souri à la Statue de la Liberté ______ semblait lui souhaiter la bienvenue.
8. A la douane elle a vu son oncle ______ l'a accueillie chaleureusement.
9. Elle a été impressionnée par la ville de New York ______ elle a trouvée dynamique.
10. Malheureusement, Marie n'a pas trouvé le prince charmant ______ elle cherchait.
11. Elle a commencé à travailler dans un bureau à New York ______ elle s'ennuyait plus qu'à Paris !
12. Après six mois elle a dit au revoir à son oncle et sa tante ______ l'avaient traitée comme leur propre fille.
13. Elle est partie pour le Canada ______ elle a continué à chercher son prince charmant.
14. Maintenant Marie est très vieille, hélas, et elle n'a jamais trouvé le prince ______ elle avait rêvé.

Review of Interrogative and Relative Pronouns

This is a brief review for comparison. Students are referred to Chapter 4 for additional information on interrogative pronouns.

Who (subject)

1. Interrogative: **qui ?, qui est-ce qui ?**

   Qui veut voyager à l'étranger ?
   Qui est-ce qui veut voyager à l'étranger ?
   Who wants to travel abroad?

2. Relative: **qui**

   Ces gens qui sortent du Louvre sont des touristes.
   These people who are leaving the Louvre are tourists.

Whom (direct object)

1. Interrogative: **qui ?**

   Qui avez-vous vu à Rome ?
   Whom did you see in Rome?

2. Relative: **que**

   Matisse est le peintre que nous préférons.
   Matisse is the painter (whom) we prefer.

Of whom, whom (with *de*)

1. Interrogative: **de qui ?**

   De qui parliez-vous quand je suis entré ?
   Whom were you talking about when I entered?

2. Relative: **dont**

   Voici le type dont je me méfie.
   Here's the fellow (whom) I distrust.

What (subject and direct object)

1. Interrogative: **qu'est-ce qui ?** (subject); **que ?, qu'est-ce que ?** (direct object)

   Qu'est-ce qui se passe actuellement en France ?
   What's going on now in France?

   Qu'est-ce que vous avez rapporté d'Afrique ?
   Qu'avez-vous rapporté d'Afrique ?
   What have you brought back from Africa?

2. Relative: **ce qui** (subject); **ce que** (direct object)

   Dites-moi ce qui se passe actuellement en France.
   Tell me what's going on now in France.

   Montrez-moi ce que vous avez rapporté d'Afrique.
   Show me what you brought back from Africa.

Of what, what (with *de*)

1. Interrogative: **de quoi ?**

   De quoi a-t-on besoin pour aller à l'étranger ?
   What does one need to go abroad?

2. Relative: **ce dont**

Il ne m'envoie jamais ce dont j'ai besoin !
He never sends me what I need!

EXERCICES

A. Traduisez en français les mots anglais.

1. De ________ *(whom)* le guide se moque-t-il, de vous ou de moi ?
2. Comment s'appelle ce Français ________ *(who)* se sent si dépaysé ?
3. De ________ *(what)* s'agit-il dans ce roman ?
4. Je n'aime pas ________ *(what)* ces touristes ont l'intention de faire !
5. Il est francophile ? ________ *(What)* cela signifie ?
6. ________ *(What)* m'impressionne le plus, ce sont ses bonnes manières.
7. Cet agent de voyages ne sera jamais capable de me donner ________ *(what)* j'ai envie.
8. Voici ________ *(what)* j'ai trouvé dans ma chambre d'hôtel.
9. De ________ *(what)* a-t-elle besoin pour s'amuser à Paris ?
10. Cette touriste ________ *(of whom)* ils parlent n'était pas très agréable.
11. ________ *(What)* a-t-on trouvé à la douane ?
12. La cuisine dans le restaurant ________ *(which)* nous avons choisi était très bonne.
13. ________ *(Who)* est ce monsieur qui a l'air si condescendant ?
14. ________ *(What)* vous impressionne dans la cuisine française ?
15. ________ *(What)* m'intéresse n'est pas très amusant !

B. Dialogue : A la douane. Remplacez les tirets par le pronom interrogatif approprié, puis jouez le dialogue.

A: ________ vous avez à déclarer, Mademoiselle ?
B: Rien, Monsieur. Je n'ai rien acheté.
A: ________ il y a dans votre valise ?
B: Des vêtements, c'est tout.
A: A ________ avez-vous rendu visite ?
B: A ma vieille tante.
A: ________ vous allez faire ce soir, Mademoiselle ?
B: Ça ne vous regarde pas, Monsieur ! Au revoir !

Related Expressions

n'importe + qui, quoi, où, quand

The expression **n'importe** (lit., *no matter*) is used with **qui, quoi, où,** and **quand** to express a lack of discrimination.

n'importe qui	*anyone (at all)*
n'importe quoi	*anything (at all)*
n'importe où	*anywhere (at all)*
n'importe quand	*any time (at all)*

Chérie, je te suivrai n'importe où !
Darling, I will follow you anywhere (at all)!

Mon frère prend des photos de n'importe quoi !
My brother takes pictures of anything!

Il sort avec n'importe qui !
He goes out with just anybody!

EXERCICES

A. Remplacez les tirets par **n'importe qui, quoi, où** ou **quand.**

1. Vous pouvez me téléphoner le matin ou le soir, enfin ____________ !
2. Elle vous adore tellement qu'elle irait ____________ avec vous.
3. Vous savez qu'il ferait ____________ pour gagner assez d'argent pour aller à la Martinique.
4. Il ne respecte pas beaucoup les guides; il croit que ____________ pourrait être guide !
5. Puisqu'elle parle si bien français, elle pourra se débrouiller ____________ en France.

B. Remplacez les tirets par **n'importe qui, quoi, où** ou **quand,** puis jouez le dialogue.

A: Mais où vas-tu, chéri(e) ?
B: ____________ !
A: Mais avec qui vas-tu rester ?
B: Avec ____________ !
A: Mais qu'est-ce que tu vas faire ?
B: ____________ !
A: Mais quand est-ce que nous allons nous marier, alors, ____________ ?
B: Non ! Jamais !

Demonstratives

Demonstrative adjectives and pronouns are used to point something out.

The Demonstrative Adjective

	Masculine	**Feminine**	
Singular	ce, cet	cette	*this, that*
Plural	ces	ces	*these, those*

Like all adjectives, the demonstrative adjective agrees in number and gender with the noun it modifies. The masculine singular has two forms: **ce** is used before a noun or adjective beginning with a consonant; **cet** is used before a noun or adjective beginning with a vowel or mute *h*.

Cette autoroute est très dangereuse !
This highway is very dangerous!

Ces cathédrales sont célèbres.
Those cathedrals are famous.

Ce vieux couple aime faire des excursions accompagnées.
This old couple likes to take guided tours.

Cet énorme monument tombe en ruine !
That enormous monument is falling into ruin!

It is not usually necessary to distinguish between *this* and *that* in French. However, when a contrast is desired, **-ci** *(this)* and **-là** *(that)* are added to the noun with a hyphen.

Que pensez-vous de ce parfum-ci ?
What do you think of this perfume?

J'ai aimé toutes tes cartes postales, mais cette carte-là était laide !
I liked all your postcards, but that card was ugly!

EXERCICES

A. Créez une phrase originale en employant **ce, cet** ou **cette,** selon le modèle.

MODELE photo
J'aime beaucoup cette photo.

1. souvenir
2. excursion
3. hôtel
4. valise
5. étranger
6. étrangère
7. douanier
8. pays

B. Remplacez les tirets par l'**adjectif démonstratif** convenable. Employez **-ci** ou **-là** s'il y a lieu.

1. Donnez-moi ____________ appareil et gardez l'autre.
2. Pourquoi est-ce que vous vous méfiez du patron de ____________ restaurant ?
3. Je vais me renseigner sur ____________ hôtel de luxe.
4. ____________ agent de voyages a fait mille erreurs !
5. ____________ touristes bilingues m'impressionnent beaucoup.
6. J'ai visité beaucoup de monuments, mais pas ____________ monument.
7. Comment peuvent-ils s'habituer à ____________ coutumes bizarres ?
8. Pourquoi avez-vous pris ____________ photo ?
9. ____________ passeport est en règle, Monsieur, mais ____________ passeport ne l'est pas !
10. Heureusement, ____________ douanier n'a pas trop fouillé mes valises.

The Definite Demonstrative Pronoun

	Masculine	Feminine
Singular	celui	celle
Plural	ceux	celles

The definite demonstrative pronoun agrees in number and gender with the noun to which it refers. Never used alone, it is always followed by **-ci** or **-là,** a relative pronoun, or a preposition.

Followed by *-ci* or *-là*

The English equivalents are *this one, that one, these, those.*

Cet appareil-ci est peut-être joli, mais celui-là marche mieux.
This camera may be attractive, but that one works better.

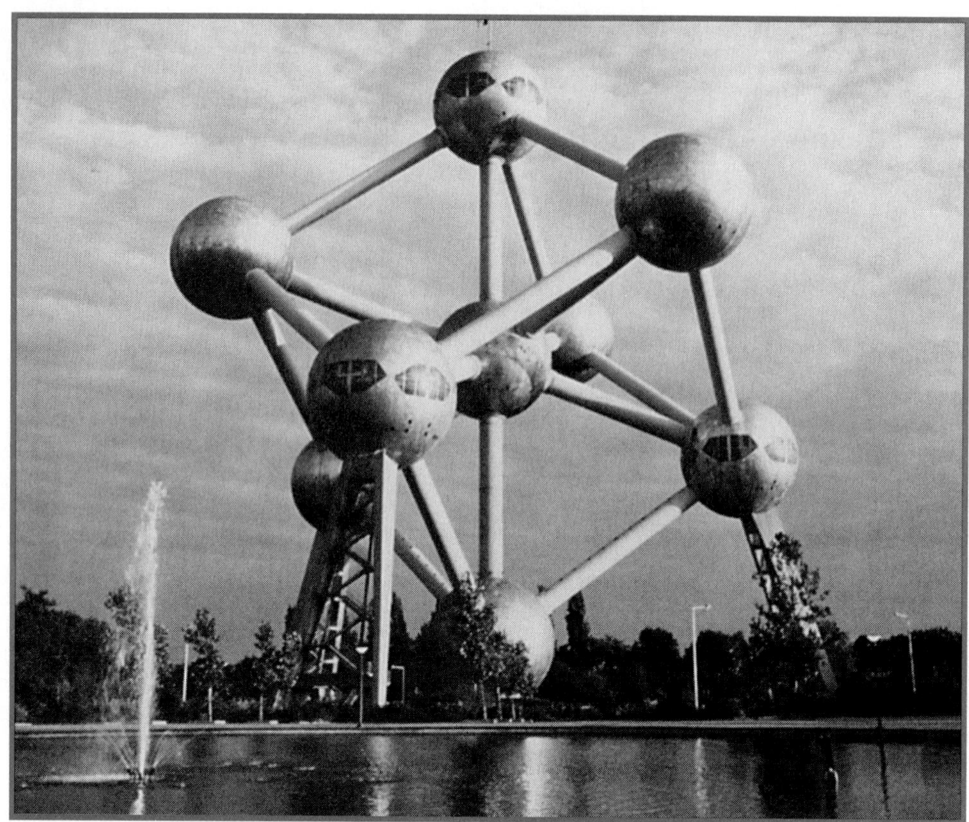

L'Atomium (de l'exposition universelle de 1958) à Bruxelles

Cet hôtel-ci est bon marché, mais celui-là est mieux situé.
This hotel is cheap, but that one is better located.

Celui-là can also mean *the former,* and **celui-ci,** *the latter.*

On peut visiter des cabarets ou des monuments historiques. —Ceux-ci m'ennuient, ceux-là me passionnent.
We can visit cabarets or historical monuments. —The former excite me, the latter bore me.

Note that in French, contrary to English, the sentence begins with **ceux-ci** *(the latter).* This is because the second noun in the first sentence (**monuments**) is closer to the second sentence, and is therefore referred to first (**ceux-ci** = *these*).

Followed by a relative pronoun

The English equivalents often are *he (she) who, the one(s) who/that, those who/that.*

Celui qui s'ennuie chez lui va probablement s'ennuyer à l'étranger.
He who gets bored at home will probably get bored abroad.

Voilà celle que j'ai achetée à Paris.
There's the one (that) I bought in Paris.

Celui dont j'ai envie coûte trop cher.
The one (that) I feel like having costs too much.

Followed by a preposition

The English equivalent is often *the one* or *the ones.*

Voyez-vous ces deux femmes ? La blonde est celle avec qui je suis sorti hier soir.
Do you see those two women? The blond is the one I went out with last night.

Les membres de notre groupe sont vraiment ennuyeux. Ceux avec qui nous avons fait notre dernière excursion étaient bien plus intéressants.
The members of our group are really boring. The ones we made our last trip with were much more interesting.

Note that the construction **celui** + **de** is equivalent to the English possessive expressed by *'s.*

Aimez-vous cette chambre ? —Non, je préfère celle de Nancy.
Do you like this room? —No, I prefer Nancy's.

Nous avons de bons guides. Que pensez-vous de ceux de l'autre groupe ?
We have good guides. What do you think of the other group's?

The Indefinite Demonstrative Pronouns

ceci	*this*
cela, ça	*that*

Unlike the definite demonstrative pronouns, which refer to a noun that they agree with in number and gender, the indefinite demonstrative pronouns refer to things without number and gender, such as facts or ideas. They are therefore invariable. **Cela** often means both *this* and *that,* except when a contrast is desired. **Ça** is a familiar form of **cela.**

Cela (Ça) m'intéresse beaucoup.
That (This) interests me very much.

Prenez ceci; laissez cela.
Take this; leave that.

Je n'aurais jamais pensé à cela !
I'd never have thought of that!

J'aime ceci mais je déteste ça !
I like this but I hate that!

EXERCICES

A. Répondez en employant la forme correcte de **celui de** + *personne* selon le modèle.

MODELE Quels films préférez-vous ?
Ceux de Fellini (de Kurosawa, de Truffaut, etc.).

1. Quelles symphonies préférez-vous ?
2. Quels romans préférez-vous ?
3. Quelles chansons préférez-vous ?
4. Quels tableaux préférez-vous ?
5. Quels poèmes préférez-vous ?
6. Quels films préférez-vous ?

B. Formulez des proverbes en employant **celui qui** selon le modèle.

MODELE Si on voyage, on apprendra beaucoup.
Celui qui voyage apprendra beaucoup.

1. Si on ne risque rien, on n'aura rien.
2. Si on s'excuse, on s'accuse.

3. Si on va lentement, on va sûrement.
4. Si on est bien reçu, on se sentira à l'aise.
5. Si on mange trop de tartes, on grossira.
6. Si on a l'esprit ouvert, on se débrouillera.

C. Préparez deux phrases personnelles (sérieuses ? amusantes ? bizarres ?) comme celles de l'exercice B et demandez à un(e) autre étudiant(e) de formuler des proverbes.

D. Traduisez en français.

1. He who adapts himself to the customs of a foreign country will get along very well.
2. He liked neither the natives nor the foreigners. The former seemed too warm and the latter too cold.
3. This trip will be more interesting than last year's.
4. Take this and leave (*laisser*) that.
5. There's the one I distrust!
6. Paul is the one who comes from Canada.
7. If you give me this, I will give you that.
8. Americans welcome warmly those who seem pleasant and accommodating.
9. She likes neither France nor the United States. The former is too old and the latter too modern.

E. Traduisez en français, puis jouez le dialogue.

A: I'd like to buy a camera. Would you show me a good camera?
B: Do you want to look at this one or that one?
A: Which one *(lequel)* is the better one?
B: This one, but it's expensive.
A: Show me that one, then!

The Demonstrative Pronoun *ce*

Ce is most frequently used with the verb **être : c'est, ce sont.** It is rendered in English by *he, she, it, they, that.*

ce or subject pronoun with *être*

Should **ce** or the subject pronouns **il, elle, ils, elles** be used as the subject of **être?** As a general rule, if what follows **être** makes sense grammatically as its subject, **ce** is used. If what follows **être** could not be its subject, a subject pronoun is used.

1. **Ce** is used when **être** is followed by a noun, a pronoun, or a superlative. **C'est** is used for all persons except the third person plural, for which **ce sont** is generally preferred.

Qui vient de débarquer ? —C'est votre frère Paul.
Who just got off the boat? —It's your brother Paul.

Que fait votre fils actuellement ? —C'est une bonne question !
What is your son doing now? —That's a good question!

Qui est là ? —C'est moi.
Who's there? —I am!

C'est la plus belle île du monde !
It's the most beautiful island in the world!

Qui a volé nos valises ? —Ce sont eux !
Who stole our suitcases? —They did!

In the preceding sentences, what follows the verb **être** also makes sense as its subject.

Votre frère Paul est...
Une bonne question est...
Moi, je suis...
La plus belle île du monde est...
Eux sont...

2. The subject pronouns **il, elle, ils, elles** are used when **être** is followed by an adjective, an adverb, a preposition, or a phrase—none of which could serve as the subject of **être.**

   Comment trouvez-vous les Français ? —Ils sont très fiers.
   How do you find the French? —They are very proud.

   Y a-t-il beaucoup d'Américains à l'étranger ? —Ils sont partout !
   Are there a lot of Americans abroad? —They're everywhere!

   Où est ma malle ? —Elle est à côté de vous !
   Where is my trunk? —It's next to you!

   Note that an unmodified noun of profession, nationality, political allegiance, religion, or social class is treated like an adjective.

   Quel est son métier ? —Il est guide.
   What is his trade? —He's a guide.

   Et sa religion ? —Il est protestant.
   And his religion? —He's a Protestant.

EXERCICES

A. Remplacez les tirets par **c'est, il est** ou **elle est,** puis jouez les dialogues.

1. **A:** Qui est la jeune fille sur la photo ?
   B: ____________ ma sœur Catherine.
   A: Comme ____________ belle !
2. **A:** Connaissez-vous cet étranger ?
   B: Oui, ____________ le cousin de Mimi Lachaise.
   A: Comme ____________ idiot!
3. **A:** Vous voyez cette femme ?
   B: Oui, oui.
   A: Comme ____________ bête !
   B: Vraiment ?
   A: ____________ la femme la plus bête du monde !
   B: Merci. ____________ ma cousine !

B. Complétez par **c'est, il est** ou **elle est** selon le modèle.

MODELE ____________ une touriste.
C'est une touriste.
____________ content.
Il est content.

1. ____________ dangereuse.
2. ____________ femme d'affaires.
3. ____________ notre guide.
4. ____________ moi !
5. ____________ folle !
6. ____________ Gisèle.
7. ____________ mon passeport.
8. ____________ complaisant.
9. ____________ mon avocat.
10. ____________ protestante.
11. ____________ derrière nous.
12. ____________ une bonne idée !
13. ____________ très petite.
14. ____________ sa valise.

C. Remplacez les tirets par **c'est, il est, elle est, ils sont** ou **elles sont,** puis jouez les dialogues.

1. De quelle nationalité est cet étranger ? — ____________ canadien, je crois.
2. Votre appareil marche-t-il bien ? — ____________ le pire appareil que j'ai jamais acheté !
3. Pourquoi votre amie admire-t-elle tellement Pasteur ? —Probablement parce que ____________ médecin.
4. Je voudrais bien poser quelques questions à nos guides. —Mais ____________ partis !
5. Pourquoi ne veulent-elles pas nous accompagner à l'église catholique ? —Je crois que ____________ protestantes.
6. Il ne parle pas bien, ce monsieur. —Bien sûr que non, ____________ un étranger !
7. Où se trouve votre agence de voyages ? —____________ au coin de la rue, là-bas.
8. Pourquoi n'aimez-vous pas ces touristes ? —Parce que ____________ vulgaires !

c'est or *il est* + adjective referring to an idea

1. **C'est** + *adjective* is used when referring to a previously mentioned idea.

   Je vais faire un voyage à la Martinique. —C'est formidable !
   I'm going to take a trip to Martinique. —That's great!

   J'ai commencé à me découvrir à l'étranger. —C'est normal.
   I began to discover myself abroad. —That's normal.

In sentences beginning with **c'est** + *adjective,* the preposition **à** precedes an infinitive.

   J'aimerais visiter Québec. —C'est facile à faire !
   I would like to visit Quebec. —It's easy to do!

2. **Il est** + *adjective* is used when introducing a new idea not previously mentioned; the **il** is impersonal. **C'est** may replace **il est** in informal conversational French.

   Il est (C'est) parfois difficile de bien faire tous les préparatifs.
   It is sometimes difficult to make all the preparations properly.

   Il est (C'est) important de ne pas perdre sa carte d'identité.
   It is important not to lose one's ID card.

   Il est (C'est) intéressant de faire des voyages imaginaires !
   It's interesting to take imaginary trips!

In sentences beginning with **il est (c'est)** + *adjective,* the preposition **de** precedes the infinitive.

EXERCICES

A. Complétez en employant l'expression **il est** + *adjectif* + **de** selon le modèle.

MODELE S'il fait beau...
S'il fait beau, il est bon de se promener (il est bête de rester à la maison; il est agréable de sortir avec un ami; il est absurde de rester à la bibliothèque; etc.).

1. Si on est trop gros...
2. Si on voyage beaucoup...
3. Si on a le mal du pays...
4. Si on va avoir un enfant...
5. Si on perd son passeport...
6. Si on veut être bien reçu à l'étranger...

B. Répondez en employant l'expression **c'est** + *adjectif* + **à faire** selon le modèle.

MODELE faire un voyage dans la lune
C'est intéressant (difficile, dangereux, agréable, bête, etc.) à faire.

1. faire le tour du monde
2. se promener en ville à trois heures du matin
3. passer l'hiver à la Martinique
4. acheter le guide Michelin avant de faire un voyage en France
5. boire dix bouteilles de bière avant de passer un examen important

A l'agence de voyages

6. comprendre la théorie de la relativité
7. prêter sa carte d'identité à un inconnu
8. visiter le musée du Louvre

C. Remplacez le premier tiret par **c'est** ou **il est** et le deuxième par **à** ou **de,** s'il y a lieu.

1. Est-ce que ____________ difficile ____________ comprendre le créole, la langue d'Haïti ?
2. Elle a fait un voyage en Afrique et elle ne veut pas rentrer; ____________ difficile ____________ comprendre.
3. Mon fils sourit constamment à la serveuse ! —____________ normal !
4. ____________ utile ____________ apprendre le français avant de voyager au Québec.
5. ____________ plus facile ____________ imaginer les voyages que de les faire !
6. La cuisine française a-t-elle influencé la cuisine américaine ? —____________ possible.
7. Je ne comprends pas pourquoi ____________ si nécessaire ____________ faire des projets avant de faire un voyage.
8. J'allais passer ma troisième année universitaire à l'étranger, mais ____________ impossible maintenant.
9. ____________ intéressant ____________ comparer deux cultures différentes.
10. ____________ presque impossible ____________ se sentir tout à fait à l'aise dans un pays étranger.

Related Expressions

The demonstrative adjective *ce* followed by a temporal expression

The demonstrative adjective **ce** is often used with temporal expressions that indicate the present or the past.

***ce* + Temporal expression**

Present		**Past**	
cette année	*this year*	cette année-là	*that year*
cet après-midi	*this afternoon*	cet après-midi-là	*that afternoon*
ce matin	*this morning*	ce matin-là	*that morning*
cette semaine	*this week*	cette semaine-là	*that week*
ce soir	*tonight*	ce soir-là	*that night*
ce mois-ci	*this month*	ce mois-là	*that month*
aujourd'hui	*today*	ce jour-là	*that day*
en ce moment	*at this time, now*	à ce moment-là	*at that time, then*

1. When **ce (cet, cette)** precedes a temporal expression of the present, it usually means *this.* Note that the suffix **-ci** must be added to the noun **mois.**

Où allez-vous ce matin ?
Where are you going this morning?

Elle a passé ce mois-ci à la Guadeloupe.
She spent this month in Guadeloupe.

2. When **ce (cet, cette)** precedes a temporal expression of the past, however, **-là** must be added to the expression. The English equivalent is *that.* **En ce moment** changes to **à ce moment-là** in the past.

   Où êtes-vous allé ce matin-là ?
   Where did you go that morning?

   J'avais l'intention de visiter le Louvre ce jour-là.
   I intended to visit the Louvre that day.

   Elle a passé ce mois-là à la Guadeloupe.
   She spent that month in Guadeloupe.

   Pourquoi avez-vous ri à ce moment-là ?
   Why did you laugh then?

demain, hier, le lendemain, la veille

Demain *(tomorrow)* and **hier** *(yesterday)* are used relative to a point in the present. The equivalent expressions, relative to a point in the past, are **le lendemain** *(the next day)* and **la veille** *(the day before).*

Je fais mes valises demain.
I'm packing tomorrow.

J'ai fait mes valises le lendemain.
I packed the next day.

J'ai retrouvé ma carte d'identité hier.
I found my ID card yesterday.

J'avais retrouvé ma carte d'identité la veille.
I had found my ID card the day before.

EXERCICES

A. Mettez les verbes au passé composé et changez les expressions temporelles.

MODELE Je vais au cinéma ce soir.
Je suis allé au cinéma ce soir-là.

1. Je fais un voyage cette semaine.
2. Nous visitons Québec cet après-midi.
3. Nous rendons visite à la comtesse ce soir.
4. Je vais à la Martinique cette année.
5. Je prends des photos aujourd'hui.
6. Je sors en ce moment.
7. Nous passons la douane ce matin.

B. Traduisez en français.

1. I didn't feel at ease that day.
2. We passed through customs that morning.
3. She lost her traveler's checks that afternoon.
4. That week was the best week of my life!
5. The next day I took a guided tour.

6. I was homesick at that time.
7. We had arrived the day before.

Exercices d'ensemble

I. Traduisez les mots anglais en français et complétez avec imagination.

1. ____________ *(He who)* visite un pays étranger pour la première fois...
2. Vous savez que ____________ *(it)* est nécessaire ____________ *(to)*... avant de faire un long voyage.
3. Les Français, ____________ *(who)* sont fiers de leur passé, ont exercé une influence considérable dans le domaine de...
4. Si vous êtes un Français ____________ *(who)* parle bien anglais, les Américains vont...
5. L'étudiant ____________ *(who)* a passé sa troisième année universitaire à l'étranger, et ____________ *(whose)* la vie en a été transformée, va... quand il rentrera aux Etats-Unis.
6. Ce touriste ____________ *(whose)* la langue est impeccable est probablement...
7. ____________ *(He who)* a l'esprit ouvert...
8. Pourquoi voudriez-vous visiter ____________ *(this)* pays exotique ? —J'ai envie de...
9. En passant la douane ____________ *(it)* est important, me semble-t-il, ____________ *(to)*...
10. Voici le genre de guide ____________ *(whom)* je trouve insupportable !

II. Traduisez en français.

1. That foreigner gets along very well with the natives.
2. How did she get used to the customs of that country?
3. Is it really important to make preparations if one is going to take a short trip?
4. I found that guide condescending, demanding, and totally unpleasant!
5. When I went through customs, one customs officer searched this suitcase and another searched that one.
6. He adapted so well to life in that country that he wanted to stay there!
7. She decided to spend a year in that small African country.
8. It isn't necessary to open your suitcase; I trust you.
9. John is the one I was talking about; he has already lost his traveler's checks and his camera!
10. They felt at ease the day they arrived.
11. My boyfriend is homesick, and I feel out of my element in this strange country.
12. That foreigner trusts everyone; she'll go anywhere at all!
13. The customs officer closed my suitcase, and at that moment I began to laugh!

Les Canadiens français

In 1763, in the peace settlement following the Seven Years' War, Louis XV lightheartedly surrendered all French claims to Canada and the Mississippi Valley in order to recover Martinique and Guadeloupe. That choice did not seem absurd at the time: Voltaire had remarked that it was hardly worthwhile for England and France to fight over "a few acres of snow." So the French aristocrats and senior officials went home, leaving behind their poorer compatriots.

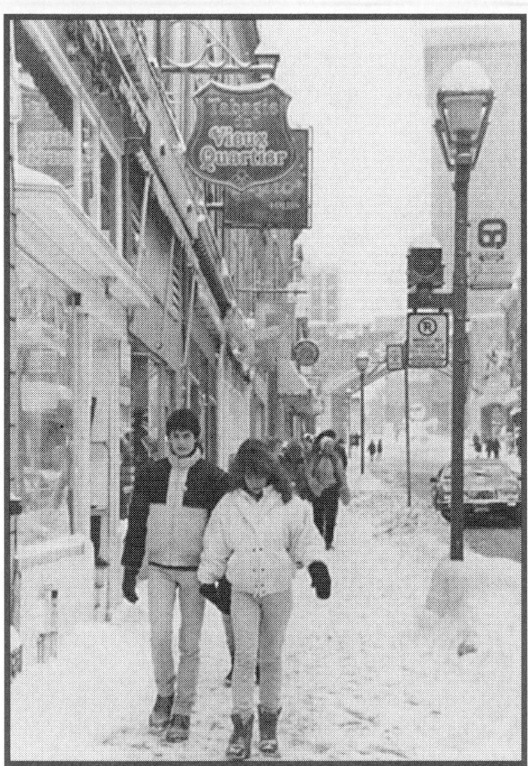

L'hiver au Québec

Over the next two centuries, immigrants—including many American Loyalists—poured into Canada, but few were absorbed into the French Canadian community, which expanded almost exclusively because of its own demographic vitality. From an initial population of some 65,000, the French Canadians have grown to over six million, or about 24 percent of the total population of Canada. Taking into account the thousands of French Canadians who immigrated to New England in the nineteenth century, this means that this vigorous community virtually doubled its numbers over each successive generation. In recent times, however, that trend has been reversed. French Canadians now have one of the lowest birth rates in the Western world, and this poses a threat to their very existence.

The bulk of the French Canadian population lives in Canada's largest province, Québec. The Québécois have had their own government—comparable to that of an American state—for over one hundred years, but they regard themselves as a nation because they have preserved a common language, a common culture, and a sense of their collective identity. Many of them also view Québec as an oppressed nation, although Canada's most durable Prime Minister, Pierre Trudeau, was himself a French Canadian. The roots of this feeling are largely economic: despite some equalization, French Canadians still have a lower average income and a higher unemployment rate than the rest of the country. In a city like Montréal the more affluent sections are predominantly English-speaking. Until very recently, learning English was an absolute precondition of upward social mobility for the French Canadians.

The notion of an independent Québec is not exactly new, but during the mid-1960s it acquired an unprecedented vehemence attended by occasional terrorism. Emotions ran high when General de Gaulle visited Canada in 1967 and ended his prepared speech in Montréal with the provocative cry, "Vive le Québec libre!" Separatist movements combined in the 1970s to form the

Parti Québécois (PQ), which gained control of the provincial government in 1976 under the leadership of René Lévesque (1967–1984). The new government took steps to establish French as the official language of Québec and to generalize its use throughout the educational system. In June 1980, however, Lévesque's plan to make Québec a sovereign state freely associated with the rest of Canada was rejected by 59% of the province's electorate.

Today, the question of Québec's relationship to the rest of the country remains at issue. In fact, Canadians as a whole are divided about the future of their country. Over the past few years, there has been constant disagreement over federal proposals that would reshape the government and the constitution. The Meech Lake Accord of 1987, which among other items defined Québec as a "distinct society" within the Canadian federation, failed to be approved by the parliament of each province. In August 1992, this accord was renegotiated in Charlottetown and submitted to a national referendum in October of the same year, but it was rejected again by 54% of the country.

These failures to reach a consensus reveal a deep crisis of identity. Though they consider their country with pride and affection, French Canadians tend nevertheless to view Québec first and Canada second. They give prime importance to their language and their culture and are eager to assert their existence as "a distinct society."

The following excerpt, written by popular writer and political activist Yves Beauchemin, illustrates the emotional attraction of Québec as a homeland.

Orientation

Parmi les institutions et symboles suivants, lesquels sont, à votre avis, plutôt canadiens (c'est-à-dire exclusivement canadiens anglais) ou plutôt québécois ? Mettez-vous en groupe et échangez votre avis. (Vous trouverez les réponses au bas de la page.)

	canadien	québécois
1. Le drapeau fleurdelysé		
2. L'armée		
3. Les Blue Jays		
4. Le Saint-Laurent		
5. L'Eglise catholique		
6. Les Montagnes Rocheuses		
7. Le bilinguisme		
8. Le drapeau avec la feuille d'érable (*maple leaf*)		

Comment mon âme° canadienne est morte

Je me suis senti° canadien jusqu'à° l'âge de dix ans. A l'école primaire de Clova° en Abitibi°, une carte° du monde pendait° au fond de la classe. Je la contemplais parfois, fier° de l'immense tache° rose que formait mon pays.

l'âme *f* soul / **je me suis senti** I felt / **jusqu'à** till / **Clova** = *village québécois situé à peu près à 300 kilomètres de Montréal* / **Abitibi** = *région de l'Ouest du Québec* / **la carte** map / **pendre** to hang / **fier** proud / **la tache** spot

Réponses : 1. Q 2. C 3. C 4. Q 5. Q 6. C 7. C 8. C

J'ai commencé à douter du bonheur d'être canadien en observant mon père un dimanche après-midi attablé° dans la salle à manger. Un Harrap's° à côté de lui, il écrivait, biffait° et grognait°, n'arrivant à rien°. Papa travaillait à l'époque pour la *Canadian International Paper Company* et devait pondre° des rapports° pour ses patrons°. En anglais, bien sûr: ils ne lisaient pas d'autre langue. Moi, je l'avais apprise dans la rue en jouant avec mes camarades (Clova était un village biethnique: patrons anglophones et employés francophones). L'anglais avait toujours représenté pour moi la langue du plaisir, celles des *comics* et des films du samedi, projetés gratuitement° dans notre école.

Mais en le voyant trimer°, je pris soudain conscience° que l'anglais était aussi la langue du travail et que mon père trouvait ce travail pénible°, voire° humiliant. « Pourquoi n'écris-tu pas en français ? » lui demandai-je.

Il me regarda, interloqué°. A l'époque, on ne se posait guère° ce genre de questions. Le pouvoir temporel° parlait anglais, l'obéissance français. Tout le monde acceptait ces règles du jeu°. Elles formaient les bases de l'harmonie nationale, qui semblaient inaltérables.

Ce jour-là, à mon insu°, mon âme canadienne commença à mourir tout doucement.

En 1954, mes parents s'établirent° à Joliette°. L'anglais disparut de mon univers auditif: cette jolie ville de province ne le connaissait guère et ne semblait pas s'en porter plus mal°. Stupéfait, je faisais connaissance° avec un autre Québec : celui de la majorité°.

En 1962, je vins habiter Montréal comme étudiant à l'université. Mon univers changea de nouveau. L'anglais réapparut, mais pas l'harmonie que j'avais connue dans mon village. Montréal était manifestement une ville dominée par les anglophones—mais notre soumission° à leur égard° diminuait. A regarder° les enseignes° et les affiches°, nous avions parfois l'impression d'être des fantômes. Dans les magasins du centre-ville, on acceptait mon argent, mais beaucoup moins ma langue°; souvent on la rejetait. Je compris que pour être un vrai Canadien, un Québécois devait tailler° dans son âme.

C'était le début de la Révolution tranquille. René Lévesque° émergeait. Comme des milliers de Québécois je découvrais avec ivresse° le sens° de notre destin. Des données° s'accumulaient, accablantes° pour le mythe canadien. En voici deux : les Québécois francophones ne constituent que 2% de la population nord-américaine, massivement anglaise. Terrible fragilité. Fait aggravant : leur importance numérique dans le Canada ne cesse de° décroître°; leur pouvoir aussi. A la naissance de la Confédération°, ils comptaient pour un Canadien sur° trois; aujourd'hui, ils sont à peine° un sur quatre et bientôt un sur cinq. Si les nations puissantes tiennent mordicus à° leur indépendance, combien davantage° doit y tenir une petite nation comme la nôtre, tellement plus

attablé = *assis devant une table* / **Harrap's** = *dictionnaire français-anglais* / **biffer** to cross out / **grogner** to grumble / **n'arrivant à rien** getting nowhere / **pondre** = *produire* (lit., to lay) / **le rapport** report / **le patron** boss / **gratuitement** = *sans payer* / **trimer (*fam*)** = *travailler dur* / **je pris conscience** I realized / **pénible** = *difficile* / **voire** even / **interloqué** taken aback / **ne... guère** hardly / **le pouvoir temporel** temporal power (= the power structure) / **la règle du jeu** rule of the game / **à mon insu** without my being aware of it / **s'établir** to settle / **Joliette** = *ville au nord-ouest de Montréal* / **s'en porter plus mal** to fare the worse for it / **faire connaissance** to become acquainted / **la majorité** = *où la majorité des gens sont francophones* / **la soumission** submission / **à leur égard** with respect to them / **à regarder** from looking at / **l'enseigne** *f* sign / **l'affiche** *f* poster / **la langue** = *le langage* / **tailler** to cut, carve / **René Lévesque** = *ancien chef du parti séparatiste québécois* / **avec ivresse** ecstatically / **le sens** = *la direction* / **les données** *f* data / **accablant** crushing / **ne cesse de** = *continue de* / **décroître** to decrease / **la Confédération** = *Acte de l'Amérique du Nord du 1er juillet 1867 qui donne jour à la Constitution canadienne* / **sur (trois)** out of (three) / **à peine** barely / **tenir mordicus** to hold on obstinately / **combien davantage** how much more vulnérable. Qu'on pense° aux Louisianais°, aux Franco-Américains°, disparus (ou en train de disparaître) parce que sans prise° politique sur leur destin. Nous formons le dernier carré°.

L'entente° que Bourassa° et Mulroney° cherchent à nous imposer à coups de référendums° va contre nos aspirations profondes et celle du Canada anglais. Les sondages° montrent en effet que les Québécois sont prêts à prendre leur destin en main°. Quant aux° Canadiens, si nous n'acceptons pas leurs conditions (inacceptables), ils aiment mieux vivre à côté de nous qu'avec nous.

J'avais quinze ans lorsque le sort° de mon peuple a commencé à me préoccuper. J'en ai cinquante et un et les discussions sur notre avenir dévorent toujours nos énergies. Le temps et la démographie jouent désormais° contre nous. Les francophones constituent encore aujourd'hui les trois cinquièmes de la population de Montréal; mais ils reculent° d'un pour cent par année. Bientôt ils seront minoritaires.

Oui, décidément, être canadien nous coûte trop cher. Comme la Tchécoslovaquie ou la Belgique, ce pays artificiel condamne deux cultures à un combat permanent. La plus forte vaincra°: l'anglaise. A moins que° nous ne nous donnions un pays. Le mot Québec me parle de liberté. Le mot Canada, lui, n'exprime en fait que notre absence du monde.

Yves Beauchemin, *L'Actualité*

Qu'en pensez-vous ?

Etes-vous d'accord ou non avec les déclarations suivantes ? Justifiez votre réponse.

1. Jusqu'à l'âge de dix ans, l'auteur a été fier d'être canadien.
2. Son père n'écrivait pas bien l'anglais.
3. Dans le village biethnique où il a passé son enfance, les patrons pouvaient être soit français soit anglais.
4. A cette époque, tout le monde acceptait que les anglophones aient le pouvoir.
5. Yves Beauchemin n'est pas allé à l'université.
6. Quand il habitait Montréal, les affiches et les enseignes étaient toujours écrites en français.
7. Dans les magasins du centre-ville, il était obligé de parler anglais.
8. L'auteur est heureux parce que les francophones sont de plus en plus nombreux.
9. Il pense que, en ce moment, les hommes politiques comprennent bien les aspirations profondes de la population.
10. D'après Yves Beauchemin, les Québécois souhaitent former leur propre pays.
11. Yves Beauchemin pense que l'avenir appartient aux francophones.

qu'on pense we only have to think of / **les Louisianais** *m* = *habitants de la Louisiane, dont les ancêtres sont français* / **les Franco-Américains** *m* = *habitants du Nord-est des Etats-Unis, dont les ancêtres sont français* / **parce que sans prise sur** because they don't have a grasp on / **le carré** (*military metaphor*) square formation, making it possible to face the enemy on all sides / **l'entente** *f* accord / **Robert Bourassa** = *ancien Premier Ministre de la Province de Québec, chef du parti libéral* / **Brian Mulroney** = *ancien Premier Ministre conservateur du Canada* / **à coups de référendums** through repeated referendums / **le sondage** poll / **prendre son destin en main** to take one's fate into one's hands / **quant à** as for / **le sort** = *le destin* / **désormais** henceforth / **reculer** to move back, decline **vaincre** to overcome, win / **à moins que** unless

Vocabulaire satellite

avoir droit à to have a right to
être attaché à to be attached to
être conscient de to be conscious of
être coupé de to be cut off from
appartenir à to belong to
la **revendication** demand
les **inégalités** *f* **sociales** social inequalities
le **bilinguisme** bilingualism
le **pluralisme culturel** cultural pluralism
s' **identifier à** to identify with
la **parenté** kinship
l' **affinité** *f* affinity
angliciser to Anglicize
franciser to Frenchify
américaniser to Americanize

Pratique de la langue

1. Précisez la pensée de l'auteur.

   a. Jusqu'à l'âge de dix ans, quels rapports Yves Beauchemin entretenait-il avec la société anglophone ?
   b. Comment a-t-il perdu son âme canadienne ? De quoi s'est-il rendu compte ?
   c. Pourquoi est-il en faveur de l'indépendance du Québec ? Quelles raisons donne-t-il pour justifier cette revendication ?

2. Essayez de répondre à Yves Beauchemin en trouvant des arguments pour justifier le maintien du Québec à l'intérieur de la fédération canadienne. Organisez ensuite un débat qui présente les deux points de vue.

3. Improvisez les dialogues suivants :

   a. Un anglophone et un francophone, habitant tous deux Montréal, discutent des problèmes et des bienfaits de la cohabitation des deux communautés linguistiques et culturelles.
   b. Des Québécois décident de retourner dans le village natal de leurs ancêtres en Normandie. Ils y retrouvent des cousins qui sont agriculteurs comme eux. Ils parlent de leurs modes de vie (différents ou semblables à cause du climat, de la dimension du pays, etc.).

Querelle linguistique au Québec

4. Vous faites partie d'un groupe minoritaire aux Etats-Unis dont la culture, la langue et le mode de vie sont en danger de disparition. Voulez-vous lutter pour sauver votre héritage ou allez-vous vous intégrer à la majorité ? Donnez les raisons qui détermineraient votre choix.

Francis Bebey

Africa is a land of many languages. There are said to be over four hundred different local vernaculars in use today, the vast majority of which are primarily oral. One can speak legitimately of an oral literature transmitted by troubadour-historians called *griots*. A *griot* sings, tells stories, hands down myths and legends, and generally preserves historical and literary oral traditions. He serves as a chronicler and genealogist, and plays a prominent artistic and cultural role in community events. The *griot* commands the respect of everyone and, in West Africa, is commissioned by governments to teach and conserve the artistic heritage of the people.

Francis Bebey is an author who belongs to the great tradition of African storytellers. Born in the west central African country of Cameroon in 1929, he received his formal training first in his native country and then in France, majoring in musicology. He quickly became interested in journalism and began his career as a radio journalist and program producer in Africa. In 1961 he joined UNESCO in Paris as a specialist in charge of music development. In 1967 and 1969 he wrote two works dealing with music in Africa, excellent introductions to the world of traditional African music.

His first novel, *Le Fils d'Agatha Moudio*, was published in 1967 and so charmed its readers with its mixture of humor and direct narrative tone that it won for its author the Grand Prix

Francis Bebey

Littéraire de l'Afrique Noire. Francis Bebey has since continued to write (poetry, fiction, and music) and to give recitals as a guitarist in Africa, Europe, and the United States. His great interest in communications has led him to investigate many forms of artistic expression.

The following excerpt from *Le Fils d'Agatha Moudio* describes a meeting of the village elders at the home of the tribal chief, Mbaka. They have come together to choose a wife for the young Mbenda, whose father has died. The selection process brings to light the conflict between hallowed tribal customs and the ways of other cultures, the dichotomy between the civilizations of Africa and Europe.

Orientation: Local Color

Francis Bebey is a native African who has traveled all over the world and, in the process, encountered a good number of different cultures. In *Le Fils d'Agatha Moudio*, he offers us a portrait of the customs of his own ancient civilization and the tests to which some of these practices are put by the younger generation exposed to other influences. Many readers are unfamiliar with some of the mores of African life. Attention to detail therefore will be all the more important. In literary terms, this expression of cultural difference is termed local color.

Young Mbenda is at the age to take a wife. Longstanding tribal tradition dictates that the village elders, meeting in formal council, choose a suitable mate for the young man. But these are times of transition. Mbenda knows two different cultures and he finds himself caught between the two. Chief Mbaka spells out the issue for Mbenda, informing him that the choice is his to make freely. We then go through Mbenda's thought process with him as he considers the cogent arguments and experiences a range of emotions. Throughout his deliberations, Mbenda is conscious of another important presence in the room, his father's spirit, which has no small bearing on the outcome. Will he have acquired enough wisdom in his young life to make the right decision? What are the factors that weigh most heavily in his determination?

Un Grand Conseil de mariage

Lorsque j'y arrivai, je le trouvai assis, parmi les autres. Tous les anciens° étaient là: il y avait Moudiki, Bilé, Ekoko, Mpondo-les-deux-bouts, le roi Salomon, et même Eya. Avec le chef Mbaka, cela faisait sept personnes... sept anciens du village, pour me parler de mon cas. J'avoue° que leur mine° et leur attitude ne laissèrent pas de° m'impressionner vivement.

Les sept visages noirs prirent leur air des grandes occasions, renforcé par la pénombre° de la pièce où se tenait° la réunion°. On me fit asseoir au milieu du groupe, et l'on me parla. Ce fut, comme il se devait°, le chef lui-même qui parla le premier.

—Ecoute, fils, me dit-il, je dois t'annoncer tout d'abord° que l'esprit de ton père est présent ici, avec nous, en ce moment même. Sache donc que nous ne faisons rien qui aille contre sa volonté. D'ailleurs°, même s'il était encore vivant, il nous laisserait faire, car il avait confiance aux anciens, et il les respectait beaucoup...

Mbaka prit un temps, puis continua:

les anciens *m* elders / **avouer** to admit / **la mine** = *l'apparence du visage* / **ne pas laisser de** = *ne pas manquer de* / **la pénombre** semi-darkness / **se tenir** = *avoir lieu* / **la réunion** meeting / **comme il se devait** as was fitting / **tout d'abord** at the outset / **d'ailleurs** besides, moreover /

Les hommes du village se rencontrent.

—Nous allons te marier. C'est notre devoir de te marier, comme cela a toujours été le devoir de la communauté de marier ses enfants. Mais, si, à l'exemple de certains jeunes gens d'aujourd'hui, tu crois que tu peux mener à bien°, tout seul, les affaires de ton propre mariage, nous sommes prêts à te laisser les mains libres, et à ne plus nous occuper de toi dans ce domaine-là. La seule chose que nous allons te demander, c'est si tu consens à ce que ton mariage soit pris en mains par les anciens du village, ou si, au contraire, tu estimes que c'est une affaire qui ne regarde° que toi, et dont nous aurions tort de nous occuper. Réponds-nous, fils, sans peur; réponds franchement : tu es libre de choisir ton propre chemin.

Je compris : j'étais au carrefour° des temps anciens et modernes. Je devais choisir en toute liberté ce que je voulais faire, ou laisser faire. Liberté toute théorique, d'ailleurs°, car les anciens savaient que je ne pouvais pas choisir de me passer d'°eux, à moins de° décider ipso facto d'aller vivre ailleurs°, hors de ce village où tout marchait selon des règles séculaires°, malgré l'entrée d'une autre forme de civilisation qui s'était manifestée, notamment°, par l'installation de cette borne-fontaine[1] que vous connaissez. Et puis, comment oser° dire à ces gens graves et décidés, que je voulais me passer d'eux ? Je vous dis qu'il y avait là, entre autres personnes, Eya, le terrible

mener à bien to manage successfully / **regarder** = *concerner* / **le carrefour** crossroads / **d'ailleurs** anyhow / **se passer de** = *vivre sans* / **à moins de** unless / **ailleurs** elsewhere / **séculaire** = *qui existe depuis des siècles* / **notamment** = *particulièrement* / **oser** to dare

[1]On avait installé une fontaine dans le village du narrateur, ce qui le distinguait des villages voisins (borne : *landmark*).

sorcier°, le mari de la mère Mauvais-Regard. Dire à tout le monde présent que je refusais leur médiation, c'était presque sûrement signer mon arrêt° de mort. Tout le monde, chez nous, avait une peur terrible d'Eya, cet homme aux yeux rouges comme des piments mûrs°, dont on disait qu'il avait déjà supprimé° un certain nombre de personnes. Et malgré ma force qui entrait peu à peu dans la légende des lutteurs° doualas[2], moi aussi j'avais peur d'Eya. Il était là, il me regardait d'un air qu'il essayait de rendre indifférent et paternel à la fois°. Ses petits yeux brillaient au fond d'orbites profondes, en harmonie avec les joues° maigres. Il n'avait pas dû° manger beaucoup quand il était jeune. Il était là, devant moi, véritable allégorie de la mort habillée d'un pagne° immense, et d'une chemise de popeline° moisie°. Je n'osai pas le regarder en face. Je pensai, dans mon for intérieur°, que de tous ces hommes groupés autour de moi, seul le roi Salomon pouvait m'inspirer une certaine confiance. Lui au moins, était un homme sincère. A part° les moments où il désirait vraiment inventer des histoires, ce qu'il réussissait d'ailleurs fort bien, à part ces moments-là, il disait les choses qu'il pensait, avec des pointes de sagesse° dignes° du nom célèbre qu'il portait. C'était, du reste°, à cause de cette sagesse que notre village l'avait sacré° roi, bien que de toute sa vie, Salomon n'eût connu° que son métier° de maçon°. Je tournai les yeux vers lui, comme pour lui demander conseil. Il secoua° affirmativement la tête, assez légèrement pour que les autres ne voient pas, assez cependant pour que je comprenne. Oui, le roi Salomon était de l'avis° du groupe, et moi je devais me ranger à son avis°, à leur avis à tous.

—Chef Mbaka, et vous autres, mes pères, dis-je, je ne puis vous désobéir. Je suis l'enfant de ce village-ci, et je suivrai la tradition jusqu'au bout°. Je vous déclare que je laisse à votre expérience et à votre sagesse le soin° de me guider dans la vie, jusqu'au jour lointain° où moi-même je serai appelé à guider d'autres enfants de chez nous.

Chacun des hommes manifesta sa satisfaction à sa manière, qui° toussotant°, qui souriant, qui reprenant un peu de poudre de tabac à priser°.

—C'est bien, fils, dit le chef Mbaka. Voilà la réponse que nous attendions de notre fils le plus digne, et nous te remercions de la confiance que tu nous accordes, de ton plein gré°. Maintenant, tu vas tout savoir : dès° demain, nous irons « frapper à la porte » de Tanga, pour sa fille Fanny... Esprit, toi qui nous vois et qui nous écoutes, entends-tu ce que je dis ? Je répète que nous irons demain frapper à la porte de Tanga, pour lui demander la main de sa fille pour notre fils La Loi°, comme tu l'as ordonné toi-même avant de nous quitter. Si tu n'es pas d'accord avec nous, manifeste-toi d'une manière ou d'une autre, et nous modifierons aussitôt° nos plans...

Il parla ainsi à l'esprit de mon père, qui était présent dans cette pièce, et nous attendîmes une manifestation éventuelle°, pendant quelques secondes. Elle ne vint° point; rien ne bougea° dans la

sorcier sorcerer / **un arrêt** warrant / **les piments** *m* **mûrs** ripe pimentos / **supprimer** = *exterminer* / **le lutteur** wrestler / **à la fois** = *en même temps* / **la joue** cheek / **Il n'avait pas dû** he mustn't have / **le pagne** loincloth / **la popeline** poplin (cloth) / **moisi** musty, moldy / **dans mon for intérieur** = *au fond de moi-même* / **à part** apart from / **la sagesse** wisdom / **digne** worthy / **du reste** = *d'ailleurs* / **sacrer** to crown / **eût connu** = *avait connu* / **le métier** = *travail, profession* / **le maçon** mason / **secouer** to shake / **l'avis** *m* = *opinion* / **se ranger à l'avis de quelqu'un** = *se déclarer de son avis* / **le bout** = *fin* / **le soin** care / **lointain** = *distant* / **qui... qui** the one . . . the other / **toussoter** to cough mildly / **le tabac à priser** snuff / **de ton plein gré** of your own free will / **dès** from, starting / **La Loi** = *traduction en français du nom du narrateur (Mbenda)* / **aussitôt** = *immédiatement* / **éventuel** = *possible* / **vint** = *venir (passé simple)* / **bouger** = *faire un mouvement*

[2]The Douala are a coastal people after whom the modern city of Douala (Bebey's birthplace) is named.

pièce, ni le battant° de la porte, ni l'unique fenêtre avare° de lumière, et qui s'ouvrait par une petite natte° rectangulaire de raphia tressé°; nous n'entendîmes rien, même pas de pas° sur le sol° frais de terre battue°. Rien : mon père nous donnait carte blanche°.

Francis Bebey, *Le Fils d'Agatha Moudio* (1967)

Qu'en pensez-vous?

Etes-vous d'accord ou non avec les déclarations suivantes ? Justifiez votre réponse.

1. Le narrateur, Mbenda, est impressionné par cette réunion des anciens.
2. C'est le père de Mbenda qui prendra la décision définitive dans le cas de son fils.
3. Les anciens du village ont une seule question fondamentale à poser à Mbenda.
4. Mbenda comprend qu'il est parfaitement libre de prendre la décision qu'il veut.
5. Mbenda, excellent lutteur, n'a pas peur d'Eya, le sorcier.
6. Le roi Salomon inspire confiance à Mbenda, même s'il invente des histoires.
7. Dans un long discours, comme une de ses histoires, le roi Salomon donne son conseil à Mbenda.
8. Mbenda, enfant de la nouvelle civilisation, décide de se passer de l'opinion des anciens et de choisir son propre chemin.
9. Les anciens approuvent la décision de Mbenda.
10. Avant d'annoncer le nom de la femme qu'ils ont choisie pour Mbenda, les anciens consultent une dernière fois l'esprit de son père.
11. La volonté de l'esprit se manifeste par une forte lumière qui éclaire tout à coup la pièce.

Appréciation du texte

1. Résumez, à votre manière, le conflit principal dans ce texte. S'agit-il du fossé entre les générations ? S'agit-il d'un autre conflit ?
2. Le narrateur dit qu'il est au carrefour des temps anciens et modernes. Quels sont les éléments dans le texte qui représentent ces deux époques ?
3. Ce récit est écrit à la première personne, ce qui permet au lecteur de mieux connaître la pensée du narrateur. Retracez la manière de penser de celui-ci. Quels sont les arguments qu'il considère avant de prendre sa décision ? Est-ce que tous les arguments sont d'ordre intellectuel ? Expliquez.

Vocabulaire satellite

le **célibat** celibacy
le, la **célibataire** single person
le **vieux garçon** older bachelor
la **vieille fille** old maid
les **fiançailles** *f* engagement
les **noces** *f* wedding
le **mari** husband
la **femme** wife
l' **époux,** l' **épouse** spouse
la **lune de miel** honeymoon
les **noces d'argent, d'or** silver, golden wedding anniversary

le battant leaf / **avare** sparing / **la natte** mat / **le raphia tressé** braided raffia (a type of palm) / **le pas** step / **le sol** ground, soil / **battu** beaten / **donner carte blanche** = *laisser quelqu'un libre de choisir*

se **marier (avec)** to get married, to marry
épouser to marry
se **séparer** to separate
divorcer (d'avec) to get a divorce, to divorce
le **veuf,** la **veuve** widower, widow
les **goûts (intérêts)** *m* **communs** tastes (interests) in common
se **fiancer** to become engaged

Pratique de la langue

1. Préparez un colloque sur le mariage. Parmi les participants il y aura :

   a. un partisan de la monogamie
   b. un partisan de la bigamie
   c. un partisan de la polygamie
   d. un partisan du célibat
   e. un partisan de l'union libre.

   Les autres membres de la classe donneront leur opinion personnelle après avoir entendu les arguments des conférenciers.

2. Préparez un dialogue entre un parent traditionaliste qui croit en la sagesse de l'âge adulte et son enfant qui tient à vivre sa vie à sa manière, quitte à *(at the risk of)* répéter les mêmes erreurs que ses parents.

3. Présentations orales :

   a. Les parents ont-ils le droit de choisir la personne que leur enfant va épouser ? Pourquoi ou pourquoi pas ?
   b. Quelles sont les considérations les plus importantes dans le choix d'un époux ou d'une épouse ?
   c. Le mariage est-il pour la vie ou devrait-on se marier plus d'une fois ?
   d. Citez des exemples de bons mariages. Qu'est-ce qui en fait le succès ?

8 La Communication

The Subjunctive

Devant les caméras

Vocabulaire du thème : *La Communication*

Langue et Langage

la **langue** language (of a people)
la **langue maternelle** native language
une **langue vivante (morte)** a living (dead) language
une **langue étrangère** a foreign language
le **langage** language (of an individual; vocabulary)
l' **argot** *m* slang
le **jargon** jargon
le **dialecte** dialect
un **langage cultivé, vulgaire, populaire** a cultivated, vulgar, popular (i.e., common) language

l' **idiotisme** *m* idiom
le **lieu commun** commonplace
le **proverbe** proverb
le **néologisme** neologism
la **plaisanterie** joke
le **barbarisme** barbarism
l' **anglicisme** *m* anglicism

s' **exprimer** to express oneself
s' **entendre avec** to get along with
parler français comme une vache espagnole to murder French (lit., to speak French like a Spanish cow)
parler bas (fort) to speak softly (loudly)
se **disputer** to quarrel
la **dispute** quarrel
insulter to insult
l' **insulte** *f* insult
se **taire** to be quiet
perfectionner son accent (son français) to improve one's accent (one's French)
parler couramment to speak fluently

être bilingue to be bilingual
être polyglotte to be a polyglot, to speak many languages
tutoyer to use **tu** with someone
vouvoyer to use **vous** with someone

Les Mass Media

la **télévision** television
le **magnétoscope** VCR
les **mass media** *m* mass media
l' **écran** *m* screen
la **chaîne** channel
l' **émission** *f* program, telecast
allumer (éteindre) le poste to turn on (off) the set
diffuser to broadcast
le **journal télévisé** TV news report
le **dessin animé** cartoon
le **téléspectateur,** la **téléspectatrice** television viewer
le **speaker,** la **speakerine** commentator, speaker

la **publicité** advertising, advertisement
faire de la publicité to advertise
la **presse** press
le **journal** newspaper
le **magazine** magazine
s' **abonner à** to subscribe to
les **nouvelles** *f*, les **actualités** *f* news

l' **article** *m* article
la **rubrique** heading
l' **éditorial** *m* editorial
l' **horoscope** *m* horoscope
la **météo(rologie)** weather report
les **mots** *m* **croisés** crossword puzzle
les **petites annonces** classified ads
les **sports** *m* sports
le **courrier du cœur** lonely hearts column
la **notice nécrologique** obituary
la **bande dessinée** cartoon, comics

quotidien, quotidienne daily
hebdomadaire weekly
mensuel, mensuelle monthly

le, la **journaliste** journalist
le **reporter** reporter
le **lecteur,** la **lectrice** reader

la **radio** radio
le **journal parlé** radio news
la **musique** music
l' **auditeur** *m*, l'**auditrice** *f* listener

EXERCICE

Mise en scène. Complétez en employant une ou plusieurs expressions du *Vocabulaire du thème*, puis jouez les dialogues.

1. **A:** (nom), qu'est-ce que tu aimes lire dans le journal ?
   B: J'aime les sports et les bandes dessinées mais je déteste le courrier du cœur ! Et toi ?
   A: Moi, j'aime... mais je n'aime pas... Quel est ton journal préféré ?
   B: Je lis souvent... Et toi ?
   A: Moi, j'aime...
   B: Tu aimes ce journal-là ? (nom), tu es fou (folle) !
2. **A:** Il est neuf heures ! Vite, allume la télé !
   B: Mais pourquoi ? Qu'est-ce que tu veux voir ?
   A: ...
   B: Mais cette émission est bête ! Est-ce que nous pouvons regarder autre chose ?
   A: ...
   B: C'est beaucoup mieux, ça !

Les bureaux de l'Agence France Presse

The Subjunctive

The subjunctive is a mood. The term *mood* is used to define the attitude a speaker has toward a fact or action. Two of the principal moods in French are the indicative and the subjunctive. A statement in the indicative mood is considered by the speaker to be certain or objective. A statement in the subjunctive mood, on the other hand, is considered by the speaker to be uncertain, hypothetical, or emotional. The subjunctive is sometimes called the affective (emotional) mood.

Indicative	
Richelieu a fondé l'Académie Française. *Richelieu founded the French Acdemy.*	(An objective fact)
Je suis certain que le mot anglais « petty » vient du mot français « petit ». *I am certain that the English word "petty" is derived from the French word "petit."*	(The speaker is certain.)
La radio ne marche plus. *The radio isn't working any more.*	(The speaker is certain.)

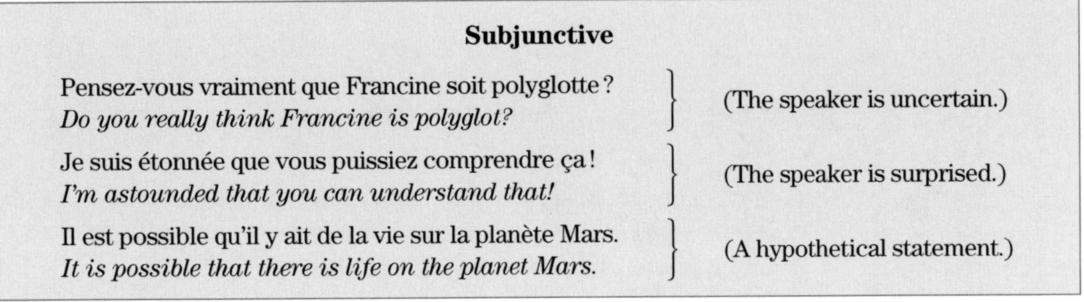

Subjunctive	
Pensez-vous vraiment que Francine soit polyglotte ? *Do you really think Francine is polyglot?*	(The speaker is uncertain.)
Je suis étonnée que vous puissiez comprendre ça ! *I'm astounded that you can understand that!*	(The speaker is surprised.)
Il est possible qu'il y ait de la vie sur la planète Mars. *It is possible that there is life on the planet Mars.*	(A hypothetical statement.)

The preceding verbs **a fondé, vient,** and **marche** are in the indicative because the statements are considered certain and objective. The preceding verbs **soit, puissiez,** and **ait** are in the subjunctive because the statements are considered uncertain, emotional, hypothetical. Note that the verb in the subjunctive is rarely the main verb in the sentence. Since its use is governed by the nature of the main verb, it is almost always found in the subordinate clause and is usually introduced by **que.**

English-speaking students sometimes find the French subjunctive difficult because it differs from modern English. Once a frequently used mood with its own distinct forms, the English subjunctive has gradually disappeared, surviving in only a few forms: *Long live the King; I wish I were dead; wherever he may be;* etc. The French subjunctive, however, is an actively used and carefully preserved mood. It has four tenses, of which only two, the present and the past, are normally used in spoken French. The imperfect and pluperfect, both literary tenses, are explained in the Appendix.

Formation of the Present Subjunctive

Regular formations

The present subjunctive of most verbs is formed by replacing the third person plural **-ent** ending of the present indicative with the endings **-e, -es, -e, -ions, -iez, -ent.**

1. Group 1: infinitive ending in **-er**

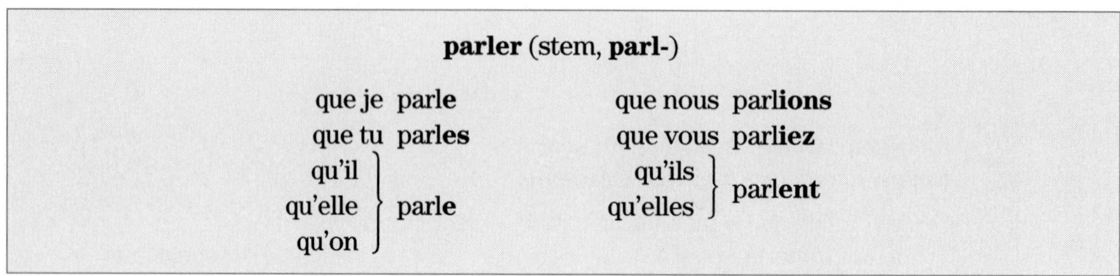

parler (stem, **parl-**)

que je	parl**e**	que nous	parl**ions**
que tu	parl**es**	que vous	parl**iez**
qu'il / qu'elle / qu'on	parl**e**	qu'ils / qu'elles	parl**ent**

Note that verbs ending in **-ier** (e.g., **crier, étudier**) have a double **i** in first and second person plural forms: **que nous étudiions, que vous étudiiez.**

2. Group 2: infinitive ending in **-ir**

a. Verbs like **finir:**

finir (stem, **finiss-**)

que je	finiss**e**	que nous	finiss**ions**
que tu	finiss**es**	que vous	finiss**iez**
qu'il / qu'elle / qu'on	finiss**e**	qu'ils / qu'elles	finiss**ent**

b. Verbs like **mentir:**

mentir (stem, **ment-**)

que je	ment**e**	que nous	ment**ions**
que tu	ment**es**	que vous	ment**iez**
qu'il / qu'elle / qu'on	ment**e**	qu'ils / qu'elles	ment**ent**

Common verbs like **mentir** include **dormir, partir, sentir, servir,** and **sortir.**

3. Group 3: infinitive ending in **-re**

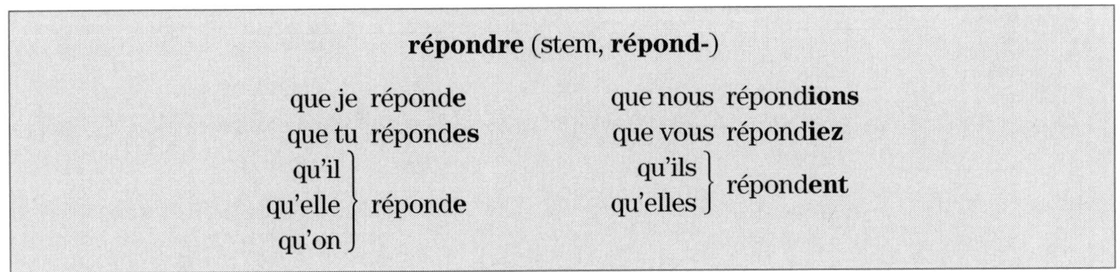

répondre (stem, **répond-**)			
que je	répond**e**	que nous	répond**ions**
que tu	répond**es**	que vous	répond**iez**
qu'il / qu'elle / qu'on	répond**e**	qu'ils / qu'elles	répond**ent**

Irregular formations

The present subjunctive stem of many of the most common verbs is irregular. These verbs fall into three groups: **avoir** and **être;** verbs with one stem; and verbs with two stems. With the exception of **avoir** and **être,** the regular present subjunctive endings are added to the stems.

1. **Avoir** and **être**

avoir				**être**			
que j'	aie	que nous	ayons	que je	sois	que nous	soyons
que tu	aies	que vous	ayez	que tu	sois	que vous	soyez
qu'il / qu'elle / qu'on	ait	qu'ils / qu'elles	aient	qu'il / qu'elle / qu'on	soit	qu'ils / qu'elles	soient

2. Verbs with one stem

faire (stem, **fass-**)				**pouvoir** (stem, **puiss-**)			
que je	fass**e**	que nous	fass**ions**	que je	puiss**e**	que nous	puiss**ions**
que tu	fass**es**	que vous	fass**iez**	que tu	puiss**es**	que vous	puiss**iez**
qu'il / qu'elle / qu'on	fass**e**	qu'ils / qu'elles	fass**ent**	qu'il / qu'elle / qu'on	puiss**e**	qu'ils / qu'elles	puiss**ent**

savoir (stem, **sach-**)				**falloir** (stem, **faill-**)			
que je	sach**e**	que nous	sach**ions**	qu'il	faill**e**	*(3rd person only)*	
que tu	sach**es**	que vous	sach**iez**	**pleuvoir** (stem, **pleuv-**)			
qu'il / qu'elle / qu'on	sach**e**	qu'ils / qu'elles	sach**ent**	qu'il	pleuv**e**	*(3rd person only)*	

3. Verbs with two stems

Some verbs have one stem for the entire singular and the third person plural (stem 1), and another for the first and second person plural (stem 2).

aller			
Stem 1		**Stem 2**	
que j'	**aille**	que nous	all**ions**
que tu	**ailles**	que vous	all**iez**
qu'il / qu'elle / qu'on	**aille**		
qu'ils / qu'elles	**aillent**		

Other commons verbs with two stems:

	Stem 1	Stem 2
boire	que je **boiv**e	que nous **buv**ions
croire	que je **croi**e	que nous **croy**ions
devoir	que je **doiv**e	que nous **dev**ions
envoyer	que j'**envoi**e	que nous **envoy**ions
mourir	que je **meur**e	que nous **mour**ions
prendre	que je **prenn**e	que nous **pren**ions
recevoir	que je **reçoiv**e	que nous **recev**ions
tenir	que je **tienn**e	que nous **ten**ions
venir	que je **vienn**e	que nous **ven**ions
voir	que je **voi**e	que nous **voy**ions
vouloir	que je **veuill**e	que nous **voul**ions

Formation of the Past Subjunctive

The past subjunctive is composed of the present subjunctive of **avoir** or **être** and the past participle.

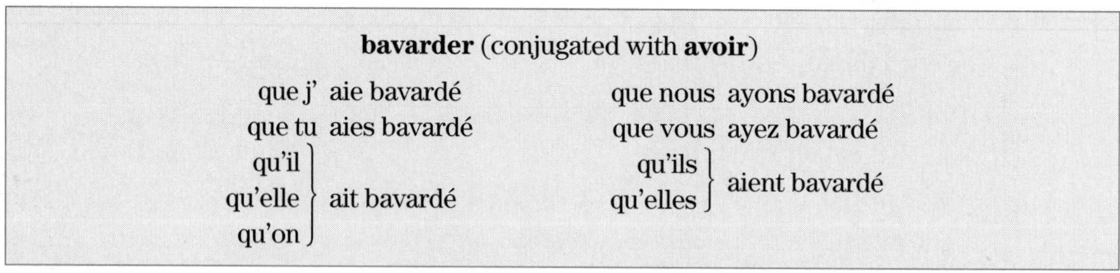

bavarder (conjugated with **avoir**)			
que j'	aie bavardé	que nous	ayons bavardé
que tu	aies bavardé	que vous	ayez bavardé
qu'il / qu'elle / qu'on	ait bavardé	qu'ils / qu'elles	aient bavardé

venir (conjugated with **être**)			
que je	sois venu(e)	que nous	soyons venu(e)s
que tu	sois venu(e)	que vous	soyez venu(e)(s)
qu'il / qu'elle / qu'on	soit venu / venue / venu	qu'ils / qu'elles	soient venus / venues

EXERCICES

A. Mettez les verbes au **présent du subjonctif.**

MODELE parler (nous)
que nous parlions

1. répondre (nous, je)
2. prendre (je, vous)
3. flatter (vous, tu)
4. traduire (ils, je)
5. boire (il, nous)
6. parler (je, vous)
7. tenir (je, vous)
8. s'exprimer (nous, elle)
9. comprendre (vous, je)
10. aller (je, nous)
11. faire (ils, il)
12. étudier (nous, tu)
13. dire (elle, vous)
14. finir (je, nous)
15. devoir (tu, nous)
16. entendre (nous, elle)
17. savoir (il, vous)
18. partir (nous, je)
19. être (je, nous)
20. vouvoyer (vous, il)
21. s'entendre (vous, tu)
22. promettre (nous, elles)
23. insulter (ils, vous)
24. avoir (nous, tu)
25. pouvoir (elle, nous)
26. vouloir (je, nous)
27. venir (il, vous)
28. mentir (nous, tu)
29. se taire (nous, elle)
30. falloir (il)

B. Mettez les verbes au **passé du subjonctif.**

MODELE venir (ils)
qu'ils soient venus

1. parler (nous, il)
2. s'exprimer (vous, tu)
3. demander (je, nous)
4. mentir (ils, vous)
5. partir (elles, il)
6. se taire (ils, je)
7. finir (tu, nous)
8. entendre (nous, tu)
9. regarder (elles, je)
10. aller (elle, ils)
11. s'entendre (ils, nous)
12. flatter (je, vous)
13. sortir (elles, je)
14. se tutoyer (elles, nous)
15. causer (vous, elles)
16. arriver (tu, vous)

Use of the Present and Past Subjunctive

The present subjunctive is used when the action in both the subordinate clause and the main clause is in the present. If the action in the subordinate clause took place before the action in the main clause, the past subjunctive is used.

Il est bizarre que Jeanne ne réponde pas au téléphone.
It's strange that Jean doesn't answer (isn't answering) the telephone.

Je suis heureuse que la chaîne 2 ait diffusé cette émission.
I am happy that Channel 2 broadcast that program.

It is important to note that there is no future subjunctive form. The present subjunctive is used to express the future.

Il est possible que nous nous abonnions à un magazine français l'année prochaine.
It is possible that we'll subscribe to a French magazine next year.

EXERCICE

Traduisez les mots entre parenthèses en français en employant le **présent** ou le **passé du subjonctif.**

1. Je doute que ce speaker ____________ *(knows)* la grammaire !
2. Chut ! Si vous voulez m'entendre, il faut que vous ____________ *(be quiet).*
3. Je suis heureuse que mon fils ____________ *(wrote)* cet article.
4. Mes amis sont étonnés que je ____________ *(understood)* cet éditorial.
5. L'Académie Française ne veut pas que les Français ____________ *(use)* trop d'anglicismes.
6. C'est dommage que vous ____________ *(cannot)* venir.
7. Mais il est impossible que notre professeur nous ____________ *(will give)* encore une composition pour demain !
8. Il est possible que ce journaliste ____________ *(will say)* tout ce qu'il pense.
9. Je veux que vous ____________ *(speak)* plus fort, s'il vous plaît.

Expressions that Always Require the Subjunctive

Expressions that by their very nature are uncertain, hypothetical, or emotional are always followed by the subjunctive.

Expressions of will, doubt, and emotion

vouloir que
douter que
avoir peur que
craindre que
regretter que
être content, désolé, étonné, heureux, ravi, surpris, triste, etc., que

Je veux que nous sortions ensemble ce soir.
I want us to go out together tonight.

Mon professeur doute que je lise *Le Monde* tous les jours.
My professor doubts that I read Le Monde *every day.*

J'ai peur que vous ne[1] disiez des bêtises !
I am afraid you'll talk nonsense!

Il est ravi que nous nous soyons enfin mariés !
He's delighted that we got married at last!

[1] The pleonastic **ne** is optional after expressions of fear in the affirmative. It has no negative value and is not translated.

1. The subjunctive is not used if the subject of the main and subordinate clauses is the same; the infinitive is used instead. In such cases, expressions of will are followed directly by the infinitive. Expressions of emotion require the preposition **de** before the infinitive.

   Je veux dire du bien de ce journaliste, mais je ne peux pas.
   I want to speak well of this journalist, but I can't.

   Je serais heureux de vous tutoyer, mais pas tout de suite.
   I would be happy to use the tu *form with you, but not right away.*

2. The verb **espérer** in the affirmative is followed by the indicative and not the subjunctive.

   J'espère que nous parlerons couramment français avant la fin du semestre.
   I hope we'll speak French fluently before the end of the semester.

EXERCICES

A. Que voulez-vous que je fasse dans les situations suivantes ? Répondez selon le modèle.

MODELE Si j'ai froid ?
Je veux que vous buviez du thé chaud (que vous mettiez un manteau, que vous preniez un bain chaud, etc.).

1. Si j'ai soif ?
2. Si j'ai envie de nager ?

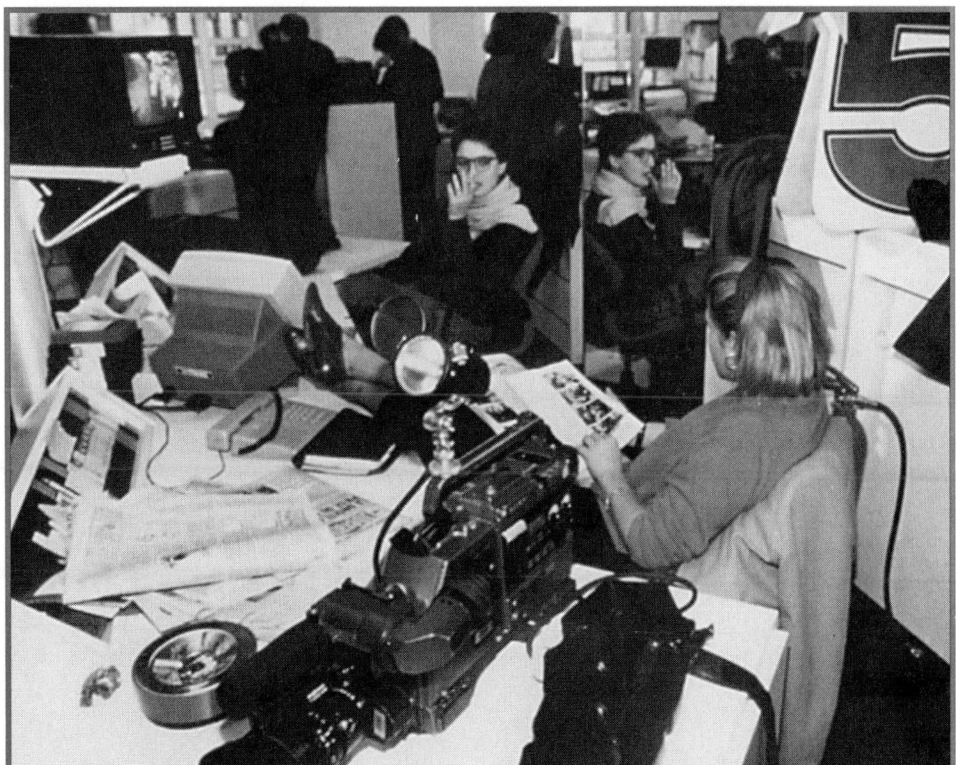

On prépare une émission.

3. Si je m'ennuie toujours ?
4. Si je grossis trop ?
5. Si j'ai envie de voir un bon film ?
6. Si j'ai faim et je veux manger quelque chose de bon ?
7. Si je regarde constamment la télévision ?
8. Si je parle français comme une vache espagnole ?

B. Complétez en employant **Je doute que** ou **Je suis certain(e) que.** Mettez les verbes entre parenthèses au subjonctif ou à l'indicatif, selon le cas.

MODELE ...le président (être) bilingue.
Je doute que le président soit bilingue.
ou : Je suis certain(e) que le président est bilingue.

1. ...le professeur (faire) de l'alpinisme.
2. ...la météo (être) toujours correcte.
3. ...les millionnaires (faire) la vaisselle.
4. ...le professeur (lire) les bandes dessinées.
5. ...les clochards (employer) l'argot.
6. ...la langue maternelle de Catherine Deneuve (être) le français.
7. ...les mères françaises (tutoyer) leurs enfants.
8. ...nous (parler) couramment français après avoir fini ce cours.
9. ...nous (parler) français comme une vache espagnole.
10. ...Jacques Cousteau (être) bilingue.

C. Traduisez en français.

1. I want you to leave immediately!
2. We're sorry you did that.
3. We doubt he will be able to do it.
4. I'm happy we get along.
5. I know it won't rain.
6. I am surprised he insulted you!
7. He wants you to be bilingual.
8. I'm certain they've left.
9. I don't want us to argue.
10. I am astounded they got married!
11. She's sorry you know the truth.
12. They want you to speak louder.
13. He hopes she says what she thinks.
14. Our professor doesn't want us to murder French.
15. I doubt they will come.

Impersonal expressions

Impersonal expressions that indicate an uncertain, hypothetical, or emotional point of view are followed by the subjunctive. Among such impersonal expressions are the following:

Il est bizarre que
Il est bon que
C'est dommage que
Il est douteux que
Il est étonnant que
Il est étrange que
Il faut que
Il est honteux que
Il est important que
Il est impossible que
Il est naturel que
Il est nécessaire que
Il est possible que
Il est rare que
Il est regrettable que
Il semble que
Il est surprenant que
Il se peut que *(It is possible that)*
Il vaut mieux que *(It is better that)*

Il est regrettable que cette publicité soit si bête.
It's too bad that advertisement is so stupid.

Il est possible qu'ils soient toujours malades.
It's possible that they're still sick.

The following impersonal expressions stress a certain or objective point of view and are followed by the indicative. When these expressions are used negatively or interrogatively, however, they imply uncertainty or doubt, and they are thus followed by the subjunctive.

Il est certain que
Il est clair que
Il est évident que
Il est probable que[1]
Il me semble que[2]
Il est sûr que
Il est vrai que

Il est clair que ce reporter connaît le français.
It is clear that this reporter knows French.

BUT:

Est-il clair que ce reporter connaisse le français ?
Is it clear that this reporter knows French?

Il n'est pas clair que ce reporter connaisse le français.
It isn't clear that this reporter knows French.

Note that impersonal expressions introducing general statements are followed by **de** + *infinitive.* **Il faut** and **il vaut mieux,** however, are followed directly by the infinitive.

Est-il possible de communiquer sans se servir de paroles ?
Is it possible to communicate without using words?

Il faut apprendre les proverbes parce qu'ils expriment souvent la vérité.
One must learn proverbs because they often express the truth.

Il vaut mieux être oiseau de campagne qu'oiseau de cage.
It is better to be a bird in the country than a bird in the cage.

EXERCICES

A. Quelles rubriques faut-il que les personnes suivantes lisent dans le journal ? (Consultez le *Vocabulaire du thème*). Répondez selon le modèle.

MODELE Gisèle veut rire.
Il faut qu'elle lise les bandes dessinées.

1. Pierre cherche une voiture d'occasion *(used).*
2. Denise et Paulette veulent lire quelque chose de romantique et de sentimental.
3. Aldo veut savoir si le grand-père de son ami est mort.
4. Babette veut comprendre les événements politiques récents.
5. Je veux savoir s'il va pleuvoir demain.
6. Bernard veut savoir qui a gagné le match de football hier.

[1] Probability is considered more certain than uncertain and therefore takes the indicative.

[2] Note that **il me semble que** takes the indicative, whereas **il semble que** takes the subjunctive. The first expresses certainty and the second uncertainty on the part of the speaker.

7. Dorine cherche un nouvel appartement.
8. Je veux connaître l'avenir.

B. Créez des dialogues en employant les proverbes suivants selon le modèle.

MODELE —Comme je déteste Joséphine !
—Il ne faut pas[1] *dire du mal des absents.*

Il ne faut pas réveiller le chat qui dort.
Il ne faut pas dire du mal des absents.
Il faut tourner sept fois la langue dans la bouche avant de parler.
Il ne faut jamais remettre au lendemain ce que l'on peut faire le jour même.
Il faut manger pour vivre et non pas vivre pour manger.
Il vaut mieux être seul qu'en mauvaise compagnie.
Il faut laver son linge sale *(dirty clothes)* en famille.
Il faut manger comme un homme en bonne santé et boire comme un malade.

1. —J'adore le vin, mais parfois j'en bois trop.
2. —J'en ai assez mangé, je sais, mais j'ai tout de même envie de commander un autre plateau de fromages.
3. —Mon mari critique toujours nos filles devant nos amis. A-t-il raison de faire cela ?
4. —Tu sais, j'ai vu le petit ami de Josette avec une autre jeune fille hier soir. Josette est ma meilleure amie. Est-ce que je devrais lui en parler ?
5. —Mes amis commencent à me gêner. Ils n'étudient jamais et ils veulent passer toutes les soirées au bar.
6. —Je n'ai pas envie de faire mes devoirs aujourd'hui. Je pense que je vais les faire demain.

C. Parlons de la classe de français ! Complétez en employant le présent ou le passé de l'indicatif ou du subjonctif, ou l'infinitif, selon le cas.

1. Il est regrettable que le professeur...
2. Il est important de... dans la classe.
3. Est-il évident que les étudiants... ?
4. Il est étonnant que je...
5. Il est certain que les étudiants...
6. C'est dommage que les examens...
7. Il ne faut pas... dans cette classe.
8. Il est clair que le professeur...
9. Il est impossible de... dans la classe.
10. Il n'est pas vrai que le français...

Conjunctions

Conjunctions introducing hypothetical or restrictive statements are followed by the subjunctive.

à condition que *on condition that*
à moins que *unless*
afin que / pour que *in order that, so that*
avant que *before*
bien que / quoique *although*
jusqu'à ce que *until*
pourvu que *provided that*
sans que *without*
que... ou non *whether . . . or not*

[1] Note that the expression **il ne faut pas** means *one (you) must not* and **not** *it isn't necessary.*

Notre professeur parle lentement pour que nous puissions le comprendre.
Our professor speaks slowly so that we can understand him.

Je compte la tutoyer à moins qu'elle ne[1] me vouvoie.
I intend to say tu *to her unless she says* vous *to me.*

Qu'il se mette en colère ou non, je vais lui dire la vérité.
Whether he gets angry or not, I'm going to tell him the truth.

If the subject of the main and subordinate clauses is the same, certain conjunctions are replaced by a corresponding preposition and followed by an infinitive. Thus, the subjunctive is not used.

Conjunction	**Preposition**
à condition que	à condition de
à moins que	à moins de
afin que	afin de
avant que	avant de
pour que	pour
sans que	sans

Comment comptez-vous être au courant des affaires internationales sans lire le journal ?
How do you intend to keep up on international affairs without reading the paper?

Mon amie Jacqueline me téléphone uniquement pour bavarder.
My friend Jacqueline calls me only to chat.

The conjunctions **bien que, quoique, jusqu'à ce que,** and **pourvu que** do not have corresponding prepositions. Even when there is no change of subject these conjunctions must be used, repeating the subject of the main clause. As always, they are followed by a verb in the subjunctive.

J'aime beaucoup mon cours de français bien que (quoique) je sois toujours en retard !
I like my French course a lot, although I'm always late!

Je vais continuer à étudier cette langue jusqu'à ce que je la connaisse parfaitement !
I'm going to keep on studying this language until I know it perfectly!

EXERCICES

A. Jean-Marc est loin d'être parfait, mais sa fiancée, Mimi, l'adore quand même. Elle voudrait devenir sa femme. Donnez la réaction de Mimi aux déclarations de Jean-Marc, selon le modèle.

MODELE JEAN-MARC : Je suis jaloux, Mimi.
MIMI : *Je serai ta femme bien que (quoique) tu sois jaloux.*

1. Je suis égoïste, Mimi.
2. Je suis passionné de télé, Mimi.
3. J'ai des complexes, Mimi.
4. Je vais au bar tous les soirs, Mimi.
5. Je ne lis jamais, Mimi.
6. J'ai des dettes, Mimi.
7. J'ai perdu mon emploi, Mimi.
8. J'ai insulté ta mère, Mimi.
9. Je suis paresseux, Mimi.
10. Je t'ai menti, Mimi.

[1]The pleonastic **ne** is optional after the conjunctions **à moins que** and **avant que.** It has no negative value and is not translated.

B. Remplacez les tirets avec **à condition que (de), à moins que (de), avant que (de), sans (que)** ou **pour (que).**

1. Je vais prendre une douche __________ nous sortions.
2. Je ne peux pas regarder ce dessin animé __________ rire !
3. Je parlerai français avec toi __________ tu puisses perfectionner ton accent.
4. Réfléchissez __________ parler.
5. Je te tutoierai __________ tu me tutoies aussi.
6. J'ai acheté le cadeau d'André __________ il le sache.
7. Je n'irai pas au théâtre __________ tu m'y accompagnes.

C. Traduisez en français.

1. Speak more slowly so that I can understand you!
2. We won't quarrel unless he turns on the television set!
3. Although she has never gone to France, she speaks French fluently.
4. You will never know what is going on *(se passer)* unless you watch the news.
5. I'll be quiet, provided you tell me the joke.

D. Complétez en utilisant votre imagination.

1. Adèle, je me marierai avec toi pourvu que...
2. Je resterai au bar jusqu'à ce que...
3. Je regarderai cette émission bien que...
4. Vous ne pourrez pas parler français sans...
5. Ils écoutent le journal parlé pour...
6. Nos parents font des sacrifices pour que...

Un météorologiste

7. Il faut écouter la météo avant de...
8. Vite ! Finis ton travail avant que...

Expressions of concession

Expressions of concession are followed by the subjunctive.

qui que	*whoever*
où que	*wherever*
si + *adjective* + que	*however*
quel que	*whatever*
quoi que	*whatever*

Qui que vous soyez, vous avez les mêmes droits que les autres.
Whoever you are (may be), you have the same rights as others.

Si intelligente qu'elle soit, elle n'apprendra pas tous ces idiotismes en un jour !
However intelligent she is (may be), she will not learn all those idioms in one day!

Note that **quel que** and **quoi que** both mean *whatever*. **Quel que** is most often used in the expression **quel que soit** + *noun*. Since **quel** is an adjective, it must agree with the noun it modifies. **Quoi que,** on the other hand, is an invariable pronoun.

Quelle que soit ton excuse, tu ne devrais pas faire cela !
Whatever your excuse is (may be), you shouldn't do that!

Quelles que soient vos raisons, vous ne devriez pas vous disputer !
Whatever your reasons are (may be), you shouldn't quarrel!

Quoi que je fasse, je ne peux pas plaire à mon patron.
Whatever I do, I can't please my boss.

EXERCICES

A. Remplacez les tirets par **qui que, où que, quoi que,** ou la forme correcte de **quel que.**

1. Vous ne pouvez pas désobéir à la loi, ____________ vous soyez !
2. ____________ soient ses raisons, à l'âge de trente ans il ne devrait pas lire les bandes dessinées !
3. Les touristes se trouvent partout; ____________ j'aille, je les vois !
4. Je vais dire la vérité, ____________ vous fassiez !
5. ____________ soient vos objections, elle continuera à regarder la télé.
6. Il ne vous acceptera pas, ____________ vous fassiez.
7. Je peux trouver du Coca-Cola ____________ j'aille.

B. Traduisez en français.

1. Wherever we go in France, we hear franglais[1]!
2. I'll learn that language, however difficult it is.

[1] The neologism *franglais* describes the highly anglicized French spoken by some French people today. The term was popularized by the scholar Etiemble's book *Parlez-vous franglais ?* (1964), which attacks the use of such jargon.

3. They watch television wherever they go.
4. Whatever you tell him, he'll keep his word.
5. We listen to the news wherever we travel.
6. Please try to tell the truth, whatever you do!
7. Whatever your true intentions may be, try to hide them!
8. However honest they are, they cannot keep a secret.
9. Whatever the speaker does, he can't please his listeners.
10. I will do it, whatever the consequences may be!

C. Traduisez en français, puis jouez les dialogues.

1. **A:** I will follow you wherever you go!
   B: Thanks, but I'm staying home.
2. **A:** Whatever you do, be prudent.
   B: However stupid I am, I'll try.
3. **A:** Whoever you are, go away!
   B: Whatever you do, I'll stay!

Expressions that Sometimes Require the Subjunctive

Some expressions that are not inherently uncertain, hypothetical, or emotional become so in certain cases because of the attitude of the speaker. In these cases they take the subjunctive.

Verbs of thinking and believing

Affirmative verbs of thinking and believing (e.g, **penser, croire, trouver**) are always followed by the indicative. Negative and interrogative verbs of thinking and believing, however, are followed by the subjunctive when there is considerable doubt in the mind of the speaker. But if the doubt in the mind of the speaker is negligible, or if a future action is expressed, the indicative is normally used.

Affirmative:

Je trouve qu'il est raisonnable.
I find that he is reasonable.

Je crois que ce journal est très bon.
I think this paper is very good.

Negative and interrogative:

Je ne pense pas que vous { ayez compris / avez compris } cette question.
I don't think you've understood this question.

Croyez-vous que je { suis / sois } brillant ?
Do you think I'm brilliant?

Trouvez-vous que ce reporter { est / soit } sérieux ?
Do you find that this reporter is serious?

Croyez-vous que David sera ici demain ?
Do you think David will be here tomorrow?

EXERCICES

A. Mettez les verbes entre parenthèses à l'**indicatif** ou au **subjonctif,** selon le cas.

1. Je crois que mon amie ____________ (mentir) quand elle m'a parlé hier.
2. Pensez-vous que ce speaker fou ____________ (dire) toujours la vérité ?
3. Je crois que la vie à la campagne ____________ (être) plus tranquille que la vie en ville.
4. Pensez-vous que Georges, ce grand menteur, ____________ (être) vraiment sincère ?
5. Notre professeur trouve que nous ____________ (s'exprimer) très bien.
6. Je ne pense pas que cette émission ridicule ____________ (pouvoir) m'intéresser.
7. Croyez-vous vraiment que je ____________ (sortir) avec elle demain soir ?
8. Je ne pense pas du tout que vous ____________ (perfectionner) votre accent l'année passée !
9. Pensez-vous que ma vie ____________ (être) heureuse ?
10. Je ne pense pas qu'elle ____________ (venir) ce soir.

B. Traduisez en français.

1. Robert doesn't think he'll be able to finish the article.
2. I don't believe we have enough money to buy a new VCR.
3. Do you really think that advertisement is artistic?
4. I don't think that journalist knows what he's doing!
5. Do you think they'll speak fluently after only one course?
6. I don't think it will rain tomorrow.

Relative clauses

Verbs in relative clauses are normally in the indicative. The subjunctive is generally used, however, if the speaker doubts or denies the existence or attainability of the antecedent. In such cases the verb in the main clause is often in the negative or interrogative.

Indicative:

Je connais plusieurs étudiants qui sont complètement bilingues. *I know several students who are completely bilingual.*	(An objective statement of fact)
Nous avons trouvé un reporter qui sait parler japonais. *We have found a reporter who can speak Japanese.*	(An objective statement of fact)

Subjunctive:

Je ne connais personne qui puisse parler latin. *I don't know anyone who can speak Latin.*	(The speaker doesn't know of such a person.)
Y a-t-il une publicité qui soit tout à fait objective ? *Is there an ad that is completely objective?*	(The speaker questions the existence of such an ad.)

Une librairie parisienne

EXERCICES

A. Traduisez en français.

1. I have a friend who is bilingual.
2. I don't know a journalist who knows everything.
3. I don't know a reporter who can speak Chinese, Japanese, and Russian.
4. Is there a crossword puzzle he can't do?
5. I don't know anyone who can do that.
6. I know several people who lived in that apartment.
7. Is there a newspaper that pleases everyone?

B. Complétez avec imagination en employant l'**indicatif** ou le **subjonctif.**

1. Y a-t-il des étudiants...
2. Nous voulons trouver un magazine...
3. Il n'y a pas de politicien...
4. Je ne connais pas d'Américain(e)...
5. Il n'y a pas de notice nécrologique...

The superlative

Verbs in relative clauses following superlative expressions and the adjectives **premier, dernier,** and **seul** are in the indicative when the speaker states a certain or objective fact. They are normally followed by the subjunctive, however, when the speaker expresses a subjective feeling, a personal opinion, or a doubtful attitude.

Indicative:

Robert est le plus jeune étudiant qui a réussi à l'examen.
Robert is the youngest student who passed the exam. (An objective statement of fact)

Je suis sûr que le Brésil est le plus grand pays qu'ils ont visité.
I am sure that Brazil is the biggest country they visited. (The speaker is certain.)

Subjunctive:

C'est la plus belle émission que j'aie jamais vue.
That's the most beautiful program I've ever seen. (The speaker expresses a personal feeling.)

Est-ce vraiment la meilleure plaisanterie que vous ayez jamais entendue ?
Is this really the best joke you've ever heard? (The speaker is doubtful, surprised.)

Est-ce le seul étudiant qui sache ce que c'est qu'un néologisme ?
Is he the only student who knows what a neologism is? (The speaker is surprised.)

EXERCICES

A. Traduisez en français.

1. That's the worst advertisement I've ever seen!
2. Boston is the largest city we visited.
3. Is that the only thing you can say?
4. Is that the best newspaper you have ever read?
5. Is Jean-Marc the only reporter who knows how to write?
6. I'm the only American who lives here.
7. She's the only person who saw the accident.

B. Traduisez en français, puis jouez les dialogues.

1. **A:** Poor Nancy! She murders French!
   B: That's the worst *(pire)* insult I've ever heard!
   A: (puzzled expression)
   B: I'm her teacher!
2. **A:** This is the first time I've read my horoscope.
   B: What does it say?
   A: That you will marry me soon . . .
   B: That's the most pleasant horoscope I've ever heard!
   A: I'm kidding *(plaisanter)*.
   B: (puzzled expression)

Exercices d'ensemble

I. Mettez les verbes entre parenthèses au **subjonctif** ou à l'**indicatif,** s'il y a lieu.

1. Est-il nécessaire de __________ (traduire) ces phrases françaises en anglais ?
2. Il ne faut pas que nous __________ (insulter) les auditeurs.
3. C'est dommage que vous __________ (flatter) ces journalistes.
4. Nous doutons que notre fils __________ (pouvoir) comprendre cette émission politique.
5. Nous croyons que la langue écrite __________ (être) plus précise que la langue parlée.

6. Il est probable qu'ils ____________ (arriver) hier soir.
7. Je crois que vous ____________ (pouvoir) me tutoyer dès maintenant.
8. Qui que vous ____________ (être), vous serez obligé de travailler comme les autres !
9. Je cherche un sage qui ____________ (savoir) la réponse à toutes les questions !
10. Croyez-vous que je ____________ (devoir) punir mon petit frère gâté ?
11. Il a beaucoup étudié les langues étrangères parce qu'il ____________ (vouloir) devenir polyglotte.
12. Il est vrai que le mot anglais « toodle-oo » ____________ (venir) de l'expression française « tout à l'heure ».

II. Complétez avec imagination.

1. Je vais vous poser des questions jusqu'à ce que...
2. Nous espérons que ce criminel...
3. Pour se libérer véritablement, il faut que les femmes...
4. Je doute que le professeur...
5. Trouvez-vous que l'amour...
6. Nous avons peur que la civilisation américaine...
7. Je ne crois pas qu'un vrai révolutionnaire...
8. Si vous voulez scandaliser le monde, il faut que vous...
9. Ils sont contents que ce vieux...
10. Il voudrait devenir millionnaire sans...
11. J'irai voir ce film avec toi bien que...
12. Je vais faire un voyage en France pour...

Le Minitel

It is impossible to speak of communication in France without mentioning Minitel, a little machine with which the French are learning to communicate differently. It is changing their lives. What is a Minitel? It is a small computer linked by phone connections to a central computer. It is cheap to produce, fits on a bookshelf, and is extremely simple to operate.

The central computer consists of a three-channel network called *Transpac. Transpac*'s first two channels (3613 and 3614) are used mainly for business and subscription services—data banks, data exchange networks—that are accessible with a telephone call and a password. The third channel is for more general use. Dialing 3615 and then entering a code provides the link, through *Transpac*, to another computer system (called a *serveur*) with which users can communicate.

Minitel was conceived in 1978 by *La Direction Générale des Télécommunications* at a time when France was modernizing its telephone system. It was designed to replace the traditional paper telephone books and, at the same time, introduce the majority of France's population to the computer revolution. First used on an experimental basis in small areas where it was offered free, it is now distributed in major urban centers. With more than six million Minitel users, France can boast one of the largest installed video database systems in the world.

To individual users Minitel offers a wide and ever-growing array of services. For example, a person can play video games, check a calendar of coming cultural events, get weather reports, sports scores, daily news, check his or her bank balances, and make payments. It is also possible to peruse train schedules, book an airline ticket, obtain a list of hotel vacancies, and make reservations, from the privacy of one's home. Shopping can also be done on the video screen. During the presidential elections of 1988 and 1995, voters found that interacting with political parties and candidates became easy and fascinating via Minitel. Another interesting offshoot of this new mode of communication is a thriving service called *"Messageries conviviales":* exchanges with people who are searching for others with mutual interests. As this little box can give an answer to nearly every imaginable question, there is a growing number of fanatical *"minitélistes,"* as seen in the following text.

Orientation

Etes-vous passionné(e) d'informatique *(computer science)?* Utilisez-vous souvent un ordinateur? Mettez-vous en groupe de deux et indiquez à votre camarade de classe comment vous l'utilisez.

Je me sers d'un ordinateur:
pour faire mes devoirs (écrire mes compositions)
pour écrire mon courrier (*mail*) personnel
pour jouer à des jeux vidéo
pour rédiger des rapports professionnels
pour calculer mes impôts (*taxes*)
pour consulter le fichier (*catalogue*) de la bibliothèque de mon université
pour faire des illustrations graphiques (pour faire des dessins compliqués)
pour envoyer des messages électroniques
autres possibilités

Journal d'une branchée°

Pour ne plus se fatiguer, Thérèse Richard a décidé de tout faire en employant son Minitel. Une aventure épuisante°...

La journée s'annonce° mal: mille choses à faire et une sérieuse fuite° d'eau dans la cuisine. Coincée°! En attendant le plombier je me trouve avec un frigo° vide, une sombre histoire de chèque à régler°, un chat malade. Mes enfants comptent sur moi pour m'occuper de leurs vacances de Noël, sans parler de leurs cadeaux, et mon père qui arrive ce soir désire que je lui trouve une chambre d'hôtel pour «ne pas déranger°». Je sens revenir en force mes maux° d'estomac. Pour mettre toutes les chances de mon côté, je me connecte, grâce à° mon Minitel sur STELLA°: la date, l'heure et le lieu de ma naissance me donnent la configuration des astres°. La journée sera bonne, même les prévisions pour la semaine sont encourageantes. Armée de courage et de l'annuaire LISTEL°, j'entreprends de régler mes problèmes.

le, la branché(e) someone who is plugged in (i.e., into a network); also, someone who is "with it" / **épuisant** = *fatigant* / **s'annonce** = *commence* / **la fuite** leak / **coincé** stuck, on the spot / **le frigo** (*fam*) = *le réfrigérateur* / **régler** to settle, straighten out / **ne pas déranger** not to be a bother / **le mal, les maux** = *la douleur* / **grâce à** thanks to / **STELLA** = *service horoscope* / **l'astre** *m* = *l'étoile* / **l'annuaire** *m* **LISTEL** = *le livret qui indique tous les services du Minitel*

Une jeune branchée devant son ordinateur

Rassurée sur l'état de mon chat grâce à ANIMATEL, je me mets à jongler° avec le 3614 et le 3615 pour passer en revue° le guide des stations de ski et vérifier à tout hasard° les promotions offertes par VOYAGEL. Grâce aux services d'Air France, d'Air Inter et de la SNCF°, je dispose des° horaires° et des tarifs°. Les vacances de Victor et de Zoé prennent forme. Ce soir nous déciderons.

Le cœur plus léger, je me connecte sur OBS°, mon journal préféré, pour prendre le pouls° de l'actualité°. Je ne peux résister à la tentation de faire défiler° certains de leurs dossiers historiques, état de la loi°, prises de position° des divers partis... C'est clair et complet !

Mais l'homme ne vit pas que de nouvelles° : il faut me brancher avant dix heures sur TELEMARKET si je veux qu'on me livre° par exprès ce soir—pâtes°, huile°, baril de lessive°, boîtes° pour le chat. Un vent de révolte me pousse à pianoter° une question à Edouard Balladur° sur AGIR : « La rémunération des mères de famille sera-t-elle prise en compte° dans le prochain collectif budgétaire° ? » En attendant sa réponse, je vérifie sur DIRECT, le serveur° du RPR°, si Jacques Toubon° n'évoque° pas ce problème. Non...

La concierge monte le courrier°. Toujours pas de nouvelles du chèque de la Sécurité sociale. Après avoir tapé° mon code confidentiel, l'état de mon compte en banque défile° sur l'écran. Mon

jongler to juggle / **passer en revue** to review / **à tout hasard** just in case, on the off chance / **SNCF** = *Société nationale des chemins de fer français* / **disposer de** to have at one's disposal / **l'horaire** *m* train/plane schedule / **le tarif** = *les prix* / **OBS** = *abréviation pour le* Nouvel Observateur / **le pouls** pulse / **la loi** law / **l'actualité** *f* current events / **faire défiler (sur l'écran)** to make something appear (on the screen) / **la prise de position** political stand / **les nouvelles** *f* news / **livrer** to deliver / **les pâtes** *f* pasta / **l'huile** *f* oil / **le baril de lessive** big box of laundry detergent / **les boîtes** *f* cans of cat food / **pianoter** to key in / **Edouard Balladur** = *Ministre de l'Economie sous la première période de cohabitation, et Premier Ministre sous la deuxième* / **prendre en compte** to take into account / **le collectif budgétaire** = *le budget* / **le serveur** computer network / **RPR** = *Rassemblement pour la République, un parti politique* / **Jacques Toubon** = *un ministre dans le gouvernement français* / **évoquer** = *mentionner* / **le courrier** mail / **taper** to type / **défiler** to come up, appear

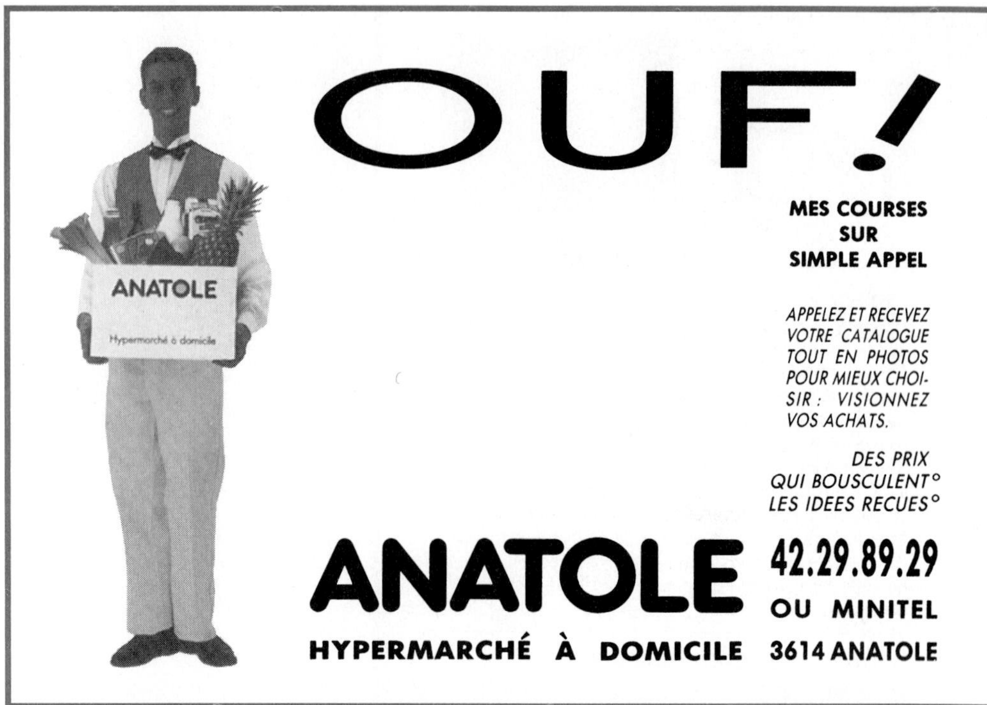

Une publicité pour un hypermarché à domicile

bousculer to jostle / **une idée reçue** generally accepted idea

virement° est arrivé hier. Ouf ! Je vais pouvoir penser aux cadeaux... En attendant, je m'attarde° sur quelques conseils de placements° recommandés par mon banquier. On peut toujours rêver...

Il ne me reste que quelques heures avant l'arrivée de mon père. Je lui réserve une chambre d'hôtel grâce à RIFOTEL... Mes maux d'estomac ne me lâchent° pas. Qu'est-ce que j'ai ? AK me demande de préciser mes symptômes, mon sexe, mon âge, mon poids, ma taille°. « La douleur se situe-t-elle en haut ou au centre de l'abdomen ? Se prolonge-t-elle dans le dos ? » Je me concentre pour dialoguer, par écran interposé°, avec l'ordinateur qui finit par conclure : « Vous souffrez certainement de pancréatite. » Allons bon° ! En tapant sur la touche° guide, j'apprends tout sur la pancréatite ! Du calme. En attendant d'aller chez le médecin, j'essaie de repérer° sur MEDNAT les plantes qui pourraient me soulager°.

Les enfants rentrent de l'école. Zoé a eu une mauvaise note en grammaire. Une petite révision sur EAO° s'impose° ! Les questions défilent et chaque bonne réponse s'accompagne d'un commentaire encourageant : « Bravo, réponse exacte. » Devant tant d'application, je lui promets de la laisser jouer un moment au pendu° ou à la bataille navale sur FUNITEL...

Le soir tombe. Mon époux doit rentrer d'un voyage professionnel en province. Je me rassure en consultant l'état de la circulation sur l'autoroute et pioche° quelques idées pour le dîner sur VATEL.

le virement transfer of funds from one account to another / **s'attarder** to linger / **le placement** = *l'investissement* / **lâcher** = *quitter* / **la taille** height / **par écran interposé** interactively, using the screen / **Allons bon !** Well now! / **la touche** key / **repérer** = *trouver, découvrir* / **soulager** to soothe / **EAO** = *l'Enseignement assisté par ordinateur* / **s'impose** = *est nécessaire* / **le pendu** hangman *(jeu de vocabulaire)* / **piocher** to dig up

Peu à peu, les Minitel s'implantent dans la France entière. Cela vous concerne. Le Minitel est un nouveau moyen de communication et d'information qui vous offre de nombreux et nouveaux services. Parmi ceux-ci figurent ceux de votre banque.

Pour obtenir un Minitel (si vous ne l'avez déjà), il vous suffit d'être abonné° au téléphone. Il vous est remis° gratuitement par les P.T.T.° si vous êtes situé en zone annuaire électronique° et moyennant° une redevance° de 85 F/mois dans le cas inverse. Mais très vite, l'ensemble du territoire en bénéficiera.

Pour plus de précisions° interrogez votre agence commerciale des Télécommunications, ou renseignez-vous auprès de votre agence Société Générale.

Tous les services bancaires° à domicile !

De chez vous, un simple numéro suffit pour être en relation avec la Société Générale. Vous composez° votre code d'accès sur votre Minitel, et aussitôt Logitel est à votre disposition. Une gamme° complète de prestations° est à portée de votre main° rapidement chez vous, nuit et jour, 7 jours sur 7.

Une publicité Minitel

être abonné to subscribe / **remis** delivered / **P.T.T.** = *Postes, Télécommunications et Télédiffusion* / **la zone annuaire électronique** electronic subscription area / **moyennant** for, in return for / **la redevance** fee / **les précisions** information / **bancaire** banking / **composer** to dial / **la gamme** range / **la prestation** benefit / **à portée de la main** within reach

Tout est en route. Profitant d'une accalmie°, je calcule le montant° de mes impôts° sur CALIR et m'essaie aux° subtilités de la Bourse° en gérant° un portefeuille° fictif sur JB. Avec quelques vrais millions de centimes à gagner !

La nuit est là. La bonne heure pour les dialogues conviviaux dans les services de messagerie°. Mais mes yeux sont rouges. Nous n'enverrons qu'un seul message ce soir... aux extraterrestres sur AL33. Il partira dans l'espace sous forme de trains d'ondes° depuis° le radiotélescope de Nançay, dans le Cher°. Albert Simon me rassure sur OBS : il ne pleuvra pas demain et GABRIEL me four-

l'accalmie *f* = *période de calme* / **le montant** = *la somme* / **l'impôt** *m* tax / **s'essayer à** to try one's luck at / **la Bourse** stock market / **gérer** to manage / **le portefeuille** portfolio / **la messagerie** electronic bulletin board / **l'onde** *f* wave / **depuis** from / **le Cher** = *département au sud de Paris*

nit des « incitations° à la prière° » en attendant l'apaisement° du sommeil. La pluie frappe sur les carreaux°. Que de bruit°, après une longue journée de silence ! Heureusement que j'ai bavardé avec le plombier.

Thérèse Richard, *Le Nouvel Observateur*

Qu'en pensez-vous?

Etes-vous d'accord ou non avec les déclarations suivantes ? Justifiez votre réponse.

1. Thérèse a décidé de tout faire à partir de son Minitel parce qu'elle pense que c'est moins fatigant.
2. Il y a une fuite d'eau dans la salle de bains.
3. Elle ne peut pas sortir de chez elle parce qu'elle attend le plombier.
4. Son père, qui arrive ce soir, va venir s'installer chez elle.
5. Avant de commencer à régler ses problèmes, elle consulte son horoscope sur le Minitel.
6. Ses enfants veulent aller faire du ski pendant les vacances de Noël.
7. Pour avoir les dernières nouvelles, elle se connecte sur le service du *Monde*, son journal préféré.
8. Grâce à TELEMARKET, elle peut faire ses courses par ordinateur et se faire livrer à domicile.
9. Elle utilise son Minitel pour dialoguer avec les hommes politiques.
10. Elle vérifie l'état de son compte en banque en tapant son code confidentiel.
11. Le service médical du Minitel est capable de faire un diagnostic si on lui envoie une description de ses symptômes.
12. Elle souffre de laryngite.
13. Parce qu'elle a eu une mauvaise note en grammaire à l'école, sa fille Zoé n'est pas autorisée à se servir de l'ordinateur.
14. Avec le Minitel, on peut même communiquer avec les extra-terrestres.
15. En fin de journée, elle a mal à la gorge parce qu'elle a beaucoup parlé.

Vocabulaire satellite

la **base de données** data base
la **disquette** diskette
le **disque souple** floppy disk
l' **écran** *m* screen
l' **imprimante** *f* printer
le **logiciel** software
l' **ordinateur** *m* computer
le **micro-ordinateur** micro computer
l' **Internet** *m* the Internet
se promener sur l'Internet to explore the Internet
le **réseau** network
le **traitement de texte** word processing, word processor
le **clavier** keyboard
taper sur une touche to hit a key
l' **informatisation** *f* computerization
la **souris** mouse
le **lecteur de disquette** disk drive
la **puce** microchip
l' **annuaire** *m* **téléphonique** telephone book
l' **usager** *m* user

l'incitation *f* = *l'encouragement* / **la prière** prayer / **l'apaisement** *m* = le calme, la paix / **le carreau** window pane / **que de bruit** what a lot of noise

Pratique de la langue

1. Faites une liste des services offerts par le Minitel dans ce texte. Quel est le service que vous trouvez le plus intéressant ? Pourquoi ?
2. Travaillez en groupe et imaginez que vous allez créer votre propre serveur; quels services proposerez-vous ? Pourquoi ?
3. Pensez-vous que vous seriez un(e) minitéliste convaincu(e) ou réticent(e) ? Dites pourquoi.
4. Vous communiquez par télécommunication avec des élèves d'une classe de français à l'autre bout du pays. Faites, en groupe, une liste de dix messages que vous aimeriez leur envoyer.

Eugène Ionesco

The difficulty of meaningful communication is illustrated nowhere better than in the twentieth-century literary phenomenon known as the theater of the absurd, and particularly in the plays of Eugène Ionesco.

The theater of the absurd is the work of an avant-garde group of playwrights who came into prominence in the 1950s. They did not constitute a formal, unified school; they shared no common goals. Writers like Eugène Ionesco, Samuel Beckett, Jean Genet, and Arthur Adamov were all preoccupied, however, with the fundamental problems of the human race and were struck by the absurdity of the human condition. In their view, contemporary life made no sense, was devoid of meaning, could not be examined rationally. The basic assumptions and eternal truths of previous generations no longer related to humanity's unique plight and thus offered nothing by way of explanation and solace. Nor did this new generation of authors propose any solutions of their

Eugène Ionesco

own. Their plays contained no moral, no esoteric message, but instead asked the questions and formulated the problems as they alone proved capable of defining them.

The playwrights of the absurd are not terribly avant-garde with respect to their subject matter. The human condition has served as the subject of many a literary investigation in the past, and in its rich potential will undoubtedly inspire many a future consideration. Even the notion of the absurd had been previously explored by Albert Camus in his novel *L'Etranger* in 1942. The originality of the theater of the absurd lies in its use of nonconventional means, in its creation of new dramatic forms. The audience may no longer complacently rely on ordinary formats. It cannot "expect" anything. It will find no traditional plot line to follow, no extensive character development to appreciate, no realistic portrayal of everyday life. The goal of the theater of the absurd is to convey the senselessness of the human condition by keeping the audience off balance, disoriented, uneasy. The spectators must never be allowed inside the play, must never be able to identify with the characters. They must be made to feel the discomfort of absurdity.

Eugène Ionesco (1912–1994), the Romanian-born immigrant who wrote in French, is the first to come to mind when one thinks of playwrights of the absurd. The recognition he enjoys today did not come instantaneously. The premiere of *La Cantatrice chauve* (The Bald Soprano) in Paris in 1950 was less than a roaring success: the actors played to small houses until eventually, after six weeks, the play folded. The same fate befell *La Leçon* (1950) and *Les Chaises* (1952). It was not until the mid-1950s that the public accepted Ionesco's theater. By the time *Rhinocéros* was performed in 1960, however, Ionesco had achieved an international reputation.

The following excerpt is from Ionesco's *La Cantatrice chauve*, which at first glance appears to portray a typical English middle-class family, the Smiths, spending a quiet evening in their living room. Ionesco describes the setting thus:

Intérieur bourgeois anglais, avec des fauteuils anglais. Soirée anglaise. M. Smith, Anglais, dans son fauteuil anglais et ses pantoufles° anglaises, fume sa pipe anglaise et lit un journal anglais, près d'un feu anglais. Il a des lunettes anglaises, une petite moustache grise, anglaise. A côté de lui, dans un autre fauteuil anglais, Mme Smith, Anglaise, raccommode° des chaussettes° anglaises. Un long moment de silence anglais. La pendule° anglaise frappe dix-sept coups anglais.

The play's zany tone is established from the outset as Mrs. Smith reacts to the clock's striking seventeen by saying: "Tiens, il est neuf heures." *La Cantatrice chauve* demonstrates the absurdity of an everyday life which is dominated by thoughtless routine. The characters don't really say anything when they speak because they are no longer capable of genuine thought or feeling. There is no inner vitality to give meaning to their existence. This lack of personal expression, this failure to communicate leads to an eventual identity crisis. In fact, the play ends as the power of speech disintegrates and another couple, the Martins, begin the play all over again by assuming the Smiths' role and repeating the same lines which the Smiths had uttered in the first scene. The theater of the absurd is sometimes referred to as the theater of language, to stress the barrenness of meaning in the characters' utterances.

la pantoufle slipper / **raccommoder** to darn / **la chaussette** sock / **la pendule** clock

Orientation: Theater of the Absurd

A play by Eugène Ionesco takes some getting used to. As a matter of fact, one of Ionesco's aims is precisely to prevent our getting used to it. The real world is not a comfortable place; things do not readily fall into place. The whole of our existence, according to the theory of the absurd, makes absolutely no sense. So we must expect no solace from this dramatic experience. The leitmotif in *La Cantatrice chauve* says it all: "Comme c'est curieux!"

You will note that the style is informal and conversational, the characters' utterances are simple and direct, and the vocabulary is taken from everyday situations. Really, what can be more banal than the opening query: "Haven't I seen you somewhere before?" There is much repetition as Mrs. Martin confirms every one of her husband's assumptions, echoing his very words each time. We, the audience, are puzzled initially as Mr. and Mrs. Martin act like pure strangers toward one another. Then their conversation reveals an impressive string of happy coincidences that seem to cement their relationship. My goodness, they even share the same bed and both have a two-year old daughter named Alice! Could it be that the Martins have found one another? But wait! This is a Ionesco play and you, dear spectator, are not going to get off that easy. The playwright will see to it that you leave the theater at the very least bemused if not thoroughly confused, disoriented, and downright troubled. Read on!

M. et Mme Martin ont été invités à dîner chez les Smith. Mais ceux-ci ne sont pas prêts à les recevoir. Au moment où les Martin arrivent, les Smith sortent pour aller s'habiller.

Les Martin

Mme et M. Martin s'assoient l'un en face de l'autre, sans se parler. Ils se sourient, avec timidité.

M. MARTIN *(le dialogue qui suit doit être dit d'une voix traînante°, monotone, un peu chantante, nullement° nuancée)*: Mes excuses, Madame, mais il me semble, si je ne me trompe°, que je vous ai déjà rencontrée quelque part°.

MME MARTIN A moi aussi, Monsieur, il me semble que je vous ai déjà rencontré quelque part.

M. MARTIN Ne vous aurais-je pas déjà aperçue, Madame, à Manchester, par hasard?

MME MARTIN C'est très possible. Moi, je suis originaire° de la ville de Manchester! Mais je ne me souviens pas très bien, Monsieur, je ne pourrais pas dire si je vous y ai aperçu ou non!

M. MARTIN Mon Dieu, comme c'est curieux! Moi aussi je suis originaire de la ville de Manchester, Madame!

MME MARTIN Comme c'est curieux!

M. MARTIN Comme c'est curieux! ...Seulement, moi, Madame, j'ai quitté la ville de Manchester, il y a cinq semaines, environ.

MME MARTIN Comme c'est curieux! quelle bizarre coïncidence! Moi aussi, Monsieur, j'ai quitté la ville de Manchester, il y a cinq semaines environ.

traînant droning / **nullement** = *pas du tout* / **si je ne me trompe** if I'm not mistaken / **quelque part** = *en quelque lieu* / **être originaire de** = *être né à*

M. Martin interroge Mme Martin.

M. MARTIN J'ai pris le train d'une demie après huit° le matin, qui arrive à Londres à un quart avant cinq°, Madame.

MME MARTIN Comme c'est curieux ! comme c'est bizarre ! et quelle coïncidence ! J'ai pris le même train, Monsieur, moi aussi !

M. MARTIN Mon Dieu, comme c'est curieux ! Peut-être bien alors, Madame, que je vous ai vue dans le train ?

MME MARTIN C'est bien possible, ce n'est pas exclu, c'est plausible et après tout, pourquoi pas ! ...Mais je n'en ai aucun souvenir, Monsieur !

M. MARTIN Je voyageais en deuxième classe, Madame. Il n'y a pas de deuxième classe en Angleterre, mais je voyage quand même° en deuxième classe.

MME MARTIN Comme c'est bizarre, que c'est curieux, et quelle coïncidence ! moi aussi, Monsieur, je voyageais en deuxième classe !

M. MARTIN Comme c'est curieux ! Nous nous sommes peut-être bien rencontrés en deuxième classe, chère Madame !

MME MARTIN La chose est bien possible et ce n'est pas du tout exclu. Mais je ne m'en souviens pas très bien, cher Monsieur !

M. MARTIN Ma place était dans le wagon n° 8, sixième compartiment, Madame !

MME MARTIN Comme c'est curieux ! ma place aussi était dans le wagon n° 8, sixième compartiment, cher Monsieur !

M. MARTIN Comme c'est curieux et quelle coïncidence bizarre ! Peut-être nous sommes-nous rencontrés dans le sixième compartiment, chère Madame ?

MME MARTIN C'est bien possible, après tout ! Mais je ne m'en souviens pas, cher Monsieur !

d'une demie après huit... à un quart avant cinq These expressions are literal translations from English and are, of course, incorrect in French. / **quand même** still, nevertheless /

M. MARTIN A vrai dire, chère Madame, moi non plus je ne m'en souviens pas, mais il est possible que nous nous soyons aperçus là, et, si j'y pense bien, la chose me semble même très possible !

MME MARTIN Oh ! vraiment, bien sûr, vraiment, Monsieur !

M. MARTIN Comme c'est curieux ! ...J'avais la place nº 3, près de la fenêtre, chère Madame.

MME MARTIN Oh, mon Dieu, comme c'est curieux et comme c'est bizarre, j'avais la place nº 6, près de la fenêtre, en face de vous, cher Monsieur.

M. MARTIN Oh, mon Dieu, comme c'est curieux et quelle coïncidence ! ...Nous étions donc vis-à-vis°, chère Madame ! C'est là que nous avons dû nous voir !

MME MARTIN Comme c'est curieux ! C'est possible mais je ne m'en souviens pas, Monsieur !

M. MARTIN A vrai dire, chère Madame, moi non plus je ne m'en souviens pas. Cependant, il est très possible que nous nous soyons vus à cette occasion.

MME MARTIN C'est vrai, mais je n'en suis pas sûre du tout, Monsieur.

M. MARTIN Ce n'était pas vous, chère Madame, la dame qui m'avait prié de mettre sa valise dans le filet° et qui ensuite m'a remercié et m'a permis de fumer ?

MME MARTIN Mais si, ça devait être moi, Monsieur ! Comme c'est curieux, comme c'est curieux, et quelle coïncidence !

M. MARTIN Comme c'est curieux, comme c'est bizarre, quelle coïncidence ! Eh bien alors, alors nous nous sommes peut-être connus à ce moment-là, Madame ?

MME MARTIN Comme c'est curieux et quelle coïncidence ! c'est bien possible, cher Monsieur ! Cependant, je ne crois pas m'en souvenir.

M. MARTIN Moi non plus, Madame.

(Un moment de silence. La pendule sonne 2, 1.)

M. MARTIN Depuis que je suis arrivé à Londres j'habite rue Bromfield, chère Madame.

MME MARTIN Comme c'est curieux, comme c'est bizarre ! moi aussi, depuis mon arrivée à Londres j'habite rue Bromfield, cher Monsieur.

M. MARTIN Comme c'est curieux, mais alors, mais alors, nous nous sommes peut-être rencontrés rue Bromfield, chère Madame.

MME MARTIN Comme c'est curieux; comme c'est bizarre ! c'est bien possible, après tout ! Mais je ne m'en souviens pas, cher Monsieur.

M. MARTIN Je demeure au nº 19, chère Madame.

MME MARTIN Comme c'est curieux, moi aussi j'habite au nº 19, cher Monsieur.

M. MARTIN Mais alors, mais alors, mais alors, mais alors, mais alors, nous nous sommes peut-être vus dans cette maison, chère Madame ?

MME MARTIN C'est bien possible, mais je ne m'en souviens pas, cher Monsieur.

M. MARTIN Mon appartement est au cinquième étage, c'est le nº 8, chère Madame.

MME MARTIN Comme c'est curieux, mon Dieu, comme c'est bizarre ! et quelle coïncidence ! moi aussi j'habite au cinquième étage, dans l'appartement nº 8, cher Monsieur !

M. MARTIN *(songeur)* Comme c'est curieux, comme c'est curieux, comme c'est curieux et quelle coïncidence ! vous savez, dans ma chambre à coucher j'ai un lit. Mon lit est couvert d'un édredon° vert. Cette chambre, avec ce lit et son édredon vert, se trouve au fond du corridor, entre les waters° et la bibliothèque, chère Madame !

vis-à-vis = *en face l'un de l'autre* / **le filet** luggage net / **l'édredon** *m* quilt (lit., an eiderdown quilt) / **les waters** *m* = *les water-closets (les toilettes)*

MME MARTIN Quelle coïncidence, ah mon Dieu, quelle coïncidence ! Ma chambre à coucher a, elle aussi, un lit avec un édredon vert et se trouve au fond du corridor, entre les waters, cher Monsieur, et la bibliothèque !

M. MARTIN Comme c'est bizarre, curieux, étrange ! alors, Madame, nous habitons dans la même chambre et nous dormons dans le même lit, chère Madame. C'est peut-être là que nous nous sommes rencontrés !

MME MARTIN Comme c'est curieux et quelle coïncidence ! C'est bien possible que nous nous y soyons rencontrés, et peut-être même la nuit dernière. Mais je ne m'en souviens pas, cher Monsieur !

M. MARTIN J'ai une petite fille, ma petite fille, elle habite avec moi, chère Madame. Elle a deux ans, elle est blonde, elle a un œil blanc et un œil rouge, elle est très jolie et s'appelle aussi Alice, chère Madame.

MME MARTIN Quelle bizarre coïncidence ! moi aussi j'ai une petite fille, elle a deux ans, un œil blanc et un œil rouge, elle est très jolie et s'appelle aussi Alice, cher Monsieur !

M. MARTIN *(même voix traînante, monotone)* Comme c'est curieux et quelle coïncidence ! et bizarre ! c'est peut-être la même, chère Madame !

MME MARTIN Comme c'est curieux ! c'est bien possible, cher Monsieur.

(Un assez long moment de silence... La pendule sonne vingt-neuf fois.)

M. MARTIN *(après avoir longuement réfléchi, se lève lentement et, sans se presser, se dirige° vers Mme Martin qui, surprise par l'air solennel de M. Martin, s'est levée, elle aussi, tout doucement; M. Martin a la même voix rare, monotone, vaguement chantante)* : Alors, chère Madame, je crois qu'il n'y a pas de doute, nous nous sommes déjà vus et vous êtes ma propre° épouse... Elisabeth, je t'ai retrouvée !

(Mme Martin s'approche de M. Martin sans se presser. Ils s'embrassent sans expression. La pendule sonne une fois, très fort. Le coup de la pendule doit être si fort qu'il doit faire sursauter° les spectateurs. Les époux Martin ne l'entendent pas.)

MME MARTIN Donald, c'est toi, darling !

(Ils s'assoient dans le même fauteuil°, se tiennent embrassés et s'endorment. La pendule sonne encore plusieurs fois. Mary,[1] sur la pointe des pieds, un doigt sur ses lèvres°, entre doucement en scène et s'adresse au public.)

MARY Elisabeth et Donald sont, maintenant, trop heureux pour pouvoir m'entendre. Je puis donc vous révéler un secret. Elisabeth n'est pas Elisabeth, Donald n'est pas Donald. En voici la preuve° : l'enfant dont parle Donald n'est pas la fille d'Elisabeth, ce n'est pas la même personne. La fillette de Donald a un œil blanc et un autre rouge tout comme° la fillette d'Elisabeth. Mais tandis que° l'enfant de

se diriger to head / **propre** own / **sursauter** to start, to jump / **le fauteuil** armchair / **la lèvre** lip / **la preuve** proof / **tout comme** just like / **tandis que** whereas

[1] Mary est la bonne de la famille Smith.

Donald a l'œil blanc à droite et l'œil rouge à gauche, l'enfant d'Elisabeth, lui, a l'œil rouge à droite et le blanc à gauche ! Ainsi tout le système d'argumentation de Donald s'écroule° en se heurtant à° ce dernier obstacle qui anéantit° toute sa théorie. Malgré les coïncidences extraordinaires qui semblent être des preuves définitives, Donald et Elisabeth, n'étant pas les parents du même enfant, ne sont pas Donald et Elisabeth. Il a beau croire° qu'il est Donald, elle a beau se croire Elisabeth. Il a beau croire qu'elle est Elisabeth. Elle a beau croire qu'il est Donald : ils se trompent amèrement°. Mais qui est le véritable Donald ? Quelle est la véritable Elisabeth ? Qui donc a intérêt° à faire durer cette confusion ? Je n'en sais rien. Ne tâchons° pas de le savoir. Laissons les choses comme elles sont. *(Elle fait quelques pas vers la porte, puis revient et s'adresse au public.)* Mon vrai nom est Sherlock Holmès.

Eugène Ionesco, *La Cantatrice chauve* (1950)

Qu'en pensez-vous ?

Etes-vous d'accord ou non avec les déclarations suivantes ? Justifiez votre réponse.

1. M. et Mme Martin pensent qu'ils se sont rencontrés quelque part.
2. Il est possible qu'ils se soient rencontrés à Manchester.
3. Tous deux ont quitté Manchester à la même époque.
4. Mme Martin se souvient d'avoir vu M. Martin dans le train.
5. Les Martin se sont vus dans le train dans un wagon de première classe.
6. Ils ont occupé le même compartiment dans le même wagon.
7. Ils avaient tous deux une place près de la fenêtre.
8. Mme Martin n'a pas permis à son mari de fumer.
9. Les Martin ont leur propre maison dans la rue Bromfield à Londres.
10. Leur chambre à coucher se trouve entre la bibliothèque et les toilettes.
11. M. et Mme Martin donnent tous deux la même description d'Alice.
12. Dès qu'ils se reconnaissent, Donald et Elisabeth Martin s'embrassent tendrement.
13. Mary prouve que les Martin se trompent en identifiant leur fille.
14. En fait, Donald n'est pas Donald et Elisabeth n'est pas Elisabeth.
15. Pendant toute cette scène, il est très facile de tenir compte de l'heure.

Appréciation du texte

1. Répondez à la dernière question de Mary : « Qui donc a intérêt à faire durer cette confusion ? ».
2. Dites comment chacun des éléments suivants contribue à développer le thème essentiel de la pièce :

   a. la répétition, les formules, les refrains dans les propos *(remarks)* des Martin (quels sont-ils ?)

s'écrouler to crumble / **se heurter à** = *rencontrer (un obstacle)* / **anéantir** = *abolir, détruire* / **il a beau croire** = *il croit en vain* / **se tromper amèrement** to be bitterly mistaken / **Qui donc a intérêt** So to whose interest is it / **tâcher** = *essayer*

b. le fait que, selon les indications scéniques, le dialogue doit être dit d'une voix traînante, monotone, etc.
c. le monologue de Mary après le dialogue des Martin

3. A la première représentation de sa pièce, Ionesco fut presque étonné d'entendre rire les spectateurs. A votre avis, *La Cantatrice chauve* est-elle une comédie ou une tragédie ? Expliquez.

4. Jouez cette scène de *La Cantatrice chauve.* Répétez bien votre rôle pour que le dialogue semble aussi spontané que possible.

Vocabulaire satellite

l' **impression** *f* impression
l' **opinion** *f* opinion
l' **apparence** *f* appearance
la **caractéristique** characteristic
faire la connaissance de to make the acquaintance of
trouver quelqu'un (+ adj.) to find someone (+ adj.)
donner l'impression to give the impression
sembler, paraître, avoir l'air to seem, to appear
habiter, vivre (ensemble, seul) to live (together, alone)
n'avoir besoin de personne to need no one
être dépendant, indépendant de to be dependent on, independent of
être libre to be free
dépendre de ses parents to depend on one's parents
mener sa propre vie to lead one's own life
faire partie d'une famille to be part of a family
appartenir à to belong to
prendre part à to take part in
garder un secret to keep a secret
révéler un secret to reveal a secret
ne rien cacher to hide nothing
faire une confession complète to make a complete confession
faire une confidence à quelqu'un to take someone into one's confidence

Pratique de la langue

1. Jusqu'à quel point faut-il que deux époux se révèlent l'un à l'autre ? Faut-il tout savoir pour bien se connaître ?
2. Ecrivez et jouez une scène (comique ? tragique ?) qui dépeint la vie familiale chez les Dubé, famille où il n'y a pas de communication, où on habite ensemble mais où chacun mène sa propre vie, presque à l'insu des *(unbeknown to)* autres membres de la famille. Parmi les personnages il y aura les parents, les enfants, le vieux grand-père et une vieille tante.
3. Racontez un incident où une personne que vous pensiez connaître très bien a fait quelque chose qui vous a étonné(e). Dites comment vous avez formé votre première impression de cette personne et pourquoi son action vous a tellement surpris(e). Que pensez-vous de cette personne maintenant ?
4. « Pour bien connaître quelqu'un, il faut vivre avec lui ou elle. » Etes-vous d'accord ou non ? Pourquoi ?
5. Pouvez-vous vous fier à la première impression que vous avez d'une personne ? Sur quoi se base cette impression le plus souvent ? Quels sont les autres éléments qui, plus tard, vous aident à mieux connaître cette personne ?

9 La Scène et les Lettres

Possessives and Prepositions

Un monologue dramatique

Vocabulaire du thème : *La Scène et les Lettres*

La Scène : la pièce de théâtre

l' **auteur** *m* **dramatique** playwright
le **metteur en scène** director
l' **acteur** *m* actor
l' **actrice** *f* actress
la **troupe** troupe
jouer un rôle to play or act a role, part
savoir (oublier) son texte to know (forget) one's lines
l' **interprétation** *f* interpretation

la **répétition** rehearsal
répéter to rehearse

la **scène** stage, scene
le **costume** costume
le **décor** decor, scenery
le **maquillage** make-up
la **pièce** play
le **spectacle** show
la **tragédie** tragedy
la **comédie** comedy
la **représentation** performance
représenter to perform
la **mise en scène** production, staging
le **héros** hero
l' **héroïne** *f* heroine
le **personnage** character (in a play, book, etc.)

l' **intrigue** *f* plot
l' **orchestre** *m* orchestra
l' **entracte** *m* intermission

La Critique et le Public

la **critique** criticism
le **critique** critic
critiquer to criticize
le **public** audience
le **spectateur,** la **spectatrice** spectator
assister à to attend
applaudir frénétiquement to applaud wildly
siffler to hiss, to boo, to whistle
louer to praise
le **succès** hit
le **four** flop (theater)
scandaliser to scandalize, to shock

Les Lettres : écrivains et lecteurs

l' **écrivain** *m* writer
le **lecteur,** la **lectrice** reader
le **poète** poet
l' **essayiste** *m* essayist
le **conteur,** la **conteuse** short-story writer
le **romancier,** la **romancière** novelist
raconter une histoire to tell a story
la **lecture** reading
décrire to describe
l' **éditeur** *m*, l'**éditrice** *f* publisher

Le Livre

le **bouquin** (colloq.) book
l' **ouvrage** *m* work
les **écrits** *m* writings
le **conte** short story
la **poésie** poetry
l' **essai** *m* essay
le **roman** novel
le **roman policier** mystery (novel)
le **roman d'aventures** adventure story
le **roman d'amour** love story
le **livre de chevet** bedside book
le **manuel** textbook
le **best-seller** best seller
le **livre de poche** paperback

le **style** style
le **ton** tone
le **thème** theme

EXERCICE

Mise en scène. Complétez en employant une ou plusieurs expressions du *Vocabulaire du thème*, puis jouez les dialogues.

1. **A:** (nom), comment as-tu trouvé la pièce ?
   B: C'est un four !
   A: Un four ? Pourquoi dis-tu ça ?
   B: Parce que...
   A: Tu critiques trop, (nom) !
   B: Et...
   A: Tu es trop sévère, (nom) !
   B: Et...
   A: Au revoir, (nom), j'en ai assez !
2. **A:** Je me suis endormi(e) à trois heures ce matin. Le livre que je lisais était si passionnant que je n'ai pas pu m'arrêter de le lire.
   B: Quelle sorte de bouquin est-ce ?
   A: C'est...
   B: Quel en est le titre ?
   A: ...
   B: Qu'est-ce qu'il y avait de si passionnant ?
   A: ...

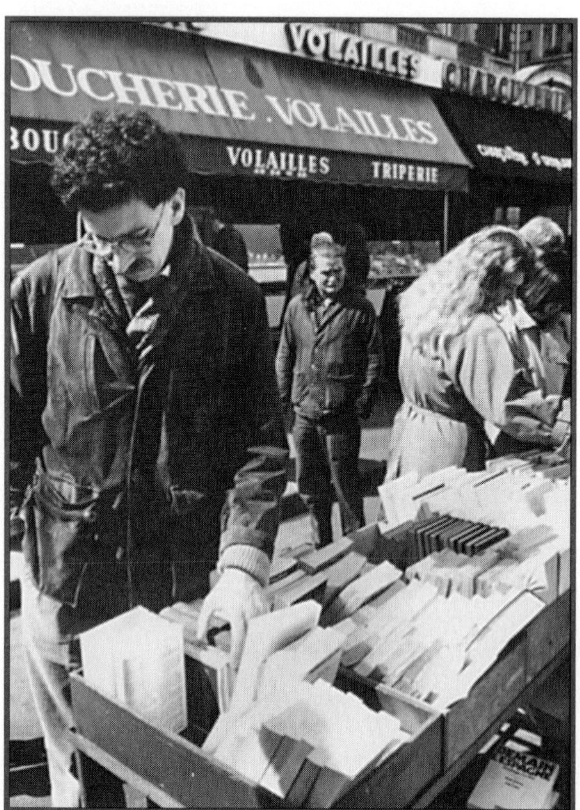

Des livres à vendre sur le trottoir

B: C'est très intéressant ! Tu me le prêteras quand tu l'auras fini ?

A: ...

Possessives

Possessives are used to indicate that something belongs to someone. Four common constructions express possession in French: possessive adjectives, possessive pronouns, **être à,** and **de** + *noun.*

Adjective:	Zut ! J'ai perdu mon manuel ! *Darn it! I lost my textbook!*
Pronoun:	Sers-toi du mien pour le moment. Le voici. *Use mine for the time being. Here it is.*
être à:	Ce manuel n'est pas à toi ! Il est à moi ! Mon prénom est écrit sur la première page ! *This text isn't yours! It's mine! My name is written on the first page!*
de + *noun:*	Idiot ! C'est l'ancien bouquin de mon frère Jean ! Il a le même prénom que toi ! *Idiot! It's my brother John's old book! He has the same first name as you!*

Possessive Adjectives

Masculine	Feminine	Plural	
mon	ma (mon)	mes	*my*
ton	ta (ton)	tes	*your*
son	sa (son)	ses	*his, her, its*
notre	notre	nos	*our*
votre	votre	vos	*your*
leur	leur	leurs	*their*

Agreement

Like all adjectives, the possessive adjectives agree in number and gender with the noun they modify.

Singular	**Plural**
notre roman *our novel*	nos romans *our novels*
leur place *their seat*	leurs places *their seats*
mon ouvrage *my work*	mes ouvrages *my works*

Note that the feminine singular has two forms. **Ma, ta,** and **sa** are used before feminine singular nouns or adjectives beginning with a consonant or aspirate *h.* **Mon, ton,** and **son** are used before feminine singular nouns or adjectives beginning with a vowel or mute *h.*

ma bibliothèque *my library*	mes bibliothèques *my libraries*
ma hache *my ax*	mes haches *my axes*
ton autre nouvelle *your other short story*	tes autres nouvelles *your other short stories*
mon héroïne *my heroine*	mes héroïnes *my heroines*
son costume *his (her) costume*	ses costumes *his (her) costumes*

Note in the preceding example that **son** and **ses** may mean either *his* or *her*, depending on the context.

French possessive adjectives are repeated before each noun; this is usually not the case in English.

Il oublie toujours son manuel et son cahier.
He always forgets his textbook and notebook.

The definite article expressing possession

1. The definite article is often used to express possession with parts of the body.

   Elles ont fermé les yeux pour ne pas voir.
   They shut their eyes in order not to see.

   Il a les cheveux roux.
   He has red hair. OR: *His hair is red.*

   Elle a levé la tête pour mieux voir la scène.
   She raised her head to see the stage better.

2. When the subject performs an action on a part of his or her own body, a reflexive verb is used.

   Elle se lave les cheveux le matin et le soir.
   She washes her hair in the morning and at night.

   Remember that in such constructions the part of the body is the direct object and the reflexive pronoun is the indirect object. Therefore, there is no agreement of the past participle in compound tenses, since the past participle does not agree with preceding indirect objects.

   Elles se sont lavé les cheveux.
   They washed their hair.

EXERCICES

A. Remplacez les mots entre parenthèses par un **adjectif possessif** ou l'**article défini.**

1. Bien que cet acteur joue bien ____________ *(his)* rôles, je n'aime pas le caractère de ____________ *(his)* personnages !
2. Ils se promènent le long de la Seine en parlant de ____________ *(their)* poètes préférés.

3. Cette actrice sera obligée de se laver soigneusement __________ *(her)* visage pour enlever __________ *(her)* maquillage.
4. Comment ! Les spectateurs s'ennuyaient pendant la représentation de __________ *(his)* pièce !
5. Je relis souvent __________ *(my)* pièce et __________ *(my)* roman favoris.
6. Ils iront au théâtre avec vous pourvu que vous payiez __________ *(their)* places.
7. J'admire beaucoup cette danseuse ! Elle lève __________ *(her)* mains et baisse __________ *(her)* tête avec tant de grâce !
8. Ce romancier s'identifie avec __________ *(his)* héros et avec __________ *(his)* héroïne.
9. __________ *(Our)* professeur et __________ *(our)* parents trouvent que ce roman érotique n'a pas de valeur littéraire, hélas.

B. Traduisez en français et créez une phrase originale en employant les expressions dans la colonne de droite.

1. My costume	est meilleur que mon livre de chevet.
2. Her writings	ne marche plus.
3. Their opinions	est belle.
4. Our car	est bien organisée.
5. Your bedside book	adore la littérature.
6. Their ideas	est trop simple.
7. My girlfriend	sont difficiles à comprendre.
8. Her essay	a confiance en eux.
9. Our roles	sont faciles à jouer.
10. Your interpretation	est originale.
11. His poetry	sont toujours intéressantes.
12. My troupe	a gagné un prix littéraire.
	sont bêtes.

C. Répondez à chaque question en employant une des expressions de la colonne de droite. Répondez par une phrase complète au présent.

Que fait-on avec :

1. une brosse à dents ?	se calmer les nerfs
2. une petite main en plastique ?	se couper les ongles
3. des ciseaux à ongles *(nail clippers)* ?	s'essuyer le front
4. un shampooing /ʃɑ̃pwɛ̃/ ?	se teindre les cheveux
5. du savon ?	se gratter *(to scratch)* le dos
6. un oreiller *(pillow)* ?	se brosser les dents
7. un calmant *(tranquilizer)* ?	se laver le visage
8. un couteau, si on ne fait pas attention ?	se reposer la tête
9. de la teinture *(dye)* ?	se laver les cheveux
10. un mouchoir, s'il fait chaud ?	se couper le doigt

D. Traduisez en français, puis jouez les dialogues.

1. **A:** Do you like Flaubert?
   B: I adore his style but I don't like his characters, especially Madame Bovary, his most famous heroine.

2. **A:** Hurry up! We're late!
   B: One minute, I have to brush my teeth.
   A: But it's noon!
   B: I brush my teeth three times a day *(par jour).*

3. **A:** Did you wash your face this morning?
   B: Of course. Why?
   A: Why do you have jam *(de la confiture)* on your nose?
   B: I just had my breakfast, darling.

Possessive Pronouns and the Expression *être à*

Singular		**Plural**		
Masculine	**Feminine**	**Masculine**	**Feminine**	
le mien	la mienne	les miens	les miennes	*mine*
le tien	la tienne	les tiens	les tiennes	*yours*
le sien	la sienne	les siens	les siennes	*his, hers, its*
le nôtre	la nôtre	les nôtres	les nôtres	*ours*
le vôtre	la vôtre	les vôtres	les vôtres	*yours*
le leur	la leur	les leurs	les leurs	*theirs*

The possessive pronoun

Like the possessive adjectives, possessive pronouns agree in number and gender with the object possessed. The definite article contracts normally with **à** and **de.**

Sa place est bien plus confortable que la mienne !
His (her) seat is much more comfortable than mine!

Leurs manuels coûtent moins cher que les nôtres.
Their textbooks cost less than ours.

Elle s'intéresse plus à votre problème qu'au sien.
She's more interested in your problem than in his (hers).

être à + noun or disjunctive pronoun

The expression **être à** followed by a *noun* or *disjunctive pronoun* is used frequently to express ownership. It may be translated by a possessive pronoun or by the verb *to belong.*

Ce livre de poche est-il à vous ou à votre camarade de chambre ?
Does this paperback belong to you or your roommate?

Ce roman policier est probablement à lui.
This mystery is probably his.

Note that **appartenir à** is a synonym of **être à,** and that it takes an indirect object pronoun.

Ce bouquin ne m'appartient pas; il lui appartient.
This book doesn't belong to me; it belongs to her (him).

EXERCICES

A. Répondez par une phrase complète en employant l'expression **être à.**

1. A qui est le chien Snoopy ?
2. A qui est le cheval Silver ?
3. A qui est le costume rouge et bleu décoré d'une grande lettre *S* ?
4. A qui est le singe Cheetah ?
5. A qui est la voiture que vous conduisez ?

B. Préparez deux questions originales comme celles de l'exercice A et posez-les à un(e) autre étudiant(e).

C. Répondez par une phrase complète en employant un pronom possessif.

1. Ma boisson préférée est le vin. Quelle est la vôtre ?
2. Mon auteur préféré est Molière. Quel est le vôtre ?
3. Ma pauvre voiture est au garage ! Où est la vôtre ?
4. Mon portefeuille *(wallet)*, hélas, est vide ! Comment est le vôtre ?
5. Mon livre de français est dans mes mains. Où est celui de Jean ?
6. Les romans policiers sont mes romans préférés. Quels sont les vôtres ?
7. Ma maison est très petite. Comment est la maison de vos parents ?

D. Traduisez en français, puis jouez les dialogues.

1. **A:** That book's mine!
   B: No, it's mine!

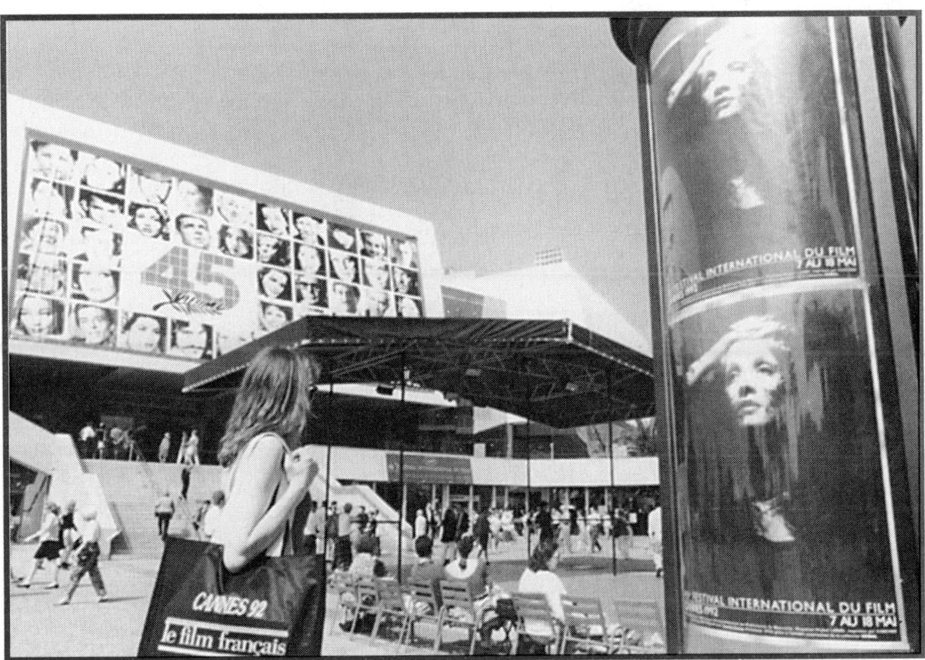

Le festival de Cannes

A: Actually *(En fait)*, it's Pierre's. It belongs to him.
B: I'll take it, then. Pierre's my friend!

2. **A:** I have my textbook. Where's yours?
B: At home.
A: But you need yours to study.
B: I'll use yours.
A: But if you use mine, what will I use?
B: You'll find a solution.
A: What a nerve *(Quel culot)!*

The expression *de* + noun

The structure **de** + *noun* is equivalent to the English expression *noun* + *'s* or *s'*. The preposition **de** contracts normally with a definite article.

Comment s'appelle la pièce de Sartre qui contient l'expression « l'Enfer, c'est les autres » ?
What's the name of Sartre's play that contains the expression "Hell is other people"?

Marcel Proust est l'auteur préféré de mes parents.
Marcel Proust is my parents' favorite author.

Note that **chez** + *noun* or *disjunctive pronoun* means *at the home of* or *at the place of.* When referring to artists, it often means *in the works of.*

Avant d'aller au théâtre, nous dînons souvent chez les Dupont.
Before going to the theater, we often dine at the Duponts'.

Chez Balzac il y a plus de deux mille personnages !
In Balzac's works there are more than two thousand characters!

EXERCICES

A. Créez des phrases originales en employant un mot de chaque colonne, selon le modèle. Faites l'accord de l'adjectif si nécessaire.

MODELE *Les interprétations de l'actrice sont bonnes.*

1. Les interprétations	du romancier		original
2. Le maquillage	des critiques		assuré
3. L'intrigue	de l'actrice	est	insupportable
4. L'attitude	de la pièce	sont	ridicule
5. Le roman	des acteurs		intéressant
6. Le succès	de Voltaire		bête
7. Les costumes	du metteur en scène		bon

B. Traduisez en français.

1. Do you know the title of Proust's famous novel?
2. If there is a rehearsal at the Smiths' tonight, I want to go.
3. Let's rehearse at our place.
4. The audience applauded the performance of Shakespeare's play *Hamlet.*
5. What is the hero's name?

6. The play's characters don't interest me.
7. If an author's imagination is lively *(vif)*, he will probably write interesting works.
8. Flaubert's novel *Madame Bovary* shocked its readers.
9. Style is very important in that essayist's writings.
10. That new playwright's production is really bad!
11. The childrens' parts were not very good.

Related Expressions

avoir mal à

The expression **avoir mal à** is used to indicate the precise part of the body that is sick. It is followed by the *definite article + the part of the body.* The preposition **à** contracts normally with the definite article.

Après avoir terminé sa lecture, il avait mal aux yeux.
After he had finished his reading, his eyes hurt.

Si les acteurs continuent à parler trop fort, j'aurai mal à la tête !
If the actors continue to speak too loudly, I'll have a headache!

Some common parts of the body:

la bouche *mouth*
le bras *arm*
les cheveux *m* *hair*
la dent *tooth*
le derrière *behind*
le doigt *finger*
le dos *back*
la jambe *leg*
le menton *chin*
le nez *nose*
l' œil *m* les yeux *pl* *eye*
l' oreille *f* *ear*
le pied *foot*
la tête *head*
le ventre *stomach*
le visage *face*

être malade

The expression **être malade** means *to be sick.* It does not indicate a precise part of the body.

Elle a manqué la répétition parce qu'elle était malade.
She missed the rehearsal because she was sick.

EXERCICES

A. Répondez en employant l'expression **avoir mal à.**

Où aurez-vous mal...

1. si vous courez trop ?
2. si vous essayez de lever un objet trop lourd ?
3. si vous restez assis(e) trop longtemps dans la même position ?
4. si vous entendez un bruit très aigu *(shrill) ?*
5. si vous regardez le soleil en face ?
6. si vous buvez trop de bière ?

7. si vous mangez comme un cochon ?
8. si vous dansez toute la soirée ?
9. si vous vous battez avec un type *(guy)* très fort ?
10. si vous mangez des bonbons tous les jours ?

B. Créez deux situations originales comme celle de l'exercice A et demandez aux étudiants de répondre en employant l'expression **avoir mal à.**

C. Traduisez en français.

1. He has a stomachache because he drank five Cokes *(le coca)* last night.
2. The actress who forgot her lines was probably sick.
3. The audience booed so frequently that I got a headache.
4. I can't go tonight because I'm very ill.
5. We rehearsed for *(pendant)* eight hours. My feet, my back, and my legs hurt!

Prepositions

French prepositions often have exact English equivalents.

Qui a caché mon livre de poche **sous** la table ?
*Who hid my paperback **under** the table?*

Elle est allée **avec** lui.
*She went **with** him.*

But the use of many prepositions with verbs differs significantly from English. In some cases a preposition is used in French where none is used in English, and vice versa. In other cases, the same verb requires one preposition in French and another one in English.

Ce jeune romancier **refuse de** se critiquer.
*This young novelist **refuses** to criticize himself.*

Voulez-vous m'**attendre** ici ?
*Do you want **to wait for** me here?*

Comme elle joue bien ! Elle **tient de** sa mère !
*How well she acts! She **takes after** her mother!*

In French, prepositions may be followed by nouns, pronouns, or the infinitive form of verbs. Phrases composed of a *preposition* + *noun* or *pronoun* are called prepositional phrases.

Prepositions Followed by Nouns or Pronouns

Simple prepositions

à *to, at, in*
après *after*
avant *before*
avec *with*
contre *against*
chez *at the home, at the place of*
dans *in, into*
de *of, from*
derrière *behind*
dès *from + temporal expression + on*
devant *in front of*
entre *between*

malgré *in spite of*
par *by*
parmi *among*
pour *for*
sans *without*
sauf *except*
selon, suivant, d'après } *according to*
sous *under*
sur *on*

Si je m'assieds derrière cette colonne, je ne verrai pas la scène.
If I sit behind this column, I won't see the stage.

Selon les critiques, la nouvelle pièce à la Comédie-Française est un four.
According to the critics, the new play at the Comédie-Française is a flop.

Dès maintenant je vais lire un livre par semaine.
From now on I'm going to read one book a week.

Compound prepositions

à cause de *because of*
à côté de *beside, next to*
à l'égard de, au sujet de } *regarding, about*
à l'insu de *unknown to, without the knowledge of*
au-delà de *beyond*
au lieu de *instead of*
au milieu de *in the middle of*
autour de *around*
en dépit de *despite*
en face de *opposite*
jusqu'à *as far as, until*
le long de *along*
loin de *far from*
près de *near*
quant à *as for*

The end prepositions **de** and **à** contract normally with the definite article.

Est-il possible de trouver une place au milieu du spectacle ?
Is it possible to find a seat in the middle of the show?

Elle va devenir actrice en dépit des protestations de ses parents !
She is going to become an actress despite her parents' protests!

Do not confuse the preposition **à cause de,** meaning *because of,* with the conjunction **parce que,** meaning *because.* The preposition **à cause de** is followed by a noun or pronoun, whereas **parce que** is followed by a subordinate clause.

J'aime ce roman à cause de son intrigue intéressante.
I like this novel because of its interesting plot.

J'aime ce roman parce que son intrigue est intéressante.
I like this novel because its plot is interesting.

EXERCICES

A. Traduisez en français les mots entre parenthèses.

1. Il a beaucoup aimé le théâtre d'Ionesco ____________ *(because of its themes).*
2. Quelle chance ! Il s'est assis ____________ *(between two beautiful girls) !*
3. J'admire tous les personnages dans ce roman ____________ *(except the hero).*
4. ____________ *(Unknown to my best friends),* j'étais hypocrite !

Jacques Prévert (à gauche) avec des amis

5. Mon professeur est ___________ *(against)* la littérature uniquement « artistique ».
6. J'étais assis si ___________ *(far from the stage)* que je n'ai entendu que des murmures.
7. Le monsieur ___________ *(next to me)* sifflait si souvent que j'ai dû lui demander de se taire.
8. Dans cette farce il y avait des acteurs partout ___________ *(on stage, in front of the stage, behind the stage, and under the stage)* !
9. Les acteurs répètent leurs rôles dans une salle ___________ *(opposite the theater)*.
10. Cet écrivain a des idées originales ___________ *(regarding his writings)*.
11. Cette troupe réussira ___________ *(because)* elle est vraiment exceptionnelle.
12. Je ne comprends pas pourquoi le metteur en scène a choisi ce mauvais acteur ___________ *(instead of you)* !
13. Mon frère, qui se passionne pour le théâtre, compte suivre cette troupe ___________ *(as far as Paris)*.
14. Dans ce spectacle, l'action a lieu ___________ *(among the spectators)*.

B. Traduisez en français.

1. We couldn't hear because they were booing.
2. She likes Balzac because of his passion.
3. I read the novel because of you.
4. The audience applauded wildly because the play was excellent.
5. He won't read it because he doesn't like love stories.

C. Traduisez les mots entre parenthèses, puis jouez le dialogue.

A: *(According to)* ce critique, ma nouvelle pièce est *(without)* valeur.
B: *(Between us)*, ce critique est bête ! Il possède toutes les qualités *(except)* l'intelligence !
A: C'est vrai, mais *(because)* de lui ma pièce ne réussira pas.
B: Mais non ! Elle réussira *(despite)* lui !

French equivalents of English prepositions

In some cases, two or more French prepositions may be used to render one English preposition.

1. **Avec, de, à** meaning *with*

   a. **Avec** means *with* in most cases.

   Pourquoi êtes-vous allé au théâtre avec ma meilleure amie ?
   Why did you go to the theater with my best friend?

   b. **De** means *with* after expressions of satisfaction and dissatisfaction, and after certain past participles.

   content de *pleased with*
   satisfait de *satisfied with*
   mécontent de *dissatisfied with*
   chargé de *loaded with*
   couvert de *covered with*
   entouré de *surrounded with (by)*
   rempli de *filled with*

   Cette actrice est satisfaite de son rôle.
   That actress is satisfied with her part.

   Quel succès ! L'actrice est entourée d'admirateurs !
   What a hit! The actress is surrounded with (by) admirers!

   c. **à** + *definite article* means *with* in expressions denoting distinguishing characteristics.

   Cette actrice aux longs cheveux noirs a l'air séduisante.
   This actress with long black hair looks attractive.

   Ce monsieur au chapeau gris est mon père.
   That gentleman with (in) the gray hat is my father.

2. **En** and **dans** meaning *in* with temporal expressions

   a. **En** stresses the duration of time needed to perform an action.

   Robert compte terminer ce roman en un jour !
   Robert intends to finish that novel in one day!

   b. **Dans** stresses the moment an action is to begin. In this usage it is synonymous with **après.**

   La pièce va commencer dans cinq minutes (après cinq minutes).
   The play is going to begin in five minutes.

3. **Pendant** and **depuis** meaning *for*

   a. **Pendant** expresses duration. It means *for* in the sense of *during* and, like *for* in English, it is often omitted in French.

   J'ai attendu (pendant) dix minutes.
   I waited (for) ten minutes.

   Pour usually replaces **pendant** after verbs of motion.

   Cette troupe est venue pour une semaine seulement.
   This troupe has come for one week only.

   b. Depuis means *for* when used with verbs in the present or imperfect. It expresses continuous duration, which is rendered by the present perfect or the past perfect in English: *I have (had) been reading for...*

Nous sommes dans cette librairie depuis deux heures et vous n'avez rien acheté !
We've been in this bookstore for two hours and you've bought nothing!

Je le lisais depuis dix minutes quand je me suis endormi.
I had been reading it for ten minutes when I fell asleep.

EXERCICES

A. Traduisez en français les mots entre parenthèses.

1. Cette jeune actrice charmante __________ *(with blue eyes)* me plaît énormément.
2. Comment ! Ne pouvez-vous pas lire ce petit bouquin __________ *(in one hour)* ?
3. Le public n'est pas du tout satisfait __________ *(with his performance)*.
4. J'ai assisté à quatre représentations théâtrales __________ *(during my stay)* à Londres.
5. Il devrait être très content __________ *(with his hit)*.
6. J'ai mal aux oreilles parce que les spectateurs ont applaudi __________ *(for five minutes)* !
7. J'ai eu peur __________ *(during the reading)* des nouvelles de Poe.
8. La Comédie-Française va venir aux Etats-Unis __________ *(for two months)*.
9. Comment s'appelle le personnage __________ *(with a long nose)* qui n'ose pas déclarer son amour pour Roxane ?
10. On prétend *(claim)* que Balzac a écrit *Le Père Goriot* __________ *(in three weeks)*.
11. Le texte de la pièce était rempli __________ *(with errors)*.
12. La musique de cette comédie musicale ne va pas du tout __________ *(with the decor)*.
13. Est-elle satisfaite __________ *(with)* son rôle ?

B. Traduisez en français, puis jouez les dialogues.

1. **A:** Who are you going to the movies with?
   B: Julie.
   A: Julie?
   B: My friend with blond hair.
   A: Her? The one who isn't satisfied with anything?
   B: She can be a little difficult, but I like to go out with her.
2. **A:** Hurry up! I've been waiting for you for an hour!
   B: I'm coming *(J'arrive)!* I'm coming! I'll be ready in five minutes.
   A: Five minutes, that's all!

Prepositions Following Verbs

Verbs followed by *à* before an infinitive

aider à *to help*	commencer à[1] *to begin*
s'amuser à *to amuse oneself, to have fun*	consentir à *to consent*
apprendre à *to learn, to teach how to*	continuer à[1] *to continue*
arriver à *to succeed in*	encourager à *to encourage*
avoir à *to have to (do something)*	enseigner à *to teach*

[1] The verbs **commencer** and **continuer** may be followed by **à** or **de.**

s'habituer à *to get used to*
hésiter à *to hesitate*
inviter à *to invite*
se mettre à *to begin*
recommencer à *to begin again*
réussir à *to succeed in*
songer à *to think, to dream about*
tarder à *to delay*

Invitons les Mercier à dîner chez nous.
Let's invite the Merciers to dinner at our place.

Elle n'a pas réussi à terminer le nouveau best-seller.
She didn't succeed in finishing the new best seller.

Elle songe à devenir écrivain.
She dreams of becoming a writer.

J'ai mille choses à faire avant d'aller au théâtre !
I have a thousand things to do before going to the theater!

Verbs followed by *de* before an infinitive

s'agir de *to be a question of*
avoir peur de *to be afraid of*
cesser de *to stop*
commencer de *to begin*
continuer de *to continue*
craindre de *to fear*
décider de *to decide*
se dépêcher de *to hurry*
essayer de *to try*
finir de *to finish*
oublier de *to forget*
refuser de *to refuse*
regretter de *to regret*
remercier de *to thank*
tâcher de *to try*

Il s'agit de lire très attentivement.
It's a question of reading very closely.

Elle a décidé de sortir deux livres de la bibliothèque.
She decided to take out two books from the library.

Verbs that take no preposition before an infinitive

Many common verbs require neither **à** nor **de** before an infinitive. These verbs are followed directly by the infinitive.

aimer *to like*
aimer mieux *to prefer*
aller *to go*
compter *to intend*
croire *to believe*
désirer *to desire, to wish*
devoir *to have to, ought*
entendre *to hear*
espérer *to hope*
faire *to do, to make*
falloir *to be necessary*
laisser *to leave, to let*
oser *to dare*
paraître *to appear*
pouvoir *to be able, can*
préférer *to prefer*
savoir *to know, to know how*
sembler *to seem*
venir *to come*
voir *to see*
vouloir *to want, to wish*

Savez-vous critiquer une pièce ?
Do you know how to criticize a play?

Cet auteur préfère vivre dans son imagination.
This author prefers to live in his imagination.

EXERCICES

A. Traduisez en français les verbes entre parenthèses. Ajoutez **à** ou **de** s'il y a lieu.

1. Il ____________ *(decided)* sortir un roman de Camus de la bibliothèque.
2. Elle ____________ *(hopes)* assister à la nouvelle pièce d'Ionesco.
3. Cet auteur célèbre ____________ *(continues)* scandaliser le public avec ses romans pornographiques !
4. Il ____________ *(prefers)* lire les biographies parce qu'il aime les histoires vraies.
5. Zut ! Je ____________ *(forgot)* demander le nom du type que j'ai rencontré au spectacle !
6. Nous ____________ *(will begin)* applaudir dès que le deuxième acte sera terminé.
7. L'intrigue ____________ *(ceased)* m'intéresser au moment où elle est devenue trop compliquée.
8. La troupe ____________ *(will finish)* répéter demain ou après-demain.
9. Est-ce que la littérature ____________ *(should)* plaire ou enseigner ?
10. Cet auteur ____________ *(didn't succeed in)* créer l'illusion de la vie réelle dans son nouveau roman.
11. A l'université il ____________ *(learned)* lire des pièces mais il ____________ *(didn't learn how to)* les critiquer.
12. Je ____________ *(tried)* trouver la pièce *Le Cid* de Corneille à la bibliothèque municipale.
13. Elle ____________ *(hesitated)* acheter le nouveau best-seller parce qu'il était très cher.
14. Je suis contente que le public ____________ *(refused)* applaudir ce four !
15. Il ____________ *(had to)* lire une pièce de Sartre pour son cours de littérature française.
16. Elle ____________ *(dared)* me dire que la littérature est plus intéressante que la télévision !

« Il est bien mort, n'est-ce pas ? »

17. ____________ *(Let's hurry)* trouver nos places avant le commencement de la pièce !
18. Je vous ____________ *(will help)* bien critiquer la littérature si vous me promettez de lire plus attentivement.
19. Notre professeur nous ____________ *(encouraged)* lire les pièces et les romans de Samuel Beckett.
20. ____________ *(Would you like)* aller voir cette comédie musicale avec moi la semaine prochaine ?

B. Demandez à un(e) autre étudiant(e) ou au professeur...

1. ce qu'il(elle) refuse de faire.
2. ce qu'il(elle) oublie souvent de faire.
3. qui il(elle) aimerait inviter à dîner.
4. s'il (si elle) arrive à comprendre un film français.
5. s'il (si elle) a jamais essayé de jouer dans une pièce de théâtre.
6. s'il (si elle) sait nager (écrire un essai, faire la cuisine, jouer d'un instrument de musique).
7. s'il (si elle) a beaucoup de choses à faire ce soir.

Verbs followed by *à* + noun and *de* + infinitive

Some French verbs that are followed by **de** + *infinitive* also take an indirect object.

conseiller à quelqu'un de *to advise someone to*
défendre à quelqu'un de *to forbid someone to*
demander à quelqu'un de *to ask someone to*
dire à quelqu'un de *to tell someone to*
écrire à quelqu'un de *to write someone to*
ordonner à quelqu'un de *to order someone to*
permettre à quelqu'un de *to permit someone to*
promettre à quelqu'un de *to promise someone to*

Son professeur de chimie a conseillé à Jean de suivre au moins un cours de littérature française.
His chemistry professor advised John to take at least one French literature course.

Mon ami m'a demandé d'acheter un billet.
My friend asked me to buy a ticket.

Je lui ai promis de ne pas fumer.
I promised him (her) not to smoke.

EXERCICES

A. Imaginez que vous êtes la mère ou le père de Gisèle et d'Adèle, des jumelles *(twins)* de dix ans. Qu'est-ce que vous leur permettez de faire et qu'est-ce que vous ne leur permettez pas de faire ? Répondez selon le modèle.

MODELE regarder la télé pendant des heures
Je leur permets de regarder la télé pendant des heures.
ou : *Je ne leur permets pas de regarder la télé pendant des heures.*

1. jouer avec leurs amies
2. se coucher à minuit
3. manger beaucoup de bonbons
4. se maquiller
5. lire des livres pour enfants
6. lire des magazines de mode
7. sortir seules en ville
8. acheter des cassettes
9. fumer des cigarettes

B. Qu'est-ce que vous conseillez aux personnes suivantes de faire ou de ne pas faire ? Répondez selon le modèle.

MODELE à un acteur qui joue mal
Je lui conseille de répéter beaucoup.
ou : *Je lui conseille de ne pas jouer.*

Qu'est-ce que vous conseillez...

1. à quelqu'un qui suit un régime ?
2. à un menteur ?
3. à un alcoolique ?
4. à quelqu'un qui a mal à la tête (au ventre) ?
5. à quelqu'un qui a beaucoup d'imagination ?
6. à quelqu'un qui a joué au tennis pendant deux heures ?
7. à un acteur nerveux ?
8. à un auteur qui vient de gagner un prix littéraire ?
9. à un plombier qui veut devenir poète ?

C. Traduisez en français.

1. Ask your French professor to recommend a good bedside book.
2. Promise them to listen attentively.
3. I advise you to rehearse every day.
4. My parents forbid me to read the novels of the Marquis de Sade!
5. The director ordered the actor to begin.
6. If you permit me to play the main *(principal)* character in your play, it will be a hit.
7. If I criticize her poetry, she tells me to shut up.
8. I'm asking you to create characters that are more believable *(croyable)!*

Some other verbs and prepositions

1. Some common verbs take a preposition in English but none in French.

attendre *to wait for*
chercher *to look for*
demander *to ask for*
écouter *to listen to*
payer *to pay for*
regarder *to look at*

Allez-vous écouter l'opéra de Bizet à la radio ce soir ?
Are you going to listen to the Bizet opera on the radio tonight?

Je vous attends depuis deux heures !
I have been waiting for you for two hours!

EXERCICES

A. Demandez à un(e) autre étudiant(e) ou au professeur...

1. s'il (si elle) paie toujours ses dettes.
2. s'il (si elle) attend le professeur quand le professeur est en retard. Si oui, demandez-lui combien de temps il (elle) l'attend.
3. s'il (si elle) cherche des disputes (le bonheur, un dentiste, une nouvelle bicyclette).
4. avec qui il (elle) aime regarder la lune.

B. Traduisez en français.

1. I'm asking for a good novel.
2. The director is looking for you.
3. Don't listen to that awful critic!
4. We've been waiting for them for three hours.
5. That girl refuses to pay for her books.
6. Look at that!
7. Listen to your good friends.
8. Wait for me!
9. What are you listening to?
10. Pay for this but don't pay for that.

2. Some common verbs take a preposition in French but none in English.

approcher de *to approach*
assister à *to attend*
changer de *to change (one thing for another)*
douter de *to doubt*
se douter de *to suspect (something)*
entrer dans *to enter*
se fier à *to trust*
se marier avec *to marry*
se méfier de *to distrust*
obéir à *to obey*
plaire à *to please*
se rendre compte de *to realize*
répondre à *to answer*
résister à *to resist*
ressembler à *to resemble*
se servir de *to use*
se souvenir de *to remember*
téléphoner à *to telephone*

L'enfant se fie à elle et il lui obéit aussi.
The child trusts her and he also obeys her.

Elle n'a pas répondu à sa dernière lettre.
She didn't answer his last letter.

The end prepositions **de** and **à** contract normally with the definite article.

Elle ne veut pas assister aux représentations de cette troupe.
She doesn't want to attend the performances of that troupe.

EXERCICES

A. Demandez à un(e) autre étudiant(e) ou au professeur...

1. avec quelle sorte de personne il (elle) aimerait se marier.
2. avec quelle sorte de personne il (elle) n'aimerait pas se marier.

3. à quelle(s) tentation(s) il (elle) ne peut pas résister.
4. quelle sorte de romans lui plaisent.
5. s'il (si elle) assiste régulièrement à tous ses cours.
6. s'il (si elle) se fie à ses meilleurs amis.
7. s'il (si elle) doute quelquefois de son talent.
8. à qui il (elle) ressemble.
9. s'il (si elle) se sert de ses mains pour manger.
10. s'il (si elle) obéit à sa conscience (aux agents de police).
11. s'il (si elle) se souvient de son premier amour (des Beatles, de Rudolph Valentino).
12. s'il (si elle) téléphone au président.

B. Traduisez en français, puis jouez les dialogues.

1. **A:** I'm going to marry the man who resembles my father.
   B: Oh, really *(Ah, oui)?*
2. **A:** Our director doesn't please me.
   B: Why not?
   A: I doubt his sincerity, and he's always changing his mind *(avis [m])*.
   B: Is that all?
   A: Besides *(D'ailleurs)*, he doesn't praise me enough.
   B: I'm beginning to understand . . .

3. Some common verbs take one preposition in French and another in English.

dépendre de *to depend on*
s'intéresser à *to be interested in*
se mettre en colère contre *to get angry with*
s'occuper de *to busy oneself with, to attend to*
remercier de, remercier pour *to thank for*
rire de *to laugh at*
tenir de *to take after (resemble)*

Je m'intéresse beaucoup à la philosophie de Sartre.
I'm very interested in Sartre's philosophy.

Je vous remercie du bouquin que vous m'avez donné comme cadeau.
I thank you for the book that you gave me as a gift.

Allez-vous vous occuper des costumes ?
Are you going to attend to the costumes?

EXERCICES

A. Répondez par une phrase complète.

1. De qui ou de quoi les personnes suivantes s'occupent-elles : les infirmières ? les parents ? les jardiniers ? les acteurs ? les auteurs ?
2. De qui ou de quoi riez-vous (ne riez-vous pas) ?
3. Tenez-vous de votre mère (de votre père) ?
4. De qui dépendez-vous ?

5. Vous mettez-vous quelquefois en colère contre le gouvernement (l'université, le destin) ? Si oui, pourquoi ?
6. Nommez trois choses auxquelles vous vous intéressez.

B. Traduisez les mots entre parenthèses en faisant tous les autres changements nécessaires.

MODELE Elle ____________ *(is interested in)* la poésie.
Elle s'intéresse à la poésie.

1. Vous ne devriez pas ____________ *(get angry with him)* tout simplement parce qu'il est stupide, impoli et vulgaire !
2. Quel bon public ! On ____________ *(laughs at)* toutes les plaisanteries de ce comédien.
3. La qualité de la lecture ____________ *(depends on)* la qualité du lecteur.
4. Vous ____________ *(don't take after)* votre mère.
5. Il ____________ *(will thank you for)* votre conseil.
6. On ____________ *(is interested in the)* théâtre parce qu'on a l'habitude de jouer des rôles dans la vie.
7. ____________ *(Don't get angry with)* moi si je vous dis que vous êtes un critique insolent, bête, méchant et insupportable.
8. Moi, je ____________ *(attend to the)* décor tandis que lui ____________ *(attends to the)* costumes.

C. Traduisez en français, puis jouez le dialogue.

A: Do you take after your father or your mother?
B: That depends.
A: That depends on what?
B: On my parents. When my father gets angry with me, I take after my mother, and when my mother gets angry with me, I take after my father!

4. Some common French verbs may be followed by either **à** or **de.**

a. The verb **jouer à** means *to play a game;* **jouer de** means *to play a musical instrument.*

Vous ne devriez pas jouer au bridge pendant la répétition !
You shouldn't play bridge during rehearsal!

C'est mon frère qui joue de la guitare dans la comédie musicale.
It's my brother who plays the guitar in the musical.

Ma sœur joue de la trompette et de la clarinette.
My sister plays the trumpet and the clarinet.

b. The verb **manquer à** means *to miss someone, to feel the absence of someone.* When the French sentence is translated into English, subject and object are reversed.

Minnie manque à Mickey.
Mickey misses Minnie. (lit., Minnie is lacking to Mickey.)

Il m'a beaucoup manqué.
I missed him very much. (lit., He was very much lacking to me.)

Manquer de means *to lack something.*

Ce jeune auteur manque de talent.
This young author lacks talent.

Le prince Albert de Monaco et une amie au théâtre

But when **manquer** is followed directly by a direct object, it means *to miss* in the sense of *not to catch or hit.*

J'ai manqué le dernier métro.
I missed the last subway.

Il a lancé un œuf qui m'a manqué !
He threw an egg that missed me!

c. The verb **penser à** means *to think of* in the sense of *to reflect about.*

A quoi pensez-vous ? —Je pense à mon prochain succès !
What are you thinking about? —I'm thinking about my next hit!

But **penser de** means *to think of* in the sense of *to have an opinion about.*

Que pensez-vous de cette actrice ? —Je la trouve brillante !
What do you think of that actress? —I find her brilliant!

EXERCICES

A. De quel instrument ou à quel sport les personnes suivantes ont-elles joué ?

1. Willie Mays
2. Liberace
3. Michael Jordan
4. Benny Goodman

5. Louis Armstrong
6. Chris Evert
7. O. J. Simpson
8. Elvis Presley

B. Préparez une liste de trois personnes comme celles de l'exercice A.

C. Traduisez en français les mots entre parenthèses en faisant tous les autres changements nécessaires.

1. Cet acteur ____________ *(plays the piano and the guitar).*
2. Que ____________ *(do you think of)* la représentation de *Phèdre* à la Comédie-Française ?
3. Voudriez-vous ____________ *(to play tennis)* avec moi ?
4. Quand je commence à ____________ *(to think about)* ce spectacle, j'ai envie de pleurer !
5. Dites-moi franchement ce que ____________ *(you think of)* ma poésie.
6. ____________ *(Let's play cards)* ce soir.
7. Ce critique de théâtre ____________ *(lacks)* respect pour nos acteurs.

D. Traduisez en français en employant **manquer** ou **manquer à.**

1. Mimi misses Bruno.
2. Bruno doesn't miss Mimi.
3. I miss you a lot.
4. We missed the plane.
5. Will you miss me tomorrow?
6. Do you miss your dentist?
7. Fortunately the tomato *(la tomate)* missed me!
8. I missed rehearsal!

Related Expressions

Expressions of means of locomotion

As a rule, the preposition **à** is used if one rides *on* the means of locomotion, and **par** or **en** if one rides *in* it.

à bicyclette *by bicycle*
à cheval *on horseback*
à (en) moto *by motorcycle*
à pied *on foot*
à vélo *by bike*
en autobus *by bus*
en autostop *by hitchhiking*
en (par) avion *by plane*
en bateau *by boat*
en diligence *by stagecoach*
en métro *by subway*
en taxi *by taxi*
en voiture *by car*
par le train *by train*

EXERCICES

A. Comment iriez-vous aux endroits suivants ? Répondez selon le modèle.

MODELE Pour aller en France ?
J'irais en avion (en bateau).

1. Pour aller à l'université ?
2. Pour aller au théâtre à New York ?
3. Pour rendre visite à un ami qui habite dans la même rue ?
4. Pour aller faire un pique-nique à la campagne ?
5. Pour aller en Angleterre ?

6. Pour visiter des monuments à Paris ?
7. Pour aller en Californie en 1700 ? en 1849 ? en 1950 ?

B. Répondez par une phrase complète.

1. Où allez-vous à bicyclette ?
2. Où allez-vous par avion ?
3. Où allez-vous en autobus ?
4. Où allez-vous à pied ?
5. Où allez-vous en autostop ?

Exercices d'ensemble

I. Répondez en français par une phrase complète.

1. Quel est votre acteur favori ?
2. Pouvez-vous nommer une pièce de Molière ?
3. Quand avez-vous mal à la tête ?
4. Invitez-vous souvent vos amis chez vous ? Pourquoi ou pourquoi pas ?
5. Avez-vous été souvent malade ce semestre ?
6. Aimez-vous mieux les notes de votre camarade de chambre ou les vôtres ?
7. La voiture que vous conduisez actuellement est-elle à vous ou à vos parents ?
8. Quel est votre livre de chevet en ce moment ?
9. Quelle est votre pièce favorite ? votre roman favori ?

II. Répondez en français par une phrase complète.

1. Combien avez-vous payé vos livres ce semestre ?
2. De quel instrument jouez-vous ?
3. A quel sport jouez-vous le mieux ?
4. A qui ressemblez-vous ?
5. Qu'est-ce qui vous manque le plus ce semestre ? Qu'est-ce qui vous manque le moins ?
6. De qui tenez-vous ?
7. De quoi vous servez-vous pour écrire une composition ?
8. En combien de temps pouvez-vous lire un roman de trois cents pages ?
9. Pendant combien de temps comptez-vous rester à l'université ?

III. Remplacez les tirets par **à** ou **de** s'il y a lieu.

1. A-t-il essayé ____________ jouer ?
2. Elle commence ____________ critiquer ma conduite *(conduct)*.
3. Ose-t-il ____________ parler au président ?
4. Ils n'ont pas fini ____________ applaudir.
5. N'oubliez pas ____________ le faire !
6. Elle s'amuse ____________ lire mes poèmes.
7. Il a réussi ____________ jouer un rôle difficile.
8. Ils refusaient ____________ applaudir.
9. Nous aurons peur ____________ demander cela.
10. Je dois ____________ cesser ____________ mentir !

IV. Traduisez en français.

1. His last role lacked life, but it wasn't totally dull *(ennuyeux)*.
2. The book on the table in your room belongs to me.

3. The actress's face was covered with make-up.
4. My professor permitted me to read one of Voltaire's books instead of another novel.
5. His essays pleased me so much (*tellement*) that I decided to ask for them at the bookstore.
6. I go to the theater because I can't resist it!
7. I had to read Hugo's novel very attentively because the style was difficult.
8. The play was a flop for many reasons: the plot was not good, the actors didn't know their lines, and the scenery and costumes lacked style.
9. I liked the actress with black hair and blue eyes!
10. Virginie washed her hair because she was going out with Paul.

La Vie littéraire à Paris

In France, literature has always occupied a predominant place among the arts. The French are very sensitive to the quality of written expression, which is not confined to "literature" in its narrow sense, but includes private correspondence, political writing, and the press. The same preoccupation with formal excellence applies to oral expression.

This attitude explains why the distinction between literary achievement and prominence in other fields has never been as rigid in France as in the United States. Many French politicians and scientists have been regarded—or have regarded themselves—as writers of some importance. Napoleon tried his hand at literature, with unimpressive results. On the strength of his essays, memoirs, and collected speeches, Charles de Gaulle can rightfully claim a place in the history of modern French literature, and the former French president, François Mitterrand, who has

Un rayon de livres dans une librairie

authored several books, is justifiably proud of his abilities as a writer. Conversely, two well-known French novelists, André Malraux and Maurice Druon, have served as Ministers of Culture in the Fifth Republic. The public's interest in literature is reflected in the popularity of television shows where new and established writers introduce their most recent books.

No place in France is heavier with literary associations than Paris. Though perhaps less narrowly concentrated today than it was before World War II, Parisian literary life is still predominantly linked with the Left Bank and specifically with the Fifth, Sixth, and Seventh Arrondissements, where the major publishing firms are located, and where writers, critics, and journalists still meet within a relatively small circuit of cafés and restaurants, the most famous being *La Coupole*, *Le Café de Flore*, *Les Deux-Magots*, and *La Closerie des lilas*.

Some seven hundred literary prizes are awarded each year in France. The most celebrated and sought after is the *Prix Goncourt*. First awarded in 1903, it originated in a foundation set up by novelist Edmond de Goncourt. Every year since, the ten members of the *Académie Goncourt*, themselves reputable novelists, meet to make their famous award. In 1904, a competing prize, the *Fémina*, was created, to be awarded by a jury of women. Two other major awards, the *Interallié* and the *Renaudot*—named after Théophraste Renaudot, a seventeenth-century pioneer of French journalism—are purely honorary, but like the others confer prestige on the recipient and guarantee increased sales. Many French writers owe their initial fame to these prizes, but many other writers of equal importance have never had their work recognized in this way. There are other, more explicitly commercial ways of promoting the sale of books. The postwar boom of the paperback market, and the more recent development of book clubs—two innovations borrowed from the United States—are among the most notable.

Orientation

Mettez-vous en groupe de deux ou quatre et demandez à vos camarades ce qu'ils (elles) lisent pour se distraire. Communiquez vos réponses au reste de la classe et analysez les résultats finals de ce sondage.

	souvent	quelquefois	jamais
des journaux			
des magazines spécialisés			
des romans policiers *(detective novels)*			
des romans d'aventure			
des romans d'amour			
des nouvelles *(short stories)*			
des pièces de théâtre			
des poèmes			
des biographies			
des livres d'histoire			
des bandes dessinées *(comic strips)*			
autres			

Les statistiques sont un instrument bien peu adéquat pour rendre compte d'un phénomène aussi subjectif que le goût pour la lecture. Elles permettent cependant de montrer que, bien que les Français lisent davantage maintenant que dans les décennies° précédentes (en 1989, 25%

la décennie decade

d'entre eux déclaraient ne lire aucun livre, contre 30% en 1973), le nombre de livres lus diminue. Cela est dû au fait que la proportion de « grands lecteurs » (plus de vingt livres par an) est en baisse°. En contrepartie°, si les Français lisent moins de livres, ils sont plus nombreux que dans le passé à en acheter et aussi à s'inscrire dans les bibliothèques.

Les « Amplis° » du succès

On n'en parle jamais. Pourquoi ? Grâce à eux°, de nouvelles couches sociales° se sont ouvertes à la lecture. Ils ont assuré, de Villefranche-de-Rouergue à La Châtre,[1] la célébrité d'auteurs comme Bernard Clavel ou Robert Sabatier, Marie Cardinal ou Emile Ajar[2]: ils agissent en somme comme de prodigieux amplificateurs de succès. Pourtant, les éditeurs° les craignent°. Les libraires° les jalousent. Les grandes surfaces° les redoutent°. La presse les oublie. La radio et la télévision les dédaignent°. De qui s'agit-il ? Ce sont les clubs—et en particulier l'un d'entre eux, le géant : France Loisirs, 2.600.000 adhérents, 575 millions de chiffre d'affaires° en 1979 (plus de 5% du marché total du livre en France !), et qui fête cette année son dixième anniversaire. Anniversaire spectaculaire autour d'un gâteau de 20 millions de francs de bénéfice net° pour l'année dernière.

Ces clubs fonctionnent de cette façon. Chaque mois ou chaque trimestre, ils adressent à leurs adhérents un catalogue leur présentant les nouveautés sélectionnées et les titres encore disponibles°. Obligation est faite souvent au souscripteur° d'acquérir au moins trois ou quatre ouvrages dans l'année. Moyennant quoi° il reçoit par la poste, à des prix inférieurs de 20% en moyenne° à ceux des libraires, un livre (jaquette couleur et reliure cartonnée°) paru° originellement six mois, un an ou plus avant son passage en club. Concrètement, cela veut dire, pour France Loisirs—qui possède également un réseau° de boutiques et de librairies-relais°—plus de dix millions de catalogues expédiés° chaque année et quinze millions de livres vendus.

Que penser de France Loisirs et des autres ? Les points positifs tout d'abord : un élargissement de la tranche° des lecteurs, c'est incontestable. Une enquête IFOP[3]-France Loisirs fait apparaître que 27% des adhérents du club se recrutent en milieu ouvrier. Ce pourcentage augmente d'une année sur l'autre et est bien supérieur à celui de la clientèle des libraires. Autant de gagné° par conséquent pour la culture en général, et même pour les libraires en particulier. Car la lecture est un virus dont il est parfois difficile de se débarrasser°. 37% des adhérents de France Loisirs déclarent lire plus depuis leur inscription au club.

en baisse decreasing / **en contrepartie** on the other hand / **l'ampli** *m* amplifier / **grâce à eux** thanks to them / **les couches sociales** *f* social strata, groups / **l'éditeur** *m* publisher / **craindre** = *avoir peur de* / **le, la libraire** bookseller / **la grande surface (un magasin à grande surface)** large, generally suburban, department store / **redouter** = *craindre* / **dédaigner** to scorn / **le chiffre d'affaires** sales figure / **de bénéfice net** net profit / **disponible** available / **obligation est faite... au souscripteur** = *le souscripteur est obligé* / **moyennant quoi** in return for which / **en moyenne** on average / **la reliure cartonnée** cardboard binding / **paru** (*participe passé de* paraître) = *publié* / **le réseau** network / **la librairie-relais** affiliated bookstore / **expédié** = *envoyé* / **l'élargissement** *m* **de la tranche** broadening of the constituency / **autant de gagné** so much ground won / **se débarrasser de** to get rid of

[1] Deux petites villes de province

[2] Quatre romanciers contemporains ayant gagné plusieurs prix littéraires dont le Goncourt (Sabatier, Ajar). « Emile Ajar » était, en fait, le pseudonyme du célèbre romancier Romain Gary (mort en 1981), qui avait déjà remporté le Prix Goncourt sous son propre nom.

[3] Institut français d'opinion publique

Une publicité France Loisirs

Ce n'est pas tout. Dans un marché difficile, avec la crise° à l'arrière-plan°, les éditeurs ont de plus en plus de mal à amortir° leurs éditions courantes. Ils vivent grâce à leurs droits annexes°: traductions, cinéma, télé, poche° et clubs. Un livre cédé°, même à bas prix, à France Loisirs, c'est un ballon d'oxygène°. C'est, pour l'auteur, une garantie ou une confirmation de popularité, une assurance-succès pour ses livres à venir.

Mais il y a le revers de la médaille°. Les clubs agissent non comme des initiateurs de culture mais comme des parasites. Ils vont droit au best-seller réel ou supposé. C'est facile : il leur suffit d'attendre les premiers résultats de la vente libraire (à l'exception toutefois du Grand Livre du Mois qui colle° de plus près à l'actualité°). Ce sont, en somme, les planqués° de l'édition. Modiano° « marche », Soljenitsyne « marche », tant mieux!... Mais le catalogue de France Loisirs propose au maximum 400 titres, et presqu'aucun « classique ».

Ce qui impressionne, en bref, avec les clubs, c'est leur puissance. Ils pèsent plus ou moins consciemment° sur les éditeurs. A la limite, ils risquent d'infléchir° leur production. Si un livre n'a aucune chance de passer en club il a désormais moins de chance d'être édité tout court°. Et puis il y

la crise = *la crise économique* / **l'arrière-plan** *m* background / **amortir** to recover the cost of / **les droits** *m* **annexes** subsidiary royalties / **le (livre de) poche** paperback / **céder** to concede, turn over / **un ballon d'oxygène** windfall (lit., oxygen balloon) / **le revers de la médaille** the other side of the coin / **coller** = *adhérer* / **l'actualité** *f* the present / **le planqué** (*argot militaire*) risk avoider, one who plays it safe / **Patrick Modiano** a leading French novelist (b. 1947), winner of the Prix Goncourt (1978) / **consciemment** consciously / **infléchir** to influence, distort / **tout court** at all a un chiffre qui laisse rêveur° : toujours selon l'enquête I.F.O.P., 63% des lecteurs de France Loisirs achètent un livre non sur la promesse du titre, le choix du sujet ou la réputation de l'auteur mais d'abord sur la simple description qui en est faite dans le catalogue.

Le livre est devenu pour beaucoup un produit. Ce que l'on appelle la culture de masse. Avec ses ombres° et ses lumières.

Frédéric Vitoux, *Le Nouvel Observateur*

Qu'en pensez-vous ?

Etes-vous d'accord ou non avec les déclarations suivantes ? Justifiez votre réponse.

1. Les clubs de livres ont amené à la lecture des gens qui traditionnellement ne lisaient pas.
2. Ces clubs sont très appréciés des éditeurs et des libraires.
3. France Loisirs est une agence de voyages très importante.
4. Quand on est membre d'un club de livres, il faut acquérir au moins un livre par mois.
5. Il s'agit, en général, de livres de poche à reliure non cartonnée.
6. Ces livres sont offerts à des prix inférieurs de 20% en moyenne à ceux des libraires.
7. Grâce à des clubs comme France Loisirs, il y a davantage de lecteurs surtout en milieu ouvrier.
8. Les libraires profitent de cet élargissement des lecteurs car la lecture est un virus qui s'attrape.
9. Les clubs ne prennent pas de risques et choisissent de vendre des best-sellers.
10. Il y a cependant beaucoup de classiques dans le catalogue proposé par France Loisirs.
11. La puissance des clubs de livres influence les décisions des éditeurs.
12. La majorité des lecteurs des clubs de livres choisissent d'acheter un livre plutôt qu'un autre parce qu'ils s'intéressent à l'auteur.
13. Le livre reste un objet réservé à une élite.

Vocabulaire satellite

le **chef-d'œuvre** masterpiece
l' **écrivain** *m*, la **femme écrivain** writer
le **romancier,** la **romancière** novelist
le **critique littéraire** literary critic
la **critique littéraire** literary criticism
l' **éditeur** *m* publisher
éditer, faire paraître, publier to publish
la **librairie** bookstore
le, la **libraire** bookseller
la **bibliothèque** library
le, la **bibliothécaire** librarian
les **classiques** *m* classics
la **nouveauté** latest thing
décrire to describe
raconter to tell, to relate

Pratique de la langue

1. Aimeriez-vous devenir membre d'un club de livres ? Pourquoi ? Pourquoi pas ?
2. Quels livres emporteriez-vous sur une île déserte ? Citez-en au moins trois et justifiez votre choix.

laisser rêveur to leave one wondering / **l'ombre** *f* shadow

Imaginez-vous, un instant, privé° d'accès à la culture, à l'information, au sport, aux loisirs : que se passerait-il ? Vous n'auriez plus l'impression de vivre, mais celle, désespérante°, de survivre. C'est toute la différence. Si le manque de culture est moins douloureux° que le manque de nourriture, lui aussi a de graves conséquences. Le sentiment d'exclusion en est une. Il faut donc réagir et surtout agir, très vite. Ce que nous avons déjà fait : nous avons aidé des jeunes à monter° des pièces de théâtre, à construire des lieux de répétition° pour la musique, à mettre en œuvre° leurs projets d'animation de quartier°... Ce qui reste à faire : tout ou presque. Et si vous avez envie de faire quelque chose, c'est le moment de passer aux actes. Nous en avons besoin. Parce qu'il y a des milliers° de livres à trouver et à distribuer, parce qu'il y a des milliers de places de cinéma à offrir. Quelqu'un a dit que les hommes pouvaient se passer de° pain pendant un jour, pas de poésie. Agissons pour que tous les hommes aient les deux, tous les jours.

AGIR POUR REAGIR.

SECOURS POPULAIRE FRANÇAIS

Une invitation à l'action

privé deprived / **désespérant** appalling / **douloureux** painful / **monter** to stage / **le lieu de répétition** practice areas / **mettre en œuvre** to put on / **le quartier** neighborhood / **des milliers** *m* thousands / **se passer de** to do without

3. Comment choisissez-vous les livres que vous lisez pour vous distraire ? (d'après les recommandations d'un ami, d'un professeur, d'un critique, d'un libraire, le hasard ?)
4. Improvisez les situations suivantes :
   a. Organisez une table ronde d'auteurs connus (contemporains ou morts, français ou d'autres nationalités) et faites-les parler d'un de leurs livres.
   b. Vous venez de publier votre premier roman. Il s'agit d'une œuvre autobiographique. Répondez aux questions du reporter du journal de votre université.
5. Que pensez-vous des bandes dessinées ? Les Français les prennent très au sérieux et les considèrent comme un genre littéraire à part entière *(in their own right)*. Qu'en pensez-vous ?
6. Analysez cette annonce pour l'association caritative (*charity organization*) : Le Secours populaire français (voir ci-dessus). Quel est son but ? Quelles peuvent être les conséquences d'un « manque de culture » ?

*La Bataille d'*Hernani

The French public takes its literature seriously. Knowledgeable and articulate, it has historically followed new trends in literary taste keenly, and it relishes a healthy clash of the pen as much as it does a good political battle.

One of the most famous of the many literary quarrels played out before the French public involved Victor Hugo's play *Hernani*, first performed on February 25, 1830. Victor Hugo (1802–1885), one of the most innovative poets, novelists, and playwrights in French history and the acknowledged head of the French romantic movement, had decided that the French theater, a haven of traditional literary taste, would serve as the literary battleground between the Romantics, rising young artists, and the Classics, older protectors of the status quo.

Classical tragedy, based on the concepts of simplicity and unity, focused on the subtle psychological situations of the characters. *Hernani*, however, was a melodrama, a colorful, action-

Hernani *à la Comédie-Française*

packed spectacle that featured actors wielding swords and holding torches, and royal escorts and military men marching on stage. It infuriated the Classics, who found it offensive in both form and content.

Even in rehearsal the play was controversial, as conservative critics would furtively peek at scenes and spread gossip around town. By the time the play was ready to be performed, virtually every major paper in Paris had written critical stories about it. To make matters worse, Hugo flatly refused to allow the theater to hire official applauders (*claqueurs*), as custom required, saying that he would rather rely on the support of his friends.

Hugo's friends and fellow Romantics received permission to enter the theater at 3:00 p.m., some four hours before the first performance. Wearing beards and long hair, they assembled at the front door dressed in eccentric historical costumes. One wore a Spanish cape, another a vest à la Robespierre, others sported plumed hats, and the writer Théophile Gautier, one of Hugo's strongest supporters, wore a vest of scarlet satin. They so outraged the Classics that they were pelted with vegetables. The writer Balzac, it is claimed, was hit with a piece of cabbage.

Once they were let inside, the situation got even worse. From 3:00 to 7:00 p.m. they sang songs, imitated the cries of animals, and ate chocolate, sausage, ham, garlic, and bread. When the doors were opened to the general public, they whistled at the most beautiful women, much to the consternation of the ladies' escorts.

The first performance of *Hernani* was puncuated by numerous outbursts of clapping by the Romantics and hissing by the Classics, a pattern that was followed during successive performances. The play's notoriety made it a commercial success; Hugo sold the copyright to a publisher after its first performance, and the play had a total of thirty-six performances. Most important, however, the Romantics had made their point. *Hernani* has since become a classic in its own right, having been performed more than one hundred times at the Comédie-Française.

The following dialogue between Victor Hugo and Mlle Mars, the actress who played the leading female role, shows the resistance Hugo faced even with his own actors in rehearsal. The incident is reported in memoirs written by Hugo's wife, Adèle.

Orientation

Aujourd'hui le genre dramatique ne se limite pas, comme autrefois, à la comédie ou à la tragédie. Il y a, par exemple, des comédies musicales à Broadway, des mélodrames *(soap operas)* à la télé, et des feuilletons hebdomadaires *(weekly series)* à la télé. Dressez une liste de vos feuilletons, mélodrames, ou comédies musicales préférés, et comparez vos réponses avec celles de vos camarades de classe.

Victor Hugo et Mademoiselle Mars

Mademoiselle Mars avait alors° cinquante ans; il était tout simple qu'elle aimât° les pièces° dans sa jeunesse et celles qui leur ressemblaient; elle était hostile à la rénovation° dramatique. Elle avait surtout accepté le rôle pour qu'il ne fût° pas joué par une autre.

Les choses se passaient à peu près ainsi°:

Au milieu de la répétition°, mademoiselle Mars s'arrêtait tout à coup.°

—Pardon, j'ai un mot à dire à l'auteur.

Mademoiselle Mars s'avançait jusque sur la rampe°, mettait sa main sur ses yeux, et, quoiqu'elle sût° très bien à quel endroit° de l'orchestre était l'auteur, elle faisait semblant° de le chercher.

C'était sa petite mise en scène°, à elle.

—M. Hugo ! demandait-elle; M. Hugo est-il là ?

—Me voici, madame, répondait M. Hugo en se levant.

—Ah ! très bien ! merci... Dites-moi, M. Hugo...

—Madame !

—J'ai à dire ce vers°-là: « Vous êtes mon lion superbe et généreux ! » Est-ce que vous aimez cela, M. Hugo ?

—Quoi ?

— « Vous êtes mon lion ! »

—Je l'ai écrit ainsi, madame, donc j'ai cru que c'était bien.

—Alors vous tenez à° votre « lion » ?

—J'y tiens et je n'y tiens pas, madame; trouvez-moi quelque chose de mieux, et je mettrai cette autre chose en place.

—Ce n'est pas à moi à trouver cela ! Je ne suis pas l'auteur, moi.

—Eh bien ! alors, madame, puisqu'il en est ainsi,° laissons ce qui est écrit.

alors then / **aimât** = *aimer* (imperfect subjunctive): would like / **la pièce** play / **la rénovation** = *l'innovation* / **fût** = *être* (imperfect subjunctive): would be / **à peu près ainsi** just about this way / **la répétition** rehearsal / **tout à coup** = *soudain* / **la rampe** footlights (in front of the stage) / **sût** = *savoir* (imperfect subjunctive) / **l'endroit** *m* place / **faire semblant de** to pretend / **la mise en scène** production / **le vers** line (of poetry) / **tenir à** to be attached to / **puisqu'il en est ainsi** since it is so

—C'est qu'en vérité cela me semble si drôle° d'appeler M. Firmin° mon « lion ».

—Ah ! parce qu'en jouant le rôle de doña Sol, vous voulez rester mademoiselle Mars; si vous étiez vraiment la pupille° de don Ruy Gomez de Sylva, c'est-à-dire une noble castillane° du seizième siècle, vous ne verriez pas dans Hernani M. Firmin, mais un de ces terribles chefs de bandes qui faisaient trembler Charles-Quint° jusque dans sa capitale; alors vous comprendriez qu'une telle° femme peut appeler un tel homme « mon lion », et cela vous semblerait moins drôle.

—C'est bien ! puisque vous tenez à votre « lion », n'en parlons plus. Je suis ici pour dire ce qui est écrit; il y a dans le manuscrit « mon lion ! » je dirai : « mon lion », moi... —Allons, Firmin, « Vous êtes mon lion superbe et généreux ! »

Seulement, le lendemain°, arrivée au même endroit, mademoiselle Mars s'arrêtait. Comme la veille°, elle mettait sa main sur ses yeux. Comme la veille, elle faisait semblant de chercher l'auteur.

—M. Hugo est-il là ?

—Me voici, madame, répondait Hugo avec sa même placidité.

—Eh bien, avez-vous réfléchi ?

—A quoi, madame ?

—A ce que je vous ai dit hier.

—Hier, vous m'avez fait l'honneur de me dire beaucoup de choses.

—Oui, vous avez raison... Mais je veux parler de ce fameux° hémistiche.°

—Lequel ?

—Eh ! mon Dieu ! vous savez bien lequel !

—Je vous jure° que non, madame; vous me faites tant de bonnes et justes observations que je confonds° les unes avec les autres.

—Je parle de l'hémistiche du « lion... »

—Ah ! oui, « vous êtes mon lion ! » Je me rappelle.

—Eh bien ! avez-vous trouvé un autre hémistiche ?

—Je vous avoue que je n'en ai pas cherché.

—Vous ne trouvez pas cet hémistiche dangereux ?

—Je ne sais pas ce que vous appelez dangereux, madame.

—J'appelle dangereux ce qui peut être sifflé.°

—Je n'ai jamais eu la prétention° de ne pas être sifflé.

—Soit,° mais il faut être sifflé le moins possible.

—Vous croyez donc qu'on sifflera l'hémistiche du « lion » ?

—J'en suis sûre.

—Alors, madame, c'est que vous ne le direz pas avec votre talent habituel.

—Je le dirai de mon mieux... cependant je préférerais...

—Quoi ? —Dire autre chose. —Quoi ? —Autre chose enfin !

—Quoi ?

—Dire —et mademoiselle Mars avait l'air de chercher le mot que, depuis trois jours, elle mâchait entre ses dents,° —dire, par exemple, heu... heu... heu...

drôle = *amusant* / **Firmin** = *l'acteur qui joue le rôle d'Hernani* / **la pupille** ward / **castillan** Castilian / **Charles-Quint** = *Charles V, roi d'Espagne* / **un tel** such a / **le lendemain** the next day / **la veille** the day before / **fameux** famous (here, notorious) / **l'hémistiche** *m* hemistich (line of six syllables), referring to « vous êtes mon lion » / **jurer** to swear / **confondre** to confuse / **avouer** to admit / **sifflé** booed / **avoir la prétention** to pretend, lay claim / **soit** so be it / **mâcher entre les dents** to die to say (lit., to chew on between one's teeth)

« Vous êtes, monseigneur, superbe et généreux ! »

Est-ce que « monseigneur » ne fait pas le vers comme « mon lion » ?

—Si fait°, madame, seulement « mon lion » relève° le vers et « monseigneur » l'aplatit°. J'aime mieux être sifflé pour un bon vers qu'applaudi pour un méchant.

—C'est bien, c'est bien... Ne nous fâchons° pas... On dira votre « bon vers » sans y rien changer !

—Allons, Firmin, mon ami, continuons...

« Vous êtes mon lion superbe et généreux ! »

Si indifférent que fût M. Victor Hugo à ces petites impertinences, il y eut un moment où sa dignité ne put° plus les tolérer. A la fin d'une répétition, il dit à mademoiselle Mars qu'il avait à lui parler. Ils allèrent dans le petit foyer.

—Madame, dit M. Victor Hugo, je vous prie° de me rendre° votre rôle. Mademoiselle Mars pâlit. C'était la première fois de sa vie qu'on lui retirait un rôle. Jusque-là, on la suppliait° de les accepter, et c'était elle qui les refusait. Elle sentit la perte° de prestige qui pouvait résulter pour elle d'un fait° pareil°. Elle reconnut° son tort°, et promit de ne plus recommencer.

Adèle Foucher Hugo, *Victor Hugo raconté par un témoin° de sa vie*

Qu'en pensez-vous ?

Etes-vous d'accord ou non avec les déclarations suivantes ? Justifiez votre réponse.

1. Mlle Mars est l'actrice idéale pour jouer dans une pièce innovatrice.
2. Elle dit qu'elle n'aime pas le vers « vous êtes mon lion ».
3. Victor Hugo décide de changer ce vers.
4. Le lendemain, Mlle Mars affirme ses objections au vers.
5. Cette fois-ci elle dit qu'elle a peur d'être sifflée.
6. Victor Hugo a peur aussi d'être sifflé.
7. Mlle Mars recommande un autre vers.
8. Victor Hugo trouve ce vers brillant, et il l'accepte immédiatement.
9. Finalement, Hugo demande à Mlle Mars de rendre son rôle.
10. Mlle Mars le lui rend volontiers (*willingly*).

Vocabulaire satellite

le **dramaturge** playwright
l' **acteur, l'actrice** actor, actress
jouer un rôle to play or act a role
le **critique** critic
la **critique** criticism
le **metteur en scène** director
le **public** audience
siffler to boo
applaudir to applaud
assister à to attend

la **pièce (de théâtre)** play
la **scène** stage
le **costume** costume
le **décor** decor, scenery
le **maquillage** make-up
la **représentation** performance
représenter to perform
le **personnage** character
l' **intrigue** *f* plot
l' **action** *f* action

si fait = *c'est vrai* / **relever** to enhance / **aplatir** to flatten / **se fâcher** to get angry / **put** = *pouvoir (passé simple)* / **je vous prie** = *je vous demande* / **rendre** to hand over, give up / **supplier** to plead with / **la perte** loss / **le fait** = *l'action* / **pareil** = *comme ça* / **reconnut** = *reconnaître* (*passé simple*): admitted / **le tort** = *l'erreur* / **le témoin** witness

Pratique de la langue

1. Imaginez que vous êtes Mlle Mars et que vous écrivez une lettre à un(e) ami(e) expliquant pourquoi vous n'aimez pas Hugo et sa pièce.

2. Imaginez que vous êtes un critique de théâtre et que vous êtes entré(e) clandestinement (*secretly*) dans la salle de théâtre au moment où Hugo et Mlle Mars se disputaient. Vous décidez d'écrire un article scandaleux sur cette dispute dans le journal du lendemain.

3. Imaginez que vous êtes Victor Hugo et que vous écrivez une lettre à un(e) ami(e) expliquant pourquoi vous n'aimez pas trop Mlle Mars.

4. Préparez un des dialogues suivants :

   a. Un dialogue entre Mlle Mars et son psychiatre.
   b. Un dialogue entre Victor Hugo et son psychiatre.
   c. Un dialogue entre Mlle Mars et Firmin, l'acteur qui joue le rôle d'Hernani.

10 Chanson et Cinéma

Passive Voice, Present Participle, and Causative Construction

Andie McDowell (à gauche) et Gérard Depardieu dans Green Card

Vocabulaire du thème : *Chanson et Cinéma*

La Chanson : les Musiciens

le **chanteur,** la **chanteuse** singer
le **compositeur** composer
composer to compose
le **chansonnier** chansonnier: a composer and singer of risqué and/or satirical songs who is somewhat akin to the American folk singer
le **musicien,** la **musicienne** musician
jouer (de la guitare, du piano, du violon, etc.) to play (the guitar, the piano, the violin, etc.)
le **débutant** beginner
le **concert** concert
la **discothèque** discothèque

L'Enregistrement

l' **enregistrement** *m* recording
enregistrer to record
la **cassette** cassette
le **magnétophone** tape recorder
le **disque** record (music)
le **disque compact** compact disk (CD)
le **lecteur de disque compact** compact disk player
la **stéréo** stereo

L'Art de la chanson

l' **harmonie** *f* harmony
la **mélodie** melody, tune
les **paroles** *f* words, lyrics
le **rythme** rhythm
le **jazz** jazz
le **rock** rock music
le **blues** the blues
la **musique classique** classical music
la **musique populaire** popular music
la **musique folklorique** folk music

Le Cinéma : le Film

le **cinéma** movies, cinema; movie theater
cinématographique cinematographic
le **film** film
filmer to film
la **caméra** (movie) camera
le **magnétoscope** videocassette recorder (VCR)
louer une vidéo to rent a video
tourner un film to make a film
le **plan** shot (film)
la **piste sonore** soundtrack
le **navet** flop (lit., turnip)
le **scénario** script, scenario
le **réalisateur** film director
la **vedette** (movie) star
le **dénouement heureux** happy ending
en version originale in the original version
le **sous-titre** subtitle
sous-titrer to subtitle (a film)
doubler to dub (a film)
l' **écran** *m* screen

le **film d'épouvante** horror film
le **film de science-fiction** science-fiction film
le **western** western
le **documentaire** documentary
le **dessin animé** cartoon
le **film d'aventures** adventure film
le **film de guerre** war film
la **comédie musicale** musical comedy

Le Public

le, la **cinéphile** movie fan
le **grand public** the general public
apprécier to appreciate
censurer to censor
faire la queue to wait in line
siffler to whistle; to boo
se **passionner pour** to be crazy about

La chanteuse Vanessa Paradis

EXERCICE

Situations. Répondez en employant une ou plusieurs expressions du *Vocabulaire du thème.*

1. Complétez en employant le nom d'un musicien (d'une musicienne) de votre choix.

   MODELE ...préfère la musique populaire.
   Barbra Streisand préfère la musique populaire.

   a. ...préfère la musique classique.
   b. ...préfère le rock.
   c. ...préfère la musique folklorique.
   d. ...préfère le jazz.
   e. ...préfère le blues.
   f. ...préfère la musique populaire.

2. Avez-vous une stéréo (des disques, des cassettes, des disques compacts, une télévision, un magnétoscope) dans votre chambre ?

3. Quel genre de film iriez-vous voir si vous vouliez voir : a) un monstre ? b) des martiens ? c) un cowboy ? d) des chanteurs et des danseurs ? e) Donald le canard (*duck*) ? f) des batailles ?

The Passive Voice

Like English verbs, most French verbs possess an active and a passive voice. A verb is in the active voice if the subject acts, and in the passive voice if the subject is acted upon.

Active voice: Un débutant a composé cette chanson folklorique.
A beginner composed this folk song.

Jean analyse les films de Truffaut dans son cours de cinéma.
John analyzes Truffaut's films in his cinema course.

Passive voice: Cette chanson folklorique a été composée par un débutant.
This folk song was composed by a beginner.

Ce film sera discuté par toute la classe.
This film will be discussed by the entire class.

Formation of the Passive

The passive sentence is composed of: *subject* + *passive verb* (+ *agent*).

Le rôle principal sera joué par un acteur inconnu.
The main role will be played by an unknown actor.

Ce film d'épouvante a été beaucoup discuté.
This horror film has been discussed a lot.

Note that, as in the second example, the agent is not always expressed.

The passive verb

A verb in the passive is composed of two parts: a tense of **être** + *past participle.* The past participle agrees in number and gender with the subject.

Ces disques cassés ont été vendus par un vendeur malhonnête !
These broken records were sold by a dishonest salesman!

Les paroles seront écrites par la chanteuse elle-même.
The lyrics will be written by the singer herself.

The agent

The person or thing that performs the action on the subject is called the agent. The preposition **par** is normally used to introduce the agent.

Le scénario a été écrit par un romancier célèbre.
The script was written by a famous novelist.

Tout le pop-corn a été mangé par ma camarade de chambre !
All the popcorn was eaten by my roommate!

EXERCICES

A. Traduisez en français les mots entre parenthèses en employant la **voix passive.**

1. Cette chanson sentimentale ____________ *(was composed by)* un compositeur célèbre et ____________ *(was sung by)* Edith Piaf.
2. Ce film comique français ____________ *(was dubbed by)* un type qui ne connaît pas le français !
3. Vous êtes venu trop tard ! Tous les diques de Piaf ____________ *(have already been sold).*
4. La musique moderne ____________ *(was influenced by)* le jazz américain.
5. Ces concerts à la télévision ____________ *(will be heard by)* beaucoup de spectateurs.
6. Comment ! Est-il possible que ce film documentaire ____________ *(will be censored by)* le gouvernement ?
7. Ce morceau de musique harmonieux ____________ *(was composed by)* un débutant.
8. Elle préfère les films d'amour qui ____________ *(were made by)* les grands réalisateurs d'Hollywood parce qu'elle aime les dénouements heureux.

B. Traduisez en français, puis jouez les dialogues.

1. **A:** This song was composed by Brel.
   B: It was sung by Brel, but it was composed by Moustaki.
   A: No! It was sung by Brel and it was composed by Brel also.
   B: It was sung by Brel and it was composed by Moustaki!
   A: It was sung by Brel, it was composed by Brel, and it was recorded by Brel!
   B: It's beautiful, isn't it?
   A: So what? *(Et alors ?)*
   B: So *(Alors)* let's shut up and listen to it!
2. **A:** I didn't realize that Maurice Chevalier spoke English like an American.
   B: The film was dubbed, darling!

Use of the Passive

The passive voice is used only with verbs that normally take a direct object in the active voice (i.e., transitive verbs). As a rule of thumb, the direct object of an active verb becomes the subject of a passive verb, and the subject of an active verb becomes the agent of a passive verb.

Active voice	**Passive voice**
Marie chante la chanson. *Mary sings the song.*	La chanson est chantée par Marie. *The song is sung by Mary.*
Jean a tourné le film. *John made the film.*	Le film a été tourné par Jean. *The film was made by John.*

Note that reflexive verbs and verbs that take only indirect objects cannot be made passive in French.

Tout le monde s'est amusé à la soirée.
Everyone had a good time at the party.
A good time was had by all at the party.

No passive possible: **s'amuser** is a reflexive verb.

Cette musique plaît à Nancy.
This music pleases Nancy.
Nancy is pleased by this music.

No passive possible: **plaire (à)** takes only an indirect object.

EXERCICES

A. Mettez les phrases actives à la **voix passive.**

MODELE Les étudiants ont chanté une chanson.
Une chanson a été chantée par les étudiants.

1. Ce film a scandalisé le public.
2. Brel a composé cette chanson.
3. Moustaki a écrit les paroles.
4. Aznavour a chanté cette chanson.
5. Toute la famille a apprécié ce film.
6. Truffaut a réalisé ce film.
7. Un amateur a doublé ce film !
8. Mon camarade de chambre a loué cette vidéo.
9. Mes parents ont acheté ce disque compact.

B. Par qui les morceaux de musique, les ouvrages et les films suivants ont-ils été composés, écrits ou réalisés ? Répondez selon de modèle.

MODELE le film *Huit et demi*
Il a été réalisé par Fellini.

la chanson *Boléro*
Elle a été composée par Ravel.

la pièce *Cyrano de Bergerac*
Elle a été écrite par Rostand.

1. le conte *Candide*
2. le roman *Le Vieil Homme et la mer*
3. l'opéra *Carmen*
4. la pièce *Un Tramway nommé Désir*
5. le roman *Madame Bovary*
6. le roman *L'Etranger*
7. l'opéra *La Traviata*
8. le film *Jules et Jim*
9. le poème *La Divine Comédie*
10. la pièce *Le Tartuffe*

C. Préparez une liste personnelle de trois morceaux de musique, ouvrages ou films et demandez à un(e) étudiant(e) ou au professeur par qui ils ont été composés, écrits ou réalisés.

The Active Voice as an Alternative to the Passive

The French tend to prefer the active voice to the passive voice.

1. If a passive sentence has an agent expressed, the passive verb may be put into the active voice with the passive agent as subject.

Passive: La Marseillaise a été chantée par les spectateurs.
The Marseillaise was sung by the spectators.

Active: Les spectateurs ont chanté la Marseillaise.
The spectators sang the Marseillaise.

2. If the passive sentence has no agent expressed, the passive verb is put into the active voice with the indefinite pronoun **on** as subject. **On** may be translated in English by *we*, *they*, or *one*, or more often by the English passive voice.

Passive: La pizza a été mangée en cinq minutes.
The pizza was eaten in five minutes.

Active: On a mangé la pizza en cinq minutes.
We (they) ate the pizza in five minutes. OR: *The pizza was eaten in five minutes.*

Passive: Une audition m'a été accordée.
I was granted an audition.

Active: On m'a accordé une audition.
They granted me an audition. OR: *I was granted an audition.*

Note that **on** is used as a subject only if the unexpressed agent is a person. Otherwise, the sentence remains in the passive voice.

Le cinéma a été totalement détruit en deux minutes.
The movie theater was totally destroyed in two minutes.
(It was destroyed by a natural disaster.)

3. English may use the passive voice to state general facts or actions. This English construction is often rendered in French by a reflexive verb. Some of the most common reflexives used in this way are **se faire, se dire, se comprendre, se voir, se vendre, se parler,** and **s'acheter.**

CDs are sold everywhere.
Les disques compacts se vendent partout.

English is spoken here.
L'anglais se parle ici.

That is not easily understood.
Ça ne se comprend pas facilement.

That's not done here.
Ça ne se fait pas ici.

EXERCICES

A. Transformez les phrases suivantes à la **voix active** en employant **on** selon le modèle.

MODELE Le film a été condamné.
On a condamné le film.

1. La vedette a été critiquée.
2. Le pop-corn a été dévoré !
3. La salle de cinéma a été fermée.
4. Le réalisateur a été sifflé.
5. La stéréo a été volée !
6. Le film de guerre a été apprécié.
7. Le secret a été révélé.
8. La vidéo a été louée.
9. Nina a été menacée !
10. Le public a été choqué.

B. Répondez en employant l'expression **Ça se voit** et un genre de film (voir *Vocabulaire du thème*) selon le modèle.

MODELE des cowboys qui se battent
Ça se voit dans les westerns.

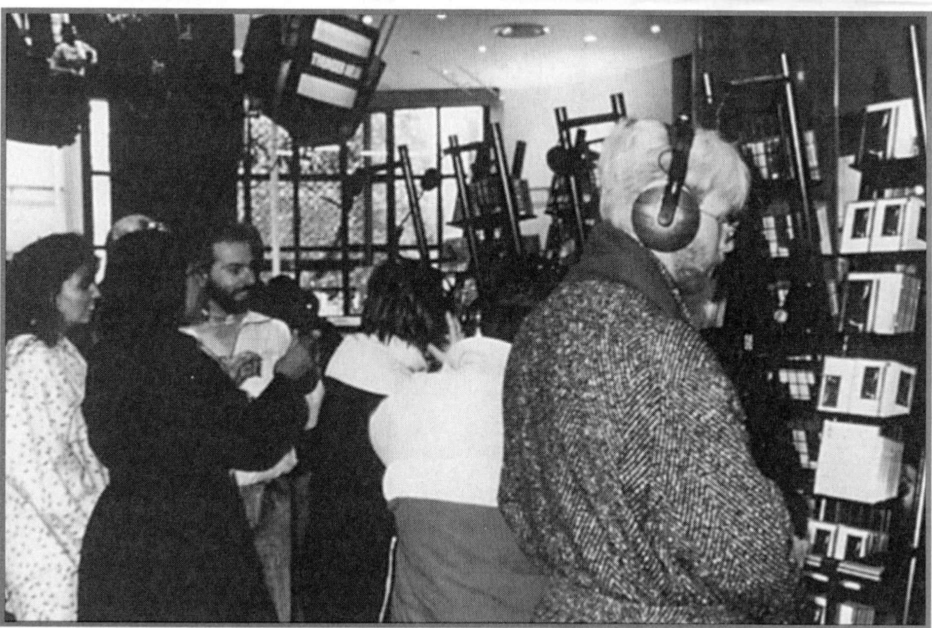

Chez le disquaire

1. des personnages comme Mickey la souris et Donald le canard qui font des actions amusantes
2. des voyages interplanétaires
3. des soldats qui se battent
4. des monstres qui font des actions grotesques
5. des acteurs qui chantent et dansent
6. des acteurs qui ont des aventures intéressantes

C. Traduisez en français.

1. CDs aren't sold here.
2. That is not done here.
3. Rock-and-roll music sells better than classical music.
4. That's easily understood.
5. That's seen only in the movies.
6. That isn't said any more.
7. French is spoken here.

The Present Participle

The present participle is called a verbal adjective because it can be used as both a verb and an adjective. The present participle in English ends in *-ing: acting, singing, interesting.*

Formation of the Present Participle

The French present participle is formed by dropping the **-ons** ending of verbs in the present tense and adding **-ant.**

chanter:	**nous chantons**	→	**chantant**	*singing*
applaudir:	**nous applaudissons**	→	**applaudissant**	*applauding*

mentir :	**nous mentons**	→	**mentant**	*lying*
vendre :	**nous vendons**	→	**vendant**	*selling*

The present participles of **avoir, être,** and **savoir** are irregular.

avoir :	**ayant**	*having*
être :	**étant**	*being*
savoir :	**sachant**	*knowing*

Note that with verbs ending in **-cer** and **-ger, c** changes to **ç (c cédille)** and **g** to **ge** before the ending **-ant : commençant, nageant.**

EXERCICE

Changez les infinitifs en **participes présents.**

1. interpréter
2. applaudir
3. être
4. choisir
5. exploiter
6. insulter
7. apprécier
8. mentir
9. savoir
10. gagner
11. rire
12. critiquer
13. changer
14. réfléchir
15. partir
16. fouiller
17. tourner
18. finir
19. commencer
20. vendre

Use of the Present Participle

The participle used as a verb

1. When used as a verb, the present participle is invariable. Like all verbs, it may indicate an action or a state of being.

   J'ai rencontré quelques musiciens sifflant une mélodie.
   I met some musicians whistling a tune.

   Se sentant bien seul, il est allé au cinéma.
   Feeling very lonely, he went to the movies.

2. The expression **en** + *present participle* is used to indicate that two actions are somewhat simultaneous. When **en** is so used, its English equivalent is often *while, on,* or *upon.* The expression generally refers to the subject of the sentence.

   En se promenant dans le parc, il a rencontré un accordéoniste.
   While walking in the park, he met an accordionist.

   En touchant la main de la belle chanteuse, il s'est évanoui.
   Upon touching the beautiful singer's hand, he fainted.

   Tout is placed before **en** to stress the idea of simultaneity and/or opposition.

   Ce réalisateur tournait un film d'amour tout en écrivant le scénario d'un documentaire.
   This director was making a romantic film while at the same time writing the script of a documentary.

   Ce morceau moderne est harmonieux tout en étant discordant.
   This modern piece is harmonious even while being discordant.

3. The expression **en** + *present participle* is also used to indicate a relationship of manner with the verb in the main clause. The English equivalent is *by*.

   Je me rase en employant un rasoir électrique.
   I shave by using an electric razor.

   Il est devenu célèbre en imitant Elvis.
   He became famous by imitating Elvis.

   Note that **en** is the only preposition used with a present participle; **par** is never used.

EXERCICES

A. Changez l'infinitif en participe présent et complétez la phrase selon le modèle.

MODELE (Etre) fou de rock, il...
Etant fou de rock, il allait toujours aux concerts de rock (il est devenu membre d'un groupe de rock, etc.).

1. (Etre) hypocrite, Tartuffe...
2. (Vouloir) entendre de la musique, elle...
3. (Avoir) mal à la tête, elle...
4. (Savoir) très bien les paroles de la chanson, elles...
5. (Passer) devant la disco, ils...

B. Faites une seule phrase en employant **en** + *participe présent* selon le modèle.

MODELE Je dîne. Je regarde la télé en même temps.
Je dîne en regardant le télé.

1. Je regarde la vidéo. Je rêve en même temps.
2. Nous jouons du piano. Nous chantons en même temps.
3. Vous riez. Vous pleurez en même temps.
4. Je mets un chapeau. Je cours en même temps.
5. Dracula se regarde dans le miroir. Il sourit en même temps.
6. Babette parle au téléphone. Elle mange une sardine en même temps.

C. Complétez avec imagination en employant **en** + *participe présent.*

1. Je parlais au téléphone...
2. J'écoutais la stéréo...
3. Je prenais mon petit déjeuner...
4. Je jouais de la guitare...
5. J'étudiais...
6. Je conduisais...

D. Répondez en employant des parties du corps (les pieds, les mains, les bras, le nez, la bouche, les jambes, les yeux, etc.) selon le modèle.

MODELE Comment joue-t-on du piano?
On joue du piano en employant les doigts et les pieds.

1. Comment joue-t-on de la clarinette?
2. Comment fait-on de la peinture?
3. Comment lance-t-on un ballon de football?
4. Comment se lave-t-on les oreilles (le visage)?

Le palais omnisport de Bercy

5. Comment appuie-t-on sur l'accélérateur ?
6. Comment mange-t-on de la soupe ?
7. Comment sent-on du parfum ?
8. Comment découvre-t-on l'originalité d'une grande peinture ?

E. Répondez aux questions suivantes en employant **en** + *participe présent*, selon le modèle.

MODELE Comment devient-on bon compositeur ?
On le devient en composant beaucoup de chansons.

1. Comment devient-on bon poète ?
2. Comment devient-on bon chanteur ?
3. Comment devient-on bon étudiant ?
4. Comment devient-on bon réalisateur ?
5. Comment devient-on bon acteur ?
6. Comment devient-on bon danseur ?
7. Comment devient-on bon peintre ?

The English Present Participle and the French Infinitive

It is often necessary to render an English present participle by an infinitive in French.

commencer par and *finir par* + infinitive

The verbs **commencer** and **finir** require **par** + *infinitive* instead of **en** + *present participle.*

Le réalisateur a commencé par filmer un plan tranquille et il a fini par filmer un plan violent.
The director began by filming a quiet shot and finished by filming a violent shot.

Il a fini par accepter le rôle.
He finally accepted the role.

passer du temps à + infinitive

When the verb **passer** means *to spend time*, the expression **à** + *infinitive* must be used to render the English present participle.

Nous avons passé une heure à chercher un bon film.
We spent an hour looking for a good film.

avant de, sans, and après + infinitive

The prepositions **avant de** and **sans** followed by the infinitive render the English *before* and *without + present participle.*

Il faut répéter beaucoup avant de chanter devant le public.
It is necessary to rehearse a lot before singing in public.

Il est allé voir le film sans savoir que c'était un navet !
He went to see the film without knowing it was a flop!

Note that the preposition **après** must be followed by the past infinitive (**avoir** or **être** + *past participle*). Its most frequent English equivalent is *after + present participle.*

Il a décidé d'aller voir le film après en avoir lu une critique favorable.
He decided to go see the film after reading a favorable review of it.

Après être rentrés, ils ont bu du vin.
After returning home, they drank some wine.

Verbs of perception + infinitive

In French, with verbs of perception the infinitive is usually used to express an ongoing action. Common verbs of perception include:

apercevoir	regarder
écouter	sentir
entendre	voir

The infinitive is rendered in English by the present participle.

Je l'ai vu parler avec elle il y a cinq minutes.
I saw him speaking with her five minutes ago.

Passant devant le cabaret, j'ai entendu chanter mon chansonnier favori.
Passing in front of the cabaret, I heard my favorite chansonnier singing.

J'ai vu construire le nouveau cinéma.
I saw the new movie theater being built.

This construction may also be used to state a fact rather than to express a progressive action.

Je l'ai entendu chanter bien des fois.
I heard him sing many times.

The idiomatic expression **entendre parler de** means *to hear of.* It may be followd by a noun or a disjunctive pronoun. The expression **entendre dire que** means *to hear that* and is followed by an entire clause that serves as the direct object.

Avez-vous jamais entendu parler de Gérard Depardieu ?
Have you ever heard of Gérard Depardieu?

Oui, j'ai entendu parler de lui.
Yes, I've heard of him.

J'ai entendu dire que Gérard Depardieu est un très bon acteur.
I've heard that Gérard Depardieu is a very good actor.

EXERCICES

A. Répondez par une phrase complète.

1. Combien de temps passez-vous à prendre une douche (à faire votre toilette le matin, à faire vos devoirs de français) ?
2. De quels réalisateurs (écrivains) français avez-vous entendu parler ?
3. Qu'est-ce que vous faites avant de sortir sous la pluie (avant d'aller à la plage, avant de vous coucher) ?
4. Qu'est-ce que vous faites après avoir passé un examen très important (après avoir pris un grand repas) ?
5. De quelles vedettes de cinéma françaises avez-vous entendu parler ?

Le réalisateur Louis Malle

B. Complétez en employant **avant de** selon le modèle.

MODELE Je prends mon petit déjeuner...
Je prends mon petit déjeuner avant de sortir (avant de me coucher).

1. Je me lave les mains...
2. J'ai mis un manteau...
3. J'ai mis mes lunettes de soleil...
4. Je suis allé(e) à la banque...

C. Traduisez en français, puis jouez les dialogues.

1. **A:** Have you ever heard of Georges Brassens?
B: Yes, I've heard he's a very good French singer.
A: I've heard him sing a few times, on CDs, of course (*bien sur*).
B: Is he really good?
A: He's fantastic!

2. **A:** After eating last night I spent two hours looking at a video.
B: Which one?
A: *Le Retour de Martin Guerre*, with Gérard Depardieu.
B: You know, I've heard of Gérard Depardieu, but I've never seen him act.
A: You've never seen him act?
B: I don't spend my time looking at videos. I study!

D. Traduisez en français les mots entre parenthèses.

1. Le professeur de cinéma a commencé ____________ *(by describing)* les personnages et il a fini ____________ *(by discussing)* la signification profonde du film.
2. Ils lisent toujours des critiques ____________ *(before going to see)* un film.
3. Elle a passé toute la soirée ____________ *(listening to)* ses nouveaux disques.
4. Quelle chance ! Nous avons vu un grand réalisateur ____________ *(making)* un film.
5. Les spectateurs ont commencé ____________ *(by applauding)* et ils ont fini ____________ *(by booing)*.
6. Pendant sa jeunesse, ce musicien américain a passé beaucoup de temps ____________ *(composing)* de la musique populaire.
7. Ils étaient plus impressionnés quand ils l'ont vu ____________ *(singing)* le blues en personne que quand ils l'ont entendu ____________ *(singing)* le blues à la radio.
8. ____________ *(After finishing)* son exécution parfaite du morceau de Bach, la violoniste s'est assise.
9. Cet acteur comique a fini ____________ *(by playing)* un rôle sérieux dans un film de guerre.
10. Mon frère vient de passer cinq heures ____________ *(rehearsing)* pour son concert demain.
11. Elle ne peut pas aller voir un film ____________ *(without dreaming)* qu'elle en est la vedette !
12. ____________ *(After eating)* des bonbons, mon amie a mangé une glace !
13. Je pouvais passer des heures ____________ *(watching)* cet acteur ____________ *(playing)* son rôle favori.

The Causative Construction

The causative construction is used to express the idea of *having someone do something* or *having something done.* It is composed of two parts: a tense of **faire** + *infinitive.*

Je ferai réparer ma stéréo.
I will have my stereo repaired.

Comme il fait travailler ses acteurs !
How he has (makes) his actors work!

The causative construction may have one or two objects.

The Causative with One Object

When the causative has only one object, the object is a direct object.

Chut ! Le patron fait enregistrer votre voix !
Quiet! The boss is having your voice taped!

Il fait partir les journalistes.
He has (makes) the reporters leave.

Note that the objects follow the infinitive in French, but come between the two verbs in English.

The Causative with Two Objects

When the causative has two objects, one object is usually a person and the other a thing. The person is the indirect object and the thing the direct object.

Il fait analyser le film aux étudiants.
He has the film analyzed by the students. OR: *He has the students analyze the film.*

Nous avons fait composer la piste sonore à un musicien de première qualité.
We had the soundtrack composed by a first-rate musician. OR:
We had a first-rate musician compose the soundtrack.

Object Pronouns with the Causative

Position

Direct and indirect objects are placed before **faire.**

Je le fais envoyer demain.
I'm having it sent tomorrow.

Je la lui fais composer.
I'm having it composed by him.

Agreement of past participle

The past participle **fait** is invariable in the causative construction.

Je les ai fait venir.
I had them come. OR: *I made them come.*

EXERCICES

A. Créez un dialogue en employant une des expressions de la colonne de droite.

MODELE —Qu'est-ce qu'une comédie vous fait faire ?
—Elle me fait rire.

1. —Qu'est-ce qu'un film d'épouvante vous fait faire ?
2. —Qu'est-ce qu'un film de science-fiction vous fait faire ?
3. —Qu'est-ce qu'un film policier vous fait faire ?
4. —Qu'est-ce qu'un film tragique vous fait faire ?
5. —Qu'est-ce qu'un film de guerre vous fait faire ?
6. —Qu'est-ce qu'un film de propagande vous fait faire ?
7. —Qu'est-ce qu'une comédie musicale vous fait faire ?
8. —Qu'est-ce que le rock vous fait faire ?
9. —Qu'est-ce qu'une chanson sentimentale vous fait faire ?
10. —Qu'est-ce qu'un western vous fait faire ?

sourire
danser
rêver
rire
penser à l'avenir
réfléchir longuement
pleurer
tenir la main de mon ami(e)
bâiller *(to yawn)*
crier *(to scream)*
frissonner *(to shudder)*
chanter
sursauter *(to jump)*
perdre la tête

Le chanteur Patrick Bruel

B. Traduisez en français.

1. We are having the movie dubbed in France.
2. The director had that spoiled singer leave.
3. What! They're having that bad actress play this difficult role?
4. Our professor is having us analyze Truffaut's film *Jules et Jim*.
5. The director had the movie criticized before filming the last shot.
6. Watch out! He's having your voice taped!
7. If you refuse we'll have the soundtrack composed by a younger composer.
8. The director had one of the actors make the coffee!
9. Why is she having the class listen to that awful (*affreux*) tape?
10. Did you hear that Annette is having her songs recorded?

Exercices d'ensemble

I. Répondez en employant une ou deux phrases complètes.

1. Avez-vous jamais été scandalisé(e) par un film ? Si oui, lequel ?
2. Avez-vous jamais fait la queue pendant des heures ? Pourquoi ?
3. Allez-vous voir des films avant d'en lire les critiques dans le journal ?
4. Avez-vous jamais vu tourner un film ?
5. Avez-vous jamais vu jouer votre musicien favori (vos musiciens favoris) en personne ?
6. Qu'est-ce qui ou qui est-ce qui vous fait rire ?
7. Pouvez-vous étudier en regardant la télévision ?
8. Est-ce que la musique vous fait changer d'humeur ?
9. Qu'est-ce que vous aimez faire après avoir vu un film le samedi soir ?
10. Préférez-vous la musique moderne ou la musique classique ?
11. Avez-vous jamais quitté la salle de cinéma sans avoir vu le film jusqu'au bout ? Si oui, pourquoi ?
12. Avez-vous une collection intéressante de disques compacts ou de cassettes ? Quels sont vos disques compacts préférés (vos cassettes préférées) ?
13. Louez-vous des vidéos ? En louez-vous souvent ?

II. Traduisez en français.

1. The composer spent only one hour composing this song.
2. The movie will be made by a very famous French director.
3. I've heard she likes to hear the audience applaud.
4. The Laurents sometimes eat dinner while watching old movies.
5. Instead of jazz, rock-and-roll was being played in that nightclub.
6. While waiting in line, I saw the director of the film enter the movie theater.
7. The new cinematographic techniques in that film will certainly be applauded by movie fans.
8. The musicians spent the evening *(la soirée)* recording the song.
9. Our professor had us analyze the meaning *(la signification)* of the film.
10. He began to appreciate music after studying harmony and rhythm.
11. I'm surprised you've heard of Belmondo.

Le Cinéma d'auteur

Cinema has always been considered an art in France, on a par with theater, painting, and music. It is known as the seventh art. In magazines and newspapers, film critics judge and analyze films just as seriously and in as much detail as literary critics analyze books. Just as literature devotees boast of a literary culture, a good number of cinema enthusiasts possess a genuine cinematographic culture, that is, an in-depth knowledge of the great film classics and of the various directors and their styles. These movie buffs are found primarily in the great metropolitan centers, particularly in Paris, which is one of the cities with the greatest number of movie houses in the world.

Despite this national interest for the cinema, the French film industry is not well. The French are seeing more and more films, but they are not going to the movie theaters; they are watching them on their television screens. Moreover, young people, who make up the majority of the movie-going public, are drawn more to American films, which feature action and special effects, than to French films, which are often less dynamic, more internal, more literary. In fact, in France, literature and filmmaking have long been related forms of creative expression. The writer and film director Jean Cocteau once commented that: "For the public, films are just a pastime, a form of entertainment which they have been accustomed, alas, to view out of the corners of their eyes. Whereas for me the image-making machine has been a means of saying certain things in visual terms instead of saying them with ink on paper." Cocteau has not been the only writer attracted by the cinema: André Malraux, Marcel Pagnol, Marguerite Duras, Alain Robbe-Grillet, and many others have involved themselves in cinematic creation. Conversely, avant-garde director Jean-Luc Godard, while exclusively a filmmaker, insists that his movies should be viewed as novels, or rather as essays which he chooses to film rather than write.

The French filmmaker's claim to be an author and not just a director is reflected in the expression *cinéma d'auteur*, used to designate films strongly stamped by their creator's aesthetic and philosophical views (or, disparagingly, by his or her ego). Movie stars and their fans are also part of the system, but in France the filmmaker's name and style are a major box-office consideration; by and large, French moviegoers are more inclined than their American counterparts to select (and remember) a film by the name of the director rather than by the names of the stars. The average Frenchman today is quite familiar with the work of major filmmakers such as François Truffaut, Louis Malle, Robert Bresson, Claude Chabrol, Eric Rohmer, Maurice Pialat, Bertrand Blier, Bernard Tavernier, Claire Denis, and Mathieu Kassowitz.

Most of the important contemporary filmmakers were influenced by the experimental group known as *La Nouvelle Vague*, The New Wave (1958–1968). Though it never emerged as a coherent school, the New Wave contributed fresh approaches and innovative techniques. Documentaries and shorts played an important part in the crystallization of this style. Most directors of the postwar generation began their careers through this type of work and derived from it a sense of film structure different from that of commercial filmmakers. Using hand-held cameras, shooting most of the footage on location, shunning the traditional "arty" style of cutting and editing in favor of a crisp succession of short, self-contained scenes, these young directors achieved a more versatile, more candidly realistic narrative style that can be traced through most of their production, from Godard's social documentaries to the highly intellectualized works of Eric Rohmer or Jacques Rivette.

The French filmmaker best-known to American moviegoers probably is François Truffaut (1932–1984), whose works regularly met with commercial as well as critical success. After riding

Une publicité de cinéma

faire mouche to score a bull's eye, to be a hit

the crest of the New Wave with *Les 400 Coups, Tirez sur le pianiste* and *Jules et Jim*, Truffaut gradually altered his style to incorporate many traditional techniques of commercial filmmaking as seen in his last films, *Adèle H., Le Dernier Métro, La Femme d'à côté* and *Vivement Dimanche!*

In his first movie, *Les Mistons* (The Mischief Makers), in 1957, he employed the services of children and in so doing realized that he would like to make a film about childhood. This came about in 1959 with *Les 400 Coups* and in 1976 with *L'Argent de poche*, a collage of sketches on the difficult transition from childhood to adolescence.

Orientation

Aimez-vous aller au cinéma ? Quels films aimez-vous voir ? Mettez-vous en groupe de deux ou plus et faites le sondage suivant dans votre classe.

1. Combien de films avez-vous vus dans les trois derniers mois ?
2. Les avez-vous vus dans des salles de cinéma ou à la télévision ?
3. Préférez-vous voir un film au cinéma ou chez vous sur votre écran de télévision ?
4. Quel genre de films aimez-vous ?

   les films policiers
   les films d'aventures
   les films comiques
   les films de science-fiction
   les films à thèse (*with a message*)
   les comédies musicales
   les vieux films
   les dessins animés
   les films violents
   autres

5. Est-ce que vous voyez souvent des films étrangers ? Si oui, préférez-vous les voir en version originale avec des sous-titres (*subtitles*) ou doublés (*dubbed) ?*
6. Comment choisissez-vous les films que vous allez voir ?

   à cause du metteur en scène
   parce que vous aimez beaucoup les acteurs, les actrices qui jouent dans ce film
   parce que vous avez lu de bonnes critiques
   parce que des ami(e)s vous ont conseillé d'aller voir ce film
   parce que vous avez été attiré(e) par la publicité faite pour ce film
   parce que c'est un film dont tout le monde parle
   autres raisons

Entretien avec François Truffaut

Philippe Goldman a été acteur dans le film de François Truffaut *L'Argent de poche.* Il jouait le rôle du petit Julien Leclou, l'enfant martyr°, battu par sa mère. Lors du tournage° du film en 1976, il a réalisé pour lui-même un entretien avec le metteur en scène° sur le cinéma. A la mort de Truffaut en 1984, cet entretien a été publié dans la revue *Les Cahiers du cinéma.*[1]

l'enfant *m* **martyr** battered child / **le tournage** shooting / **le metteur en scène** director

[1] En 1954, Truffaut a écrit dans cette revue un article très controversé intitulé : « Une certaine tendance du cinéma français ».

François Truffaut

QUESTION Quand, comment et pourquoi es-tu devenu cinéaste° ?

F. TRUFFAUT Ça s'est fait en plusieurs fois. D'abord j'étais amateur° de cinéma; j'aimais voir beaucoup de films. La deuxième étape° ç'a été d'aimer voir souvent les mêmes films. La troisième étape, de chercher à savoir ce qu'il y a derrière le film; il y a un moment à partir duquel je notais° le nom du metteur en scène en sortant d'un film qui m'avait plu°, je faisais des dossiers chez moi. Ensuite j'ai commencé à écrire sur les films, à publier les articles ici et là; puis, après mon service militaire, je suis devenu critique de cinéma dans les *Cahiers du cinéma* et *Arts et spectacles*°.

Dans un hebdomadaire°, il faut raconter le film qu'on a vu, il ne suffit pas° de dire « c'est très beau » ou « c'est très moche° », il faut raconter l'histoire, et c'est très difficile de résumer° le scénario° en dix lignes; ensuite, il faut vraiment trouver les arguments pour et contre. A cette période-là, j'ai l'impression que j'ai bien appris le... comment dirais-je ? tout ce qui concerne la construction du scénario. Pour la mise en scène° c'était un peu plus difficile, mais en voyant plusieurs fois un film, comme on en connaît déjà l'histoire, on peut regarder le travail de la mise en scène. Ensuite j'ai fait un ou deux films en muet° en 16mm°, mais qui racontaient quand même une petite histoire. Parce que je n'ai jamais aimé les

le cinéaste filmmaker / **l'amateur** *m* fan / **l'étape** *f* step / **il y a... notais** there came a time when I took note of / **plu** = *participe passé de plaire* / *les Cahiers du cinéma* et *Arts et spectacles* well-known film magazines / **l'hebdomadaire** *m* weekly newspaper / **il ne suffit pas** = *ce n'est pas assez* / **moche** (*fam*) = *mauvais* / **résumer** to summarize / **le scénario** script / **la mise en scène** direction / **le film (en) muet** silent film / **16mm** = *16 millimètres* documentaires, j'ai toujours aimé raconter une histoire. J'ai fait, après, un court métrage° en 35mm, c'est-à-dire le format professionnel. Ce film, c'était *Les Mistons.* Il a eu pas mal de succès pour un court métrage et a reçu une prime° de 5 millions du Centre du Cinéma.

QUESTION Tu as voulu travailler très tôt dans le cinéma ?

F. TRUFFAUT A partir de 11–12 ans quand je suis allé voir des films français pendant la guerre°, mais je n'osais pas penser que je serais metteur en scène. A l'époque il y avait très peu de metteurs en scène jeunes. Je pensais que je serais probablement critique de cinéma ou alors, si je pouvais faire plus, je serais scénariste°, surtout que j'écrirais des histoires, que j'aiderais d'autres à faire leurs films—et puis à partir de la Nouvelle Vague, finalement, on s'est tous mis à faire des films.

QUESTION Comment prépares-tu tes scénarios ? Est-ce que tu y penses longtemps avant ?

F. TRUFFAUT J'y pense longtemps avant. Il y a d'abord la première idée : ce serait bien de faire un film comme ça, avec tel personnage° ou dans telle ambiance. J'y pense de plus en plus et il y a un moment où j'y pense de façon assez active pour prendre des notes que je mets dans un dossier avec un titre provisoire°. Et un jour, j'ouvre le dossier avec Suzanne Schiffman[1] et on commence à construire une intrigue°. Je suis sûr de faire un film quand je suis sûr du dernier quart d'heure. J'ai toujours très peur des fins.

QUESTION En général, il te faut beaucoup de temps pour trouver la fin d'un film ?

F. TRUFFAUT Quelquefois ça va très vite, quelquefois ça prend beaucoup de temps. Et puis il y a certains sujets qui me font peur parce qu'ils sont nouveaux pour moi, ou difficiles, alors je les garde facilement quatre ans, comme *L'Enfant sauvage*°.

QUESTION Comment choisis-tu tes acteurs ?

F. TRUFFAUT C'est quand on projette° les essais°, on dit « Tiens, lui, il serait pas mal pour Julien », ça se précise° peu à peu. C'est à la projection° qu'on fait le choix. Pendant qu'on tourne° l'essai, quelqu'un peut paraître très mauvais et après, sur l'écran°, on dit : « Ah, mais celui-là est mieux ». C'est drôle, on a besoin de vérifier sur l'écran. On connaît mieux un acteur pendant qu'on fait le montage° parce que le tournage se passe trop vite.

QUESTION Changes-tu souvent de scénario en cours de tournage ?

F. TRUFFAUT Beaucoup oui, beaucoup. Surtout *L'Argent de poche. Adèle H.*[2] n'a pas changé parce qu'on a mis quatre ans à écrire le scénario et il était très serré°, très rigoureux. Mais dans *L'Argent de poche*, tu as vu que les dialogues étaient improvisés, donc il y a eu beaucoup de changements.

QUESTION Quels sont tes cinéastes préférés ?

le court métrage short subject / **la prime** = *le prix* / **la guerre** = *la deuxième guerre mondiale* / **le scénariste** = *la personne qui écrit le scénario* / **le personnage** character / **provisoire** = *temporaire* / **l'intrigue** *f* plot / **L'Enfant sauvage** = *titre d'un film de Truffaut* / **projeter** to screen / **l'essai** *m* rushes (in films, a first print) / **ça se précise** = *les choses deviennent plus précises* / **la projection** screening / **tourner** to shoot / **l'écran** *m* screen / **le montage** editing / **serré** tight

[1] Assistante de Truffaut et aussi maintenant metteur en scène

[2] Film de Truffaut basé sur la vie de la fille du poète Victor Hugo

F. TRUFFAUT ...J'aime les cinéastes qui font des films presque comme des romans, c'est-à-dire qui font eux-mêmes l'histoire, dont les films se ressemblent mais ne sont pas des films de commande°.

Interview recueillie° par Philippe Goldmann, *Les Cahiers du cinéma*

Qu'en pensez-vous ?

Etes-vous d'accord ou non avec les déclarations suivantes ? Justifiez votre réponse.

1. François Truffaut est devenu cinéaste par hasard.
2. Il a été critique de cinéma dans les *Cahiers du cinéma*.
3. C'est en faisant ce travail de critique qu'il a appris tout ce qui concerne la construction d'un scénario.
4. Il a commencé par faire des documentaires.
5. Ce qui l'intéressait avant tout, c'était de raconter une histoire.
6. Son premier court métrage a été primé au Festival de Cannes.
7. François Truffaut a toujours pensé qu'il deviendrait metteur en scène.
8. Truffaut pensait longtemps à ses scénarios avant de les écrire.
9. Il avait quelquefois du mal à trouver la fin d'un film.
10. Il choisissait toujours ses acteurs avant le tournage.
11. Dans le film *L'Argent de poche*, les dialogues ont été improvisés.
12. François Truffaut nous dit qu'il aime les cinéastes qui font des films presque comme des romans.

Vocabulaire satellite

le **dessin animé** cartoon
la **vedette (de cinéma)** movie star (male or female)
le, la **cinéaste** filmmaker
le **metteur en scène** film director
tourner (un film) to shoot (a film)
les **effets** *m* **spéciaux** special effects
la **musique de fond** background music
le **sous-titre** subtitle
doubler to dub
l' **industrie** *f* **cinématographique** film industry
le **ciné-club** film club
le **cinéma de quartier** neighborhood theater
passer un film (sur l'écran) to show a film
l' **écran** *m* screen
effrayant terrifying
amusant amusing
drôle funny
émouvant touching
nul (*fam*) very bad
ennuyeux boring
lent slow
sans intérêt uninteresting
génial (*fam*) excellent
le **succès** success
l' **échec** *m* flop

Pratique de la langue

1. D'après l'entretien que vous venez de lire, dans quelle mesure le cinéma de François Truffaut est-il un cinéma d'auteur ?

le film de commande a commissioned film / **recueilli** recorded

2. Pensez-vous, comme les Français, que le cinéma est « un art noble » comparable à la littérature, à la peinture, à la musique ?
3. Quel est le meilleur film que vous ayez jamais vu ? L'avez-vous vu une ou plusieurs fois ? Pourquoi vous a-t-il particulièrement marqué(e) ?
4. Interviewez votre acteur ou votre actrice préféré(e). Demandez-lui quand il (elle) est devenu(e) célèbre, avec quel metteur en scène il (elle) a préféré travailler, quels sont ses projets d'avenir, etc.
5. Vous voulez créer un ciné-club dans votre université avec d'autres ami(e)s cinéphiles. Comment allez-vous attirer les spectateurs ? Quels types de films allez-vous choisir : des classiques, des films étrangers, des films à thèse, des comédies, etc. ? Quel sera le prix des billets ? Y aura-t-il une discussion après le film ? Travaillez en groupe et échangez des suggestions pour bien faire fonctionner votre ciné-club.

Chanson, guerre et révolution

"La Marseillaise," the French national anthem, was composed in one night—April 24, 1792—during the French Revolution. It was the work of a young officer and moderate Republican, Claude Joseph Rouget de Lisle (1760–1836), an amateur musician who never wrote anything else of lasting significance. War having been declared by France a few days before, Rouget de Lisle composed the words and music of "La Marseillaise" while stationed in Strasbourg, because he felt that the volunteer soldiers arriving to defend the motherland should have a proper song by which to march to battle.

Originally entitled "Chant de guerre pour l'Armée du Rhin" ("Battlesong for the Rhine Army"), the song came to be familiarly called "La Marseillaise" after it was made famous by the federated troops from Marseilles, a group of five hundred men who marched that very same year to Paris to join the national revolutionary forces and, along the way, thrilled the crowds with the battlesong. Three years later, on July 14, 1795, a national decree from the Convention recognized "La Marseillaise" as the French national anthem.

Ironically enough, this decree was only implemented a century later because the song was banned by Napoleon during the Empire and later by Louis XVIII, who viewed it as subversive. Reauthorized after the July Revolution of 1830, "La Marseillaise" was banned once more by Napoleon III and reinstated only in 1879. In the French popular mind, it has remained a patriotic symbol strongly associated with Bastille Day (July 14) and the fight for freedom.

More than anything else, "La Marseillaise" is a song of protest. During the 1848 Revolution, the famous actress Rachel sang it in public, wrapped in a tricolor flag; in 1871 the Commune was proclaimed at the Paris Hôtel de Ville to the sound of "La Marseillaise"; and in 1880 it was still the favorite song of striking workers.

***Rouget de Lisle chante* La Marseillaise.**

Many parodies of "La Marseillaise" have been composed over the years. Among the best known are the two that follow. "La Marseillaise des femmes" is a feminist song before the age of feminism, while "La Marseillaise des gourmands" is a drinking song. Other variants include a peasants' Marseillaise and a madman's Marseillaise. Whether in a serious or humorous vein, the "Marseillaise" has lived on. In 1989, the following the Bicentennial of the Revolution, a French song writer, Edmond About, composed a "Marseillaise new look" dealing with ecology, sports, and other contemporary issues. One may wonder which one of these many variants—serious or humorous—will be sung at the end of the twenty-first century when France celebrates the Tricentennial of the French Revolution!

Orientation

Quels genres de musique préférez-vous ? Dites combien vous aimez les genres suivants et comparez vos réponses avec celles de vos camarades de classe.

	pas du tout	assez bien	bien	beaucoup
1. le rock				
2. la musique symphonique				
3. l'opéra				
4. la musique instrumentale				
5. le jazz				
6. le blues				
7. la musique folklorique				
8. la musique de chambre				
9. la musique sacrée				
10. la musique de ballet				
11. la musique de marche				

Les Marseillaises: hymne national et parodies populaires

La Marseillaise: paroles et musique de Rouget de Lisle (1792)

Allons, enfants de la patrie°,
Le jour de gloire est arrivé.
Contre nous, de la tyrannie,
L'étendard° sanglant° est levé°. (*bis*°)
Entendez-vous dans les campagnes
Mugir° ces féroces soldats,
Ils viennent jusque dans° nos bras
Egorger° nos fils, nos compagnes.

Refrain

Aux armes, citoyens!
Formez vos bataillons!
Marchons, marchons,
Qu'un sang impur°
Abreuve° nos sillons°.

Amour sacré de la Patrie,
Conduis, soutiens° nos bras vengeurs°!
Liberté, liberté chérie,
Combats avec tes défenseurs! (*bis*)
Sous nos drapeaux°, que la victoire
Accoure° à tes mâles° accents,
Que tes ennemis expirants
Voient ton triomphe et notre gloire!

Refrain

La Marseillaise des femmes

(Air°: *Allons, enfants de la patrie...*)

Allons, il faut que ça finisse!
Messieurs, votre règne est passé!
Il faut que ma voix retentisse°,

la patrie motherland / **l'étendard** *m* standard / **sanglant** covered with blood / **levé** raised (i.e., *l'étendard sanglant de la tyrannie est levé contre nous*) / **bis** = *répétez* / **mugir** to bellow / **jusque dans** as far as / **égorger** to slit the throat of / **qu'un sang impur** may an impure blood / **abreuver** to drench / **le sillon** furrow / **soutenir** to support / **vengeur** avenging / **le drapeau** flag / **accourir** to rush up / **mâle** manly / **l'air** *m* tune / **retentir** to ring out

Et sauve un sexe terrassé° !
J'en appelle à° vous, Mesdames,
Aujourd'hui secondez°-moi !
Non, non, plus de faibles femmes.
Des hommes brisons° la loi !
Rabla bla, rabla bla, rabla, bla°.

Refrain

Tambour° sacré de l'indépendance
Je bats l'rappel° à l'intelligence,
Rabla bla, rabla bla,
Plus d'alarmes !
Les hommes seront à nos genoux° !

Hervé Luxardo, *Histoire de la Marseillaise*

La Marseillaise des gourmands

(Air : *Allons, enfants de la patrie...*)

Tremblez lapins°, tremblez volaille° !
Ou bien° prenez votre parti° !
Ne tremblez que dans nos entrailles°
Pour apaiser notre appétit.
Pour apaiser notre appétit.
Tout est d'accord pour° vous détruire,
Chasseurs° et gloutons tour à tour°.
Peut-être viendra-t-il un jour
Où c'est vous qui nous ferez cuire°.

Refrain

A table citoyens !
Vidons° pinte° et flacons°;
Buvons, buvons,
Qu'un vin bien pur
Abreuve nos poumons°!

Hervé Luxardo, *Histoire de la Marseillaise*

terrassé overcome / **en appeler à** to appeal to / **seconder** = *aider* / **briser** to smash / **rabla bla...** a pun based on « *bla bla bla* » (the sound of chatter) and « *rantan plan* » (the sound of a drum) / **le tambour** drum / **battre le rappel** to summon up / **le genou** knee / **le lapin** rabbit / **la volaille** poultry / **ou bien** or else / **prendre son parti** to come to terms with it / **les entrailles** *f* bowels / **être d'accord pour** to be in agreement to / **le chasseur** hunter / **tour à tour** in turn / **faire cuire** to cook (something) / **vider** to empty / **la pinte** mug / **le flacon** bottle, flask / **le poumon** lung

Qu'en pensez-vous ?

Etes-vous d'accord ou non avec les déclarations suivantes ? Justifiez votre réponse.

1. « La Marseillaise » de Rouget de Lisle est un chant pacifiste.
2. Elle a été composée au 18ème siècle, en pleine période révolutionnaire.
3. Elle nous dit que les soldats républicains avaient des qualités héroïques.
4. Elle a été composée par un vieux royaliste qui a passé plusieurs années à l'écrire.
5. Elle a connu de nombreuses parodies au cours des années suivantes.
6. « La Marseillaise des femmes » dit que les femmes doivent obéir aux hommes.
7. « La Marseillaise des gourmands » est une chanson à boire.
8. Rouget de Lisle serait très surpris s'il entendait ces parodies.
9. « La Marseillaise » est aujourd'hui l'hymne national français.

Vocabulaire satellite

le **champ de bataille** battlefield
la **guerre** war
prendre les armes to take arms
se **battre** to fight
obéir aux ordres to obey orders
le **fusil** gun
blessé wounded
tirer sur to shoot (someone or something)
se **rendre** to surrender
battre la retraite to sound the retreat
mettre en déroute to put to rout
les **rangs** *m* ranks
s' **enfuir** to run away
détruire to destroy
la **tombe** grave
l' **honneur** *m* honor
le **patriotisme** patriotism
la **discipline** discipline
l' **ordre** *m* order, command
le **traité** treaty
le **son du tambour** the sound of the drum

Pratique de la langue

1. Un officier républicain de la période révolutionnaire est sur le champ de bataille et s'adresse à ses soldats. Imaginez et complétez ses ordres:

   a. « Allons, mes amis, marchons pour... »
   b. « Formez... »
   c. « Détruisons... »
   d. « Défendons... »

2. Imaginez que vous êtes le chef d'une armée en retraite. En dernier ressort (*as a last resort*), vous assemblez vos troupes et vous faites un discours les encourageant à reprendre la bataille.

3. Quelles sont les qualités nécessaires à un individu pour faire un bon soldat ?

4. Complétez: La guerre est plus que jamais indésirable parce qu'une guerre internationale pourrait...

5. Jouez les situations suivantes :

   a. Un(e) pacifiste attaque « La Marseillaise », l'accusant d'être un chant sanguinaire (*bloody*). Vous la défendez.
   b. Composez une « Marseillaise » originale pour le 20ème siècle : une « Marseillaise » des étudiants, des pacifistes, des enfants, des sans-abri (*homeless*), etc.

Appendix

Useful Expressions

Numbers

Cardinal numbers

1 un/une	**16** seize	**30** trente	**60** soixante
2 deux	**17** dix-sept	**31** trente et un	**61** soixante et un
3 trois	**18** dix-huit	**32** trente-deux	**62** soixante-deux
4 quatre	**19** dix-neuf		
5 cinq	**20** vingt	**40** quarante	**70** soixante-dix
6 six	**21** vingt et un	**41** quarante et un	**71** soixante et onze
7 sept	**22** vingt-deux	**42** quarante-deux	**72** soixante-douze
8 huit	**23** vingt-trois		
9 neuf	**24** vingt-quatre	**50** cinquante	**80** quatre-vingts
10 dix	**25** vingt-cinq	**51** cinquante et un	**81** quatre-vingt-un
11 onze	**26** vingt-six	**52** cinquante-deux	**82** quatre-vingt-deux
12 douze	**27** vingt-sept		
13 treize	**28** vingt-huit		**90** quatre-vingt-dix
14 quatorze	**29** vingt-neuf		**91** quatre-vingt-onze
15 quinze			

92 quatre-vingt-douze	**5000** cinq mille
100 cent	**10.000** dix mille
101 cent un	**100.000** cent mille
200 deux cents	**1.000.000** un million
201 deux cent un	**1.000.000.000** un milliard
1000 mille	
1001 mille un	
1700 dix-sept cents, mille sept cents	
1720 dix-sept cent vingt, mille sept cent vingt	

1. The numbers *81* and *91* do not take **et.**
2. **Quatre-vingts** and multiples of **cent** require **-s** except when followed by another number: **quatre-vingts, quatre-vingt-un; deux cents, deux cent un. Mille** never takes **-s: cinq mille.**

3. The decimal point and comma are reversed in English and French: *10,000* in English = **10.000** in French; *1.5* in English = **1,5** in French.

Ordinal numbers

Ordinal numbers are formed by adding the suffix **-ième** to cardinal numbers. If a cardinal number ends in mute **-e,** the **e** is dropped before adding the suffix. The ordinal numbers **premier (première), cinquième,** and **neuvième** are exceptions.

premier/première	*first*	huitième	*eighth*
deuxième	*second*	neuvième	*ninth*
troisième	*third*	dixième	*tenth*
quatrième	*fourth*	vingtième	*twentieth*
cinquième	*fifth*	vingt et unième	*twenty-first*
sixième	*sixth*	centième	*one hundredth*
septième	*seventh*		

Collective numbers

Collective numbers indicate approximate value. They are equivalent to the expression *about, around* + number in English. Collective numbers are formed by adding the suffix **-aine** to cardinal numbers (the number **dizaine** is an exception). If a cardinal number ends in mute **-e,** the **e** is dropped before adding the suffix. Collective numbers are feminine with the exception of **un millier** *(about, around a thousand).*

une dizaine	*about, around 10*
une vingtaine	*about, around 20*
une cinquantaine	*about, around 50*
une centaine	*about, around 100*
un millier	*about, around 1,000*

Fractions

1/2	la moitié, demi(e)	**1/5**	un cinquième
1/3	un tiers	**1/6**	un sixième
1/4	un quart	**7/8**	sept huitièmes
3/4	trois quarts	**3/10**	trois dixièmes

Note that 1/2 used as a noun is expressed by **la moitié** and as an adjective by **demi(e): la moitié de la classe, une demi-heure.**

Dates

Days		Months			
lundi	*Monday*	janvier	*January*	juillet	*July*
mardi	*Tuesday*	février	*February*	août	*August*
mercredi	*Wednesday*	mars	*March*	septembre	*September*
jeudi	*Thursday*	avril	*April*	octobre	*October*
vendredi	*Friday*	mai	*May*	novembre	*November*
samedi	*Saturday*	juin	*June*	décembre	*December*
dimanche	*Sunday*				

Quel jour sommes-nous aujourd'hui ?
What day is it today?

C'est aujourd'hui { lundi, le 15 septembre. / le lundi 15 septembre.
Today is Monday, September 15.

Quand êtes-vous né(e) ?
When were you born?

Je suis né(e) le 2 août 1977.
Je suis né(e) le deux août { dix-neuf cent soixante-dix-sept. / mil neuf cent soixante-dix-sept.
I was born on August 2, 1977.

1. Days and months are masculine in gender and are written in small letters in French.
2. In dates the form **mil** (not **mille**) is used: **en mil soixante-six** (*in 1066*).
3. Dates of the month are expressed by cardinal numbers except *first*, which requires the ordinal number: **le premier janvier, le deux janvier.**

Weather and Time Expressions

Weather expressions with *faire*

Il fait beau.	*The weather is fine.*	Il fait nuit.	*It's dark.*
Il fait mauvais.	*The weather is bad.*	Il fait clair.	*It's clear.*
Il fait chaud.	*It's warm.*	Il fait sec.	*It's dry.*
Il fait frais.	*It's cool.*	Il fait humide.	*It's humid.*
Il fait doux.	*It's mild.*	It fait bon.	*It's nice.*
Il fait du vent.	*It's windy.*	Il se fait tard.	*It's getting late.*
Il fait du soleil.	*It's sunny.*	Il fait de l'orage.	*It's stormy.*
Il fait jour.	*It's daylight.*	Il fait brumeux.	*It's misty.*

Weather expressions with other verbs

Il neige.	*It's snowing.*	Il gèle.	*It's freezing.*
Il pleut.	*It's raining.*	Il grêle.	*It's hailing.*
Il tonne.	*It's thundering.*		

Seasons

été *summer*	en été *in the summer*
automne *fall*	en automne *in the fall*
hiver *winter*	en hiver *in the winter*
printemps *spring*	au printemps *in the spring*

Note that the seasons are masculine in gender and are written in small letters in French.

Time

Quelle heure est-il ?
What time is it?

1h.

Il est une heure.

1h.05

Il est une heure cinq.

1h.15

Il est une heure et quart.

1h.20

Il est une heure vingt.

1h.30

Il est une heure et demie.

1h.35

Il est deux heures moins vingt-cinq.

1h.45

Il est deux heures moins le quart.

1h.53

Il est deux heures moins sept.

2h.

Il est deux heures.

12h.

Il est midi (minuit).

Note that A.M. and P.M. are expressed by **du matin** *(in the morning)*, **de l'après-midi** *(in the afternoon)*, and **du soir** *(in the evening)*.

Verbs

Literary Tenses

In addition to the **passé simple** (see **chapitre préliminaire**), French possesses three other literary tenses: the *past anterior*, the *imperfect subjunctive*, and the *pluperfect subjunctive.* These literary tenses, which almost never appear in the spoken language, are presented here so that students will be able to recognize them in the literature they read.

Past Anterior

Formation of the past anterior

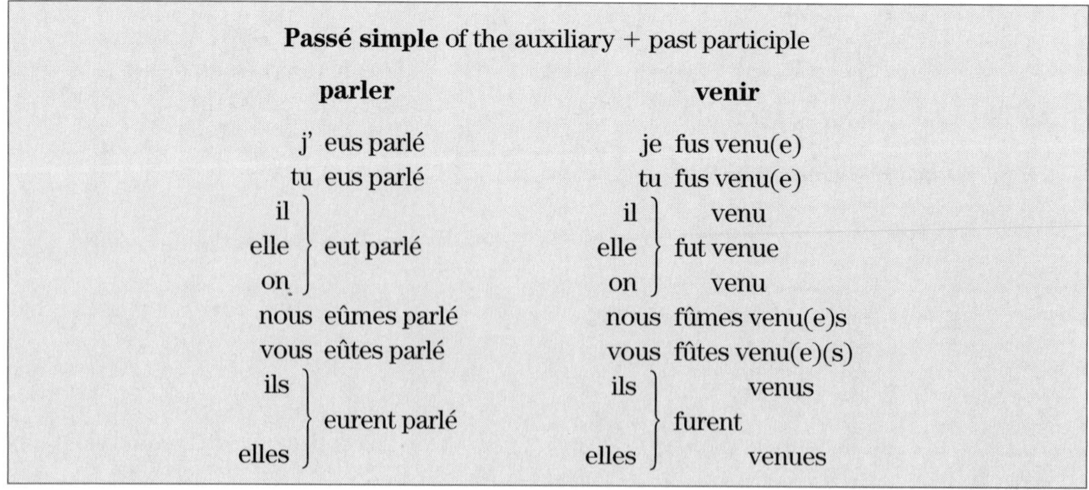

Passé simple of the auxiliary + past participle

parler		**venir**	
j'	eus parlé	je	fus venu(e)
tu	eus parlé	tu	fus venu(e)
il / elle / on	eut parlé	il / elle / on	fut venu / venue / venu
nous	eûmes parlé	nous	fûmes venu(e)s
vous	eûtes parlé	vous	fûtes venu(e)(s)
ils / elles	eurent parlé	ils / elles	furent venus / venues

Use of the past anterior

The *pluperfect tense* is usually used to express a past action that precedes another past action. The *past anterior*, however, is used to express a past action that immediately precedes another past action which is expressed by the **passé simple.** It usually appears after the conjunctions **quand, lorsque, dès que, aussitôt que,** and **après que.**

Dès que le criminel eut commis le crime, on l'arrêta.
As soon as the criminal had committed the crime, he was arrested.

Nous commençâmes à bavarder après que le professeur fut sorti.
We began to chat after the professor had gone out.

Note that the past anterior has the same English translation as the pluperfect tense.

Imperfect Subjunctive

Formation of the imperfect subjunctive

The *imperfect subjunctive* is formed by dropping the endings of the **passé simple** and adding the imperfect subjunctive endings. Like the **passé simple,** the imperfect subjunctive has three sets of endings. The following pairings show the corresponding **passé simple** and imperfect subjunctive endings.

Passé simple endings		Imperfect subjunctive endings	
parler			
je	parl**ai**	que je	parl**asse**
tu	parl**as**	que tu	parl**asses**
il / elle / on	parl**a**	qu'il / elle / on	parl**ât**
nous	parl**âmes**	que nous	parl**assions**
vous	parl**âtes**	que vous	parl**assiez**
ils / elles	parl**èrent**	qu'ils / elles	parl**assent**
finir			
je	fin**is**	que je	fin**isse**
tu	fin**is**	que tu	fin**isses**
il / elle / on	fin**it**	qu'il / elle / on	fin**ît**

Passé simple endings	Imperfect subjunctive endings
finir	
nous fin**îmes**	que nous fin**issions**
vous fin**îtes**	que vous fin**issiez**
ils / elles fin**irent**	qu'ils / elles fin**issent**
connaître	
je conn**us**	que je conn**usse**
tu conn**us**	que tu conn**usses**
il / elle / on conn**ut**	qu'il / elle / on conn**ût**
nous conn**ûmes**	que nous conn**ussions**
vous conn**ûtes**	que vous conn**ussiez**
ils / elles conn**urent**	qu'ils / elles conn**ussent**

Use of the imperfect subjunctive

The *imperfect subjunctive* is translated like the *imperfect indicative.* It can also correspond to the *present conditional.*

Indicative: Je savais qu'elle venait me rendre visite.
I knew she was coming to visit me.

Subjunctive: Je doutais qu'elle vînt me rendre visite.
I doubted that she was coming to visit me.

Conditional: Nous savions qu'il se sentirait à l'aise en France.
We knew that he would feel at ease in France.

Subjunctive: Nous doutions qu'il se sentît à l'aise en France.
We doubted that he would feel at ease in France.

In the spoken language, the *imperfect subjunctive* is usually replaced by the *present subjunctive.*

Pluperfect Subjunctive

Formation of the pluperfect subjunctive

imperfect subjunctive of the auxiliary + past participle

finir		**aller**	
que j'	eusse fini	que je	fusse allé(e)
que tu	eusses fini	que tu	fusses allé(e)
qu'il	eût fini	qu'il	fût allé
elle	eût fini	elle	fût allée
on	eût fini	on	fût allé
que nous	eussions fini	que nous	fussions allé(e)s
que vous	eussiez fini	que vous	fussiez allé(e)(s)
qu'ils	eussent fini	qu'ils	fussent allés
elles	eussent fini	elles	fussent allées

Use of the pluperfect subjunctive

The *pluperfect subjunctive* is translated like the *pluperfect indicative.* It can also correspond to the *past conditional.*

Indicative:	Je savais qu'ils s'étaient mariés ! *I knew they had gotten married!*
Subjunctive:	Je craignais qu'ils ne se fussent mariés ! *I was afraid that they had gotten married!*
Conditional:	J'étais sûr qu'on l'aurait condamné sans votre témoignage. *I was sure that he would have been convicted without your testimony.*
Subjunctive:	J'étais étonné qu'on l'eût condamné sans votre témoignage. *I was astounded that he would have been convicted without your testimony.*

The *pluperfect subjunctive* may replace the *pluperfect indicative* or the *past conditional,* or both, in conditional sentences.

Si elle avait suivi un régime, elle aurait été plus séduisante.
Si elle eût suivi un régime, elle aurait été plus séduisante.
Si elle avait suivi un régime, elle eût été plus séduisante.
Si elle eût suivi un régime, elle eût été plus séduisante.
If she had gone on a diet, she would have been more attractive.

In the spoken language, the *pluperfect subjunctive* is usually replaced by the *past subjunctive.*

Verbes réguliers (-er, -ir, -re)

Infinitif Participes	Indicatif				
	Présent	**Imparfait**	**Passé composé**		**Futur**
parler	parle	parlais	ai	parlé	parlerai
	parles	parlais	as	parlé	parleras
	parle	parlait	a	parlé	parlera
parlant	parlons	parlions	avons	parlé	parlerons
parlé	parlez	parliez	avez	parlé	parlerez
	parlent	parlaient	ont	parlé	parleront
finir	finis	finissais	ai	fini	finirai
	finis	finissais	as	fini	finiras
	finit	finissait	a	fini	finira
finissant	finissons	finissions	avons	fini	finirons
fini	finissez	finissiez	avez	fini	finirez
	finissent	finissaient	ont	fini	finiront
perdre	perds	perdais	ai	perdu	perdrai
	perds	perdais	as	perdu	perdras
	perd	perdait	a	perdu	perdra
perdant	perdons	perdions	avons	perdu	perdrons
perdu	perdez	perdiez	avez	perdu	perdrez
	perdent	perdaient	ont	perdu	perdront

Conditionnel	Impératif	Subjonctif	Temps littéraires	
Présent		Présent	Passé simple	Imparfait du subjonctif
parlerais		parle	parlai	parlasse
parlerais	parle	parles	parlas	parlasses
parlerait		parle	parla	parlât
parlerions	parlons	parlions	parlâmes	parlassions
parleriez	parlez	parliez	parlâtes	parlassiez
parleraient		parlent	parlèrent	parlassent
finirais		finisse	finis	finisse
finirais	finis	finisses	finis	finisses
finirait		finisse	finit	finît
finirions	finissons	finissions	finîmes	finissions
finiriez	finissez	finissiez	finîtes	finissiez
finiraient		finissent	finirent	finissent
perdrais		perde	perdis	perdisse
perdrais	perds	perdes	perdis	perdisses
perdrait		perde	perdit	perdît
perdrions	perdons	perdions	perdîmes	perdissions
perdriez	perdez	perdiez	perdîtes	perdissiez
perdraient		perdent	perdirent	perdissent

Verbes irréguliers

Infinitif Participes	Indicatif				
	Présent	Imparfait	Passé composé		Futur
acheter	achète	achetais	ai	acheté	achèterai
	achètes	achetais	as	acheté	achèteras
	achète	achetait	a	acheté	achètera
achetant	achetons	achetions	avons	acheté	achèterons
acheté	achetez	achetiez	avez	acheté	achèterez
	achètent	achetaient	ont	acheté	achèteront
admettre (voir **mettre**)					
aller	vais	allais	suis	allé(e)	irai
	vas	allais	es	allé(e)	iras
	va	allait	est	allé(e)	ira
allant	allons	allions	sommes	allé(e)s	irons
allé	allez	alliez	êtes	allé(e)(s)	irez
	vont	allaient	sont	allé(e)s	iront
apparaître (voir **paraître**)					
appeler	appelle	appelais	ai	appelé	appellerai
	appelles	appelais	as	appelé	appelleras
	appelle	appelait	a	appelé	appellera
appelant	appelons	appelions	avons	appelé	appellerons
appelé	appelez	appeliez	avez	appelé	appellerez
	appellent	appelaient	ont	appelé	appelleront
apprendre (voir **prendre**)					

Conditionnel	Impératif	Subjonctif	Temps littéraires	
Présent		Présent	Passé simple	Imparfait du subjonctif
achèterais		achète	achetai	achetasse
achèterais	achète	achètes	achetas	achetasses
achèterait		achète	acheta	achetât
achèterions	achetons	achetions	achetâmes	achetassions
achèteriez	achetez	achetiez	achetâtes	achetassiez
achèteraient		achètent	achetèrent	achetassent
irais		aille	allai	allasse
irais	va	ailles	allas	allasses
irait		aille	alla	allât
irions	allons	allions	allâmes	allassions
iriez	allez	alliez	allâtes	allassiez
iraient		aillent	allèrent	allassent
appellerais		appelle	appelai	appelasse
appellerais	appelle	appelles	appelas	appelasses
appellerait		appelle	appela	appelât
appellerions	appelons	appelions	appelâmes	appelassions
appelleriez	appelez	appeliez	appelâtes	appelassiez
appelleraient		appellent	appelèrent	appelassent

Infinitif Participes	Indicatif				
	Présent	Imparfait	Passé composé		Futur
s'asseoir[1]	assieds	asseyais	suis	assis(e)	assiérai
	assieds	asseyais	es	assis(e)	assiéras
	assied	asseyait	est	assis(e)	assiéra
asseyant	asseyons	asseyions	sommes	assis(es)	assiérons
assis	asseyez	asseyiez	êtes	assis(e)(s)	assiérez
	asseyent	asseyaient	sont	assis(es)	assiéront
s'asseoir	assois	assoyais	suis	assis(e)	assoirai
	assois	assoyais	es	assis(e)	assoiras
	assoit	assoyait	est	assis(e)	assoira
assoyant	assoyons	assoyions	sommes	assis(es)	assoirons
assis	assoyez	assoyiez	êtes	assis(e)(s)	assoirez
	assoient	assoyaient	sont	assis(es)	assoiront
atteindre (voir **peindre**)					
avoir	ai	avais	ai	eu	aurai
	as	avais	as	eu	auras
	a	avait	a	eu	aura
ayant	avons	avions	avons	eu	aurons
eu	avez	aviez	avez	eu	aurez
	ont	avaient	ont	eu	auront
battre	bats	battais	ai	battu	battrai
	bats	battais	as	battu	battras
	bat	battait	a	battu	battra
battant	battons	battions	avons	battu	battrons
battu	battez	battiez	avez	battu	battrez
	battent	battaient	ont	battu	battront
boire	bois	buvais	ai	bu	boirai
	bois	buvais	as	bu	boiras
	boit	buvait	a	bu	boira
buvant	buvons	buvions	avons	bu	boirons
bu	buvez	buviez	avez	bu	boirez
	boivent	buvaient	ont	bu	boiront

[1] The verb **s'asseoir** has two acceptable variations, both of which are given here.

Conditionnel	Impératif	Subjonctif	Temps littéraires	
Présent		**Présent**	**Passé simple**	**Imparfait du subjonctif**
assiérais		asseye	assis	assisse
assiérais	assieds-toi	asseyes	assis	assisses
assiérait		asseye	assit	assît
assiérions	asseyons-nous	asseyions	assîmes	assissions
assiériez	asseyez-vous	asseyiez	assîtes	assissiez
assiéraient		asseyent	assirent	assissent
assoirais		assoie	assis	assisse
assoirais	assois-toi	assoies	assis	assisses
assoirait		assoie	assit	assît
assoirions	assoyons-nous	assoyions	assîmes	assissions
assoiriez	assoyez-vous	assoyiez	assîtes	assissiez
assoiraient		assoient	assirent	assissent
aurais		aie	eus	eusse
aurais	aie	aies	eus	eusses
aurait		ait	eut	eût
aurions	ayons	ayons	eûmes	eussions
auriez	ayez	ayez	eûtes	eussiez
auraient		aient	eurent	eussent
battrais		batte	battis	battisse
battrais	bats	battes	battis	battisses
battrait		batte	battit	battît
battrions	battons	battions	battîmes	battissions
battriez	battez	battiez	battîtes	battissiez
battraient		battent	battirent	battissent
boirais		boive	bus	busse
boirais	bois	boives	bus	busses
boirait		boive	but	bût
boirions	buvons	buvions	bûmes	bussions
boiriez	buvez	buviez	bûtes	bussiez
boiraient		boivent	burent	bussent

Infinitif Participes	Indicatif				
	Présent	Imparfait	Passé composé		Futur
commencer	commence	commençais	ai	commencé	commencerai
	commences	commençais	as	commencé	commenceras
	commence	commençait	a	commencé	commencera
commençant	commençons	commencions	avons	commencé	commencerons
commencé	commencez	commenciez	avez	commencé	commencerez
	commencent	commençaient	ont	commencé	commenceront
comprendre (voir **prendre**)					
conduire	conduis	conduisais	ai	conduit	conduirai
	conduis	conduisais	as	conduit	conduiras
	conduit	conduisait	a	conduit	conduira
conduisant	conduisons	conduisions	avons	conduit	conduirons
conduit	conduisez	conduisiez	avez	conduit	conduirez
	conduisent	conduisaient	ont	conduit	conduiront
connaître	connais	connaissais	ai	connu	connaîtrai
	connais	connaissais	as	connu	connaîtras
	connaît	connaissait	a	connu	connaîtra
connaissant	connaissons	connaissions	avons	connu	connaîtrons
connu	connaissez	connaissiez	avez	connu	connaîtrez
	connaissent	connaissaient	ont	connu	connaîtront
construire (voir **conduire**)					
courir	cours	courais	ai	couru	courrai
	cours	courais	as	couru	courras
	court	courait	a	couru	courra
courant	courons	courions	avons	couru	courrons
couru	courez	couriez	avez	couru	courrez
	courent	couraient	ont	couru	courront
couvrir (voir **ouvrir**)					
craindre	crains	craignais	ai	craint	craindrai
	crains	craignais	as	craint	craindras
	craint	craignait	a	craint	craindra
craignant	craignons	craignions	avons	craint	craindrons
craint	craignez	craigniez	avez	craint	craindrez
	craignent	craignaient	ont	craint	craindront

Conditionnel	Impératif	Subjonctif	Temps littéraires	
Présent		Présent	Passé simple	Imparfait du subjonctif
commencerais		commence	commençai	commençasse
commencerais	commence	commences	commenças	commençasses
commencerait		commence	commença	commençât
commencerions	commençons	commencions	commençâmes	commençassions
commenceriez	commencez	commenciez	commençâtes	commençassiez
commenceraient		commencent	commencèrent	commençassent
conduirais		conduise	conduisis	conduisisse
conduirais	conduis	conduises	conduisis	conduisisses
conduirait		conduise	conduisit	conduisît
conduirions	conduisons	conduisions	conduisîmes	conduisissions
conduiriez	conduisez	conduisiez	conduisîtes	conduisissiez
conduiraient		conduisent	conduisirent	conduisissent
connaîtrais		connaisse	connus	connusse
connaîtrais	connais	connaisses	connus	connusses
connaîtrait		connaisse	connut	connût
connaîtrions	connaissons	connaissions	connûmes	connussions
connaîtriez	connaissez	connaissiez	connûtes	connussiez
connaîtraient		connaissent	connurent	connussent
courrais		coure	courus	courusse
courrais	cours	coures	courus	courusses
courrait		coure	courut	courût
courrions	courons	courions	courûmes	courussions
courriez	courez	couriez	courûtes	courussiez
courraient		courent	coururent	courussent
craindrais		craigne	craignis	craignisse
craindrais	crains	craignes	craignis	craignisses
craindrait		craigne	craignit	craignît
craindrions	craignons	craignions	craignîmes	craignissions
craindriez	craignez	craigniez	craignîtes	craignissiez
craindraient		craignent	craignirent	craignissent

Infinitif Participes	Indicatif				
	Présent	Imparfait	Passé composé		Futur
croire	crois	croyais	ai	cru	croirai
	crois	croyais	as	cru	croiras
	croit	croyait	a	cru	croira
croyant	croyons	croyions	avons	cru	croirons
cru	croyez	croyiez	avez	cru	croirez
	croient	croyaient	ont	cru	croiront
décevoir (voir **voir**)					
découvrir (voir **ouvrir**)					
décrire (voir **écrire**)					
déplaire (voir **plaire**)					
détruire (voir **conduire**)					
devenir (voir **venir**)					
devoir	dois	devais	ai	dû	devrai
	dois	devais	as	dû	devras
	doit	devait	a	dû	devra
devant	devons	devions	avons	dû	devrons
dû, due	devez	deviez	avez	dû	devrez
	doivent	devaient	ont	dû	devront
dire	dis	disais	ai	dit	dirai
	dis	disais	as	dit	diras
	dit	disait	a	dit	dira
disant	disons	disions	avons	dit	dirons
dit	dites	disiez	avez	dit	direz
	disent	disaient	ont	dit	diront
disparaître (voir **paraître**)					

Conditionnel	Impératif	Subjonctif	Temps littéraires	
Présent		**Présent**	**Passé simple**	**Imparfait du subjonctif**
croirais		croie	crus	crusse
croirais	crois	croies	crus	crusses
croirait		croie	crut	crût
croirions	croyons	croyions	crûmes	crussions
croiriez	croyez	croyiez	crûtes	crussiez
croiraient		croient	crurent	crussent
devrais		doive	dus	dusse
devrais	dois	doives	dus	dusses
devrait		doive	dut	dût
devrions	devons	devions	dûmes	dussions
devriez	devez	deviez	dûtes	dussiez
devraient		doivent	durent	dussent
dirais		dise	dis	disse
dirais	dis	dises	dis	disses
dirait		dise	dit	dît
dirions	disons	disions	dîmes	dissions
diriez	dites	disiez	dîtes	dissiez
diraient		disent	dirent	dissent

Infinitif Participes	Indicatif				
	Présent	Imparfait	Passé composé		Futur
dormir	dors	dormais	ai	dormi	dormirai
	dors	dormais	as	dormi	dormiras
	dort	dormait	a	dormi	dormira
dormant	dormons	dormions	avons	dormi	dormirons
dormi	dormez	dormiez	avez	dormi	dormirez
	dorment	dormaient	ont	dormi	dormiront
écrire	écris	écrivais	ai	écrit	écrirai
	écris	écrivais	as	écrit	écriras
	écrit	écrivait	a	écrit	écrira
écrivant	écrivons	écrivions	avons	écrit	écrirons
écrit	écrivez	écriviez	avez	écrit	écrirez
	écrivent	écrivaient	ont	écrit	écriront
s'endormir (voir **dormir**)					
entretenir (voir **tenir**)					
envoyer	envoie	envoyais	ai	envoyé	enverrai
	envoies	envoyais	as	envoyé	enverras
	envoie	envoyait	a	envoyé	enverra
envoyant	envoyons	envoyions	avons	envoyé	enverrons
envoyé	envoyez	envoyiez	avez	envoyé	enverrez
	envoient	envoyaient	ont	envoyé	enverront
éteindre (voir **peindre**)					
être	suis	étais	ai	été	serai
	es	étais	as	été	seras
	est	était	a	été	sera
étant	sommes	étions	avons	été	serons
été	êtes	étiez	avez	été	serez
	sont	étaient	ont	été	seront
faire	fais	faisais	ai	fait	ferai
	fais	faisais	as	fait	feras
	fait	faisait	a	fait	fera
faisant	faisons	faisions	avons	fait	ferons
fait	faites	faisiez	avez	fait	ferez
	font	faisaient	ont	fait	feront

Conditionnel	Impératif	Subjonctif	Temps littéraires	
Présent		**Présent**	**Passé simple**	**Imparfait du subjonctif**
dormirais		dorme	dormis	dormisse
dormirais	dors	dormes	dormis	dormisses
dormirait		dorme	dormit	dormît
dormirions	dormons	dormions	dormîmes	dormissions
dormiriez	dormez	dormiez	dormîtes	dormissiez
dormiraient		dorment	dormirent	dormissent
écrirais		écrive	écrivis	écrivisse
écrirais	écris	écrives	écrivis	écrivisses
écrirait		écrive	écrivit	écrivît
écririons	écrivons	écrivions	écrivîmes	écrivissions
écririez	écrivez	écriviez	écrivîtes	écrivissiez
écriraient		écrivent	écrivirent	écrivissent
enverrais		envoie	envoyai	envoyasse
enverrais	envoie	envoies	envoyas	envoyasses
enverrait		envoie	envoya	envoyât
enverrions	envoyons	envoyions	envoyâmes	envoyassions
enverriez	envoyez	envoyiez	envoyâtes	envoyassiez
enverraient		envoient	envoyèrent	envoyassent
serais		sois	fus	fusse
serais	sois	sois	fus	fusses
serait		soit	fut	fût
serions	soyons	soyons	fûmes	fussions
seriez	soyez	soyez	fûtes	fussiez
seraient		soient	furent	fussent
ferais		fasse	fis	fisse
ferais	fais	fasses	fis	fisses
ferait		fasse	fit	fît
ferions	faisons	fassions	fîmes	fissions
feriez	faites	fassiez	fîtes	fissiez
feraient		fassent	firent	fissent

Infinitif Participes	Indicatif				
	Présent	Imparfait	Passé composé		Futur
falloir	il faut	il fallait	il a	fallu	il faudra
fallu					
s'inscrire					
(voir **écrire**)					
joindre	joins	joignais	ai	joint	joindrai
	joins	joignais	as	joint	joindras
	joint	joignait	a	joint	joindra
joignant	joignons	joignions	avons	joint	joindrons
joint	joignez	joigniez	avez	joint	joindrez
	joignent	joignaient	ont	joint	joindront
lire	lis	lisais	ai	lu	lirai
	lis	lisais	as	lu	liras
	lit	lisait	a	lu	lira
lisant	lisons	lisions	avons	lu	lirons
lu	lisez	lisiez	avez	lu	lirez
	lisent	lisaient	ont	lu	liront
manger	mange	mangeais	ai	mangé	mangerai
	manges	mangeais	as	mangé	mangeras
	mange	mangeait	a	mangé	mangera
mangeant	mangeons	mangions	avons	mangé	mangerons
mangé	mangez	mangiez	avez	mangé	mangerez
	mangent	mangeaient	ont	mangé	mangeront
mentir	mens	mentais	ai	menti	mentirai
	mens	mentais	as	menti	mentiras
	ment	mentait	a	menti	mentira
mentant	mentons	mentions	avons	menti	mentirons
menti	mentez	mentiez	avez	menti	mentirez
	mentent	mentaient	ont	menti	mentiront
mettre	mets	mettais	ai	mis	mettrai
	mets	mettais	as	mis	mettras
	met	mettait	a	mis	mettra
mettant	mettons	mettions	avons	mis	mettrons
mis	mettez	mettiez	avez	mis	mettrez
	mettent	mettaient	ont	mis	mettront

Conditionnel	Impératif	Subjonctif	Temps littéraires	
Présent		**Présent**	**Passé simple**	**Imparfait du subjonctif**
il faudrait		il faille	il fallut	il fallût
joindrais		joigne	joignis	joignisse
joindrais	joins	joignes	joignis	joignisses
joindrait		joigne	joignit	joignît
joindrions	joignons	joignions	joignîmes	joignissions
joindriez	joignez	joigniez	joignîtes	joignissiez
joindraient		joignent	joignirent	joignissent
lirais		lise	lus	lusse
lirais	lis	lises	lus	lusses
lirait		lise	lut	lût
lirions	lisons	lisions	lûmes	lussions
liriez	lisez	lisiez	lûtes	lussiez
liraient		lisent	lurent	lussent
mangerais		mange	mangeai	mangeasse
mangerais	mange	manges	mangeas	mangeasses
mangerait		mange	mangea	mangeât
mangerions	mangeons	mangions	mangeâmes	mangeassions
mangeriez	mangez	mangiez	mangeâtes	mangeassiez
mangeraient		mangent	mangèrent	mangeassent
mentirais		mente	mentis	mentisse
mentirais	mens	mentes	mentis	mentisses
mentirait		mente	mentit	mentît
mentirions	mentons	mentions	mentîmes	mentissions
mentiriez	mentez	mentiez	mentîtes	mentissiez
mentiraient		mentent	mentirent	mentissent
mettrais		mette	mis	misse
mettrais	mets	mettes	mis	misses
mettrait		mette	mit	mît
mettrions	mettons	mettions	mîmes	missions
mettriez	mettez	mettiez	mîtes	missiez
mettraient		mettent	mirent	missent

Infinitif Participes	Indicatif				
	Présent	Imparfait	Passé composé		Futur
mourir	meurs	mourais	suis	mort(e)	mourrai
	meurs	mourais	es	mort(e)	mourras
	meurt	mourait	est	mort(e)	mourra
mourant	mourons	mourions	sommes	mort(e)s	mourrons
mort	mourez	mouriez	êtes	mort(e)(s)	mourrez
	meurent	mouraient	sont	mort(e)s	mourront
naître	nais	naissais	suis	né(e)	naîtrai
	nais	naissais	es	né(e)	naîtras
	naît	naissait	est	né(e)	naîtra
naissant	naissons	naissions	sommes	né(e)s	naîtrons
né	naissez	naissiez	êtes	né(e)(s)	naîtrez
	naissent	naissaient	sont	né(e)s	naîtront
offrir	offre	offrais	ai	offert	offrirai
	offres	offrais	as	offert	offriras
	offre	offrait	a	offert	offrira
offrant	offrons	offrions	avons	offert	offrirons
offert	offrez	offriez	avez	offert	offrirez
	offrent	offraient	ont	offert	offriront
ouvrir	ouvre	ouvrais	ai	ouvert	ouvrirai
	ouvres	ouvrais	as	ouvert	ouvriras
	ouvre	ouvrait	a	ouvert	ouvrira
ouvrant	ouvrons	ouvrions	avons	ouvert	ouvrirons
ouvert	ouvrez	ouvriez	avez	ouvert	ouvrirez
	ouvrent	ouvraient	ont	ouvert	ouvriront
paraître	parais	paraissais	ai	paru	paraîtrai
	parais	paraissais	as	paru	paraîtras
	paraît	paraissait	a	paru	paraîtra
paraissant	paraissons	paraissions	avons	paru	paraîtrons
paru	paraissez	paraissiez	avez	paru	paraîtrez
	paraissent	paraissaient	ont	paru	paraîtront
partir	pars	partais	suis	parti(e)	partirai
	pars	partais	es	parti(e)	partiras
	part	partait	est	parti(e)	partira
partant	partons	partions	sommes	parti(e)s	partirons
parti	partez	partiez	êtes	parti(e)(s)	partirez
	partent	partaient	sont	parti(e)s	partiront

Conditionnel	**Impératif**	**Subjonctif**	**Temps littéraires**	
Présent		**Présent**	**Passé simple**	**Imparfait du subjonctif**
mourrais		meure	mourus	mourusse
mourrais	meurs	meures	mourus	mourusses
mourrait		meure	mourut	mourût
mourrions	mourons	mourions	mourûmes	mourussions
mourriez	mourez	mouriez	mourûtes	mourussiez
mourraient		meurent	moururent	mourussent
naîtrais		naisse	naquis	naquisse
naîtrais	nais	naisses	naquis	naquisses
naîtrait		naisse	naquit	naquît
naîtrions	naissons	naissions	naquîmes	naquissions
naîtriez	naissez	naissiez	naquîtes	naquissiez
naîtraient		naissent	naquirent	naquissent
offrirais		offre	offris	offrisse
offrirais	offre	offres	offris	offrisses
offrirait		offre	offrit	offrît
offririons	offrons	offrions	offrîmes	offrissions
offririez	offrez	offriez	offrîtes	offrissiez
offriraient		offrent	offrirent	offrissent
ouvrirais		ouvre	ouvris	ouvrisse
ouvrirais	ouvre	ouvres	ouvris	ouvrisses
ouvrirait		ouvre	ouvrit	ouvrît
ouvririons	ouvrons	ouvrions	ouvrîmes	ouvrissions
ouvririez	ouvrez	ouvriez	ouvrîtes	ouvrissiez
ouvriraient		ouvrent	ouvrirent	ouvrissent
paraîtrais		paraisse	parus	parusse
paraîtrais	parais	paraisses	parus	parusses
paraîtrait		paraisse	parut	parût
paraîtrions	paraissons	paraissions	parûmes	parussions
paraîtriez	paraissez	paraissiez	parûtes	parussiez
paraîtraient		paraissent	parurent	parussent
partirais		parte	partis	partisse
partirais	pars	partes	partis	partisses
partirait		parte	partit	partît
partirions	partons	partions	partîmes	partissions
partiriez	partez	partiez	partîtes	partissiez
partiraient		partent	partirent	partissent

Infinitif Participes	Indicatif				
	Présent	Imparfait	Passé composé		Futur
payer	paie	payais	ai	payé	paierai
	paies	payais	as	payé	paieras
	paie	payait	a	payé	paiera
payant	payons	payions	avons	payé	paierons
payé	payez	payiez	avez	payé	paierez
	paient	payaient	ont	payé	paieront
peindre	peins	peignais	ai	peint	peindrai
	peins	peignais	as	peint	peindras
	peint	peignait	a	peint	peindra
peignant	peignons	peignions	avons	peint	peindrons
peint	peignez	peigniez	avez	peint	peindrez
	peignent	peignaient	ont	peint	peindront
permettre (voir **mettre**)					
plaindre (voir **craindre**)					
plaire	plais	plaisais	ai	plu	plairai
	plais	plaisais	as	plu	plairas
	plaît	plaisait	a	plu	plaira
plaisant	plaisons	plaisions	avons	plu	plairons
plu	plaisez	plaisiez	avez	plu	plairez
	plaisent	plaisaient	ont	plu	plairont
pleuvoir pleuvant plu	il pleut	il pleuvait	il a	plu	il pleuvra
pouvoir	peux, puis	pouvais	ai	pu	pourrai
	peux	pouvais	as	pu	pourras
	peut	pouvait	a	pu	pourra
pouvant	pouvons	pouvions	avons	pu	pourrons
pu	pouvez	pouviez	avez	pu	pourrez
	peuvent	pouvaient	ont	pu	pourront

Conditionnel	Impératif	Subjonctif	Temps littéraires	
Présent		**Présent**	**Passé simple**	**Imparfait du subjonctif**
paierais		paie	payai	payasse
paierais	paie	paies	payas	payasses
paierait		paie	paya	payât
paierions	payons	payions	payâmes	payassions
paieriez	payez	payiez	payâtes	payassiez
paieraient		paient	payèrent	payassent
peindrais		peigne	peignis	peignisse
peindrais	peins	peignes	peignis	peignisses
peindrait		peigne	peignit	peignît
peindrions	peignons	peignions	peignîmes	peignissions
peindriez	peignez	peigniez	peignîtes	peignissiez
peindraient		peignent	peignirent	peignissent
plairais		plaise	plus	plusse
plairais	plais	plaises	plus	plusses
plairait		plaise	plut	plût
plairions	plaisons	plaisions	plûmes	plussions
plairiez	plaisez	plaisiez	plûtes	plussiez
plairaient		plaisent	plurent	plussent
il pleuvrait		il pleuve	il plut	il plût
pourrais		puisse	pus	pusse
pourrais		puisses	pus	pusses
pourrait		puisse	put	pût
pourrions		puissions	pûmes	pussions
pourriez		puissiez	pûtes	pussiez
pourraient		puissent	purent	pussent

Infinitif Participes	Indicatif				
	Présent	Imparfait	Passé composé		Futur
préférer	préfère	préférais	ai	préféré	préférerai
	préfères	préférais	as	préféré	préféreras
	préfère	préférait	a	préféré	préférera
préférant	préférons	préférions	avons	préféré	préférerons
préféré	préférez	préfériez	avez	préféré	préférerez
	préfèrent	préféraient	ont	préféré	préféreront
prendre	prends	prenais	ai	pris	prendrai
	prends	prenais	as	pris	prendras
	prend	prenait	a	pris	prendra
prenant	prenons	prenions	avons	pris	prendrons
pris	prenez	preniez	avez	pris	prendrez
	prennent	prenaient	ont	pris	prendront
prévoir (voir **voir**)					
produire (voir **conduire**)					
promettre (voir **mettre**)					
recevoir	reçois	recevais	ai	reçu	recevrai
	reçois	recevais	as	reçu	recevras
	reçoit	recevait	a	reçu	recevra
recevant	recevons	recevions	avons	reçu	recevrons
reçu	recevez	receviez	avez	reçu	recevrez
	reçoivent	recevaient	ont	reçu	recevront
reconnaître (voir **connaître**)					
rejoindre (voir **joindre**)					
repeindre (voir **peindre**)					
retenir (voir **tenir**)					

Conditionnel	Impératif	Subjonctif	Temps littéraires	
Présent		Présent	Passé simple	Imparfait du subjonctif
préférerais		préfère	préférai	préférasse
préférerais	préfère	préfères	préféras	préférasses
préférerait		préfère	préféra	préférât
préférerions	préférons	préférions	préférâmes	préférassions
préféreriez	préférez	préfériez	préférâtes	préférassiez
préféreraient		préfèrent	préférèrent	préférassent
prendrais		prenne	pris	prisse
prendrais	prends	prennes	pris	prisses
prendrait		prenne	prit	prît
prendrions	prenons	prenions	prîmes	prissions
prendriez	prenez	preniez	prîtes	prissiez
prendraient		prennent	prirent	prissent
recevrais		reçoive	reçus	reçusse
recevrais	reçois	reçoives	reçus	reçusses
recevrait		reçoive	reçut	reçût
recevrions	recevons	recevions	reçûmes	reçussions
recevriez	recevez	receviez	reçûtes	reçussiez
recevraient		reçoivent	reçurent	reçussent

Infinitif Participes	Indicatif				
	Présent	Imparfait	Passé composé		Futur
revenir (voir **venir**)					
revoir (voir **voir**)					
rire	ris	riais	ai	ri	rirai
	ris	riais	as	ri	riras
	rit	riait	a	ri	rira
riant	rions	riions	avons	ri	rirons
ri	riez	riiez	avez	ri	rirez
	rient	riaient	ont	ri	riront
savoir	sais	savais	ai	su	saurai
	sais	savais	as	su	sauras
	sait	savait	a	su	saura
sachant	savons	savions	avons	su	saurons
su	savez	saviez	avez	su	saurez
	savent	savaient	ont	su	sauront
sentir	sens	sentais	ai	senti	sentirai
	sens	sentais	as	senti	sentiras
	sent	sentait	a	senti	sentira
sentant	sentons	sentions	avons	senti	sentirons
senti	sentez	sentiez	avez	senti	sentirez
	sentent	sentaient	ont	senti	sentiront
servir	sers	servais	ai	servi	servirai
	sers	servais	as	servi	serviras
	sert	servait	a	servi	servira
servant	servons	servions	avons	servi	servirons
servi	servez	serviez	avez	servi	servirez
	servent	servaient	ont	servi	serviront
sortir	sors	sortais	suis	sorti(e)	sortirai
	sors	sortais	es	sorti(e)	sortiras
	sort	sortait	est	sorti(e)	sortira
sortant	sortons	sortions	sommes	sorti(e)s	sortirons
sorti	sortez	sortiez	êtes	sorti(e)(s)	sortirez
	sortent	sortaient	sont	sorti(e)s	sortiront

Conditionnel	Impératif	Subjonctif	Temps littéraires	
Présent		Présent	Passé simple	Imparfait du subjonctif
rirais		rie	ris	risse
rirais	ris	ries	ris	risses
rirait		rie	rit	rît
ririons	rions	riions	rîmes	rissions
ririez	riez	riiez	rîtes	rissiez
riraient		rient	rirent	rissent
saurais		sache	sus	susse
saurais	sache	saches	sus	susses
saurait		sache	sut	sût
saurions	sachons	sachions	sûmes	sussions
sauriez	sachez	sachiez	sûtes	sussiez
sauraient		sachent	surent	sussent
sentirais		sente	sentis	sentisse
sentirais	sens	sentes	sentis	sentisses
sentirait		sente	sentit	sentît
sentirions	sentons	sentions	sentîmes	sentissions
sentiriez	sentez	sentiez	sentîtes	sentissiez
sentiraient		sentent	sentirent	sentissent
servirais		serve	servis	servisse
servirais	sers	serves	servis	servisses
servirait		serve	servit	servît
servirions	servons	servions	servîmes	servissions
serviriez	servez	serviez	servîtes	servissiez
serviraient		servent	servirent	servissent
sortirais		sorte	sortis	sortisse
sortirais	sors	sortes	sortis	sortisses
sortirait		sorte	sortit	sortît
sortirions	sortons	sortions	sortîmes	sortissions
sortiriez	sortez	sortiez	sortîtes	sortissiez
sortiraient		sortent	sortirent	sortissent

Infinitif Participes	Indicatif				
	Présent	Imparfait	Passé composé		Futur
souffrir (voir **offrir**)					
sourire (voir **rire**)					
se souvenir (voir **venir**)					
suivre	suis	suivais	ai	suivi	suivrai
	suis	suivais	as	suivi	suivras
	suit	suivait	a	suivi	suivra
suivant	suivons	suivions	avons	suivi	suivrons
suivi	suivez	suiviez	avez	suivi	suivrez
	suivent	suivaient	ont	suivi	suivront
surprendre (voir **prendre**)					
se taire	tais	taisais	suis	tu(e)	tairai
	tais	taisais	es	tu(e)	tairas
	tait	taisait	est	tu(e)	taira
taisant	taisons	taisions	sommes	tu(e)s	tairons
tu	taisez	taisiez	êtes	tu(e)(s)	tairez
	taisent	taisaient	sont	tu(e)s	tairont
tenir	tiens	tenais	ai	tenu	tiendrai
	tiens	tenais	as	tenu	tiendras
	tient	tenait	a	tenu	tiendra
tenant	tenons	tenions	avons	tenu	tiendrons
tenu	tenez	teniez	avez	tenu	tiendrez
	tiennent	tenaient	ont	tenu	tiendront
traduire (voir **conduire**)					
valoir	vaux	valais	ai	valu	vaudrai
	vaux	valais	as	valu	vaudras
	vaut	valait	a	valu	vaudra
valant	valons	valions	avons	valu	vaudrons
valu	valez	valiez	avez	valu	vaudrez
	valent	valaient	ont	valu	vaudront

Conditionnel	Impératif	Subjonctif	Temps littéraires	
Présent		**Présent**	**Passé simple**	**Imparfait du subjonctif**
suivrais		suive	suivis	suivisse
suivrais	suis	suives	suivis	suivisses
suivrait		suive	suivit	suivît
suivrions	suivons	suivions	suivîmes	suivissions
suivriez	suivez	suiviez	suivîtes	suivissiez
suivraient		suivent	suivirent	suivissent
tairais		taise	tus	tusse
tairais	tais	taises	tus	tusses
tairait		taise	tut	tût
tairions	taisons	taisions	tûmes	tussions
tairiez	taisez	taisiez	tûtes	tussiez
tairaient		taisent	turent	tussent
tiendrais		tienne	tins	tinsse
tiendrais	tiens	tiennes	tins	tinsses
tiendrait		tienne	tint	tînt
tiendrions	tenons	tenions	tînmes	tinssions
tiendriez	tenez	teniez	tîntes	tinssiez
tiendraient		tiennent	tinrent	tinssent
vaudrais		vaille	valus	valusse
vaudrais	vaux	vailles	valus	valusses
vaudrait		vaille	valut	valût
vaudrions	valons	valions	valûmes	valussions
vaudriez	valez	valiez	valûtes	valussiez
vaudraient		vaillent	valurent	valussent

Infinitif Participes	Indicatif				
	Présent	**Imparfait**	**Passé composé**		**Futur**
venir	viens	venais	suis	venu(e)	viendrai
	viens	venais	es	venu(e)	viendras
	vient	venait	est	venu(e)	viendra
venant	venons	venions	sommes	venu(e)s	viendrons
venu	venez	veniez	êtes	venu(e)(s)	viendrez
	viennent	venaient	sont	venu(e)s	viendront
vivre	vis	vivais	ai	vécu	vivrai
	vis	vivais	as	vécu	vivras
	vit	vivait	a	vécu	vivra
vivant	vivons	vivions	avons	vécu	vivrons
vécu	vivez	viviez	avez	vécu	vivrez
	vivent	vivaient	ont	vécu	vivront
voir	vois	voyais	ai	vu	verrai
	vois	voyais	as	vu	verras
	voit	voyait	a	vu	verra
voyant	voyons	voyions	avons	vu	verrons
vu	voyez	voyiez	avez	vu	verrez
	voient	voyaient	ont	vu	verront
vouloir	veux	voulais	ai	voulu	voudrai
	veux	voulais	as	voulu	voudras
	veut	voulait	a	voulu	voudra
voulant	voulons	voulions	avons	voulu	voudrons
voulu	voulez	vouliez	avez	voulu	voudrez
	veulent	voulaient	ont	voulu	voudront

Conditionnel	Impératif	Subjonctif	Temps littéraires	
Présent		Présent	Passé simple	Imparfait du subjonctif
viendrais		vienne	vins	vinsse
viendrais	viens	viennes	vins	vinsses
viendrait		vienne	vint	vînt
viendrions	venons	venions	vînmes	vinssions
viendriez	venez	veniez	vîntes	vinssiez
viendraient		viennent	vinrent	vinssent
vivrais		vive	vécus	vécusse
vivrais	vis	vives	vécus	vécusses
vivrait		vive	vécut	vécût
vivrions	vivons	vivions	vécûmes	vécussions
vivriez	vivez	viviez	vécûtes	vécussiez
vivraient		vivent	vécurent	vécussent
verrais		voie	vis	visse
verrais	vois	voies	vis	visses
verrait		voie	vit	vît
verrions	voyons	voyions	vîmes	vissions
verriez	voyez	voyiez	vîtes	vissiez
verraient		voient	virent	vissent
voudrais		veuille	voulus	voulusse
voudrais	veuille	veuilles	voulus	voulusses
voudrait		veuille	voulut	voulût
voudrions	veuillons	voulions	voulûmes	voulussions
voudriez	veuillez	vouliez	voulûtes	voulussiez
voudraient		veuillent	voulurent	voulussent

French-English Vocabulary

This vocabulary includes all words and expressions that appear in the text except words glossed in the readings, words listed in the *Vocabulaire satellite*, and articles and identical cognates. Irregular verbs are included, as are feminine forms of adjectives. It is recommended that students acquire a French-English/English-French dictionary to aid them in preparing written and oral activities.

Abbreviations

adj	adjective	*invar*	invariable	*pp*	past participle
adv	adverb	*lit*	literally	*prep*	preposition
f	feminine	*m*	masculine	*pron*	pronoun
fam	familiar	*n*	noun	*subj*	subjunctive
inf	infinitive	*pl*	plural		

An asterisk (*) indicates a word beginning with an aspirate *h*.

A

abandonner to abandon
l' **abeille** *f* bee
abolir to abolish
l' **abondance** *f* abundance
s' **abonner à** to subscribe to
abord: d' ___ first of all, at first
abruti(e) stupefied
absolu(e) absolute
absorbé(e) absorbed
abuser to abuse;
 ___ **de** to misuse
accabler to overwhelm
l' **accomplissement** *m* accomplishment
l' **accord** *m* agreement;
 être d'___ to concur
accueillant(e) hospitable
l' **accusé(e)** *m,f* defendant; *adj* accused
l' **achat** *m* purchase;
 faire des ___**s** to go shopping
acheter to buy
acquérir to acquire
acquitter to acquit
l' **acteur (actrice)** *m,f* actor, actress
actif (active) active
l' **actualité** *f* topical question; current events; newsreel
actuel (actuelle) present
actuellement at present, now
s' **adapter** to adapt, adjust oneself
l' **addition** *f* bill, check (in a restaurant)
l' **adhérent(e)** *m,f* subscriber, member
l' **administrateur (administratrice)** *m,f* administrator
adresser to address; to direct; to aim
l' **adversaire** *m,f* opponent, adversary
aérien (aérienne) of the air
l' **affaire** *f* deal, matter, affair, case; bargain; business
l' **affiche** *f* poster
afficher to display, post
affirmer to assert, claim; to state
afin de (+ *inf*) in order to, to
afin que (+ *subj*) in order that, so that
affreux (affreuse) horrible, awful, frightful
âgé(e) old, aged
l' **agence** *f* agency;
 ___ **matrimoniale** dating service;
 ___ **de voyages** travel bureau

l' **agent** *m* agent;
___ de police police officer;
___ de voyages travel agent
l' **agglomération** *f* urban center
agir to act;
s'___ de to be a matter of; to be imperative to;
il s'agit de it is a question of;
de quoi s'agit-il? what is it about?
agréable pleasant
aider to help
ailleurs elsewhere;
d'___ besides; moreover; as a matter of fact
aimable kind
aimer to like; to love
aîné(e) older, oldest
ainsi likewise, thus
l' **air** *m* air, appearance; tune;
avoir l'___ to seem, appear, look like
l' **aise** *f* ease;
se sentir à l'___ to feel at ease
aisé(e) well-off, well-to-do
ajouter to add
s' **aliéner** to become estranged
allemand(e) German
aller to go; to suit, fit
s'en ___ to leave
allumer to light; to turn on
alors at that time, then; so;
___ que while
l' **ambiance** *f* atmosphere
ambitieux (ambitieuse) ambitious
ambulant(e) ambulatory
l' **âme** *f* soul, spirit
améliorer to improve
amener to bring, lead
l' **ami(e)** *m,f* friend;
petit(e) ami(e) *m,f* boy- (girl)friend
l' **amitié** *f* friendship;
lier ___ avec to make friends with
l' **amour** *m* love
les **amourettes** *f* flirtations
amoureux (amoureuse) amorous, loving;
être ___ de to be in love with;
tomber ___ de to fall in love with
l'___ (amoureuse) lover
l' **amphithéâtre** *m* amphitheater
amusant(e) amusing
amuser to amuse, interest;
s'___ to amuse, enjoy oneself; to play;
s'___ bien to have a good time

l' **an** *m* year
ancien (ancienne) ancient, old; former; elder
anglais(e) English
l' **anglicisme** *m* anglicism
l' **angoisse** *f* anguish
l' **angoissé(e)** anguished
animé(e) lively
animer to animate, enliven; to activate
l' **année** *f* year
l' **anniversaire** *m* anniversary; birthday
l' **annonce** *f* announcement;
___ publicitaire advertisement
annoncer to announce;
s'___ to begin
anonyme anonymous
l' **anthropologie** *f* anthropology
apaiser to appease
apercevoir to catch sight of;
s'___ de to notice, realize
l' **aperçu** *m* glimpse; outline, summary
apparaître to appear
l' **appareil (appareil-photo)** *m* camera
l' **appartement** *m* apartment
appartenir to belong
appeler to call;
s'___ to be called, named
applaudir to applaud
apporter to bring
apprécier to appreciate; to take under advisement
apprendre to learn; to teach; to inform
approcher to approach, draw near;
s'___ de to come near
approximatif (approximative) approximate
après *prep* after; *adv* afterward
l' **après-midi** *m,f* afternoon
arbitraire arbitrary
l' **arbre** *m* tree
l' **argent** *m* money; silver
l' **argot** *m* slang
l' **argument** *m* point *(in a discussion)*
l' **arme** *f* arm, weapon
l' **armée** *f* army
l' **armement** *m* armament
armer to equip; to arm
l' **arrêt** *m* stop; judgment, decision;
sans ___ unceasingly
arrêter to arrest; to stop;
s'___ to stop
arrière rear;

en ___ back
arriver to arrive; to happen
l' **arriviste** *m,f* go-getter, social climber
arroser to sprinkle; to water; to bathe; to lace *(a drink)*
l' **ascenseur** *m* elevator
l' **aspirateur** *m* vacuum cleaner;
passer l'___ to vacuum
assassiner to assassinate
asseoir to sit, seat;
s'___ to sit down
assez enough; rather;
___ **de** enough
l' **assiette** *f* dish, plate
assis(e) seated; established
assister à to attend, be present at
assuré(e) assured
assurer to assure
s' **attarder** to linger
attendre to wait (for), await; to expect;
en attendant meanwhile;
s'___ **à** to expect
l' **attention** *f* attention, care;
faire ___ **à** to pay attention (to), be careful
attirer to attract
aucun(e) any;
ne... ___ no, not any
au-dessus above
l' **auditeur (auditrice)** *m,f* listener *(radio)*
l' **augmentation de salaire** *f* raise
augmenter to increase, go up; to grow
aujourd'hui today
aussi also;
... que as . . . as;
___ (+ *inverted verb*) therefore, and so
aussitôt immediately;
___ **que** as soon as, once
autant as much, as many;
___ **que** as much as
l' **auteur** *m* author
l' **autobus** *m* city bus
autonome self-sufficient
autoriser to permit, authorize
l' **autorité** *f* authority
l' **autoroute** *f* highway;
___ **à péage** toll road
autour (de) around, about
autre other, else
autrement differently; otherwise
avancer to advance, put forward;
s'___ to come forward
avant before (*time*);
___ **de** (+ *inf*) before;
___ **que** (+ *subj*) before
avaricieux (avaricieuse) greedy
avec with
l' **avenir** *m* future
l' **aventure** *f* adventure
aventureux (aventureuse) adventuresome
l' **avion** *m* plane
l' **avis** *m* opinion;
à mon ___ in my opinion;
changer d'___ to change one's mind
l' **avocat(e)** *m,f* lawyer
avoir to have;
___ **beau faire quelque chose** to do something in vain;
___ **besoin de** to need;
___ **du mal à** (+ *inf*) to have trouble;
___ **envie de** to feel like;
___ **l'air** to appear, seem;
___ **lieu** to take place;
___ **peur** to be afraid
l' **avoir** *m* assets, holdings; property, possessions
l' **avortement** *m* abortion

B

le **bac (le bachot) baccalauréat** secondary school examination giving university entrance qualification
la **baguette** narrow stick of French bread
le **bain** swim; bath;
prendre un ___ **de soleil** to sunbathe
la **bande** gang; tape, reel;
___ **magnétique** tape;
___ **sonore** sound track
la **banlieue** suburbs
le **banquier** banker
la **barbe** beard
la **barre** bar; helm
le **bas** bottom;
en ___ below; *adv* low, quietly
la **bataille** battle;
livrer ___ to give battle
le **bateau** boat
bâtir to build
battre to beat, strike;
se ___ to fight
bavarder to chat; to babble
beau (bel, belle) beautiful, handsome
beaucoup a lot, much;
___ **de** a lot of

le **beau-frère** brother-in-law
le **bébé** baby
la **belle-sœur** sister-in-law
le **bénéfice du doute** benefit of the doubt
bénéficier to benefit
le, la **berger (bergère)** shepherd
le **besoin** need;
avoir ___ de to need
le **best-seller** bestseller
la **bête** fool; animal; *adj* stupid, foolish
la **bêtise** foolish thing; stupidity;
dire des ___s to speak nonsense
la **bicyclette** bicycle;
faire de la ___ to go bicycle riding
bien well; indeed; very;
___ des many;
___ que (+ *subj*) although;
___ sûr of course;
___ sûr que non certainly not;
le ___ (the) good;
ou ___ or else
bientôt soon
le **bijou** jewel
bilingue bilingual
blaguer to kid
blâmer to blame
blanc (blanche) white; clean; blank
boire to drink
le **bois** wood
la **boîte** box; *fam* outfit, company; school;
la ___ de nuit nightclub
bon (bonne) good; right
le **bonbon** candy
le **bonheur** happiness
bon marché *invar* inexpensive
la **bonne** maid
la **bonté** goodness
la **borne** boundary, limit; milestone
bouffer *fam* to eat
la **boulangerie** bakery
le **boulot** work
le **bouquin** *fam* book
la **bourgeoisie** middle class
le **bout** end
la **boutique** shop
le **bouton** button;
___ de rose rosebud
boutonneux (boutonneuse) pimpled
se **brancher sur** to link up with
le **bras** arm
bref (brève) short; brief; *adv* in short
la **Bretagne** Brittany
brillamment brilliantly
briller to shine
briser to break, shatter, crush
bronzé(e) tanned
la **brosse à dents** toothbrush
le **bruit** sound, noise
la **brusquerie** abruptness
bruyant(e) noisy
bûcher *fam* to cram
le **bûcheur** *fam* grind (hardworking student)
le **bureau** office

C

ça that;
comme ___ like that
le **cadeau** gift
le, la **cadet (cadette)** the younger, the youngest
le **cadre** setting, frame; executive
le **cafard: avoir le ___** to have the blues
le **café** café; coffee
le **cahier** notebook
la **caisse** crate, box; cash register
le, la **caissier (cassière)** cashier
le **calmant** tranquilizer
calme calm
le, la **camarade** friend, chum, mate;
___ de chambre roommate
la **caméra** movie camera
le, la **campagnard(e)** country dweller
la **campagne** country *(rural district)*, countryside, fields
le **camping** camping;
faire du ___ to go camping
le **cancre** bad student, dunce
le, la **candidat(e)** candidate
la **candidature** candidacy;
poser sa ___ to run for office
la **capitale** capital
car for, because
la **carrière** career; quarry
la **carte** card; map; menu;
___ d'identité ID card;
___ postale postcard;
jouer aux ___s to play cards
le **cas** case
casser to break
la **cause** cause;
à ___ de because of, owing to;
en connaissance de ___ with full knowledge
causer to chat, converse
ce (cet, cette) this, that

ceci this
la **ceinture** belt
cela that, this
célèbre famous, well-known
célibataire single, unmarried
censé(e) supposed;
être ___ (+ *inf*) to be supposed to
censurer to censor
la **centaine** about a hundred
le **centre commercial** shopping mall
le **centre-ville** downtown
cependant however, yet, nevertheless; meanwhile
cerné: les yeux ___**s** with rings around one's eyes
certain(e) definite, certain; some
certes indeed
cesser to stop, cease
ceux (celles) these, those
chacun(e) each one
la **chaîne** chain; channel
chaleureusement warmly
chaleureux (chaleureuse) warm, cordial
la **chambre** room
le **champ** field
la **chance** chance, luck; odds;
avoir de la ___ to be lucky
le **changement** change
changer to change
la **chanson** song
le **chansonnier** songwriter, singer
le **chant** song
chantant(e) sing-song
chanter to sing
le, la **chanteur (chanteuse)** singer
chaque each
la **charge** load, burden;
prendre en ___ to assume responsibility for
charmant(e) charming
le **chasseur** hunter
le **chat** cat
châtain *invar* brown-haired;
___ **clair** light brown
chaud(e) warm, hot;
avoir ___ to be hot;
il fait ___ it is hot (weather)
chauvin(e) chauvinistic *(fanatically patriotic)*
la **chaussure** shoe
le **chef** head, leader, chief
le **chemin** way, road
le **chêne** oak
le **chèque** check;
___ **de voyage** traveler's check
cher (chère) *(before the noun)* dear; *(after the noun)* expensive; *adv* dearly
chercher to look for, seek;
aller ___ to fetch;
___ **querelle** to try to pick a fight
le **cheval** horse;
___ **de bois** wooden horse
les **cheveux** *m* hair
chez among, at; in the house of, place of
le **chiffre** number, figure
choisir to choose
le **choix** choice
le **chômage** unemployment
le, la **chômeur (chômeuse)** unemployed person
choquant(e) shocking
la **chose** thing
chuchoter to whisper
le **ciel** (*pl* **cieux**) sky; heaven
le **cinéma** cinema, movie theater
cinématographique cinematographic
le, la **cinéphile** movie fan
cinquième fifth
la **circonstance** circumstance;
___ **atténuante** extenuating circumstance
la **circulation** traffic
le, la **citadin(e)** city dweller
le, la **citoyen (citoyenne)** citizen
clair(e) clear; light;
le ___ **de lune** moonlight
la **classe** class; classroom;
avoir de la ___ to have class
le **classement** grades by order of rank
la **clé** key
le, la **client(e)** customer; patient
le, la **clochard(e)** bum
le **cochon** pig
le **code** code;
___ **de la route** highway code
le **cœur** heart;
avoir mal au ___ to feel nauseous
la **colère** anger;
se mettre en ___ to become angry
le **colis** package
le **collège** secondary school
le, la **collègue** colleague
le **combat** fight, fighting
combien (de) how much, how many
la **comédie** comedy
la **commande** order
comme as, since; like; how;

___ **si** as if;
___ **il faut** proper;
tout ___ just like
commencer to begin
comment how?, what?, what!;
___ **est ... ?** What is *(someone or something)* like?
le, la **commentateur (commentatrice)** commentator
le **commerce** business, trade
commettre to commit
commun(e) commonplace
la **communauté** community
le **communisme** communism
le, la **communiste** communist
la **compagne** female companion
le **compagnon** male companion
le **compartiment** compartment
compatissant(e) compassionate
compétent(e) competent
complaisant(e) obliging, accommodating
complet (complète) total, full
composer to compose
le, la **compositeur (compositrice)** composer
comprendre to understand, realize
compromettant(e) compromising
compromettre to compromise
le **compromis** compromise
le **compte** account, count
compter to intend; to count; to count on
la **comtesse** countess
concerner to concern; to affect
le, la **concierge** doorkeeper, caretaker
conclure to conclude
le **concours** contest, examination
concret (concrète) concrete
la **concurrence** competition
le, la **concurrent(e)** contestant, competitor
le, la **condamné(e)** convict
condamner to condemn
condescendant(e) condescending
condition *f* condition;
à ___ **que** (+ *subj*) on condition that
conduire to lead; to drive
la **confiance** confidence; faith, trust;
avoir ___ **en** to have confidence in;
faire ___ **à** to trust
confier to entrust
confondre to blend, merge (into one); to mistake; to confound;
se ___ to coincide; to confuse
confus(e) confused
la **connaissance** knowledge, acquaintance;
faire ___ **(de)** to become acquainted (with)
connaître to know;
se ___ to be acquainted with
connu(e) known
la **conscience** conscience; consciousness, awareness
le **conseil** advice, piece of advice; council
conseiller to advise
le, la **conseiller (conseillère)** adviser
consentir to accept;
___ **à** to consent to
conservateur (conservatrice) conservative
le, la **consommateur (consommatrice)** consumer
le, la **conspirateur (conspiratrice)** conspirator
constamment constantly
constituer to represent
la **construction** building, construction
construire to construct, build
consulter to see; to consult; to take the advice of
le **conte** story, short story
content(e) happy, pleased
le, la **conteur (conteuse)** short-story writer
continuer to continue
le **contraire** contrary;
au ___ on the contrary
le **contraste** contrast;
faire ___ **avec** to contrast with
la **contravention** traffic ticket;
dresser une ___ to give a ticket
contre against
convaincre to convince
convaincu(e) convinced
convenable suitable, fitting, proper
convenir: il convient it is fitting, suitable
la **convivialité** conviviality, sense of community
le, la **copain (copine)** *fam* chum, pal
la **copie** paper
coquet (coquette) coquettish
corriger to correct, chastise
le **côté** side;
à ___ **de** next to
coucher to put to bed, to sleep;
se ___ to lie down, go to bed
la **couleur** color
le **coup** blast, blow; stroke, deed;
tout à ___ all of a sudden
coupable guilty
couper to cut

la **cour** court, yard; playground
courageux (courageuse) courageous
couramment fluently
le **courant** current;
être au ___ to be in the know, be up on
courir to run
le **courrier** mail;
___ du cœur lonely hearts column;
___ électronique electronic mail
le **cours** course;
au ___ de in the course of, during;
___ facultatif elective;
___ obligatoire required course
la **course** run; race; walk, journey; errand; *pl* errands;
faire des ___s to go shopping
court(e) short
le **couteau** knife
coûter to cost;
___ cher to be expensive
la **coutume** custom;
avoir ___ de to be in the habit of
la **couture** needlework;
haute ___ high fashion
le, la **couturier (couturière)** dress designer, dressmaker
couvert(e) covered
couvrir to cover
craindre to fear, be afraid of
la **crainte** fear
craintif (craintive) fearful, timid
le **crâne** skull;
le bourrage de ___ cramming of the brain
la **crèche** day-care center
le **crédit** credit;
___ foncier real-estate bank
créer to create
la **crème** cream
le **crime** crime;
___ passionnel crime of passion;
___ prémédité premeditated crime
le, la **criminel (criminelle)** criminal
la **crise** crisis, economic crisis
la **critique** criticism
le **critique** critic
critiquer to criticize
croire to believe, think
croiser to cross; to meet
la **croix** cross
cruel (cruelle) cruel
la **cuisine** kitchen;
faire la ___ to cook
la **cuisse de grenouille** frog's leg
la **culture** crop, cultivation; culture
curieux (curieuse) curious, odd

D

d'abord at first, in the first place, primarily
d'ailleurs besides
la **dame** lady
dans in
d'après according to
davantage any further, more
le **débat** debate
debout standing up, on one's feet
se **débrouiller** to get out of trouble; to manage; to get along
le **début** beginning
le, la **débutant(e)** beginner
décevoir (*pp* déçu) to disappoint
décidé(e) decided, resolute
décider to decide, determine;
se ___ à to make up one's mind
la **décision** decision
déclarer to register; to declare
le **décor** decor, scenery
le **découragement** discouragement
découvrir to discover, find, uncover
décrire to describe
décrocher *fam* to obtain, get
la **défaite** defeat
le **défaut** fault
défendre to protect, defend; to prohibit
dégrader to dilapidate
le **dehors** exterior, outside; *adv* outside;
en ___ outward;
en ___ de outside of
déjà already, before; as it is
déjeuner to breakfast; to lunch
le **déjeuner** lunch
le petit ___ breakfast
la **délicatesse** considerateness; delicacy
demain tomorrow
demander to ask, require;
se ___ to wonder
demeurer to stay, remain; to live
le **demi-frère** stepbrother
la **demi-sœur** stepsister
démissionner to resign
la **démocratie** democracy
se **démoder** to go out of fashion, become outdated

démographique demographic
la **demoiselle** unmarried woman, young lady
dénoncer to denounce
le **dénouement** ending, outcome;
___ **heureux** happy ending
la **dent** tooth
le **départ** departure; start
dépasser to go beyond, surpass, pass
dépaysé(e) lost; homesick
dépayser to disconcert
se **dépêcher** to hurry
dépendre (de) to depend (on)
dépenser to spend
se **déplacer** to get around, travel
déposer to put down
déprécier to underestimate
déprimé(e) depressed
déprimer to depress
depuis since, from; for;
___ **que** since
le **député** representative
dériver to derive
dernier (dernière) last
le **derrière** behind
dès (immediately) upon, from;
___ **maintenant** from now on;
___ **que** as soon as
désagréable unpleasant
le **désastre** disaster
descendre to come down, go down; to bring down; to get off, descend
le **désir** desire
désirer to wish (for)
désobéir à to disobey
désolé(e) very sorry, grieved
désormais henceforth
le **dessin** drawing, design;
___ **animé** cartoon
le **destin** destiny, fate
se **détendre** to relax
détruire to destroy
deux two
deuxième second
devant in front of, before *(in space)*
devenir to become
deviner to guess, foresee; to see into someone
devoir must, have to; should
le **devoir** duty;
___**s** homework
dévorer to devour
le **dialecte** dialect
le **dictateur** dictator
la **dictature** dictatorship
différent(e) different
diffuser to broadcast
le **dimanche** Sunday
diminuer to diminish, lessen
le **diplôme** degree
le, la **diplômé(e)** graduate
dîner to have dinner
dire to say, tell;
___ **des bêtises** to speak nonsense;
___ **du bien (mal) de** to speak well (badly) of
le, la **directeur (directrice)** director, manager
discret (discrète) discreet
disparaître to disappear
se **disperser** to disperse, scatter
la **dispute** argument, quarrel
se **disputer** to argue, quarrel
le **disquaire** record dealer
chez le ___ in the record shop
le **disque** phonograph record;
___ **compact** compact disc
distingué(e) distinguished
la **distraction** entertainment;
___**s** recreation, diversion, entertainment
divers(e) varied
divertir to entertain, amuse;
se ___ to amuse, enjoy oneself
la **dizaine** ten or so
le **documentaire** documentary
le **doigt** finger
le **domaine** domain;
dans le ___ **de** in the area, sphere of
le **domicile: à** ___ at home
dominer to dominate
le **dommage** harm, damage; pity;
il est, c'est ___ it's a pity, it's too bad
donc therefore, then
donner to give
dont of whom, whose; of which, in which
dormir to sleep
le **dos** back
le **dossier** dossier, file
la **douane** customs;
passer la ___ to pass through customs
le, la **douanier (douanière)** customs officer
doubler to pass; to dub *(film)*
doucement softly, gently
la **douche: prendre une** ___ to take a shower
la **douleur** suffering, sorrow; pain;
dans les ___**s** in labor *(childbirth)*

le **doute** doubt;
 mettre en ___ to question
douter (de) to doubt;
 se ___ de to suspect
douteux (douteuse) doubtful
doux (douce) gentle, quiet; soft; sweet, pleasant
dramatique dramatic
le **drapeau** flag
dresser: ___ une contravention to give a ticket
le **droit** law *(profession, study);* right *(moral, legal);*
 avoir le ___ de (+ *inf*) to have the right to
droit(e) straight; right
la **droite** right *(opposite of left);*
 de ___ rightist
drôle funny; odd
dur(e) hard; harsh;
 œuf ___ hard-boiled egg

E

l' **eau** *f* water
l' **échange** *m* exchange
échapper à to escape
l' **échec** *m* failure
échouer (à) to fail
l' **éclair** *m* lightning, flash
l' **école** *f* school
l' **écolier (écolière)** *m,f* schoolchild
économe thrifty
l' **économie** *f* economy
économique economic
écouter to listen (to)
l' **écran** *m* screen
écrire to write
l' **écrit** *m:* **les ___s** writings;
 par ___ in writing
l' **écrivain** *m* writer
l' **éditeur (éditrice)** *m,f* publisher
l' **éducation** *f* education, upbringing, training
l' **effet** *m* effect;
 en ___ in fact, indeed
égal(e) equal, same, even;
 c'est ___ it's all the same;
 cela m'est ___ I don't mind, it's all the same to me
également equally, as well
l' **égalité** *f* equality
l' **égard** *m* consideration;
 à l'___ de with regard to;
 manquer d'___s envers to lack consideration, respect for
égoïste selfish
l' **élève** *m,f* pupil, student
élevé(e) elevated; brought up;
 bien (mal) ___ well- (ill-) mannered
élever to raise;
 s'___ to rise, raise
éloigné(e) distant, remote
élu (*pp of* élire) elected
embarquer to launch; get on board
l' **embrasement** *m* flare-up
embrasser to kiss; to embrace, hug
l' **émission** *f* telecast
emmener to lead away
empêcher to prevent;
 s'___ to refrain
l' **emploi** *m* use, job;
 ___ du temps schedule
employer to employ, use
emporter to take along
l' **emprisonnement** *m* imprisonment;
 ___ perpétuel life imprisonment
l' **emprunt** *m* borrowing
emprunter to borrow;
 ___ la porte to take the door
en *prep* in; *pron* of it, of them; some, any
enceinte pregnant
encore still, again; even;
 ___ que although;
 pas ___ not yet
endormir to put to sleep;
 s'___ to fall asleep
l' **endroit** *m* place, spot
énerver to get on one's nerves;
 s'___ to get excited; to become irritable, get worked up
l' **enfant** *m,f* child;
 ___ unique only child
enfin finally, in short
engagé(e) committed; hired
engager to engage, enter into; to hire
l' **ennemi(e)** *m,f* enemy
l' **ennui** *m* worry, problem, trouble; boredom
ennuyer to bore; to bother;
 s'___ to be bored
ennuyeux (ennuyeuse) dull, boring
l' **énoncé** *m* statement
énorme enormous, huge
l' **enquête** *f* survey

enragé(e) out-and-out, radical
enrager to be enraged, fume
l' **enregistrement** *m* recording
enregistrer to record
l' **enseignement** *m* education, teaching;
___ supérieur higher education
enseigner to teach
ensemble together
ensuite then; afterwards
entendre to hear, understand; to mean, intend;
s'___ avec to get along with
entendu(e) overheard; capable, shrewd; knowing;
bien ___ of course;
___ agreed!
l' **enthousiasme** *m* enthusiasm
enthousiaste enthusiastic
entier (entière) whole, entire
entourer to surround
l' **entracte** *m* intermission
entre between, among
l' **entrée** *f* entrance; second course
entreprendre to undertake
l' **entreprise** *f* business, firm, concern
entretenir: ___ des rapports to keep in contact
l' **entretien** *m* interview, meeting, discussion; upkeep
entrer (dans) to enter
envers toward
l' **envie** *f* urge, desire; envy;
avoir ___ de to feel like, want to
environ *adv* approximately;
___s *m* vicinity
envisager to contemplate
envoyer to send
l' **épaule** *f* shoulder
l' **époque** *f* time, epoch
épouser to marry
l' **épouvante** *f* horror
l' **époux (épouse)** *m,f* spouse
l' **équité** *f* equity, fairness
érotique erotic
l' **escalier** *m* staircase, stairs
l' **escargot** *m* snail
l' **esclave** *m,f* slave
l' **espace** *m* space
l' **espagnol** *m* Spanish language;
___(e) *adj* Spanish
l' **espèce** *f* kind, species
l' **espérance** *f* hope
espérer to hope
l' **espion (espionne)** *m,f* spy
espionner to spy
l' **espoir** *m* hope
l' **esprit** *m* mind, spirit; wit;
avoir l'___ ouvert to have an open mind
l' **essai** *m* essay; try, attempt
essayer to try, try on
l' **essayiste** *m,f* essayist
essuyer to wipe
estimer to deem, consider; to think, find; to esteem
l' **estomac** *m* stomach
établir to establish; to draw up, make out
l' **étage** *m* floor, story
l' **étape** *f* step, stage *(of a journey)*
l' **état** *m* condition
l' **été** *m* summer
l' **étoile** *f* star;
coucher à la belle ___ to sleep outdoors
étonné(e) astonished, amazed, surprised
étonner to astonish, amaze, surprise
étrange strange
étranger (étrangère) *m,f* stranger, foreigner; *adj* foreign, unfamiliar
être to be;
___ au courant de to be in the know about;
___ en train de to be in the process of;
___ *m* being
étroit(e) narrow, close
l' **étude** *f* study
l' **étudiant(e)** *m,f* student
étudier to study
évacuer to evacuate
l' **événement** *m* event
évident(e) evident
éviter to avoid
exceptionnel (exceptionnelle) exceptional
exclure to exclude
l' **excursion** *f* tour; trip;
___ accompagnée guided tour
exécuter to execute, perform;
s'___ to bring oneself to do something
l' **exemple** *m* example;
par ___ for example
exercer to exert, exercise; to fulfill
l' **exercice** *m* exercise
exigeant(e) demanding
expirer to expire

expliquer to explain
exploiter to develop; to exploit
exposer to exhibit
exprimer to express;
  s'___ to express oneself
l' **extase** *f* ecstasy
l' **externe** *m,f* day student, off-campus student
extirper to extirpate, eradicate
extraordinaire extraordinary;
  par ___ exceptionally

F

fabriquer to fabricate, manufacture, make
la **façade** façade, front *(of a house)*
la **face** face;
  en ___ opposite;
  en ___ de opposite;
  faire ___ à to face up to, confront
fâché(e) angry
se **fâcher** to get angry
facile easy
la **façon** manner, way;
  de toute ___ in any case
le **facteur** factor
le, la **facteur (factrice)** factor; mail carrier
faible weak
la **faillite** bankruptcy;
  faire ___ to go bankrupt
la **faim** hunger;
  avoir ___ to be hungry
faire to make; to do;
  ___ attention to pay attention;
  ___ cuire to cook *(something);*
  ___ venir to send for, bring about;
  il fait beau it is a beautiful day
le **fait** fact, deed
falloir to be necessary; to have to
fameux (fameuse) famous
la **famille** family
le **fantôme** ghost, phantom
se **farder** to put on make-up
la **fatigue** fatigue, tiredness
fatigué(e) tired
se **fatiguer** to get tired
fauché(e) *fam* broke
faut: il it is necessary
la **faute** fault; lack; mistake
faux (fausse) false;
  ___ air resemblance
la **femme** woman; wife;
  ___ au foyer housewife, homemaker
fendre to split, break into pieces
la **fenêtre** window
ferme *f* farm; *adj* firm
fermé(e) closed
fermer to close
le, la **fermier (fermière)** farmer
féroce ferocious
la **fessée** spanking
fesser to whip, spank
la **fête** feast; holiday
le **feu** fire
feu(e) late deceased
la **feuille** leaf; sheet *(of paper)*
fidèle faithful
se **fier à** to trust (in)
la **filiation** blood relationship *(son or daughter)*
la **filière** track
la **fille** girl; daughter; streetwalker;
  vieille ___ old maid
la **fillette** little girl
filmer to film
le **fils** son
la **fin** end;
  à la ___ finally
fin(e) fine, delicate
financier (financière) financial
finir to finish;
  en ___ avec to have done with;
  ___ par (+ *inf*) to end up
fixer to fix, establish
la **flamme** flame
flâner to dawdle; to stroll
la **fleur** flower, blossom, bloom
flirter to flirt
le, la **flirteur (flirteuse)** flirt
flotter to float
la **foi** faith
le **foie** liver
la **fois** time;
  à la ___ at one and the same time
folklorique folk
le, la **fonctionnaire** civil servant
fonctionner to function, operate
le **fond** bottom, depth; far end, back;
  au ___ fundamentally;
  au ___ de at the bottom of
fonder to base, found; to set up
la **fontaine** fountain
la **force** strength

la **forme** form
former to form
formidable tremendous, fantastic
fort *adv* very; hard; loud;
___**(e)** *adj* strong; shocking; large; fortified
le **fossé** ditch, moat; gap;
___ **entre les générations** generation gap
fou (fol, folle) foolish, crazy
fouiller to search *(a person, suitcase)*
la **foule** crowd
le **four** flop *(theater)*
la **fourchette** fork
fournir to furnish, provide
le **fourreur** furrier
le **foyer** hearth; home
frais (fraîche) fresh; cool
franc (franche) honest, open
français(e) French
franchement openly, honestly
le, la **francophile** Francophile *(one who is extremely fond of the French)*
le, la **francophobe** Francophobe *(one who hates the French)*
le, la **francophone** Francophone *(one who normally speaks French); adj* French-speaking
frapper to strike; to knock
frénétiquement wildly
fréquenter to frequent
le **frère** brother
froid: avoir ___ to be cold;
il fait ___ it is cold (weather);
___ **(e)** *adj* cold
la **fuite** flight, escape; leak
fumer to smoke

G

gagner to win; to earn, gain;
___ **sa vie** to earn one's living
gai(e) gay, happy
la **galère** *fam* hard life (*lit*, galley)
le **garçon** boy; waiter
garder to keep; to guard
la **garderie** day-care center
garer to park
gaspiller to waste
gâté(e) spoiled
gâter to spoil
la **gauche** left;
de ___ leftist; *adj* left
le, la **géant(e)** giant; *adj* gigantic
geler to freeze
gênant(e) embarrassing, awkward
gêné(e) bothered
gêner to bother, inconvenience, disturb
généreux (généreuse) generous, unselfish
le **génie** genius
le **genou** knee;
à ___ **x** on one's knees
le **genre** type
les **gens** *m* people;
les jeunes ___ young men, young people
gentil (gentille) nice, kind
la **gentillesse** graciousness, kindness
la **géographie** geography
gesticuler to gesticulate
gifler to slap in the face
la **glace** mirror; ice; ice cream
la **gloire** glory
le, la **glouton (gloutonne)** glutton
le, la **gosse** *fam* kid
le, la **gourmand(e)** gourmand; glutton
le **goût** taste; liking
goûter to taste, enjoy
le **gouvernement** government
la **grâce** grace, mercy
gracieux (gracieuse) graceful; amiable, kindly
grand(e) great, big, large; tall; wide;
___ **magasin** department store
grand-chose much;
pas ___ not much
grandir to grow; to grow up
gras (grasse) fat; heavy; slippery;
faire la grasse matinée to lie in bed late in the morning
le **gratte-ciel** skyscraper
gratuit(e) free of charge
grave grave, serious, solemn
le **gré** liking, taste; will;
contre son ___ against one's will
la **grenouille** frog
gris(e) gray; intoxicated
gronder to scold
gros (grosse) big;
la grosse tête nerd, brain
grossier (grossière) gross, coarse
grossir to grow bigger; to swell; to get fat
guère: ne... hardly, scarcely
guérir to cure, heal; to get better
la **guerre** war

le **guide** tour guide; guidebook
la **gymnastique** gymnastics; exercise

H

habile skillful, clever, able
habiller to dress;
s'___ to dress up
l' **habitant(e)** *m,f* inhabitant, resident
habiter to dwell (in), live (in)
habituel (habituelle) habitual
habituer to accustom;
s'___ à to get used to
l' **haleine** *f* breath;
reprendre ___ to catch one's breath
le ***harcèlement sexuel** sexual harassment
***hardi(e)** bold, hardy, daring
l' **harmonie** *f* harmony
le ***hasard** chance, luck; accident;
à tout ___ by any chance;
par ___ by chance
***haut(e)** high, lofty; tall; loud;
la haute couture high fashion;
la haute société high society
***hautain(e)** condescending
la ***hauteur** height;
être à la ___ de to be equal to
l' **hebdomadaire** *m* weekly paper or magazine; *adj* weekly
l' **herbe** *f* grass
l' **héroïne** *f* heroine
le ***héros** hero
l' **hésitation** *f* hesitation
l' **heure** *f* hour, o'clock;
à l'___ on time;
de bonne ___ early
heureusement happily; luckily, fortunately
heureux (heureuse) happy; fortunate
***heurter** to knock against
hier yesterday;
___ soir last night
l' **histoire** *f* history; story
l' **hiver** *m* winter
l' **homme** *m* man;
___ d'affaires businessman;
___ politique politician
l' **honneur** *m* honor
***honteux (honteuse)** ashamed; shameful
l' **horreur** *f* horror, abhorrence
***hors de** outside of
les ***hors-d'œuvre** *m, invar* first course
l' **hôtel** *m* hotel; townhouse
***huer** to boo
humain(e) human
l' **humeur** *f* humor, mood;
de bonne (mauvaise) ___ in a good (bad) mood
l' **humour** *m* humor
l' **hypermarché** *m* superstore

I

ici here; now
l' **idée** *f* idea
l' **identité** *f* identity
idiot(e) stupid
l' **idiotisme** *m* idiom
l' **île** *f* isle, island
l' **îlot** *m* small island, isle
l' **image** *f* picture, image
impertinent(e) impertinent, insolent
importer to matter, be important;
n'importe it doesn't matter;
n'importe où anywhere (at all);
n'importe quand anytime (at all);
n'importe quel any;
n'importe qui anyone (at all);
n'importe quoi anything (at all);
qu'importe? what does it matter?
importuner to importune; to pester
imposer to prescribe; to impose
l' **impression** *f* impression;
avoir l'___ to seem; to fancy; to feel
impressionné(e) impressed
impressionner to impress
impuissant(e) powerless
l' **inaptitude** *f* incapacity
l' **incendiaire** *m* arsonist
inciter to incite, urge
l' **inconnu(e)** *m,f* stranger; *adj* unknown
incontestable undeniable
indépendant(e) independent
l' **indigène** *m,f* native; *adj* native
indiquer to indicate
l' **individu** *m* individual
indulgent(e) indulgent, lenient
l' **industrie** *f* industry
infiniment infinitely
l' **ingénieur** *m* engineer
ingrat(e) ungrateful
inhumain(e) inhuman
injuste unjust;
être ___ envers to be unfair to

inquiet (inquiète) worried
inquiéter to worry *(someone);*
  s'___ (de) to worry (about)
l' **inscription** *f* enrollment
installer to set up, install;
  s'___ to settle down, set up shop
l' **instant** *m* instant;
  à, sur ___ immediately, just now;
  pour l'___ for the moment, at this point
l' **instituteur (institutrice)** *m,f* elementary school teacher
l' **instruction** *f* education; pretrial inquiry
instruit(e) educated
l' **insu: à l'___ de** without someone's knowing;
  à mon, ton, etc. ___ without my, your, etc. being aware of it
insulter to insult
insupportable intolerable, unbearable
intégrer to integrate; to be accepted by *(a school);*
  s'___ à to become a part of
l' **intention** *f* intention;
  avoir l'___ de to intend to
intéresser to interest;
  s'___ à to be interested in
l' **intérêt** *m* interest; self-interest
l' **internat** *m* residence hall, dorm
l' **interne** *m,f* boarding student, on-campus student
l' **interprétation** *f* interpretation
interpréter to interpret
l' **interro(gation)** *f* test
interroger to interrogate, question
intrépide intrepid, fearless
inventer to invent
l' **investissement** *m* investment
irremplaçable irreplaceable
irréprochable blameless
isolé(e) isolated
ivre drunk
l' **ivresse** *f* intoxication; ecstasy

J

jalouser to be jealous of
jaloux (jalouse) jealous
jamais ever;
  ne... ___ never
la **jambe** leg
le **jardin** garden
jeter to throw, throw away, fling, cast
le **jeu** game; gambling; working
jeune young;
  ___ fille girl;
  ___s gens young men, young people
la **jeunesse** youth
joindre to join, unite;
  se ___ à to join *(an organization)*
joli(e) pretty
jouer to play, act out; to gamble;
  faire ___ to activate
jouir de to enjoy
le **jour** day
le **journal** newspaper;
  ___ parlé radio news
la **journée** day
le **juge** judge
le **jugement** judgment; trial
juif (juive) Jewish
le, la **jumeau (jumelle)** twin
la **jupe** skirt
le, la **juré(e)** juror
jurer to swear
jusque until, up to, as far as;
  jusqu'à ce que (+ *subj*) until
juste just, accurate, fitting; to the point; well founded;
  être ___ envers to be fair to
justifier to justify

K

le **kilo(gramme)** kilogram (2.2 pounds)
le **kilomètre** kilometer (.62136 mile)
le **krach (pétrolier)** oil crisis

L

là there;
  ___-bas over there
le **labeur** labor, toil
le **lac** lake
le, la **lâche** coward; *adj* cowardly
laid(e) ugly
laisser to let; to leave, quit
se **lamenter** to moan, lament
lancer to throw, hurl, launch;
  ___ un nouveau produit to launch a new product;
  se ___ dans la politique to go into politics

le **langage** language *(of an individual; vocabulary)*
la **langue** language; tongue;
 ___ **étrangère** foreign language;
 ___ **maternelle** native language;
 ___ **vivante (morte)** modern (dead) language
la **langueur** languidness, listlessness
languir to languish
le **lapsus** slip, mistake;
 faire un ___ to make a slip of the tongue
laver to wash;
 se ___ to wash up
le, la **lecteur (lectrice)** reader
le **lecteur de disque compact** compact disk player
la **lecture** reading
léger (légère) light, slight
le **légume** vegetable
le **lendemain** day after, next day;
 le ___ **matin** (the) next morning
lent(e) hesitant; slow
lentement slowly
lequel (laquelle) which
la **lessive** wash, laundry; laundry detergent
la **lettre** letter
lever to lift, raise;
 se ___ to get up
la **lèvre** lip
libéral(e) liberal
libéré(e) liberated
la **liberté** liberty, freedom
le, la **libraire** bookseller
la **librairie** bookstore
libre free
le **licenciement** layoff
licencier to lay off
le **lien** tie
le **lieu** place;
 au ___ **de** instead of;
 avoir ___ to take place;
 ___ **commun** commonplace;
 s'il y a ___ if necessary
la **ligne** line
la **limite** limit
le **linge** linen, laundry; underwear
la **liqueur** after-dinner drink
lire to read
le **lit** bed
le, la **littéraire** person involved in literature
la **littérature** literature
le **livre** book;
 ___ **de chevet** bedside book, favorite book;
 ___ **de poche** paperback
le **livret** booklet
le **logement** lodging, housing
logique logical
la **loi** law *(rule, statute)*
loin far;
 au ___ in the distance;
 de ___ by far, from afar
le **loisir** leisure
long (longue) long, lengthy; slow
le **long** length;
 le ___ **de** along
longtemps for a long time
longuement at length, for a long time
lorsque when
louche shady, suspicious
louer to rent; to praise;
 se ___ **de** to be pleased with
lourd(e) heavy
lucratif (lucrative) lucrative
la **lumière** light
le **lundi** Monday
la **lune** moon;
 être dans la ___ to daydream;
 ___ **de miel** honeymoon
la **lutte** struggle, contest;
 ___ **des classes** class struggle
lutter to struggle
le **luxe** luxury
le **lycée** secondary school
le, la **lycéen (lycéenne)** student at a **lycée**

M

la **machine à écrire** typewriter
le **machisme** (male) chauvinism
le **magasin** store;
 grand ___ department store
maghrébin(e) North African
le **magnétophone** tape recorder
le **magnétoscope** VCR
maigrir to lose weight, slim down
le **maillot:** ___ **de bain** bathing suit
la **main** hand
maintenant now
maintenir to maintain, uphold
le **maintien** maintenance
la **mairie** city hall
mais but

la **maison** house; (business) firm
la **maîtresse de maison** housewife, homemaker
le **mal** evil, ill, harm;
avoir du ___ à faire quelque chose to have a hard time doing something; *adv* badly
la **maladie** illness
la **malédiction** curse
malgré in spite of, despite
le **malheur** misfortune, unhappiness
malheureusement unfortunately, unluckily; unhappily
malheureux (malheureuse) unhappy; unfortunate
malin (maligne) evil, wicked
la **malle** trunk;
faire la ___ to pack the trunk
malsain(e) sick, unhealthy
manger to eat;
se ___ to be edible
la **manière** manner, way, sort;
fair des ___s to put on airs
le, la **manifestant(e)** demonstrator
le **manque** lack
manquer to be lacking, be missing, fail;
___ à sa parole to go back on one's word;
___ d'égards envers to be inconsiderate of
le **manteau** cloak, coat
le **manuel** handbook, textbook;
___ (manuelle) *adj* manual
le **manuscrit** manuscript
le **maquillage** make-up
se **maquiller** to make up (one's face)
le **marbre** marble
la **marche** step; march; walking
le **marché** market;
le ___ aux puces flea market
marcher to walk; to work
le **mari** husband
le **mariage** marriage
marié(e) married
marier to give in marriage;
se ___ to get married;
se ___ (avec) to marry
la **marque** brand
les **maths** *fam* **(= mathématiques)** *f* math(ematics)
la **matière** subject matter, content of a course
le **matin** morning;
du ___ A.M.

la **matinée** morning;
faire la grasse ___ to lie in bed late in the morning
mauvais(e) bad, evil
la **mécanique** mechanics; *adj* mechanical
la **méchanceté** wickedness
le **médecin** doctor
la **médecine** medicine *(science, profession)*
le **médicament** medicine *(medication)*
méditer to meditate
se **méfier (de)** to be suspicious (of)
meilleur(e) better
le, la ___ the best
la **mélodie** melody, tune
même very, same; even;
quand ___ nevertheless, all the same
la **mémoire** memory
menacer to threaten
le **ménage** housekeeping, housework; household
le, la **mendiant (mendiante)** beggar
mener to lead, take;
___ à bien to manage successfully
le **mensonge** lie
mensuel (mensuelle) monthly
la **mentalité** turn of mind
le, la **menteur (menteuse)** liar; *adj* lying
mentir to lie
la **mer** sea
le **mercredi** Wednesday
la **mère** mother;
___ porteuse surrogate mother
mériter to deserve
la **météorologie** weather report
le **métier** trade, profession, job
le **métro** subway
le **metteur en scène** director
mettre to put, put on; to place;
se ___ à to begin to;
se ___ en colère to get angry
le **meurtre** murder
le, la **meurtrier (meurtrière)** killer, murderer
le **micro-ordinateur** microcomputer
le **midi** noon;
le Midi southern France
le, la **mien (mienne)** mine
mieux better;
le ___ the best
le **milieu** middle; milieu, environment
le **militaire** soldier; *adj* military
militer to be active *(in a political party)*
mince thin

le **ministre** minister
la **mise en scène** staging, production
la **misère** misery, distress, poverty
mi-temps: à ___ part-time
mixte mixed, coed
la **mode** fashion *(clothes)*, trend;
à la ___ in fashion
moindre lesser;
le ___ the least
moins less;
à ___ que (+ *subj*) unless;
au ___ at least;
le ___ the least
le **mois** month
la **moitié** half
le **moment** moment;
au ___ où at the moment when;
du ___ que since, once
la **monarchie** monarchy
le **monde** world; people, society;
tout le ___ everybody
la **monnaie** change, coin, money
monotone monotonous, dull
monoparental(e) single-parent
monseigneur *m* my lord
le **monsieur** gentleman
la **montagne** mountain
monter to rise; to climb; to get on, mount; to stage *(a play)*;
___ à to amount to;
___ à Paris to come to Paris *(from the provinces)*
montrer to show
se **moquer de** to make fun of, laugh at
moralement morally
la **mort** death
mort(e) dead; extinct
mortel (mortelle) mortal
le **mot** word
motiver to motivate
mou (mol, molle) soft, limp
le **mouchoir** handkerchief
mourir to die;
se ___ to be dying
le **moustique** mosquito
le **mouton** sheep
le **moyen** means
moyen (moyenne) medium, middle, average
le **mur** wall
mûr(e) mature, ripe
le **musée** museum
le, la **musicien (musicienne)** musician
le **mythe** myth

N

nager to swim
naguère lately
naïf (naïve) naïve
la **naissance** birth;
de ___ from birth;
la limitation des ___s birth control
naître to be born;
faire ___ to produce
le **naturel** nature; disposition;
___(naturelle) *adj* natural
le **navet** (film) flop
ne: ___ ... pas not;
___ ... que only
né(e) (*pp of* **naître**) born
nécessaire necessary
négligé(e) neglected
négliger to neglect
neiger to snow
le **néologisme** neologism *(new word, or new meaning for an established word)*
nerveux (nerveuse) nervous
net *adv* plainly, clearly; suddenly;
___(nette) *adj* clear, distinct
nettement clearly
nettoyer to clean
neuf (neuve) new
le **neveu** nephew
le **nez** nose
ni neither;
ne ... ___ ... ___ neither . . . nor
la **nièce** niece
le **niveau** level
le **nom** name;
au ___ de in the name of
le **nombre** number
nombreux (nombreuse) numerous
le **nord** north
la **note** grade
noter to observe, note
la **notice nécrologique** obituary
la **nourriture** food, nourishment
nouveau (nouvel, nouvelle) new
la **nouveauté** newness; novelty, latest thing
la **nouvelle** piece of news; short story;
les ___s news
nuancé(e) varied

nucléaire nuclear
la **nuit** night
nul (nulle) *fam* very bad

O

obéir (à) to obey
l' **obéissance** *f* obedience
objectif (objective) objective
obligé(e) obliged;
être ___ de (+ *inf*) to be obliged to, have to
obsédé(e) obsessed
observer to observe
obtenir to obtain
l' **occasion** *f* opportunity, chance;
avoir l'___ de to have the opportunity, chance to
l' **œil** *m* (*pl* **yeux**) eye
l' **œuf** *m* egg;
___ dur hard-boiled egg
offenser to offend
l' **officier** *m* officer
l' **offre** *f* offer
l' **oignon** *m* onion
l' **oiseau** *m* bird
l' **oncle** *m* uncle
l' **onde** *f* wave
l' **onglier** *m* manicure set
opposé(e) opposite
opprimer to oppress
l' **or** *m* gold
l' **orchestre** *m* orchestra
l' **ordinateur** *m* computer
l' **oreiller** *m* pillow
l' **origine** *f* origin;
à l'___ originally
l' **ornement** *m* ornament, decoration
l' **orphelin(e)** *m,f* orphan
l' **orthographe** *f* spelling
osé(e) daring, bold
ou or;
___ bien or else
où where; when
oublier (de + *inf*) to forget
l' **ours** *m* bear
outre besides;
en ___ moreover
ouvertement openly
l' **ouverture** *f* opening
l' **ouvrage** *m* work
l' **ouvrier (ouvrière)** *m,f* worker;
la classe ouvrière working class
ouvrir to open

P

le **pacha** oriental king
le **pain** bread
paisible peaceful
la **paix** peace
le **palais** palace
pâlir to turn pale
la **panique** panic
le **papier** paper
par by;
___ exemple for example;
___ terre on the ground
paraître to appear, seem
parascolaire extracurricular
le **parc** park
parce que because
pareil (pareille) similar, same; such, like that
le **parent** parent; relative
paresseux (paresseuse) lazy
parfait(e) perfect
parfois sometimes
le **parfum** perfume
parler to speak;
___ bas (fort) to speak softly (loudly)
le **parleur** talker;
le haut-___ loudspeaker
parmi among
la **parole** word *(spoken)*;
manquer à sa ___ to go back on one's word
la **part** part, share;
d'une ___ on one hand;
d'autre ___ on the other hand;
quelque ___ somewhere
partager to share; to divide, split
le, la **partenaire** partner
le **parti** party *(politics)*; match *(marriage)*
la **partie** party;
___ de billard game of billiards
le, la **particulier (particulière)** individual;
___ (particulière) *adj* particular; private
particulièrement particularly
partir to leave
le, la **partisan(e)** supporter
partout everywhere

parvenir to arrive, reach;
___ **à** to manage to, succeed at
passé(e) last
le **passeport** passport
passer to pass; to spend *(time);* to overlook, pass over; to take *(a test);* to put on;
se ___ to take place, happen;
se ___ **de** to do without
le **passe-temps** pastime
passionner to excite;
se ___ to be impassioned;
se ___ **pour** to be crazy about
le **pâté** meat pie
la **pâtisserie** pastry; pastry shop
le, la **patron (patronne)** boss, employer
la **patrouille** patrol
le, la **pauvre** poor (person); *adj* poor
la **pauvreté** poverty
payer to pay, pay for
le **pays** country, land
peindre to paint
la **peine** sorrow, trouble, difficulty;
à ___ hardly, scarcely, barely;
___ **de mort** death penalty
le **peintre** painter
la **pelouse** lawn
pendant during, for;
___ **que** while
pénétrer to penetrate
pénible painful, difficult
la **pensée** thought
penser to think;
le ___ thought
perceptif (perceptive) perceptive
perdre to lose;
se ___ to get lost
le **père** father
perfectionner to improve
la **période** period
permettre to permit, allow
permis(e) permitted, allowed
le **personnage** character *(in a play, book, etc.)*
la **personne** person
personne: ___ **... ne** no one, nobody;
ne ... ___ no one, nobody
peser to weigh
petit(e) small, little;
le, la petit(e) ami(e) boy- (girl)friend;
les petites annonces *f* classifieds
le **pétrole** oil
peu little, a few;
___ **sûr** unsure;
un ___ a bit

le **peuple** people, nation
la **peur** fear;
avoir ___ to be afraid
peut-être perhaps
le **phallocrate** *fam* male chauvinist
le **phénomène** phenomenon
la **photo** photograph
la **phrase** sentence
la **pièce** room; play; coin; piece
le **pied** foot;
à ___ on foot
le, la **pilleur (pilleuse)** looter
la **pinte** mug (a pint)
le **pipi** *fam* urine;
faire ___ to urinate
le **pique-nique** picnic;
faire un ___ to have a picnic
piquer to prick
pire worse;
le ___ the worst
la **piste sonore** soundtrack
la **pitié** pity;
avoir ___ **de** to have pity for
pittoresque picturesque
la **place** seat; square;
à la ___ in its place
plaider to plead
plaindre to pity; to feel sorry for;
se ___ **(de)** to complain (about)
plaire to please;
se ___ to take pleasure
plaisanter to joke, kid
la **plaisanterie** joking, joke
le **plaisir** pleasure
faire ___ **(à)** to please
le **plan** shot *(film)*
le **plat** dish, course;
___ **principal** main course
le **plateau** tray
plein(e) full;
à ___ **temps** full time
pleurer to cry; to deplore the loss of
pleuvoir to rain
le **plombier** plumber
la **plupart** the majority, most
plus more;
de ___ moreover, besides;
en ___ **de** in addition to;
moi non ___ neither do I;
ne ... ___ no more, no longer;
non ___ neither
plusieurs several
plutôt rather, instead

la **poésie** poetry
le **poète** poet
le **poids** weight
point: ne... ___ not at all
le **point** point;
___ de vue point of view
la **pointe** point, tip
le **poisson** fish
poli(e) polite
la **politesse** politeness, good manners
la **politique** *f* politics; *adj* diplomatic, political;
l'homme (la femme) ___ politician
polyglotte polyglot *(speaking or writing several languages)*
la **pomme** apple;
___ de terre potato
la **porte** door; gate, portal
porter to carry, bear; to direct, lead; to induce; to wear; to give; to strike
poser to put down, lay down;
___ sa candidature to run for office
posséder to possess, own
la **poste** mail
le **poste** job, position; (TV) set
le **pot-de-vin** bribe
pour in order to;
___ que in order that, so that
pourquoi why
poursuivre to pursue
pourvu provided;
___ que (+ *subj*) provided that
pousser to push, advance; to utter; to grow
pouvoir to be able to, can; *m* power;
il se peut it is possible
pratique practical
pratiquer to practice
précéder to precede
précieux (précieuse) precious
le **précipice** precipice
précis(e) specific
préciser to specify
le **préjugé** preconception, prejudice
prématuré(e) premature
premier (première) first
prendre to take, get; to catch
les **préparatifs** *m* preparations
près near;
de ___ closely;
___ de near
présent(e) present
le, la **président(e)** president; presiding judge
presque almost, nearly
la **presse** press
pressé(e) in a hurry
presser: ___ le pas to quicken one's pace;
se ___ to crowd; to hurry
prêt(e) ready
prétendre to claim; to intend
prêter to lend; to assign *(a role)*
la **preuve** proof;
faire ___ de to show
prévaloir to prevail
prévoir to foresee
prier to ask, beg, pray
la **prière** prayer, supplication
le **printemps** spring
le, la **prisonnier (prisonnière)** prisoner
la **prise** hold, grasp
privilégier to favor, give greater importance to
le **prix** price; prize, reward
le **problème** problem, issue
le **procès** trial, lawsuit;
faire le ___ de to take action against
prochain(e) approaching, next
procurer to procure, obtain
le **produit** product, produce
le **professeur** college professor; high school teacher
profiter de to take advantage of
profond(e) deep
le **programme** program, platform
le **projet** project, plan;
___ de loi bill *(prospective law)*
prolonger to prolong
la **promenade** walk, outing;
faire une ___ to take a walk
se **promener** to go for a walk, stroll;
se ___ en voiture to ride around in a car
la **promesse** promise
promettre to look promising; to promise
prononcer to pronounce
le **propos** remark; *pl* talk;
à___ judiciously;
à ___ de about
propre *(after n)* clean; *(before n)* own
protégé(e) protected
protéger to protect
prouver to prove
le **proverbe** proverb
le **public** audience, public;
le grand ___ the general public;
___ (publique) *adj* public
la **publicité** advertising, advertisement;
faire de la ___ to advertise
publier to publish

puis then
puisque since
la **puissance** power
puissant(e) powerful
punir to punish
la **punition** punishment
pur(e) pure

Q

qualifié(e) qualified
quand when;
___ **même** nevertheless, still
quant à as for, as regards, as to
le **quart** quarter
le **quartier** district, neighborhood
quatre four
que that, which; who, whom;
___ **... ou non** whether . . . or not;
ne... ___ only
quel (quelle) what;
n'importe ___ any (at all)
quelque some;
___**s** some, a few;
___ **chose** something;
___ **part** somewhere
quelquefois sometimes, occasionally
quelqu'un someone
la **querelle** quarrel;
chercher ___ to try to pick a fight with
la **question** question; issue
la **queue** line;
faire la ___ to wait in line
quitter to leave
quoi what
quoique (+ *subj*) although
quotidien (quotidienne) daily

R

raccommoder to mend
se **raccrocher à** to hang on to
raconter to tell, relate; to tell a story, narrate
raffiné(e) refined
la **raison** reason;
avoir ___ to be right
raisonnable reasonable
ramasser to gather, collect, pick up
le **rang** rank; rung
rapide swift
rappeler to recall; to remind;
se ___ to remember
le **rapport** relationship
rapporter to relate; to bring back
rarement rarely, seldom
se **raser** to shave
rassembler to gather together
rassuré(e) reassured
rater to fail, bungle
ravager to lay waste, ravage, devastate
ravaler to plaster
ravi(e) delighted, enraptured
le **rayon** shelf; department *(in a store)*
réactionnaire reactionary
réagir to react
le, la **réalisateur (réalisatrice)** film maker, director
réaliser to realize, carry out, achieve
réaliste realistic
la **réalité** reality
récemment recently
la **recette** recipe
recevoir to receive
le **récit** narration
la **réclame** advertisement
recommencer to start over again
reconnaître to recognize
recruter to recruit;
se ___ to be recruited
reçu(e) (*pp of* **recevoir**) received;
bien (mal) ___ well (badly) received
réduit(e) reduced
réellement really, truly
refaire to redo;
se ___ to recuperate
le **réfectoire** dining hall
réfléchir to reflect, think, consider;
___ **à** to think about, ponder
la **réflexion** reflection, thought
la **réforme** reform
le **refus** refusal, rejection
refuser (**de** + *inf*) to refuse
le **regard** look, glance
regarder to look (at), watch; to concern
le **régime** diet;
suivre un ___ to be (go) on a diet
la **règle** rule;
en ___ in order
régler to settle; to control, direct
le **règne** kingdom, reign
regretter to regret, be sorry
rejeter to reject, throw back

rejoindre to reach again, overtake; to join
les **relations** *f* connections; friends
remarquer to notice, note
remercier (**de** + *inf*) to thank (for)
remettre to hand over; to restore; to put on again;
s'en ___ **à** to rely on
rempli(e) filled
remplir to fill, fulfill, carry out
la **rémunération** payment, salary
la **rencontre** meeting
rencontrer to meet, encounter
le **rendez-vous** meeting, date, appointment;
avoir ___ **avec** to have a date with
rendre to render, make; to give up, give back, return; to vomit;
___ (+ *adj*) to make;
___ **visite à** to visit *(a person);*
se ___ **compte (de)** to realize
renforcé(e) reinforced
le **renoncement** sacrifice
renseigner to inform, give information to;
se ___ to inform oneself
rentrer to come home, go home; to go back in, go in again
renverser to reverse; to knock over, overturn
renvoyer to send back; to fire, dismiss
réparer to repair
le **repas** meal
répéter to repeat; to rehearse
répondre to respond, answer
la **réponse** answer
le **repos** rest
reposant(e) restful
reposer to set down;
se ___ to rest, relax
repousser to repulse, push aside
la **représentation** performance
représenter to show
reprocher to reproach
la **répugnance** revulsion
réserver to reserve
la **résidence** building, construction; housing development; dormitory
résister to resist; to withstand
respirer to breathe
la **responsabilité** responsibility, liability
responsable responsible
ressembler à to resemble
le **reste** remainder
rester to stay, remain
le **résultat** result
résulter to result
rétablir to reestablish
le **retard** delay;
avoir du ___ to be late, not on time;
être en ___ to be late
réticent(e) reticent, hesitant
retirer to take away
retourner to turn over; to return;
se ___ to turn around; to turn over
la **retraite** retirement;
prendre sa ___ to go into retirement
retrouver to meet again; to find again; to recover, regain
la **réunion** meeting
réunir to gather, unite;
se ___ to congregate
réussir (**à** + *inf*) to succeed (in);
___ **à un examen** to pass an exam
la **réussite** success
le **rêve** dream
le **réveil** awakening
le **réveille-matin** alarm clock
réveiller to awaken;
se ___ to wake up
revenir to come back; to amount to
rêver to dream;
___ **de** to dream about, of
le **revers** reverse
le, la **rêveur (rêveuse)** dreamer; *adj* pensive, dreamy
révoltant(e) revolting
la **révolte** rebellion
se **révolter** to rebel, revolt
le **rhum** rum
rien nothing;
ne… ___, ___ **ne** nothing
rire to laugh *m* laughter
risquer to risk
la **rivière** river, stream
la **robe** dress; animal's coat
le **roi** king
le **rôle** role
le **roman** novel;
___ **policier** mystery, detective story
le, la **romancier (romancière)** novelist
la **rose** rose; *adj* pink
rouge red
la **route** road, way;
faire ___ to cover ground
la **rubrique** heading
la **ruche** beehive

la **rue** street
rusé(e) sly, crafty, wily, artful
russe Russian
rustique rustic
le **rythme** rhythm

S

sacré(e) sacred
sage wise; well-behaved
sain(e) healthy, sound; wholesome
le **salaire** wage, salary; reward
sale dirty
la **salle** room; hall;
___ **à manger** dining room
le **sang** blood
sans without;
___ **que** (+ *subj*) without
le, la **sans-abri** *invar* homeless person
la **santé** health;
à votre ___ to your health
sauf except
sauter to leap; to explode, blow up;
faire ___ to blow up something
sauver to save;
se ___ *fam* to leave, flee
savoir to know *(a fact)*, know how
le **savon** soap
le **scandale** scandal
scandaliser to scandalize, shock
la **scène** scene, stage
scolaire scholarly, academic
sec (sèche) dry, arid; lean
la **seconde** second
le **secret** secret;
___ **(secrète)** *adj* secret
le, la **secrétaire** secretary
le **secteur** sector
séduire to seduce
séduisant(e) charming, attractive, sexy
le **séjour** stay, residence
selon according to
la **semaine** week
le **semblant** semblance, appearance
sembler to seem
le **sénateur** senator
le **sens** meaning, sense; direction
sensible sensitive
sentir to feel; to smell; to sense;
se ___ to feel
séparer to separate
sérieux (sérieuse) serious;
prendre au ___ to take seriously
le **serpent** snake
serrer to squeeze, press; to clasp
le, la **serveur (serveuse)** waiter, waitress
le **service** service, agency, division *(in a bureaucracy)*
seul(e) alone; only; single;
tout(e) ___**(e)** all alone
seulement only; however; but;
non ___ not only
sévère strict, stern
sévèrement severely, sternly
le **sexe** sex
si if; so
la **signification** meaning, significance
signifier to signify, mean
simple simple, mere
situer to place, locate
sixième sixth
le **socialisme** socialism
le, la **socialiste** socialist
la **société** company; society
le, la **sociologue** sociologist
la **sœur** sister
soi oneself
la **soif** thirst;
avoir ___ to be thirsty
soigner to take care of, look after, care for
soigneusement carefully
le **soin** care
le **soir** evening; night
la **soirée** evening; reception, party
le **sol** ground, floor; soil
le **soldat** soldier
le **solde** sale;
en ___ on sale
le **soleil** sun
solide robust
solitaire lonely
sombre somber
la **somme** sum
le **sommeil** sleep;
avoir ___ to be sleepy
somptueux (somptueuse) luxurious
la **sonate** sonata
sonner to ring, sound, ring for
la **sorte** sort, kind
la **sortie** exit; outing;
___ **en famille** family outing
sortir to leave, go out; to come out, take out;
___ **à deux** to go out as a couple;
___ **en groupe** to go out in a group;
___ **seul(e)** to go out alone

le **souci** worry, anxiety, care; *pl* problems
soudain *adv* suddenly;
___**(e)** *adj* sudden
le **souffle** breath
la **souffrance** suffering
souffrir to suffer, endure
souhaiter to wish, desire
la **soumission** subordination
sourire to smile; *m* smile
sous under
le, la **souscripteur (souscriptrice)** subscriber
le **sous-titre** subtitle
sous-titrer to subtitle
soutenir to support
le **souvenir** memory, thought;
se ___ de to remember
souvent often
se **spécialiser en** to major in
le **spectacle** sight, show
le, la **spectateur (spectatrice)** spectator
la **stéréo** stereo
stimulant(e) stimulating
le **stress** stress, fatigue
le **succès** success, hit
suffire à to suffice, to be sufficient
suffisant(e) sufficient
suivant *prep* according to
suivant(e) *adj* following, next
suivre to follow;
___ **un cours** to take a course
le **sujet** subject
supérieur(e) superior; upper
supporter to sustain; to endure, withstand, tolerate
sur on
sûr(e) sure, safe, secure;
bien ___ of course
sûrement surely
surprenant(e) surprising
surprendre to surprise; to overhear
surpris(e) surprised
surtout above all, especially
le, la **suspect(e)** suspect; *adj* suspect, suspicious
le **suspens** suspense
sympa *fam* (**sympathique**) nice, pleasant, congenial
le **syndicat** labor union

T

le **tableau** blackboard; painting
la **tâche** task
la **tactique** tactic(s)
la **taille** height, size
se **taire** to be silent, be quiet; to hold one's tongue
tandis que whereas, while
tant so much, as much;
___ **de** so many, so much;
___ **que** as long as; until
la **tante** aunt
taper (à la machine) to type
le **tapis** carpet; cover
tard late;
plus ___ later
le **taudis** slum
teindre to dye
la **teinture** dye
tel (telle) such;
___ **que** just as
le, la **téléspectateur (téléspectatrice)** television viewer
tellement so, so much
le **témoignage** testimony
le **témoin** witness
le **temps** time; weather; tense;
de ___ **en** ___ from time to time;
quel ___ **fait-il?** what is the weather?
la **tendance** tendency;
avoir ___ **à** to have a tendency to
tenir to hold; to keep; to perform;
___ **à** to hold to, be fond of, be intent on;
___ **compte de** to take into account
la **tentation** temptation
tenter to tempt; to try
le **terme** term; expression; end; limit
terminer to finish
la **terre** earth; land, property;
par ___ on the ground;
___ **à** ___ down to earth
terrestre on the land
le, la **terroriste** terrorist
la **tête** head;
se payer la ___ **de quelqu'un** to make fun of someone
le **texte** text; lines
le **thème** theme
la **théorie** theory
théorique theoretical
le **tiers** third
timide timid
tirer to pull, tug, draw; to shoot;
___ **au but** to shoot
le **tiret** dash
le **titre** title

tolérer to tolerate
tomber to fall
le **ton** tone;
sur ce ___ in this tone of voice
tondre to mow, cut
le **tort** fault; harm, wrong
la **tortue** tortoise, turtle
tôt soon; early
le **toucher** touch
toujours always, still
la **tour** tower
le **tour** turn
le, la **touriste** tourist
le **tourne-disque** record player
tourner to turn; to stir;
se ___ to turn back
tout (tous, toute, toutes) *pron* all, everything; *adj* all, whole, every; *adv* all, quite;
être à ___ to be involved in everything;
pas du ___ not at all;
___ à fait completely;
___ à coup all of a sudden;
___ comme just like;
___ de suite right away
toutefois yet, nevertheless, however
la **traduction** translation
traduire to translate
la **tragédie** tragedy
le **train** train;
en ___ de in the process of
traînant(e) drawling, droning *(voice)*
le **traitement de texte** word processor, word processing
traiter to treat; to do *(business)*
le **trajet** journey
tranquille quiet, undisturbed, calm, at ease
le **transport** transportation; rapture, ecstasy;
le moyen de ___ means of transportation
le **travail** work;
les travaux ménagers household chores
travailler to work;
___ à mi-temps to work part-time
le, la **travailleur (travailleuse)** worker; *adj* hard-working
travers: à ___ through, throughout
traverser to go through; to cross
trembler to tremble, shake
le **tribunal** court, tribunal
tricher to cheat
le **trimestre** term
le **triomphe** triumph
triste sad
tromper to deceive, trick, cheat on *(someone);*
se ___ to be mistaken
la **trompette** trumpet
le, la **trompeur (trompeuse)** cheater, deceiver
trop too;
___ de too much, too many
le **trottoir** sidewalk
trouver to find;
se ___ to be located, be found;
se ___ mal to feel faint
tuer to kill
tutoyer to address as **tu**

U

unanime unanimous
l' **union libre** *f* living together out of wedlock, common-law marriage
unique single, only
l' **univers** *m* universe
universel (universelle) universal
l' **usage** *m* use
usagé(e) old, used
utile useful
utiliser to use, utilize

V

les **vacances** *f* vacation
la **vache** cow
le **va-et-vient** coming-and-going
vaguement vaguely
vain(e) vain, empty
vaincre to overcome, conquer
la **vaisselle** dishes;
faire la ___ to do the dishes
la **valeur** value; valor;
mettre en ___ to emphasize, show
la **valise** suitcase;
faire la ___ to pack the suitcase
valoir to be worth;
___ mieux to be better
la **vapeur** vapor
le **veau** veal
la **vedette** movie star
veiller to wake;
___ à to watch over
le **vélo** bike
le, la **vendeur (vendeuse)** salesperson

vendre to sell
venir to come;
___ **de** to have just
le **vent** wind
la **vente** sale *(of an item)*
le **ventre** stomach;
avoir mal au ___ to have a stomachache
véritablement truly
la **vérité** truth
le **verre** glass;
prendre un ___ to have a drink
vers toward
la **version** version;
en ___ **originale** in the original
vert(e) green
le **vêtement** article of clothing, clothing; *pl* clothing, clothes
la **viande** meat
le **vicomte** viscount *(nobleman)*
la **victime** victim
la **victoire** victory
le **vide** space; *adj* empty
la **vidéo** video
la **vie** life;
gagner sa ___ to earn one's living
la **vieillesse** old age
vieillir to grow old
vieux (vieil, vieille) old;
mon vieux *fam* old man
le **vilain** bad person, guy;
___**(e)** *adj* wretched, vile, nasty
la **ville** city
le **vin** wine
le **vinaigre** vinegar
le **viol** rape
violer to rape
vis-à-vis opposite;
___ **de** toward
le **visage** face
visiter to visit *(a place)*
vite fast, quickly
le **vitrail** stained-glass window
vivant(e) living
vivement briskly, vividly
vivre to live
la **voie** way, track;
être en ___ **de** to be about to
voilà here is, here are;
___ **sept ans** it's been seven years
voir to see
le, la **voisin(e)** neighbor; *adj* neighboring, next
la **voiture** car, coach;
___ **de pompier** fire engine;
___ **de bébé** baby carriage
la **voix** voice; sound
le **vol** theft; flight
voler to rob, steal; to fly, soar
le, la **volontaire** volunteer
la **volonté** will
volontiers willingly
voluptueusement voluptuously
voter to vote
le **vôtre** yours
vouloir to want, wish for
vouvoyer to address as **vous**
le **voyage** trip
voyager to travel
le **voyou** hoodlum
vrai(e) real, true
vraiment really
la **vue** sight, view;
de ___ by sight
le **vulgaire** common people; *adj* vulgar, common

W

le **wagon** coach *(of a train)*

Y

y *pron* to it, of it, to them, in it, etc.; *adv* there
les **yeux** *m* eyes (*pl of* **œil**)

Z

zut! darn it!

English-French Vocabulary

This vocabulary includes English words and expressions used in the English-French grammar exercises, and the English translations of the *Vocabulaire du thème*.

Abbreviations

adj	adjective	*lit*	literally	*pp*	past participle
adv	adverb	*m*	masculine	*prep*	preposition
conj	conjunction	*n*	noun	*pron*	pronoun
f	feminine	*p*	page	*subj*	subjunctive
fam	familiar	*pl*	plural	*v*	verb
inf	infinitive				

A

abortion l'avortement *m*
abuse abuser de
accept accepter
accommodating complaisant
according to selon, suivant, d'après
accuse accuser
accused accusé
acquit acquitter
act agir;
___ a role jouer un rôle
action l'action *f*
actor l'acteur *m*
actress l'actrice *f*
adapt oneself to s'adapter à
addition l'addition *f;*
in ___ de plus;
in ___ to en plus de
admire admirer
adopt adopter
advertise faire de la publicité
advertisement la publicité
advertising la publicité
advise conseiller (à + *n* + de + *inf*)
adviser le conseiller
afraid: to be ___ of avoir peur de
African *n* l'Africain *m*, l'Africaine *f;* africain, africaine *adj*
after après
again encore
against contre
agree être d'accord
agreed d'accord
air l'air *m;*
to put on ___s faire des manières
all tout, tous, toute, toutes *adj;* tout, toute(s) *adv;* tout, tous, toute, toutes *pron*
already déjà
always toujours
ambition l'ambition *f*
ambitious ambitieux, ambitieuse
American *n* l'Américain *m*, l'Américaine *f;* américain, américaine *adj*
among parmi
amphitheater l'amphithéâtre *m*
amusing amusant
analyze analyser
anglicism l'anglicisme *m*
angry fâché *adj;*
to be ___ with être en colère contre;
to get ___ se fâcher
announce annoncer
anonymous anonyme

another un autre
anthropology l'anthropologie *f*
anywhere (at all) n'importe où
apartment l'appartement *m*
appearance l'apparence *f*
applaud applaudir
appreciate apprécier
approach s'approcher de
April avril *m*
arbitrary arbitraire
arrest arrêter
arrive arriver
article l'article *m*
as comme;
  ___ for quant à
ask demander (à + *n* + de + *inf*);
  ___ for demander
aspirin l'aspirine *f*
assassin l'assassin *m*
assassinate assassiner
atmosphere l'ambiance *f*
attack attaquer
attend assister à;
  ___ to s'occuper de
attentively soigneusement
attitude l'attitude *f*
attractive séduisant
audience le public
author l'auteur *m*
avoid éviter

B

back le dos
bankrupt: to go ___ faire faillite
bankruptcy la faillite
bath le bain
be être;
  ___ in the know about être au courant de;
  ___ in the process of être en train de;
  ___ sick être malade
bear l'ours *m*
beautiful beau (bel), belle
because parce que;
  ___ of à cause de
become devenir
bee l'abeille *f*
before avant (de + *inf*)
beggar le mendiant, la mendiante
begin commencer (à *or* de + *inf*)
beginner le débutant, la débutante
beginning le commencement, le début
behind le derrière; derrière *prep*
believable croyable
belong être à, appartenir à
benefit le bénéfice
besides d'ailleurs
best le meilleur *adj;* le mieux *adv*
bestseller le best-seller
better meilleur *adj;* mieux *adv;*
  it is ___ il vaut mieux
between entre
bicycle la bicyclette;
  to go ___ riding faire de la bicyclette
bilingual bilingue
birth control la limitation des naissances
blue: to feel ___ avoir le cafard
blues le blues
boat le bateau
boo huer, siffler
book le livre; le bouquin *fam;*
  bedside ___ le livre de chevet;
  paperback ___ le livre de poche;
  text ___ le manuel
bore ennuyer;
  to be bored s'ennuyer
boredom l'ennui *m*
boring ennuyeux, ennuyeuse
brand la marque
brave courageux, courageuse
break away se séparer de
breakfast le petit déjeuner
bribe le pot-de-vin
brilliant brillant
broadcast diffuser *v;* la diffusion *n*
brother le frère
brown brun
brush: to ___ one's teeth se brosser les dents
buddy le copain, la copine
build construire
bum le clochard, la clocharde
business les affaires *f;*
  a ___ une entreprise
businessman l'homme d'affaires
businesswoman la femme d'affaires
busy occupé;
  to be ___ doing something être en train de + *inf;*
  to ___ oneself with s'occuper de
but mais
buy acheter

C

camera l'appareil (appareil-photo) *m;*
movie ___ la caméra
camping le camping;
to go ___ faire du camping
candidate le candidat, la candidate
car la voiture, l'auto *f*
career la carrière
care for soigner
cassette la cassette
cat le chat, la chatte
cease cesser (de + *inf*)
censor censurer
certainly certainement
change changer;
___ one thing for another changer de
channel la chaîne
character le caractère; le personnage *(in a play, book, etc.)*
chat bavarder, causer
chauvinism (male) le machisme
chauvinist (male) l'homme macho
cheat tricher;
___ on someone tromper quelqu'un
check le chèque; l'addition *f (restaurant)*
child l'enfant *m,f;*
only ___ l'enfant unique
chore: household ___s les travaux ménagers *m*
cinematographic cinématographique
circumstance la circonstance
citizen le citoyen, la citoyenne
city la ville;
___ dweller le citadin, la citadine
civil servant le, la fonctionnaire
class la classe;
high ___ la haute société;
middle ___ la bourgeoisie;
to have ___ avoir de la classe;
working ___ la classe ouvrière
classical classique
classifieds les petites annonces *f*
clean nettoyer *v;* propre *adj*
clearly nettement
client le client, la cliente
coarse grossier, grossière
coffee le café
cold froid;
it is ___ il fait froid
come venir
comedy la comédie
comics les bandes dessinées *f*
commentator le commentateur, la commentatrice
commit commettre
commonplace le lieu commun
communism le communisme
communist le, la communiste *n;* communiste *adj*
compact disk le disque compact;
___ player le lecteur de disque compact
company l'entreprise *f*
competent compétent
competition la concurrence
competitor le concurrent, la concurrente
compose composer
composer le compositeur
computer l'ordinateur *m;*
___ science l'informatique *f*
concerning en ce qui concerne
concert le concert
conclusion la conclusion;
in ___ en conclusion
condemn condamner
condescending condescendant
confused confus
consequently par conséquent
conservative le conservateur, la conservatrice *n;* conservateur, conservatrice *adj*
consumer le consommateur, la consommatrice
continue continuer (à *or* de + *inf*)
contrary le contraire;
on the ___ au contraire
convict le condamné, la condamnée
cooking: to do the ___, to cook faire la cuisine
coquettish coquet, coquette
correct corriger
costume le costume
country le pays;
___ dweller le campagnard, la campagnarde
courageous courageux, courageuse
course le cours; le plat *(meal);*
elective ___ le cours facultatif;
required ___ le cours obligatoire
court le tribunal
cousin le cousin, la cousine
cram bûcher
crazy fou (fol), folle;
to be ___ about se passionner pour
create créer
crime le crime;
___ of passion le crime passionnel
criminal le criminel
crisis la crise
critic le critique
criticism la critique

criticize critiquer
cultural culturel, culturelle
curious curieux, curieuse
custom la coutume
customer le client, la cliente
customs la douane;
 ___ officer le douanier, la douanière;
 to pass through ___ passer la douane
cut: to ___ the lawn tondre la pelouse

D

daily quotidien, quotidienne
dangerous dangereux, dangereuse
dare oser
darn it! zut alors!
date la date; le rendez-vous;
 to have a ___ with avoir rendez-vous avec
day le jour, la journée;
 all ___ long toute la journée;
 the next ___ le lendemain
day-care center la crèche
deal l'affaire *f*
dear cher, chère;
 my ___ mon cher, ma chère
death penalty la peine de mort
deceive tromper
decide décider (de + *inf*)
declare déclarer
decor le décor
defendant l'accusé *m*, l'accusée *f*
demanding exigeant
democracy la démocratie
democratic démocratique
demonstration la manifestation
denounce dénoncer
depend dépendre;
 ___ on dépendre de
describe décrire
deserve mériter
dessert le dessert
detective l'inspecteur *m*, le détective
dialect le dialecte
dictator le dictateur
dictatorship la dictature
diet le régime;
 to be on a ___ suivre un régime
difficult difficile
dining hall le réfectoire
director le réalisateur, la réalisatrice *(film)* le metteur en scène *(stage)*
dirty sale
discothèque la discothèque
discrimination la discrimination
dish l'assiette *f;* le plat
dishes: to do the ___ faire la vaisselle
disobey désobéir à
distress la misère
distrust se méfier de
doctor le médecin
documentary le documentaire
dollar le dollar
dormitory la résidence universitaire
doubt douter de *v;* le doute *n*
downtown le centre-ville
dream rêver (de) *v;* le rêve *n*
drink boire;
 to have a ___ prendre un verre
drunk ivre
dub doubler
dunce le cancre
during pendant
dynamic dynamique

E

earn mériter, gagner
ease l'aise *f;*
 to feel at ___ se sentir à l'aise
easily facilement
eat manger
economics les sciences économiques *f*
economy l'économie *f*
editorial l'éditorial *m*
elder l'aîné *m*, l'aînée *f*
elected élu (*pp of* élire)
election l'élection *f*
electronic mail le courrier électronique
employee l'employé *m*, l'employée *f*
encourage encourager (à + *inf*)
end la fin
ending le dénouement *(play, film);*
 happy ___ le dénouement heureux
English l'anglais *m;* anglais, anglaise *adj;*
 ___man l'Anglais;
 ___woman l'Anglaise
enough assez
entertain divertir;
 to ___ oneself se divertir
entertainment la distraction
enthusiastic enthousiaste
environment le milieu

equal l'égal *m*, l'égale *f;* égal *adj*
equality l'égalité *f*
error l'erreur *f*
essay l'essai *m*
essayist l'essayiste *m,f*
evening la soirée
every tout (toute, *etc.*); chaque
everyone tout le monde
exam l'examen *m;*
  to fail, flunk an ___ échouer à, rater un examen;
  to pass an ___ réussir à un examen;
  to take an ___ passer un examen
example l'exemple *m;*
  for ___ par exemple
except sauf
expensive cher, chère
express exprimer
extended élargi
extenuating atténuant

F

face le visage
fact le fait;
  in ___ en effet
factory l'usine *f*
fair juste
faithful fidèle
family la famille *n;* familial *adj;*
  ___ outing la sortie en famille
famous célèbre
fan le, la cinéphile *(movie)*
far loin;
  as ___ as jusqu'à;
  ___ from loin de
farm la ferme
farmer le fermier, la fermière
fashion la couture; la mode;
  high ___ la haute couture;
  to be in ___ être à la mode
fat gras, grasse; gros, grosse;
  to become ___ grossir
father le père
February février
feel se sentir (mal à l'aise, dépaysé, etc.)
feminine féminin
feminist le, la féministe
field le champ
fight se battre
film filmer *v;* le film *n;*
  to make a ___ tourner un film
finally enfin, finalement
find trouver
finish finir
fire renvoyer *(from a job)*
firm l'entreprise *f*
first premier, première
fish le poisson
fishing: to go ___ aller à la pêche
five cinq
flirt flirter *v;* le flirteur, la flirteuse
flop le four *(theater);* le navet *(cinema)*
fluently couramment
folk folklorique
follow suivre
food la nourriture
foot le pied
for pour, pendant, depuis
forbid défendre (à + *n* + de + *inf*)
foreign étranger, étrangère
foreigner l'étranger, l'étrangère
forget oublier (de + *inf*)
fortunately heureusement
free libre
French le français; français, française *adj;*
  ___ man le Français;
  ___ woman la Française
frequent fréquenter
friend l'ami *m*, l'amie *f;*
  to make ___s with lier amitié avec
frightful affreux, affreuse
frog la grenouille;
  ___'s legs les cuisses de grenouille *f*
frustrated frustré
full-time à plein temps
furthermore de plus

G

game le jeu;
  video ___ le jeu vidéo
generation gap le fossé entre les générations
geography la géographie
get obtenir;
  ___ ahead aller loin;
  ___ along s'entendre, se débrouiller;
  ___ angry se fâcher, se mettre en colère;
  ___ lost se perdre;
  ___ married se marier;
  ___ sick tomber malade;
  ___ used to s'habituer à
ghetto le ghetto
girl la jeune fille

girlfriend la petite amie, l'amie
give donner;
  to ___ a speech faire un discours
glass le verre
glutton le glouton, la gloutonne
go aller;
  ___ away s'en aller;
  ___ in entrer (dans);
  ___ out sortir
good bon, bonne *adj*
grade la note
graduate obtenir un diplôme
grass l'herbe *f*
great formidable *fam*
gross grossier, grossière
group le groupe, la bande
guide le guide
guidebook le guide
guillotine la guillotine
guilty coupable

H

hand la main;
  on one ___ . . . on the other ___ d'une part... d'autre part
happen arriver, se passer
happy heureux, heureuse; content
hard difficile, dur, pénible *(work)*
hardworking travailleur, travailleuse
harmony l'harmonie *f*
hat le chapeau
headache le mal de tête *n;*
  to have a ___ avoir mal à la tête
heading la rubrique
hear entendre
help aider (à + *inf*)
hero le héros
heroine l'héroïne *f*
hesitate hésiter (à + *inf*)
hick le paysan, la paysanne
high society la haute société
hire engager
his son, sa, ses
hiss siffler
hit frapper *v;* le coup *n;* le succès *(play, show, etc.)*
hitchhike faire de l'auto-stop
home la maison;
  the ___ le foyer;
  to be ___ être à la maison
homeland la patrie
homesick dépaysé;
  to be ___ avoir le mal du pays
homework les devoirs *m*
honest honnête
hoodlum le voyou
hope espérer *v;* l'espoir *m*
horoscope l'horoscope *m*
horror l'épouvante *f*
hospitable accueillant
hour l'heure *f*
housewife la femme au foyer
housework: to do the ___ faire le ménage
however cependant, pourtant;
  ___ + *adj* si + *adj* + que (+ *subj*)
humanly humainement
hungry: to be ___ avoir faim
hurry se dépêcher (de + *inf*)
husband le mari
hypocrite l'hypocrite *m,f;* hypocrite *adj*

I

ice cream la glace
ID card la carte d'identité
idiom l'idiotisme *m*
if si
image l'image *f*
imagination l'imagination *f*
importance l'importance *f*
important important
impossible impossible
impress impressionner
imprisonment l'emprisonnement *m;*
  life ___ l'emprisonnement perpétuel
improve améliorer, perfectionner
in dans, en, à;
  ___ + *temporal expression* dans, en
inconsiderate: to be ___ of manquer d'égards envers
independent indépendant
indulgent indulgent
inexpensive bon marché
influence influencer *v;* l'influence *f*
in front of devant
inhuman inhumain
injustice l'injustice *f*
innocent innocent
insect l'insecte *m*
instead of au lieu de
insult insulter *v;* l'insulte *f*
intelligence l'intelligence *f*
intelligent intelligent
intention l'intention *f*

interest l'intérêt *m*
interested intéressé;
to be ___ in s'intéresser à
interesting intéressant
intermission l'entracte *m*
interpretation l'interprétation *f*
irresponsible irresponsable
isolated isolé

J

jam la confiture
jargon le jargon
jazz le jazz
jealous jaloux, jalouse
job la situation, l'emploi *m*
joke la plaisanterie
journalist le, la journaliste
judge le juge
juror le juré, la jurée
jury le jury
just juste;
to have ___ done something venir de + *inf*

K

keep tenir; garder;
___ one's word tenir, garder sa parole
kid le, la gosse *fam*
kill tuer
king le roi
kiss embrasser *v*

L

lack manquer de *v;* le manque *n*
lake le lac
language la langue *(of a people);* le langage *(of an individual, vocabulary);*
foreign ___ la langue étrangère;
living, dead ___ la langue vivante, morte;
native ___ la langue maternelle
last dernier, dernière;
___ night hier soir
late en retard
Latin Quarter le Quartier latin
laugh rire *v*, rigoler *fam;* le rire *n;*
___ at rire de
law le droit *(profession, study);* la loi *(rule, statute)*
lawn la pelouse
lawyer l'avocat *m*, l'avocate *f*
layoff le licenciement *n*
lay off licencier *v*
lazy paresseux, paresseuse
learn apprendre (à + *inf*)
leave partir, sortir, quitter, s'en aller; laisser
leftist de gauche
leg la jambe
lenient indulgent
less moins
let que (+ *subj*); laisser (+ *inf*)
liar le menteur, la menteuse
liberal le libéral, la libérale; libéral *adj*
liberated libéré
lie mentir *v;* le mensonge *n*
life la vie
like aimer *v;* comme *prep;*
to feel ___ avoir envie de
likeable aimable
line la queue, la file;
to wait in ___ faire la queue
lines le texte
listen to écouter
literature la littérature
live habiter
lively animé
logical logique
lonely hearts column le courrier du cœur
long long, longue;
as ___ as tant que
look regarder;
___ at regarder;
___ for chercher
lose perdre;
to ___ weight maigrir
lost perdu, dépaysé
lot: a ___ of beaucoup de
lucrative lucratif, lucrative
luxurious somptueux, somptueuse
luxury le luxe
lyrics les paroles *f*

M

magazine le magazine, la revue
maintain maintenir
major se spécialiser en *v;* la spécialisation *n*
make faire;
___ + *adj* = rendre + *adj;*
to ___ a film tourner un film
makeup maquiller *v;* le maquillage *n*

male chauvinism le machisme
man l'homme *m*
manage gérer (une entreprise)
manners les manières *f*
many beaucoup
map la carte
marriage le mariage
married marié
marry se marier avec;
  to get married se marier
mathematics les mathématiques *f*
mature mûr
meal le repas
mean méchant
meat la viande
meditate méditer; ___ **about** méditer sur
meeting le rendez-vous
melody la mélodie
menu la carte, le menu
Mexico le Mexique
microcomputer le micro-ordinateur
middle le milieu;
  in the ___ of au milieu de;
  ___ class la classe moyenne
milk le lait
millionaire le, la millionnaire
mind l'esprit *m;*
  to have an open ___ avoir l'esprit ouvert
minister le ministre
minute la minute
miserable misérable
misery la misère
miss manquer
mistrust se méfier de
modest modeste
monarchy la monarchie
Monday lundi *m;*
  on ___s le lundi
money l'argent *m*
month le mois
monthly mensuel, mensuelle
moon la lune
morally moralement
more plus
moreover de plus
morning matin *m;*
  in the ___ le matin
mosquito le moustique
mountain la montagne
movies le cinéma
mow tondre
mug attaquer
murder commettre un meurtre *v;* le meurtre *n;*
  to ___ French parler français comme une vache espagnole *(lit, to speak French like a Spanish cow)*
murderer le meurtrier, la meurtrière
music la musique
musician le musicien, la musicienne
must devoir
mystery novel le roman policier

N

name le nom;
  my ___ is . . . je m'appelle...
native l'indigène *m,f*
near près de
necessary nécessaire;
  to be ___ falloir, être nécessaire
need avoir besoin de *v*
neglect négliger *v*
neglected négligé
neither ni;
  ___ . . . nor ne... ni... ni
neologism le néologisme
nerd la grosse tête
never jamais; ne... jamais
news les nouvelles *f;* le journal télévisé, le journal parlé, les actualités *f*
next prochain;
  ___ to à côté de
nice gentil, gentille; sympathique
nightclub la boîte de nuit
no non;
  ___ more, longer ne... plus;
  ___ + *n* aucun;
  ___ one personne ne, ne... personne
nobody personne; ne... personne, personne ne
noise le bruit
north le nord
nose le nez
not pas, ne... pas;
  ___ at all pas du tout
nothing rien, ne... rien, rien ne
nouveau riche le nouveau riche
novel le roman *n*
novelist le romancier, la romancière
nuclear nucléaire

O

obey obéir à
objective objectif, objective

offer offrir
office le bureau
often souvent
on sur;
___ the ground par terre
only seulement, ne... que
open ouvrir *v;* ouvert *adj;*
to have an ___ mind avoir l'esprit ouvert
opera l'opéra *m*
opinion l'opinion *f,* l'avis *m;*
in my ___ à mon avis
opponent l'adversaire *m,f*
opposite en face de
oppress opprimer
orchestra l'orchestre *m*
order ordonner (à + *n* + de + *inf*)
original original;
in the ___ en version originale
orphan l'orphelin *m,* l'orpheline *f*
others les autres *m,f;* autrui
outing la sortie;
family ___ la sortie en famille
owe devoir

P

painful pénible
pal le copain, la copine
parent le parent
park garer
part-time à mi-temps
party la partie, la soirée; le parti *(political)*
pass passer;
to ___ through customs passer la douane
passport le passeport
pay for payer
peaceful paisible
peasant le paysan, la paysanne
pen le stylo
people les personnes *f,* les gens *m,f,* le monde, le peuple, on
perfect parfait
perform représenter
performance la représentation
perfume le parfum
permit permettre (à + *n* + de + *inf*) *v*
person la personne
pessimistic pessimiste
phone téléphoner à *v;* le téléphone *n*
picnic le pique-nique;
to have a ___ faire un pique-nique
picture la photo
picturesque pittoresque
pill la pilule
place l'endroit *m,* le lieu;
at the ___ of chez
plan le projet
plane l'avion *m*
platform le programme
play jouer *v;* la pièce *n;*
___ a game or sport jouer à + *game or sport;*
___ an instrument jouer de + *instrument*
playwright l'auteur dramatique *m*
plead plaider
pleasant agréable
please s'il vous plaît, veuillez *(formal);* plaire à *v*
plot l'intrigue *f*
poet le poète
poetry la poésie
police la police
policeman l'agent de police *m*
polite poli
political science les sciences politiques *f*
politician l'homme politique, la femme politique
politics la politique;
to go into ___ se lancer dans la politique
pollution la pollution
polyglot polyglotte
poor pauvre
popcorn le pop-corn
popular populaire
postcard la carte postale
pound la livre
power le pouvoir
practice répéter (un rôle, un morceau de musique)
praise louer
prefer préférer
pregnant enceinte
prejudice le préjugé
premeditated prémédité
preparations les préparatifs *m;*
to make ___ faire les préparatifs
president le président, la présidente
press la presse
prison la prison
prisoner le prisonnier, la prisonnière
private privé
probably probablement, sans doute
product le produit;
to launch a new ___ lancer un nouveau produit
production la mise en scène
profession la profession
professor le professeur
program le programme; l'émission *f (television)*

progress le progrès;
to make ___ faire des progrès
promise promettre (à + *n* + de + *inf*) *v*
promotion la promotion
pronounce prononcer
proper comme il faut
proud fier, fière
prove prouver
proverb le proverbe
prudent prudent, sage
psychology la psychologie
public le public; public, publique *adj;*
the general ___ le grand public
punish punir
punishment la punition
pursue poursuivre;
to ___ a career poursuivre une carrière

Q

qualified qualifié
quarrel se disputer *v;* la dispute *n*
question interroger, poser une question *v;* la question *n*
quickly vite, rapidement
quiet tranquille *adj;*
to be ___ se taire

R

raise l'augmentation *f*
rape violer *v;* le viol *n*
reactionary le, la réactionnaire; réactionnaire *adj*
reader le lecteur, la lectrice
reading la lecture
ready prêt
realize se rendre compte (de)
really vraiment, réellement
reasonable raisonnable
reasonably raisonnablement
received reçu (*pp of* recevoir)
recipe la recette
record enregistrer *v;* le disque *n*
recording l'enregistrement *m*
record player le tourne-disque
refined raffiné
reform la réforme
refuse refuser (de + *inf*)
regarding à l'égard de
rehearsal la répétition
rehearse répéter
relationship le rapport
relax se détendre
remember se souvenir de, se rappeler
repair réparer
representative le député
republican le républicain, la républicaine; républicain *adj*
resemble ressembler à
resign démissionner
resist résister à
respect respecter *v*
responsible responsable
rest se reposer
return revenir, retourner;
___ home rentrer
revolt se révolter *v;* la révolte *n*
rhythm le rythme
rich riche
right le droit;
to be ___ avoir raison;
to have the ___ to avoir le droit de
right away tout de suite
rightist de droite
river la rivière (*small*), le fleuve
rock and roll le rock
role le rôle
room la chambre, la pièce
roommate le, la camarade de chambre
run courir;
___ for office poser sa candidature
rustic rustique

S

sacrifice le sacrifice *n*
salad la salade
salary le salaire
sale le solde;
on ___ en solde
satisfied content, satisfait
Saturday samedi *m*
say dire
scandal le scandale
scandalize scandaliser
scenario le scénario
scene la scène
scenery le décor
schedule l'emploi du temps *m*
science fiction la science-fiction
scold gronder
scream crier
screen l'écran *m*

script le scénario
search fouiller *v*
secret le secret
secretary le, la secrétaire
sector le secteur
see voir
seem sembler, avoir l'air + *adj*
selfish égoïste
sell vendre
semester le semestre
senator le sénateur
send envoyer
sentence la sentence *(prison)*
separate (from) se séparer (de)
set (TV) le poste
sexual harassment le harcèlement sexuel
sexy séduisant
share partager
shine briller
shock scandaliser, étonner *v*
shop faire des courses *v;* la boutique *n*
shopping: to go ___ faire des courses, des achats
short bref, brève *adj;* court *adv;*
  in ___ (en) bref
short story la nouvelle, le conte
short-story writer le conteur, la conteuse
shot le plan *(film)*
show montrer *v;* le spectacle *n*
shower: to take a ___ prendre une douche
shut up se taire
sick malade
sincerity la sincérité
sinecure la sinécure
sing chanter
singer le chanteur, la chanteuse
single célibataire *(unmarried)*
skiing le ski;
  to go ___ faire du ski
skyscraper le gratte-ciel
slang l'argot *m*
slap gifler *v*
sleep dormir *v;* le sommeil *n;*
  ___ outdoors dormir à la belle étoile
slim down maigrir
slip: to make a ___ of the tongue faire un lapsus
slowly lentement
slums les taudis *m*
small petit
smile sourire *v;* le sourire *n*
snake le serpent
snob le, la snob
snow neiger *v;* la neige *n*
so si, tellement;
  ___ much tant, tellement
social climber l'arriviste *m,f*
socialism le socialisme
socialist le, la socialiste; socialiste *adj*
softly doucement
solitary solitaire (person)
solution la solution
son le fils
soon bientôt;
  as ___ as dès que, aussitôt que
sorry: to be ___ regretter;
  very ___ désolé *adj*
soundtrack la piste sonore
south le sud
souvenir le souvenir
spaghetti les spaghetti
spanking la fessée
speak parler;
  ___ loudly parler fort;
  ___ nonsense dire des bêtises;
  ___ softly parler bas;
  ___ well (badly) of someone dire du bien (du mal) de quelqu'un
spectator le spectateur, la spectatrice
speech le discours;
  to give, make a ___ faire un discours
spend dépenser *(money);* passer *(time)* à + verbe
spoiled gâté
spy espionner *v;* l'espion *m*, l'espionne *f*
stage la scène
stagger tituber
star la vedette *(movie)*
status quo le statu quo
stay rester *v;* le séjour *n;*
  ___ home rester à la maison
steal voler
step: ___ father le beau-père;
  ___ sister la demi-sœur
stereo la stéréo
stereotype le stéréotype
stern sévère
stimulating stimulant
sting piquer
stomach l'estomac *m*, le ventre
stop arrêter, cesser (de + *inf*)
store le magasin;
  department ___ le grand magasin
strange étrange, bizarre
strict strict
strike la grève;
  to go on ___ faire la grève
stroll flâner
student l'étudiant *m*, l'étudiante *f;*

bad ___ mauvais étudiant, le cancre;
off-campus ___ l'externe *m,f;*
on-campus ___ l'interne *m,f*
study étudier
stupid bête
style le style
subjective subjectif, subjective
subscribe to s'abonner à
subtitle sous-titrer *v;* le sous-titre *n*
suburbs la banlieue
subway le métro
sugar le sucre
suitcase la valise;
to pack the ___ faire la valise
sunbathe prendre un bain de soleil
supporter le partisan, la partisane
surprised surpris, étonné
surrounded entouré;
___ by entouré de
suspect se douter de *v;* le suspect *n*
suspicious louche
sweet doux, douce

T

table la table
take prendre;
___ a course suivre un cours;
___ an exam passer un examen
talk parler;
___ nonsense dire des bêtises
tanned bronzé
tape la bande *n*
taste le goût *n;*
to have good (bad) ___ avoir bon (mauvais) goût
teach enseigner
teacher le professeur; l'instituteur *m*, l'institutrice *f (elementary school)*
technique la technique
telecast l'émission *f*
tell dire (à + *n* + de + *inf*);
___ a story raconter une histoire
terrorist le, la terroriste
testimony le témoignage
thank remercier;
___ for remercier de, pour
thanks merci
that ce, cet, cette, *adj;* cela *pron*
theft le vol
their leur, leurs
there y, là;
___ is, are il y a
therefore donc; aussi + *inverted verb*
thin mince
think penser, croire, réfléchir
thirsty avoir soif
this ce, cet, cette, *adj;* ceci *pron*
threaten menacer
time l'heure *f*, le temps, la fois;
at the same ___ à la fois, en même temps;
from ___ to ___ de temps en temps;
what ___ is it? quelle heure est-il?
timid timide
tip le pourboire
tired fatigué
title le titre
today aujourd'hui
together ensemble
tomorrow demain
tonight ce soir
too much trop (de)
totally totalement, tout à fait
tour l'excursion *f;*
guided ___ l'excursion accompagnée
tourist le, la touriste
toward vers, envers
trade le métier
traditional traditionnel, traditionnelle; traditionaliste
traffic la circulation
tragedy la tragédie
train le train
tranquil tranquille
travel voyager *v*
travel: ___ agent l'agent de voyages *m;*
___ bureau l'agence de voyages *f*
traveler's check le chèque de voyage
tree l'arbre *m*
trial le procès
trip le voyage;
to take a ___ faire un voyage
true vrai, véritable
truly vraiment
trunk la malle;
to pack the ___ faire la malle
trust se fier à *v*
truth la vérité
try essayer (de + *inf*) *v*
tune la mélodie
turn: to ___ around se retourner;
___ off éteindre;
___ on allumer
turtle la tortue
twin le jumeau, la jumelle
typewriter la machine à écrire

U

unbearable insupportable
under sous
understand comprendre
unemployed au chômage;
___ **person** le chômeur, la chômeuse
unemployment le chômage
unfair injuste
ungrateful ingrat
unhealthy malsain
union le syndicat
unjustly injustement
unknown inconnu *adj;*
___ **to** à l'insu de *prep*
unpleasant désagréable
upbringing l'éducation *f*
use employer, utiliser, se servir de

V

VCR le magnétoscope
vegetable le légume
verdict le verdict
very très
victim la victime
video la vidéo
viewer le téléspectateur, la téléspectatrice
visit visiter *(a place);* rendre visite à *(a person)*
voice la voix
vote voter *v;* le vote *n*
vulgar vulgaire

W

wait attendre;
___ **for** attendre;
___ **in line** faire la queue
waiter le garçon, le serveur
waitress la serveuse
walk marcher *v;* la promenade *n;*
to take a ___ se promener, faire une promenade
want vouloir
war la guerre
warm chaud;
it is ___ il fait chaud *(weather)*
warmly chaleureusement
waste gaspiller *v*
watch regarder *v;* la montre *n;*
___ **out** (faites) attention
wealthy riche, aisé
weather report la météo(rologie)
week la semaine
weigh peser
welcome accueillir, souhaiter la bienvenue à quelqu'un
well bien
well-behaved sage
well-bred bien élevé
well-to-do aisé
western le western
what! comment!
when quand, lorsque
whereas tandis que
wherever où que (+ *subj*)
whistle siffler *v*
whoever qui que (+ *subj*)
wholly totalement, tout à fait
whose dont
why pourquoi
wife la femme
wildly frénétiquement
win gagner
wish vouloir, désirer
with avec, de, à
witness le témoin
woods le bois
word le mot, la parole *(spoken)*
word processing le traitement de texte
word processor le traitement de texte
work le travail, l'ouvrage *m (of fiction etc.);*
in the ___ **of** chez; travailler *v*
worker l'ouvrier *m*, l'ouvrière *f*
world le monde
worst le pire, le plus mauvais
write écrire
writer l'écrivain
writings les écrits *m*
wrong: to be ___ avoir tort

Y

year l'an *m*, l'année *f*
yesterday hier
young jeune
youngest le cadet, la cadette *n*
youth la jeunesse

Credits

Literary

Josyane Savigneau, "Un Enfant pour elles toutes seules" from "La société française en mouvement" from *Le Monde, Dossiers et Documents.*

Evelyne Sullerot, Colette Soler, "La Transformation de la famille traditionnelle" from "La courte échelle des générations" from *L'Ane.*

Robert Solé, "Les Jeunes des banlieues" from "La ville et ses banlieues" from *Le Monde, Dossiers et Documents.*

Frédéric Gaussen, "Les Jeunes des banlieues" from "Les jeunes de la galère" from *Le Monde, Dossiers et Documents.*

Elisabeth Schemla, "Vendeuses" from "Trois semaines à Prisunic" from *L'Express.*

Jacques Prévert, "La Grasse Matinée" from *Paroles*, Editions Gallimard.

Liliane Delwasse, "Chefs d'entreprise à vingt ans" from *Le Monde de l'Education.*

Marcel Haedrich, "Elle disait..." from *Coco Chanel secrète*, Editions Robert Laffont.

Charles de Gaulle, "Appel du général de Gaulle aux Français" from *Mémoires de guerre*, Librairie Plon.

Yves Beauchemin, "Comment mon âme canadienne est morte" from *L'Actualité.*

Francis Bebey, "Un grand conseil de mariage" from *Le Fils d'Agatha Moudio*, Editions Clé.

Thérèse Richard, "Journal d'une branchée" from *Le Nouvel Observateur.*

Eugène Ionesco, "Les Martin" from *La Cantatrice chauve*, Editions Gallimard.

Frédéric Vitoux, "Les «Amplis» du succès" from *Le Nouvel Observateur.*

Philippe Goldmann, "Entretien avec François Truffaut" from *Les Cahiers du cinéma.*

Hervé Luxardo, "Les Marseillaises: hymne national et parodies populaires" from *Histoire de la Marseillaise*, Editions Plon.

Photo

Page 4, © F. Reglain/Gamma Liaison. **Page 7,** © David Frazier. **Page 8,** © David Frazier. **Page 11,** © Ulrike Welsch. **Page 15,** © Ulrike Welsch. **Page 23,** © Peter Menzel/Stock Boston. **Page 33,** © David Frazier. **Page 36,** © Professor Steven C. Hause. **Page 41,** © Peter Menzel/Stock Boston. **Page 47,** © Sylvain Grandadam/Photo Researchers. **Page 49,** © Ulrike Welsch. **Page 55,** © Ulrike Welsch. **Page 60,** © Ulrike Welsch. **Page 63,** © Mike Mazzaschi/Stock Boston. **Page 71,** © The Bettmann Archive. **Page 74,** (top) © Michael Dwyer/Stock Boston, (bottom) © Ben Simmons/SIPA Press. **Page 80,** © Beryl Goldberg. **Page 83,** © Hazel Hankin/Stock Boston. **Page 90,** © Owen Franken/Stock Boston. **Page 93,** © Mike Mazzaschi/Stock Boston. **Page 99,** © Arthur Hustwitt/Leo de Wys. **Page 101,** © Beryl Goldberg. **Page 102,** © J. Pavlovsky/Sygma. **Page 106,** © Historical Pictures Service. **Page 111,** (top) © Marc Deville/Gamma Liaison, (bottom) © Peter Menzel/Stock Boston. **Page 115,** © Bowen/Gamma Liaison. **Page 117,** © Ewa Rudling/SIPA Press. **Page 122,** © Alain Buu/Gamma Liaison. **Page 128,** © David Boutard/Gamma Liaison. **Page 131,** © Owen Franken/Stock Boston. **Page 135,** © Michael Bry/Monkmeyer Press. **Page 142,** Courtesy French Embassy Press and Information Division. **Page 143,** © Charles Gatewood/The Image Works. **Page 147,** © Gilles Bassignac/Gamma Liaison. **Page 149,** © J. F. Grousset/Gamma Liaison. **Page 152,** © Lynn McLane/Photo Researchers. **Page 157,** © Wide World Photos. **Page 161,** © Ulrike Welsch. **Page 170,** © Ulrike Welsch. **Page 174,** © Thomas Hurst. **Page 179,** © The Bettmann Archive. **Page 182,** © Jill Fineberg/Photo Researchers. **Page 186,** © Jean Guichard/Gamma Liaison. **Page 188,** Courtesy French Government Office of Tourism. **Page 192,** © Eric Maulave/Gamma Liaison. **Page 196,** © Owen Franken/Stock Boston. **Page 199,** © Ulrike Welsch. **Page 203,** © Peter Menzel/Stock Boston. **Page 206,** © Bettmann/Hulton. **Page 208,** © Hugh Rogers/Monkmeyer Press. **Page 209,** © Sygma. **Page 214,** © Owen Franken/Stock Boston. **Page 216,** © Peter Menzel/Stock Boston. **Page 219,** © Thomas Hurst. **Page 221,** © Owen Franken/Stock Boston. **Page 230,** © Tony Craddock/Tony Stone. **Page 235,** © Greg Meadors/Stock Boston. **Page 239,** © Peter Menzel. **Page 244,** © Benaroch/SIPA Press. **Page 246,** © Beryl Goldberg. **Page 250,**

© Francis Apesteguy. **Page 252,** © A.F.P. Photo. **Page 259,** © Witt/SIPA Press. **Page 264,** © Christian Vioujard/Gamma Liaison. **Page 268,** © Peter Menzel/ Stock Boston. **Page 272,** © Peter Menzel. **Page 276,** © The Granger Collection. **Page 279,** © Richard Feldman. **Page 284,** © Arpajou/SIPA Press. **Page 286,** © David Frazier. **Page 291,** © Reuters/Bettmann. **Page 296,** © Dalmas/SIPA Press. **Page 300,** © J. F. Roussier/SIPA Press. **Page 306,** © Perez/Figaro Magazine. **Page 309,** © Hugh Rogers/Monkmeyer Press. **Page 315,** © The Granger Collection. **Page 320,** © Bertrand Laforet/ Gamma Liaison. **Page 322,** © P. Rouchon/SIPA Press. **Page 327,** © F. Stevens/SIPA Press. **Page 330,** © Nicholas/SIPA Press. **Page 332,** © Laforet/Premiere/ Gamma Liaison. **Page 335,** © Alain Behainous/Gamma Liaison. **Page 340,** Courtesy French Film Office. **Page 344,** © Historical Pictures Service.
Cover: Henri Matisse, *Geraniums*, 1895, Courtesy of the Fogg Art Museum, Harvard University Art Museums, bequest from the Collection of Maurice Wertheim, Class of 1906. © 1995 Succession H. Matisse, Paris/Artist Rights Society, N.Y.

Grammar Index

Q

R

S

T

U

V

W